솜씨-DNA

솜씨-DNA

2025년 8월 20일 초판 1쇄 발행

지은이　이종선
펴낸이　권이지
편　집　권이지·이정아
자료조사　최혜진
교정교열　천승현

인　쇄　성광인쇄
펴낸곳　홀리데이북스
등　록　2014년 11월 20일 제2014-000092호
주　소　서울시 금천구 가산디지털1로 16 가산2차 SKV1AP타워 1415호

전　화　02-6223-2302
팩　스　02-6223-2303
E-mail　editor@holidaybooks.co.kr

ISBN　979-11-91381-20-7 (03910)

협의에 따라 인지를 붙이지 않습니다.
책값은 뒷표지에 있습니다.
잘못된 책은 바꾸어 드립니다.

솜씨-DNA

이종선 지음

HOLIDAYBOOKS

서언 |

우리의 뛰어난 솜씨는 어디에서 왔나

2024년 파리올림픽 양궁 5종목에서 금메달을 싹쓸이한 선수들이 화제에 올랐다. 1988년 서울올림픽에서 단체전이 생긴 이래 10연패라는 경이적인 기록을 세운 것이다. 양궁 종목은 말 그대로 한국 양궁인을 위한 잔치마당으로 여겨질 정도이다. 한국인은 왜 그렇게 활을 잘 쏘는가. 무슨 이유가 있는지 세계인들 모두가 궁금해한다. 양궁만이 아니다. 프로골프에서도 박세리 선수를 필두로 많은 한국인이 좋은 성적을 거두고 있으며, 최근 LPGA를 석권한 리디아 고 선수도 한국계 선수이다. 또 펜싱 종목에서도 눈부신 성과를 올렸다. 이 종목들은 특히 '손'과 '눈'이 좋아야 한다는 점에서 주목할 만하다.

또 프랑스 리옹에서 열린 2024 국제기능올림픽에서 우리 기능공들이 금 10개를 휩쓸면서 세계 2위를 기록했다. 이번에는 비록 2위에 그쳤지만, 한동안 우리 선수들이 줄곧 1위를 차지했었다. 이처럼 우리나라 사람들은 스포츠뿐 아니라 손재주를 다루는 기능경기에서도 역시 뛰어난 실력-솜씨를 뽐내고 있다. 반도체 생산 능력에서도 한국은 세계시장을 압도하고 있다. 1990년대에 뒤늦게 반도체 시장에 뛰어든 한국은 현재 메모리 분야 세계 1위를 달리고 있다. 손톱 크기의 칩에 엄청난 분량의 자료를 집적할 수 있는 반도체는 마이크로산업의 대표 격이다. 이런 산업에 뛰어들어 세계시장을 석권하고 있는 밑면에는 과연 무엇이 있는가.

청동기 시대 유물 중에 다뉴세문경이 있다. 우리나라 선사 시대 의기(儀器)를 대표하는 상징적인 유물인데, 이 거울의 뒷면에 새겨진 세밀한 문양 때문에 '세문경'이라는 명칭이 붙었다. 이 무늬는 극세한 무늬로 현대의 과학으로도 풀기 어려운 제작 방법을 보인다. 선사 시대 이래 우리 민족의 핏속에는 무언가 '특별한 힘'이 흐르고 있는 듯하다. 다뉴세문경으로부터 반도체, 양궁, 프로골프 등에 오랜 옛날부터 부단히 이어져 내려오는 특별한 능력이 있지 않나 생각된다. 이를 '솜씨'라 보아 한국인에게 그런 솜씨가 면면히 이어져 오고 있음을 알고, 이 글에서 그 실체를 파악해 보고자 한다. 가칭 '솜씨-DNA' 즉 솜씨를 담은 유전인자가 어떤 경로를 통해서 선사 시대의 조상으로부터 현대의 우리에게 전승되고 있는지를 알아보는 것이 이 글의 목표이다.

'타고났다'라는 말이 있다. '천부적(天賦的-하늘이 내린)'이라고도 하는데, 스스로 노력하지 않는데도 특별한 재주를 갖고 태어난 사람들이 있다. 하늘이 내렸다고 하지만 실은 부모로부터 물려받은 것인데, 직계 부모로부터 받기도 하고 부모의 먼 조상에게서 물려받기도 한다. 그게 어느 시점인지를 정확히 밝힐 수는 없어도, '자신의 혈통에 무언가 선조로부터 물려받은 것이 있다'라고 보는 것이 맞을 것이다. 반도체의 미세 기술, 양궁의 X-10 과녁 명중 등의 실력은 당사자가 노력한다고 해서 생기는 것만은 아닌 게 틀림없다. '타고난 재주-솜씨'는 대를 물려서 자신의 유전자 속에 남아 있다가 어느 기회를 통해서 세상에 빛을 보게 된다. 다시 말해서 '솜씨-DNA'라고 하는 특별한 요소가 대를 이어가는 것이다.

프롤로그

안명수쾌(眼明手快) : 눈재간과 손재주

솜씨의 기본은 분명히 손과 머리에 있지만, 이 둘을 연결해 주는 역할은 눈에 있다. 화살을 명중시킬 때 우리는 "눈대중을 정확하게 한다"라고 한다. 초원에서 살아온 몽골인은 눈이 아주 좋아서 보통 사람들이 보지 못하는 먼 곳에 있는 물체를 볼 수 있다. 가축을 지키기 위해서 자연현상이나 늑대 등을 멀리서 보는 게 생활화되어 있기 때문에 가능한 일이다. 또 운동선수들은 기술을 연마할 때 선배가 하는 몸짓을 보고 익힌다. 이를 우리는 "눈썰미가 좋다"고 한다.

'손재주'는 손을 통해 어떤 작업을 이루어내는 역할을 하는 것을 말한다. 그러기 위해서는 정확한 손놀림 이전에 두뇌로부터 정확한 지시를 받아야 한다. 두뇌가 내린 지시는 손을 통해서 실행되는데, 이때 손만으로는 충분하지 않다. 머리와 손을 이어주는 가교로 눈의 역할이 중요한 것이다. 눈이 밝을 때 우리는 '눈재간'이 뛰어나다고 한다. 또 어떤 기술을 익힐 때 남이 하는 것을 흉내를 내어 비슷한 효과를 낼 때에 우리는 '눈썰미'가 좋다고도 한다. 결국 손재주는 명석한 두뇌의 명령과 이를 이어주는 밝은 눈(眼明), 그리고 재빠른 손재주(手快) 이 3자가 한 체계를 이루고 있을 때 그 효과를 낼 수 있다.

눈의 역할

눈은 생명의 원천이다. 모든 동물은 눈·코·귀·혀·살갗이라는 오관(五官)을 동원하여 살아가고 있다. 모든 생물들은 공격과 방어라는 투쟁의 연속 속에서 자극에 대응하는 감각 기관이 필요하다. 이 점은 사람도 똑같아서 오관의 감각 즉 5감을 통하여 대응하며 살아간다. 보고, 냄새 맡고, 소리 들으며, 먹이를 골라 먹으며 피부에 와닿는 모든 감각을 다섯 기관이 도맡아 한다. 그중에서도 눈에 거의 전부를 의존하는 동물이 사람으로, 수용 감각의 90%를 눈이 해낸다. 사람의 눈은 다른 어떤 기관보다도 사용 빈도가 높은데, 사람 눈의 구조가 원천적으로 자연에서 살아남으려는 수렵-채집 생활용이기 때문이다. 과일 따고, 뿌리 캐고, 토끼몰이를 하는 데 쓰도록 만들어졌기 때문에, 먼 산을 자주 보고 하늘에도 눈을 맞춰줘 눈의 근육을 골고루 바르게 써야 할 필요가 있다. 가까운 것에 주로 주목하다 보니 근시안이 되어버려 다른 동물이 쓰지 않는 안경을 걸치게 되었다.[1]

눈의 발생 과정을 보자. 눈은 뇌로부터 생겨났다. 5관 중에 뇌가 유일하게 두개골을 뚫고 나온 것이 눈이어서, 어떤 사람의 눈을 보면 바로 그 사람의 뇌를 보게 되는 것이다. 그래서 눈을 마음의 창이라 하는데, 탁구공만 한 눈에 모두가 들여다보이니 지능(IQ)마저도 비쳐 보인다. 또한 눈은 사람의 건강 상태를 잘 보여주며, 특히 홍채에는 늙은이의 덕기(德氣), 젊은이의 패기(覇氣), 어린이의 치기(稚氣)가 가득 차서 속마음의 눈을 닦으면 눈의 거울도 맑아진다. 앞에서 언급했듯이, 사람은 외부로부터 받아들이는 정보의 90% 이상을 빛이라는 형태로 눈을 통해 받아들인다. 빛이 인간에게 있어서 중요한 것도 이러한 이유 때문이다.

---

[1] 권오길, 「생물의 세계-눈은 생명의 원천」, 『과학과 기술』 30-8, 1997

눈의 구조

물체로부터 방사(放射)되거나, 반사 또는 투과된 빛이 눈으로 들어와서 사람이 빛을 느끼게 될 때까지 지나가게 되는 경로는 다음과 같다. 빛은 제일 먼저 각막을 통과한다. 각막을 통과한 빛은 각막과 수정체 사이를 채우고 있는 액체를 지나고, 그다음에 수정체를 지난다. 그다음 안구 전체를 채우고 있는 초자체를 통과하여 망막에 다다르게 된다. 망막에서 감지된 빛은 신경을 통해 뇌로 그 신호가 전달되면서 바로 물체와 동작을 인식하게 된다.

이러한 내용들은 눈의 초점을 맺게 하는 요소와 빛을 감지하는 요소로 대별된다. 초점을 맺게 하는 요소는 각막, 동공, 수정체, 초자체 등으로 이루어져 있다. 각막은 안구(眼球) 전체를 둘러싸고 있는 공막의 일부가 투명하게 변형된 것이다. 각막의 표면에는 식염수의 막이 덮여 있다. 각막과 수정체 사이의 액체(굴절률 1.337)가 너무 두꺼워지면 빛의 굴절이 정상보다 심해져서 근시(近視)가 되고, 그 반대이면 원시(遠視)가 된다.

동공(瞳孔)은 수정체 앞 조리개의 구멍이다. 동공을 통해 들어간 빛은 대부분 되돌아 나오지 않으므로 동공은 늘 검게 보인다. 어두운 곳으로 들어가면 조리개에 붙어 있는 방사상 근육이 수축하여 동공이 커지며, 밝은 곳으로 나오면 조리개의 안쪽에 붙어 있는 괄약근이 수축하여 동공은 작아진다. 조리개는 눈에 들어오는 빛의 양을 조절하는 망막에 적절한 양의 빛이 도달하게 한다. 수정체는 반고체 상태의 물질로 되어 있으며, 굴절률은 1.42 정도이고, 그 주위에 괄약근이 붙어 있는데 이 괄약근 주위에 방사상 근육이 붙어 있다. 가까운 거리에 있는 물체를 볼 때는 괄약근이 수축하여 수정체를 두껍게 만들어 줌으로써 망막에 분명한 상을 맺게 한다. 나이가 많아지면 수정체가 경화되어 가까운 곳에 있는 물체의 상이 망막에 정확히 맺히지 못하게 되어 원시가 된다. 초자체는 점성질 유체로서 굴절률은 약 1.336이며, 안구 전체를 채우고 있다. 초자체는 수정체와 망막 사이의 거리를 일정하게 유지하는 역할을 한다. 초자체는 광학적으로 완전히 투명한 것은 아니며, 작은 티끌 같은 것들이 떠다녀 산란시키기도 한다.

빛을 감지하는 요소들은 망막에 존재하는 2종류의 광감각 세포들을 말한다. 이들 중 한 종류는 막대기 모양이고, 다른 한 종류는 원뿔 모양으로, 이들을 그 형상에 따라 간상세포와 원추 세포라 부른다. 간상세포는 아주 작은 양의 빛(10-3 candela/m2 이하)이 눈으로 들어올 때 작용한다. 즉, 야간에 별빛이나 달빛 아래에서 물체를 식별할 때, 혹은 극장 안과 같이 컴컴한 곳에서 작용한다. 간상세포 속에는 로돕신(rhodopsin)이라는 물질이 들어있으며, 많은 양의 빛이 눈으로 들어오면 로돕신이 표백되어 간상세포는 광감각 능력을 상실하게 된다. 간상세포의 감도는 507㎚의 빛에 대해서 가장 크지만, 색을 구별해내는 능력이 없어서 물체가 흑백으로만 보이게 된다. 원추 세포는 간상세포와는 달리 비교적 많은 양의 빛(1 candela/m2 이상)이 눈으로 들어올 때 작용한다. 이 세포는 색을 분간하는 능력이 있다. 원추 세포는 망막 중앙에 몰려 있으며, 독자적으로 뇌에 전달되는 신경에 연결되어 있어서 물체의 미세한 부분까지도 지각할 수 있다. 3종류의 원추 세포가 존재한다는 사실은 삼원색의 존재를 시사한다.

눈의 특성

정상적인 눈은 통상적으로 가시영역(可視領域)이라 불리는 400~700㎚의 파장을 갖는 전자기파의 스펙트럼에 대하여 반응한다. 400㎚인 짧은 파장 쪽부터 순차적으로 보라, 파랑, 초록, 노랑, 주황, 빨강을 나타낸다. 이러한 색의 감지 능력에 이상이 있을 때 색맹이라고 한다.

물체를 보는 감각은 동공과 동공 사이의 평균 거리가 65㎜인 두 개의 눈을 사용하여 근육에 의한 통제를 통해 동시에 작용하게 되어 있다. 두 눈의 망막에는 보는 각도에 따라 약간씩 다른 상이 독립적으로 맺히며, 그 결과 외부의 광경을 입체적으로 볼 수 있다. 물체까지의 거리는 두 눈과 물체가 이루는 각도에 의해서 원근을 알 수 있게 되어 있다. 사람의 눈에는 인접한 두 물체의 원근을 구별해내는 능력이 있다. 원추 세포가 간상세포보다 능력이 높으므로, 원추 세포의 능력을 최대로 높이기 위해서는 조명의 밝기를 밝게 하고, 눈의 중심부에 물체의 상이 오도록 해야 한다.

사람이 눈으로 사물을 보는 과정은 즉각 일어나는 반응은 아니다. 빛에 의한 자극이 망막에 도달하는 것과 상을 감지하는 것 사이에는 약간의 시간 지연이 있다. 암소에 적응하는 정도에 따라 0.15초에서 0.30초 정도 지연이 일어난다. 어떤 광원이 반복적으로 깜박이고 있을 때 특정 주파수에 이르기까지는 깜박임을 느끼지만, 그보다 높은 주파수에서는 연속적으로 존재하는 것처럼 느끼게 된다. 이러한 착각 현상을 이용한 대표적 존재가 영화이다. 영화에서는 초당 48장의 화면을 비춰줌으로써 마치 영상이 연속적으로 움직이는 것과 같은 효과를 나타낸다. 유성영화는 초당 24장씩 촬영하며, 초당 48장의 영사속도를 얻기 위하여 2장의 날개로 된 셔터를 사용하여 2번씩 노출시킨다. 이 원리는 텔레비전 수상기에도 이용되고 있다.[2]

잠자리는 몸집에 비해 눈이 엄청나게 크다. 1만여 개의 홑눈이 모인 겹눈 두 개를 갖고 있는 잠자리가 보는 세계는 어떤 것일까… 과학자에게 '관찰'은 매우 중요한 요소이다. 원근법은 인간이 세계를 본 대로 묘사하는 가장 정확한 방법일까. 원근법은 인간의 눈을 카메라 렌즈로 기능화한 방법이다. 두 개의 눈과 뇌가 함께

---

2) 정해빈, 「광학개론(3)-사람의 눈」 『광학세계』 1-3, 1989

작동하는 시각의 메커니즘은 복잡한 과정을 수행한다. 눈이 있기 때문에 보인다고 할 수도 있겠지만, 사실은 보고 싶은 것을 보고 배운 대로 보는 경우가 훨씬 더 많다. 르네상스 시대를 인본주의 시대라고도 하는데, 이는 신 중심적인 세계관에서 인간 중심적인 세계관으로의 이행을 뜻하는 인류의 새로운 탄생, 근대의 출발이었다. 인본주의를 기점으로 이성에 근거한 합리주의가 싹텄다. 나의 시각은 나에게 본질적으로 주어진 것이 아니라, 타자들의 시각과 상호 관계 속에서 비로소 생산되고 드러난다. 흔히 '눈이 많다'라는 표현은 '눈은 감시한다'라는 전제를 깔고 있다. 하지만 감시하는 눈이야말로 원근법적인 시선이다.[3]

동물계의 다양한 눈이 매우 놀랍기는 하지만 실제로 빛을 모으고 초점을 맞추는 광학적인 특성은 단지 여덟 가지에 불과하다. 동물의 눈은 단순히 광을 탐지하지 않고 다른 방향에서 오는 광을 통해 화상을 만들어내는 기관이다. 생물학적인 작은 구멍이나 렌즈 혹은 거울을 써서 광수용체 위에 화상으로 초점을 맞춘다.

눈의 진화는 단계적으로 서서히 일어났는데, 처음에는 5억 7천만 년에서 5억 년 전인 캄브리아기(Cambrian)에 열린 컵과 같은 안에서 수 개의 수용체로 색깔을 선별하는 정도였다. 초기의 눈은 빛의 강도와 방향에 대한 정보를 제공했으며 진전될수록 파장과 대조 등에 대한 정보도 공급하게 됐다. 단순한 눈은 동공이나 수정체가 없어 빛에 대한 정보는 조잡하기 이를 데 없다. 눈의 진화에 대해서는 여러 가지 설이 있다. 눈의 진화는 형태로 보면 종간의 독립적인 개체 발달을 거친 것으로 생각된다. 척추동물의 망막은 신경외배엽에서 유래해서 외배엽의 상위 부분이 렌즈를 형성한다. 반면 두족류는 망막이 외배엽의 측두 부위가 함입되어 만들어져 각막이 없이 눈이 된다. 눈의 기원은 상피세포에서 시작하여 다양한 독립적인 진

---

3) 정헌이, 「과학자의 눈, 예술가의 눈, 그리고 잠자리의 눈」, 『과학과 기술』 39권 6호, 한국과학기술단체총연합회, 2006

화 과정을 거쳐 이루어졌다.[4]

시각의 발달

뇌에서 시각을 담당하는 신경은 태어나면서부터 계속 성장하여 사람은 6세가 되면 시력이 완성된다. 두 눈에 의한 입체적인 시각은 조금 더 성숙이 필요하여 8세가 되어야 완성된다. 사람은 생후 4~10주에 한쪽 눈을 가리면 그쪽의 뇌신경은 발달하지 못하며, 일단 이 시기가 지나면 눈을 가리더라도 시력이 나빠지지 않는다. 이 시기에 시각 자극이 주어지지 않으면, 시각 담당 뇌가 발달하지 못하기 때문에 눈에 들어오는 이미지를 지각하지 못한다. 이 시기는 동물마다 다르다. 원숭이는 이 시기가 좀 늦게 오는 편으로, 대략 생후 몇 개월에 시작하여 1년 이내에 끝난다. 인간은 더 늦은 시기에 온다. 사시나 근시가 있어서 망막과 뇌신경에 자극이 제대로 전달되지 않으면 약시가 된다. 사시를 치료할 때 좋은 쪽 눈을 가리고 시력이 약한 눈으로 보게 하는데, 이는 그 눈의 시력을 회복하기 위한 것이다. 이러한 치료는 시기가 빠를수록, 즉 나이가 어릴수록 효과가 크다. 6~7세 이후 이러한 치료가 거의 효과가 없는 것을 보면 시각을 담당하는 뇌신경은 6~7세 이전에 발달이 끝난다.

눈 안쪽에 있는 망막은 신경계가 직접적으로 연속되는 구조이다. 감각 기관은 대부분 피부의 일부가 변형되면서 만들어지지만, 눈은 뇌의 일부가 피부로 뻗어 나오면서 만들어진다. 눈은 얼굴에서 가장 눈에 띄는 감각 기관이다. 시각은 눈에 비추어진 감각의 경험을 말로 표현하고 설명할 수 있다는 점에서 독보적이다. 다른 감각 기관의 경험을 언어로 표현할 수 있는 것도 시각 덕분이다. 시각은 인간

---

[4] 강계원, 「유전적으로 이해하는 눈의 진화」, 한국과학기술정보연구원, 2007

의 사고 작용에 중요한 역할을 한다. 사람은 눈으로 물체를 인식하면서 동시에 사고를 한다. 인간이 사유하는 방식은 눈이라는 감각 기관에 주로 의존한다. 냄새나 맛을 이야기하면서도 우리는 음식이나 코, 입의 시각 이미지를 떠올린다. 시각장애가 있는 사람들이 생각하는 방식도 눈으로 사물을 인지할 수 있는 다른 사람들의 도움을 받아서 형성된다.

눈으로 보는 이미지의 5%는 상상 이미지다

빛 입자인 광자는 동공을 통해서 눈으로 들어가 망막에 부딪힌다. 동공 주변에 있는 갈색 원반을 홍채라고 하는데, 동공의 크기를 결정하고 조리개 역할을 한다. 동공은 8mm까지 커질 수 있고 2mm까지 줄어들 수도 있는데, 우리의 의지대로 조절할 수는 없다. 동공의 크기는 빛의 양이나 감정 상태에 따라서 자동으로 조절된다. 밝은 곳에서는 줄어들고 어두운 곳에서는 커진다. 또 흥분하거나 두려움을 느끼면 커지고 호감이 가는 상대를 볼 때 자기도 모르게 커진다. 근시가 있는 사람은 사물이 잘 보이지 않을 때, 눈을 찡그려 눈에 들어오는 주변부 광선을 제거하려 한다. 근시가 없는 사람도 구멍을 통해서나 눈을 가늘게 뜨고 사물을 보면 대상이 선명하게 보인다. 동공이 커지면 동공을 통과한 광선이 망막에 맺힐 때 초점을 맞추지 못하지만, 동공을 좁혀서 주변 광선을 제거하면 선명한 이미지가 얻어지기 때문이다.

정지상태에서 우리가 눈으로 볼 수 있는 세계의 범위는 좌우 100도, 위로 60도, 아래로 75도이다. 좌우로는 (100×2)/360=56%만 볼 수 있고, 상하는 (60+75)/360=38%만 볼 수 있다. 전체 공간의 절반도 보지 못하는 것이다. 게다가 가장 선명한 물체의 이미지는 눈앞 일부에 한정된다. 망막이 균일하지 않기 때문이다. 밝은 빛에 반응하는 원뿔 세포는 망막의 가운데에 밀집되어 있다. 이곳에 이미지가 맺힐 때 제일 선명한 이미지가 생기는데, 이곳이 황반의 중심오목이다. 정면을 바라보면서 팔을 앞으로 뻗었을 때 엄지손가락 폭이 눈을 기준으로 대략 1.5~2도인데, 이것이 중심오목의 시각 각도이다. 우리가 보고자 하는 부분은 항상 중심오목에 있다. 책을 읽을 때, 눈이 고정된 상태로 한 번에 읽을 수 있는 글자의 수는 대략 대여섯 자다. 그 정도가 중심오목의 시각 각도 안에 들어가며, 다른 글자를 보려면 눈을 움직여야 한다.

선명한 이미지를 얻으려면 눈은 항상 움직여야 한다. 실제로 시선이 한 곳에 정지해 있는 시간은 매우 짧다. 의식적으로 시선을 고정하면 처음에 선명하게 보이던 물체도 곧 뿌옇게 바뀐다. 그러다 눈을 약간 움직이면 다시 선명해진다. 시각 신경이 쉽게 피로해지기 때문이다. 눈은 책을 읽을 때 매우 빠른 속도로 움직인다. 정지해 있는 시간은 0.12~0.13초에 불과하다. 그런데 눈이 빠르게 움직이면 시각이 순간적으로 억제되어 시각 정보가 처리되지 못한다. 눈이 움직이는 상태에서 우리는 사물을 정확히 볼 수 있다. 만약 눈이 움직일 때도 우리가 세상을 볼 수 있다면, 세상은 걸으면서 찍은 비디오의 흔들리는 화면처럼 보일 것이다. 이런 화면은 어지러워서 화면의 내용을 제대로 볼 수가 없다. 그러나 우리가 실제로 걸으면서 보이는 세계는 흔들리지 않는다. 눈이 움직이는 동안 들어오는 시각 정보가 억제되기 때문이다.

우리는 눈이 움직이는 것을 자신의 눈으로 직접 확인할 수 없다. 거울로 자기 왼쪽 눈과 오른쪽 눈을 번갈아 보면서 자신의 눈이 움직이는지 확인해 보라. 거울에는 정지된 상태만 보인다. 그러나 우리 눈에는 항상 사물의 움직임이 연속적인 장면으로 보인다. 이는 눈이 움직여서 보이지 않는 동안은 뇌에서 앞뒤의 시각 정보로 채워 넣기 때문이다. 눈을 깜박이는 0.1초의 순간, 즉 눈을 감고 있는 시간에도 이러한 채워 넣기가 작동한다. 하루 동안 눈의 운동이나 눈 깜박임으로 볼 수 없는 시간을 모아 보면 자그마치 60~90분에 달한다. 따라서 우리 눈이 실제로 본다고 생각하는 이미지의 5% 정도는 상상의 이미지다.

시각 정보가 뇌에 이르기까지

양쪽 눈에서 나온 시각 신경은 뇌의 밑바닥에 있는 시신경에서 교차한다. 두 눈으로 정면을 바라볼 때, 왼쪽에서 들어오는 자극은 오른쪽 뇌로 가고 오른쪽 시야에서 들어온 자극은 왼쪽 뇌로 간다. 즉 절반만이 교차한다. 두 눈이 몸통의 정반대 쪽에 붙어서 입체 시각이 의미가 없는 물고기나 파충류는 완전히 교차한다. 흥미롭게도 개구리는 올챙이 때는 완전 교차였다가 성장하면서 사람처럼 절반만 교차한다. 시신경교차를 지난 시각 신경의 20%는 중간뇌의 위둔덕으로 가고, 80%는 시상을 거쳐 후두엽으로 간다. 후두엽에는 시각 정보를 받아들이는 피질이 있다. 이를 일차시각피질이라 한다. 일차시각피질에서 분류된 정보는 좀 더 분화된 영역으로 전달되어 색, 형태, 움직임 등을 지각한다.

시각 신경의 위둔덕은 진화론적으로 오래된 경로이고, 어류, 양서류, 파충류에서는 중요한 시각 처리 중추이다. 후두엽을 거치는 시각 신경은 진화론 상 새로운 경로라고 할 수 있는데, 인간을 포함한 영장류에서 발달했다. 오래된 신경 전달 경로는 눈의 자동적인 움직임을 조절한다. 이는 자동적인 반사 체계로 우리가 의식적으로 조절할 수 없다. 가령 어떤 물체가 옆으로 갑자기 다가오면 자동으로 눈이 그쪽으로 돌아가고 머리와 몸을 돌려 그 대상을 보게 된다. 그 대상을 의식하고 보는 것은 머리를 돌린 다음에 발생한다. 즉 위둔덕 경로는 중요한 대상을 눈의 중심오목에 맞추려는 반사적 행동이다. 눈에 빛을 비추면 동공이 자동으로 줄어드는

과정도 이 경로로 이루어진다.[5]

눈은 창문이다

눈은 뇌의 일부분으로 전체 뇌 중에서 외부에 노출된 유일한 부분이며 눈을 제외한 나머지 뇌는 두개골 안에 있다. 눈을 관찰하면 뇌에서 일어나는 상황을 알 수 있고, 눈을 통해 우리 몸에 어떤 질환이 생겼는지 알 수 있다. 즉, 눈은 우리 몸의 창문과 같아서 우리는 이 창문을 통해 바깥 세계의 사물을 볼 수가 있다. 눈은 동그란 공 모양으로 생겼는데, 이것을 '안구(眼球)'라고 부르며 눈동자는 안구의 앞부분에 해당한다. 이 안구는 외부로부터의 충격과 손상으로부터 보호받을 수 있도록 눈꺼풀의 안쪽으로 얼굴뼈 속에 파묻혀 있다. 본다는 사실은 눈 자체로 보는 것이 아니라 눈으로 정보를 수집하여 뇌로 보는 것이다. 이것은 잠수함이 잠망경을 통하여 물 위를 보는 것과 같은 원리이다. 즉, 우리의 눈은 시신경을 통해 뇌와 연결되어 바깥 세계의 정보를 뇌로 전달하는 역할을 하고, 뇌는 그 정보를 분석하고 판단하는 것이다.

보이는 것은 존재하는가?

우리가 외부의 사물을 보고 인식하기까지는 다음의 과정을 거치게 된다. 눈앞에 있는 외부의 물체에서 반사되어 나온 빛은 각막을 통과하여 눈으로 들어가고, 동공을 지나면서 빛의 양이 조절된다. 동공을 지난 빛은 수정체를 통과하면서 굴절되어 망막에 상이 맺히도록 초점이 맞추어진 다음, 유리체를 통과하여 망막에 상이 맺히게 된다. 그러면 망막에 맺힌 물체의 모양이나 위치에 따라 시각 세포가

---

5) 최현석, 『인간의 모든 감각』, 서해문집, 2009

자극되어, 그 시각 세포에서 전기 신호가 발생한다. 전기 신호는 각 시세포에 연결된 시신경을 통하여 '대뇌의 후두엽'으로 전달되어 판독됨으로써, 물체의 존재, 형태, 색깔, 위치, 명암 등을 인식하게 된다.

우리가 눈을 통해 잘 볼 수 있으려면 눈의 세부 구조들이 정상적으로 기능해야 한다. 즉 각막, 수정체, 초자체가 투명해서 빛이 잘 통과될 수 있어야 한다. 눈에 들어간 광선은 수정체 등에 의해 망막에 초점이 맺혀져야 하며, 망막, 시신경, 뇌의 기능이 정상이어야만 정상시력을 유지할 수 있다. 이 중에 어느 하나라도 이상이 있으면 시력이 떨어지게 되며, 반대로 특정 기능이 발달할 수도 있다.

그러나 눈에 보인다고 해서 그 물체가 언제나 실제로 존재하지는 않는다. 물체가 실제로 존재하지 않아도 같은 자극을 뇌에 주면 그 물체가 보이며, 물체가 실제 존재하더라도 어두운 곳에서는 눈에 아무런 빛도 도달하지 않아 아무것도 안 보이게 된다. 이러한 원리를 이용한 것이 텔레비전, 영화, 사진 등 영상 매체이다. 영상 매체는 비록 비추는 사물이 실제로 존재하지는 않지만, 똑같은 시각 자극을 뇌에 전달하여 마치 그 물체를 보고 있는 것처럼 느끼게 한다. 대부분의 영상 매체는 극단적인 상황에서 눈을 거치지 않아서 인간은 뇌에 대한 자극만으로 그 물체를 본다고 느끼게 되는데, 잠을 잘 때 꾸는 꿈이 여기에 속한다. 잠을 잘 때, 보지는 않지만 뇌의 작용으로 온갖 상황을 보는 경험을 한다. 이러한 원리는 시력을 상실하더라도 적용될 수 있어, 뇌가 건강하면 초음파 자극을 직접 뇌로 전하여 어느 정도의 시력을 갖게 할 수 있다. 즉, 우리는 눈이 아니라 뇌로 보는 것이다.[6]

---

6) 이진학, 『Eye 닥터 119』, 다락원, 1999

모방, 눈썰미

세계 비행사격대회에서 한국 공군이 언제나 1등이다. 사격판의 탄흔을 헤아릴 수 없을 정도로 명중한다. 양궁의 X-10을 연상시키는데 심판관마저 깜짝 놀란다. 한국인의 공간 인식, 순발력, 스크리닝 능력이 총 발휘된 결과인데 이는 우뇌형의 승리이다. 노련한 조종사의 종합적 확산(擴散) 주의력이 필수조건이다. 조종석의 수백 개 단추와 복잡한 계기판을 본 사람이라면 그 의미를 알 수 있다. 평시에도 조종사는 슬쩍 훑어보는 것만으로 모든 걸 파악해야 한다. 즉 눈썰미가 좋아야 한다. 꼭 점검해야 할 계기는 반드시 체크한다. 재빠른 스크리닝 능력이 필요하다. 전투 상황에선 내 비행기뿐 아니라 적기의 속도, 방향, 각도, 무장의 특성까지 순간적인 판단력과 폭 넓은 시각, 공간 인식 등 종합적인 주의력과 순발력이 필요하다. 일점 주의력만으로는 어림도 없다. 넓게 확산하고 종합적으로 전체를 읽어내는, 개괄적인 판단 능력이 필요하다. 슬쩍 눈만 걸쳐도 상황 전체를 파악할 수 있는 능력, 이게 필수다. 우뇌형이 아니면 될 일이 아니다.

한국인의 눈썰미는 알아준다. 거기다 예리한 직감에 필요한 것만 골라내는 선택성도 발군이다. 관찰력이 비슷한 뜻이긴 하지만 그 말은 겉모양에만 치중된 느낌이다. 대신 눈썰미는 외형뿐 아니라 기능적인 면, 내용, 그리고 응용성까지 포괄적인 뜻을 담고 있다. 사전적 의미는 고사하고 서양에선 시각 지능(Visual Intelligence)이라는 용어가 눈썰미와 거의 같은 의미이다. 한국인이라면 대부분 갖추고 있는 능력이어서 일상생활에 보편적으로 쓰인다. 처음 보는 것이라도 슬쩍 보기만 해도 "아! 참 좋다.", "편리하겠다, 이런 용도로 쓰이겠지." 등등 기능이나 내용까지 훤히 파악한다. 우리가 20세기 들어 산업 후발 국가로 출발하여 여기까지 온 데에는 이런 눈썰미가 결정적인 역할을 했다. 신속한 결단, 과감성, 도전, 거기다 더해 우리의 손재주, 근면성까지 동원되어 좋은 상품을 만들어낼 수 있게 했다. 더하여 세계 각지를 뛰어다닌 근면성, 역동성, 기민성이 이 나라 발전의 원동력이다.

감: 직감

한석봉과 모친의 내기 대결은 극적인 상황을 연출했다. 글씨가 어느 정도 되었다고 자만한 석봉이 집에 내려와 모친과 마주 앉았다. 마뜩잖은 모친은 그에게 내기를 제안했다. 불을 끈 방안에서 석봉은 글씨를 쓰고 모친은 떡가래를 썰었다. 결과는 모친의 승리였다. 오랜 숙련과 '감' 덕분이다.

"감이 좋다.", "이번엔 될 것 같다.", "척 보면 안다."…이런 기분이 든 적이 있을 것이다. '왜?'라고 물으면 꼭 집어 설명을 할 순 없지만, 좋든 나쁘든 그런 '감'이 잘 들어맞는 사람이 있다. 시골에 가면 마른하늘에 갑자기, "비 온다. 고추 걷어라!"라고 소리치며 비 설거지에 종종걸음을 치는 노인을 흔히 만날 수 있다. 진료실에서도 섬뜩한 기분이 드는 환자에 대한 감이 맞게 된다. 경험 많은 의사는 그가 살 날이 멀지 않다는 것을 직감으로 알아맞힌다. 이를 의사들은 '암 얼굴'(Cancer face)이라 한다.

감, 직감 등으로 불리는 이러한 능력은 동양인이 특히 발달했다. 서구는 논리적, 분석적 사고가 발달한 것과 다르게 동양은 직관적 사고를 잘하기 때문이다. 서양의 알파벳 문자는 추상적이다. 생활환경이 추상적이기 때문이다. 그에 비해 동양의 한자 문화권은 자연에서 상형문자가 탄생했다. 이런 문자를 쓰노라면 사고 패턴이 다분히 회화적(繪畵的)이고 전체적으로 되며, 거기에서 '감'의 문화가 생겨났다. "한 잎 떨어지면 천하의 가을을 안다." 동양적 사유의 전형이다.

직감은 과학이다

직감은 말로 다 설명할 수 없는 사고 과정의 총칭이다. 직감은 논리 정연한 체계로도 이루어지지 않는다. 과정을 건너뛰어 대뜸 '도달'하는 것이다. 얼른 듣기엔 마치 주술 같기도 하고 불가사의한 초능력 같기도 하지만, 직감은 과학이다. 마른 하늘에 비설거지를 서두르는 노인은 어디에선가 기미를 느꼈을 것이다. 바람 끝에 묻은 물기, 구름 모양이나 새들의 울음, 벌레들의 움직임 등 우리 눈에 보이지 않는 것을 보고 들리지 않는 걸 듣는다. 비가 온다고 판단하기까지, 오랜 경험과 세밀한 정보 등 많은 데이터를 순식간에 모두 수집해서 판단한 결과이다. 그게 '감'이고 직감이다. 파나소닉을 세운 마쓰시타 고노스케(松下幸之助) 회장은 "나는 우리 회사를 감 90%로 경영해 왔다."라고 술회하고 있다. 직감은 의사 결정의 중요한 요소이다. 기업의 중요한 의사 결정에는 결단을 내릴 수 없는 상황이 많다. 이때에는 경영주의 직감-감에 의지할 수밖에 없다.

한국인의 직관

마른하늘에 비설거지를 서둘렀지만 비는 오지 않았다. 직감은 엉뚱할 수도 있다. 그렇다고 엄청난 부작용이 일어날 것도 없다. 직감을 동원하는 데에 대단한 용기나 결단력이 필요한 것도 아니다. 일상생활에 가볍게 쓰는 게 감이다. 한국인은 자연과 함께 조화를 이루는 삶을 살아왔다. 자연과 함께 살다 보니 자연에 대한 외경심과 함께 자연의 오묘한 변화에 민감할 수밖에 없다. 자연은 인간에게 많은 걸 베풀고 또 가르쳐 준다. 바람 끝에 젖은 물기를 우린 못 느껴도 노인은 '감'으로 체감할 수 있다. 직감은 후손에게 전수되어 내려간다. 요즈음 우리 사회에 '감의 정치'니 '감의 선거'니 하는 것도 실은 그 뿌리가 깊다. 합리적인 서구인들이 들으면 웃기는 이야기로 들리겠지만 이미 우리 몸엔 그런 의식이 젖어 있다.[7]

---

7) 이시형, 『우뇌가 희망이다』, 풀잎, 2005

몽골인은 남들이 보지 못하는 지평선 저 너머의 물체나 자연현상을 식별하는 능력이 있다. 북극의 에스키모인도 백색 빙원에서 물범 등을 식별하는 능력을 갖췄다. 드넓은 초원과 산지를 옮겨가며 가축들을 방목하는 유목 생활을 하다 보니, 아주 멀리서도 가축들의 동태나 늑대 등 맹수의 침습을 파악하지 않으면 안 되었고, 그러면서 멀리 보는 시력이 좋도록 진화하였다. 또 몽골인에게는 신생아를 3주 동안 깜깜한 방에서 지내게 하는 풍습이 있는데, 이것이 좋은 시력을 갖는 데 도움을 주었을 것이라는 주장도 있다. 밝은 빛에도 견딜 만큼 망막이 두꺼워지고 발달했을 때, 비로소 빛을 쐬게 함으로써 시력의 손실을 예방했다는 것이다. 몽골인이 이처럼 높은 시력으로 넓고 먼 시야를 확보할 수 있었던 것은 몽골 기마병이 중앙아시아와 서방 세계를 휩쓴 전투에서 승승장구를 거듭한 이유 중 하나 아니었을까 짐작한다.[8]

밝은 눈과 재빠른 손재주

"안명수쾌(眼明手快), 눈이 밝고 손은 재빠르다."

빠르고 정확한 눈재간과 더불어 한국인을 가장 한국인답게 만드는 요소로 '솜씨-손재주'를 들지 않을 수 없다. 손재주란 그냥 일상적으로 '잘한다'라는 표현이 아니라, 대뇌의 활동과 함께 특수하게 사용되면서 오랫동안 잘 다듬어진 '손가락 훈련'으로부터 비롯되었다. 한국인은 대뇌 중에서도 우뇌(右腦)가 특히 발달했다고 한다. 좌뇌(左腦)가 '언어적인 사고'에 치우친다면, 우뇌는 '이미지적인 사고'에 길들여 있게 마련이다. 이는 한국인이 선사 시대 이래로 오래도록 간직해온 천부적인 기질에서 비롯된 '민족적 능력'에서 나왔으며, 태생적·유전적으로 대를 이어 후세들에게 건네져 왔다. 오랫동안 줄기차게 '금속제 젓가락'을 사용했으며, '부드러운

---

8) 김지형, 「김지형의 추상과 구상 (14) 시야 검사」, 법률신문, https://www.lawtimes.co.kr/opinion/188760

붓을 사용'한 강단 있는 글씨 쓰기, 신체 단련을 위해 행해진 '활쏘기' 등에서 그러한 기질이 더욱 발전하고 익숙하게 훈련되었다.

한국인을 특히 돋보이게 하는 것 중의 하나로 '손재주-손의 감각 조절 능력'을 들 수 있다. 보통 '솜씨'라고도 하며 "손재간이 있다"라고 말하기도 한다. 손재간은 손만으로 하지 않는다. 손을 움직이려면 두뇌, 즉 머리가 있어야 하고, 손을 효율적으로 잘 움직이는 기술이 뒷받침되어야 한다. 그게 솜씨다. 솜씨의 사전적 의미는 "다듬어지고 숙련된 상태의 역량"을 말한다. 하지만 뛰어난 기술 혹은 기량을 뜻하는 손재주라는 단어만으로는 그 의미가 갖는 깊이를 대체할 수가 없다. 거기에는 지적이며 예술적 혹은 기술적으로 특별한 활동이 가미되기 때문이다. 즉 예술적 재능과 뛰어난 기술적 능력에 '손재간'이 결합한 의미라고 할 수 있다.

그런 가운데 손재주라는 특별한 재능이 한국인의 독특한 장점으로 계발되기에 이르렀다. 이는 고대로부터 한국인의 체세포-DNA 안에 담긴 채 단절 없이 현대에까지 전해져 양궁과 여자 골프 등으로 이어지거나, 국제기능올림픽 경기나 병아리 감별 등의 성적에서 탁월한 실적을 올리게 되었다. 특히 여성 선수들이 강점을 보이게 된 데에는 바느질이나 뜨개질 등에서 훈련된 손가락 동작들의 유연한 놀림을 비롯하여, 손 근육의 활동이 다른 국가의 대표들에 비해 월등 뛰어났기 때문이라고 생각할 수 있다. 여기에는 단지 반복된 훈련에서 비롯된 것이라고만 여길 수 없는 '무언가'가 있는 것이다. "그 무엇이 무엇인가?"를 알아보려 하는 노력이 이어지는 이 책 안에 담겨 있다.

손재주 DNA

동그란 콩을 미끌미끌한 쇠젓가락으로 거뜬히 집어내고, 양궁 경기에서 화살로 과녁의 정중앙(X-10)에 꽂아 넣는 한국인의 현란한 손재주는 과연 어디에서 왔는가. 서양인은 어림도 없고 같은 동양인이면서도 쇠젓가락을 사용하지 않는 중국인이나 일본인들은 엄두도 낼 수 없는 희한한 재주, '손재주와 눈재간이 조화롭게 작동하는' 이런 재주는 한국인에게는 너무나 익숙한 일이다. '타고 났다'라는 말이 있다. 이를 천부적(天賦的)이라고도 한다. 천부적이라기보다는 타고 났다는 표현이 더 정확한 의미이다. 하늘에서 무언가를 떨어트려 주었다기보다는 부모 양쪽 혈통 어디에선가로부터 특출한 재주를 타고난 것이다. 모계면 외탁, 부계라면 친탁이다. 이 말은 부모 어느 쪽에선가의 조상으로부터 특별한 재주가 DNA에 심겨 있다가 어느 때인가 우연한 계기를 통해서 그 재주가 밖으로 나타났다는 것을 의미한다. 그 계기는 어쩌면 훈련 덕일 수도 있고 우연일 수도 있지만, 그때부터 '타고난 재주'가 세상에 빛을 보게 되었던 것이다.

천부적인 재주란 누군가가 태어날 때, 자신의 몸 안에 '조상으로부터 물려받은 특별한 DNA'를 갖고 나왔다는 뜻이다. 화가로 치면, 타고난 재주꾼인 화가 '오원(吾園) 장승업(張承業, 1843~1897)' 같은 인물을 지칭하는 말이다. 조선 시대 말에 활동한 천민 출신 장승업은 정규적인 그림 공부를 한 번도 받아본 적 없는 화가이다. 신분이 비천했지만 그는 타고난 재주를 바탕으로 그림을 어깨너머로 보고 익혔고, 그만의 독특한 경지를 일궈냈다. 그는 아호를 '나도 원이다'라는 뜻인 오원이라 지었다. 즉 "나도 단원(檀園) 김홍도나 혜원(蕙園) 신윤복에게 뒤지지 않는 화가다"라고 할 정도로, 타고난 그림 천재만이 할 수 있는 득의만만한 태도를 그 아호가 말해준다.

다수의 여성 프로골퍼들이 세계를 휘젓고 다니는 저력은 타고난 재주로부터 나왔다. 또한 수많은 양궁 선수들이 국제무대에서 우월한 활 솜씨를 뽐내고 있다. 『삼국지(三國志)』「위지동이전(魏志東夷傳)」에서 말하는 우리의 직계 조상 동이족(東夷族)의 이(夷)는 대궁(大弓) 즉 큰 활을 잘 다루는 민족을 말한다. 그 전통이 대대로 이어진 것이다. 유명한 한국 여성 양궁선수들을 보면, '타고났다'라는 표현이 결코 지나치지 않다. 2024년 파리올림픽에선 남녀 궁사가 5종목을 독점 석권하기에 이르렀다.

경상북도 예천은 국궁(國弓)의 고향이다. 씨름은 마산, 활이라면 예천이다. 언제부터 국궁의 터전이 되었는지 정확히 알 수는 없지만, 세계적인 양궁선수 김진호(1961~, 1979년 베를린 세계선수권대회에서 5관왕을 획득한 대표적인 양궁선수)를 배출한 국궁의 요람이다. 김진호는 예천에 정착한 선조 중 부계나 모계의 어느 대에서 빛을 발했던 활 솜씨가 이어져 내려와서 세상에 빛을 보게 되었다. 다시 말해, 김진호는 태어날 때부터 지닌 특출한 '활솜씨 DNA'를 갖고 세상에 태어났다는 말이다.

더 거슬러 올라가 조상 중 활 솜씨가 뛰어난 예로 고구려 안시성주 양만춘(楊萬春)의 일화가 있다. 당태종의 왼쪽 눈을 맞춰 패퇴시킨 궁수의 명장이다. 양만춘 설화의 역사적 사실 여부를 떠나 한국인에게 활 솜씨는 타고난 재주임이 틀림없다.[9]

이처럼 우리의 활솜씨, 국궁의 바탕 위에 양궁(洋弓)이 꽃을 피웠다. 같은 활쏘기, 국궁과 양궁은 원리로 보면 서로 통한다. 물론 세계적인 양궁선수에 한국 여성만 있지는 않다. 영국, 이탈리아, 미국, 중국, 일본 또 몽골 선수도 있다. 그런 세계의 각축장에서 우리 한국의 여성 선수가 수위를 차지하는 경우가 많았다. 왜 그럴까… '타고난 무언가'가 있음이 틀림없다.

인간의 손: 무엇이 특별한가

손을 움직이거나 손가락으로 만져서 외부 환경의 변화를 받아들일 때 뇌(腦)는 동시에 빠르게 가동한다. 뇌는 모든 동작의 출발점이자 명령을 내리는 신체 지휘

---

9) 박지원(朴趾源, 1737~1805), 『열하일기(熱河日記)』

소인데, 이때 신경 세포-뉴런(neuron)의 집합체인 뇌에서는 뉴런이 서로 그물망처럼 엉키고, 뉴런과 뉴런 사이에 순간적으로 흐르다가 사라지는 전류 작용 즉 '신경전위(神經轉位, neurectopia 도면 1)'가 오간다. 사람의 뇌에는 대략 100억에서 1,000억 개 정도의 뉴런이 있다고 한다. 손으로부터 어떤 감각 정보를 얻을 때, 손에 전해지는 자극은 손의 감각수용기를 흥분시켜 신경전위를 발생시킨다. 신경전위는 신경을 지나 척수의 감각 경로를 따라가고, 대부분은 대뇌 신피질(新皮質, neocortex)로 보내져 감각 정보가 된다. 손 운동이 시작되면 피부와 근육, 관절에 물리적 자극이 가해지므로 신경전위가 발생하고, 그것이 감각신경을 지나 대뇌와 소뇌로 피드백된다. 피드백 덕에 손의 움직임은 극히 섬세하게 자율적으로 조절되게 된다. 이렇게 뇌의 회로가 가동됨으로써 손에서 얻은 감각이 전해지기도 하고, 필요에 따라 자유자재로 손을 움직이게 되는 것이다.

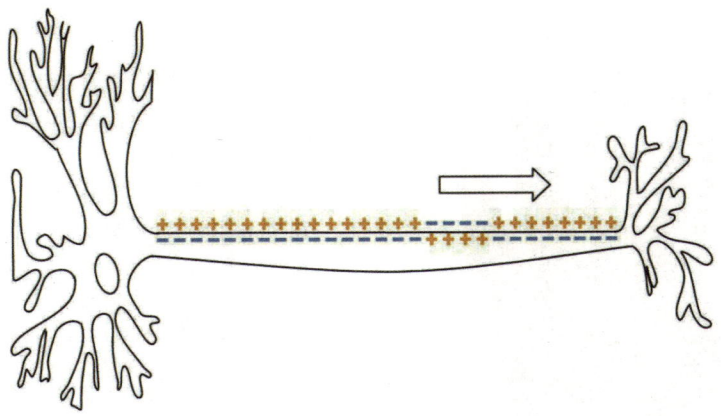

도면 1 신경전위

사람을 만물의 영장 자리에 있게 한 것은 머리(頭腦)지만, 머리를 더욱 발달시키거나 한 걸음 더 나아가는 활동들, 심지어 정보활동의 종착점인 '문자 기록'까지를 가능하게 한 것은 바로 손(手)이다. 구조와 기능으로 볼 때, 손은 사람과 동물을 구별 짓는 특별한 부위로 구성이 대단히 복잡하다. 해부학적으로 손목의 앞쪽 부분을 '손'이라고 부른다. 손은 뼈와 손가락을 펼 수 있는 신전건(힘줄), 손가락을 구부릴 수 있는 굴곡건과 신경·혈관·피부 등으로 이루어져 있다(도면 2). 우리 몸의 뼈는 모두 합쳐 206개인데, 그 중 양손이 차지하는 뼈가 무려 54개로 전체 뼈에서 차지하는 비중이 매우 높다. 각 뼈들은 관절로 연결되어 있으며, 이처럼 뼈와 관절이 많아서 손은 세밀하고 다양한 기능들을 정확하게 구사할 수 있다. 인체 로봇이 사람 손의 능력을 따라올 날은 아직 멀었다. 손등과 손바닥에는 혈관과 신경이 그물망처럼 퍼져 있고, 손바닥 쪽 피부에는 잡은 물건이 미끄러지지 않고 마찰력에 잘 견디도록 두텁고 특수하게 분화된 감각 기관들이 존재한다. 손바닥 쪽에 신경 종말이 분포해 있어서 감각이 매우 예민하다. 손톱 또한 없어서는 안 되는 조직이다. 손톱이 없다면 손가락으로 물건을 집는 힘이 크게 떨어진다.

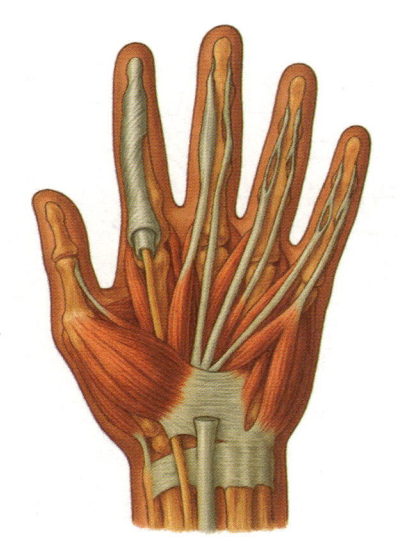

도면 2 손의 구조

　　인간의 손을 이루는 뼈와 힘줄과 근육은 인간을 인간답게 특정하는 중요한 해부학적 요소이다. 고릴라, 침팬지 같은 영장류나 기타 유인원과 비교할 때, 인간의 손은 아주 독특하다. 침팬지도 사람처럼 바나나 껍질을 벗기기도 하고 필요하면 찻잔도 들어 올릴 수 있다. 그러나 침팬지는 정밀도가 매우 떨어지는 손의 악력(握力)에 의존한다. 인간과 달리 침팬지는 손바닥을 오목하게 오그리지 못한다. 인간의 손가락은 다른 영장류의 손가락보다 더 곧고 길쭉하다. 특히 모든 손가락뼈가 세 마디까지 있어서 더 정교하고 동시에 섬세하게 움직일 수 있다. 또 양손에 각자 넓은 각도로 위치한 엄지손가락 덕분에 더욱 다양한 굴절(屈折)과 장악(掌握)이 가능하다. 다른 네 개의 손가락과 맞서는 이 '엄지손가락'이 없었다면, 우리는 글씨를 쓰거나 그림을 그리거나 총을 제대로 쏘기가 어려웠을 것이다. 그렇게 하여 인간의 손가락은 점차 인간을 더욱 인간답게 하고, 인류문명을 꽃피우는 데에 있어서 매우 중요한 역할을 담당하게 되었다.

손의 기능은 운동 기능, 감각 기능, 그리고 복합 기능으로 나뉜다. 운동과 감각 기능은 상호 연결되고 복합적으로 수행된다. 손의 복잡한 구조는 뇌와 직통으로 연결되어 세밀한 운동이 가능하다. 손은 뇌의 활동 중 상당히 많은 부분을 차지한다. 원숭이와 사람은 손이 비슷하게 생겼고, 바나나를 손으로 벗겨 먹거나 다른 행동들도 아주 비슷하다. 원숭이와 인간은 잡는 동작(grip)과 집는 동작(pinch)이 서로 비슷하다. 그러면서도 사람에게는 원숭이와는 차별화되는 탁월한 엄지손가락 기능이 있다. 이를 '대립 운동(Opposition)'이라고 하는데, 쉽게 표현하자면 손가락으로 연필을 제대로 잡을 수 있는 동작이다. 엄지가 있어야 악력(握力)이 높아진다.

만일 손가락의 대립 운동이 없었더라면, 인간은 문자를 사용할 수 없었을 가능성이 높다. 요즘 대세인 '엄지족'(엄지손가락을 능수능란하게 사용하여 핸드폰 문자메시지를 작성하거나, 정보를 검색하고 게임 등을 즐기는 신세대를 지칭하는 신조어)이 생길 수도 없다. 또 사탕을 쥔 아기의 손은 빼앗기지 않으려고 단단하게 오그려진다. 이는 인류의 오랜 조상으로부터 내려받은 본능적으로 타고난 '손가락 운동 DNA' 덕분이다.

불교에서 두 손을 가슴에 모으고 합장하는 모습은 아름다운 손의 모습이다. 상대방을 존중하는 모습이고, 마음을 비우는 모습이기도 하다. 그래서 손은 마음을 표현하는 수단이기도 하다.

2015년 7월 『네이처 커뮤니케이션즈(Nature Communications)』 저널에 미국 조지워싱턴대와 뉴욕 스토니브룩대 인류학과 학자들의 연구 결과가 발표되었다. 해부학적으로 사람의 손은 침팬지나 다른 유인원보다 오히려 '원시적(原始的)'이라는 점을 밝혔다. 연구팀은 정교한 통계 기법을 이용해 침팬지와 오랑우탄 같은 현생 유인원, 원숭이, 그리고 사람의 엄지와 다른 손가락의 비율을 분석했다. 또 멸종한 유인원과 초기 인류를 비교해 손의 진화 과정을 추적하였다. 그 결과, 침팬지와 인류의 공통 조상은 물론 그보다 훨씬 오래된 유인원의 조상도 현재의 인류와 마찬가지로 긴 엄지와 짧은 손가락을 갖고 있었다. 이는 지금까지 "엄지가 짧고 손가락이 길었던 공통 조상의 손에서 사람은 도구를 사용하기 적절하게 엄지가 길어지는 방향으로 진화했다"라는 기존의 학설을 뒤집은 내용이다. 침팬지의 짧은 엄지와 기다란 손가락은 나무 위에서 살기에 적합한 이상적인 형태로 진화한 반면, 사람은 진화되지 않은 채로 원시적인 손가락을 그대로 갖고 살아왔다는 것이다.

조지워싱턴대 세르지오 알메키아(Sergio Almechia) 교수는 "사람이 도구를 만들 수 있었던 것은 도구 제작에 적당한 손 때문이 아니라, 뇌가 커지고 진화하면서 계획하는 능력과 손을 적절히 조절할 수 있는 능력을 키웠기 때문"이라고 설명한다. 손이 단독으로 이룬 게 아니라, 손과 뇌가 합작해서 도구를 제작하고 발전시켰다는 주장이다. 결국 인간의 손은 뇌와의 결합을 통해서 더욱 발전하게 되었다. 양궁은 그러한 주장을 확인할 수 있는 사례라고 할 수 있다.

고릴라, 침팬지 같은 영장류와 다른 유인원의 유전자 구조는 서로 매우 비슷하다. 인간에게는 46개, 23쌍의 유전자 염기(鹽基) 서열이 있고, 아프리카 유인원은 평균 48개다. 모기가 6개, 닭이 78개라는 것을 생각하면, 인간과 영장류는 아주 근접한 모양새다. 그러나 인간과 영장류를 구분 짓는 결정적인 요소는 DNA의 염기 서열이 아니라, '손(手)'을 이루고 있는 뼈와 힘줄 그리고 근육이다. 유인원의 손과 인간의 손은 겉으로는 비슷해 보여도 손 자체의 내부 구조는 상당히 다르다. 그중 가장 결정적인 게 '엄지손가락'이다. 유인원의 엄지손가락은 나머지 네 개의 손가락과 같은 방향을 향하지만, 인간의 엄지손가락은 나머지 네 손가락과 마주 보는 대립적 위치에 놓여있다. 그 위치에서 오는 손가락의 기능적 차이에서 찬란한 인류 문명의 태동이 시작되게 되었다. 한 사람이 평생 손가락을 구부렸다 펴는 횟수는 대략 2,500만 번이라고 한다. 그중 엄지손가락이 혼자 구부렸다 펴는 횟수가 전체 횟수의 45%를 차지한다고 한다. 역시 '최고야!'라고 할 때, 엄지손가락이 치켜질 자격이 충분하다. 그래서 영국의 물리학자 아이작 뉴턴(Isaac Newton, 1643~1727)은 "다른 증거 없이, 엄지손가락 하나만으로도 신의 존재를 믿을 수 있다"라고 감탄했다.

젓가락 사용의 효과

우리 문화는 '젓가락 문화'라 할 수 있다. 흔히 젓가락을 사용하는 손은 제2의 두뇌라고 할 정도인데, 뇌의 활동과 밀접한 관련을 맺는다. 젓가락의 사용이 뇌에 미치는 영향을 상징적으로 보여주는 것이 '호문쿨루스' 모형이다. 호문쿨루스(Homunculus: 대뇌 피질에서 감각과 운동을 담당하는 구역에 비례해 인체를 그린 형상)는 신경외과 의사인 펜필드(Wilder Penfield, 1891-1976) 박사가 운동과 감각 담당 뇌 영역에 해당하는 신체 부위를 그린 모형인데, 3D로 투영해 보면 손이 차지하는 영역이 뇌에서 가장 크게 나온다. 손의 감각과 운동이 정밀한 조정이 필요하다는 것을 의미한다. 젓가락을 사용하면 손가락에 있는 30여 개의 관절과 60여 개의 근육이 쓰이는데, 우리 몸을 이루고 있는 206개의 뼈 가운데 4분의 1이 손을 구성한다. 그러니까 젓가락의 활발한 사용이 손가락 근육의 활용을 촉진하고, 이는 대뇌에 영향을 주어서 지능을 발달시키고 집중력을 높이는 효과를 볼 수 있다는 얘기이다. 어찌 보면 한국인의 IQ가 세계 최고라는 이야기도 이와 무관해 보이지 않는다.

한국인의 '손재주'가 뛰어난 것도 이와 관련이 있다고 평가된다. 한국 사람들이 젓가락으로 매끈한 콩을 집거나 흐물거리는 묵을 잘라서 가져와 먹는 것을 보면 외국인들은 혀를 내두른다. 금속젓가락은 나무젓가락보다 최소 3배 정도 많은 근육이 동원되며, 세밀하며 정교하고 예민한 손놀림을 요구한다. 한국인에게는 손재간을 좌우하는 주 근육인 장장근(긴 손바닥 근육, Palmaris Longus)이 특히 더 발달해 있다. 반도체와 전자를 비롯한 정밀한 산업에서 한국이 세계 최고의 경쟁력을 보이는 것도, 이런 산업들이 손의 정밀도를 요구하는 것과 관련이 깊다. 일찍이 삼성의 고(故) 이건희 회장도 한국의 반도체 산업이 발달한 이유가 젓가락 문화와 관련이 깊다고 설파한 바 있다.[10]

젓가락 삼국지

일본과 중국의 젓가락은 목제가 많다. 요즘 중국은 합성수지, 플라스틱으로 만든 것도 많이 쓰긴 하지만, 우리는 백제 시대의 청동 젓가락을 시작으로 은, 백통, 놋쇠로 만든 젓가락을 사용하다가 지금은 대부분이 스테인리스제를 사용한다. 외국 사람은 물론이고 같은 한국 사람까지 왜 유독 우리는 힘들게 금속젓가락을 쓰느냐고 묻는다. 금속젓가락은 나무젓가락에 비해 미끄럽고 무거워 집기에 불편하다. 금속젓가락으로 동그란 콩알을 집어 입에 넣는 한국인의 젓가락질은 서양인의 눈에는 줄타기 같은 곡예 수준에 가깝게 보인다. 한국만이 금속젓가락을 쓰는 이유는 우리의 독특한 '수저 문화'와 함께 '국물 문화'에서 찾을 수 있다. 국물 문화의 영향으로 한국은 중국이나 일본과는 다르게 수저 문화가 독특하게 발달했다. 한식은 국에 물이 많은데, 나무는 물과 상극이니 국물을 떠먹자면 숟가락은 금속이 더 낫다. 실 가는 데 바늘 간다고 숟가락이 금속인데, 그 짝을 이루는 젓가락만 나무젓가락을 쓸 수는 없지 않은가. 오래 사용할 수 있다는 실용적인 이유도 있다. 그러니 숟가락에 맞춰 젓가락도 같은 금속제를 쓰게 되었고, 이후로 그런 풍습

---

10) 이윤·도경수, 『지리의 이해』, 다차원북스, 2022

이 계속 이어진 것이다.

한국의 젓가락은 다른 나라에서는 찾아볼 수 없는 금속을 사용하는 데에다 숟가락과 짝을 이뤄 쓰기 때문에, 젓가락만 떼어서 의미를 논할 수는 없다. 젓가락과 숟가락을 합쳐서 '수저'라 하고, 항상 같이 다녀서 젓가락과 숟가락은 완전한 한 쌍이다. 숟가락은 음이다. 국물을 떠먹는다. 젓가락은 양이다. 고체 음식, 덩어리를 집는다. 숟가락으로 뜨고, 젓가락으로는 집는다. 숟가락은 한 술, 젓가락은 한 저분이 각각 한 단위라고 한다. 한국은 식구들이 함께 둘러앉아 먹는다 해도 중국보다는 밥상이 작다. 반찬은 내 앞접시에 옮기기보다 반찬 접시에서 집어 그대로 입에 가져가는 경우가 많다. 그래서 젓가락이 중국처럼 길 필요가 없다. 거기에 한국의 반찬은 국물을 함께 떠먹는 것들이 많다. 불고기도 김칫국도 모두 국물이 있다. 식사 예절상 그릇을 들고 먹는 것은 금기시되기 때문에 떠먹을 수저가 있어야 했다. 국물을 떠먹는 숟가락은 나무는 안 되고 금속이라야 한다. 그래서 숟가락의 짝이 되는 젓가락 역시 금속제가 되었다.

금속젓가락을 사용하는 건 비단 한국인만은 아니다. 몽골인도 금속젓가락을 사용한다. 몽골인은 초원의 유목민이라 끝없이 이동하며 산다. 음식은 주로 야외에서 먹는데, 그래서 젓가락과 나이프를 칼집에 넣어 함께 가지고 다닌다. 육식 위주의 식생활이기 때문이다. 양을 도살하면 뼈째로 요리해 나이프로 요령껏 고기를 발라내서 먹는데, 발라낸 고기를 나이프에 얹은 채 그대로 입으로 가져간다. 나이프와 젓가락을 넣는 칼집은 보석으로 화려하게 장식하고, 섬세한 조각이 들어간 상아나 뼈 혹은 은으로 제작된 젓가락을 쓰기도 한다. 결국, 우리는 문화적 유전자로 보면 중국과 가깝지만, 생물학적인 유전자로는 몽골 쪽에 더 가깝다. 우리가 금속젓가락을 쓰게 된 데에는 우리의 먼 혈연 덕도 있는 것이다.

한국인은 금속을 다루는 야금술(冶金術)이 뛰어났고 역사 이래로 여러 분야 중 금속 공예가 특히 크게 발전하였다. 라블레(Francois Rabelais, 1494~1553)의 대표 작품인 『가르강튀아와 팡타그뤼엘』 1권 「가르강튀아(Gargantua, 1534)」를 보면, 세상에서 가장 큰 종이 노트르담의 종이라 했다. 그러나 그건 우리의 봉덕사 신종에 비기면 방울 수준이다. 현존하는 종 중에 가장 웅장한 소리를 내는 큰 종은 봉덕사의 성덕대왕신종(聖德大王神鐘)이다. 이런 큰 종을 만든 탁월한 기술의 전통 속에서 개별 식탁에 금속젓가락이 올라온 것이다.

세계적인 공학자 헨리 페트로스키(Henry Petroski, 1942~2023, 『포크는 왜 네 갈퀴를 달게 되었나』의 저자)의 연구에 따르면, '젓가락'의 출발점은 뜨거운 음식과 관련이 있다. 옛날 사람들은 음식이 쉽사리 식지 않도록 커다란 냄비에 넣고 끓여 먹었다. 그런데 허기진 상태에서 음식을 꺼내다가 자주 화상을 입다 보니, 궁리 끝에 젓가락을 쓰게 되었다는 주장이다. 손가락을 보호하려는 방편이었던 셈이다. 젓가락의 시원은 자연 상태의 나뭇가지였을 것이다. 나뭇가지는 대개 굵기가 일정하지 않고 표면이 거칠다. 나뭇가지를 매끈하게 다듬어놓은 목재는 손으로 잡으면 미끄럽고, 테이블 위에서도 이리저리 굴러다닌다. 게다가 잡는 부분이 가늘어 손이 아프다. 반면에 음식을 집는 부분은 너무 두꺼워 가시를 발라내거나 작은 것을 집는 등의 작업을 하기 어렵다. 이러한 불편 사항을 해결하면서 오늘날의 음식을 집는 쪽은 둥글고, 손으로 잡는 쪽은 네모난 젓가락의 형태로 진화했다.

우리는 젓가락이라는 도구를 어떻게 사용하는가? 자르고, 누르고, 옮기고, 합하고, 짚거나 잡는 데에 쓴다. 이 중 자르는 것, 그러니까 김치 같은 걸 찢고, 뭉쳐있는 밥 같은 걸 잘게 떼고, 뼈에 붙은 살점을 발라내고, 생선 껍질을 벗기는 기능은 서양에서라면 모두 나이프의 역할이다. 여기에 음식을 누르고 찌르는 동작은 포크의 역할일 것이다. 또 우리는 젓가락만으로도 음식을 옮기거나 섞고, 반죽하고 모을 수 있다. 이것은 서양의 식탁에서라면 포크와 스푼이 동시에 수행하는 작업이다. 여기에 포크도 나이프도 스푼도 절대로 할 수 없는 젓가락만의 고유한 작업으로 음식을 잡고, 끼우고, 김과 같은 것으로 음식을 감싸는 등의 '집기 동작'이 더 있다. 젓가락의 형태는 이 모든 동작을 원활하게 수행하는 방향으로 진화했다. 페트로스키는 이미 완벽해 보이는 사물 또한 "언제나 개선의 여지를 남기고 있다"고 하면서, 그러나 이 세상에 최초이자 마지막으로 완성된 디자인제품은 바로 젓가락이라고 했다.

손가락 동작과 지능의 발달은 상호 밀접한 관련이 있다. 특히 엄지와 집게손가락의 사용은 언어 표현 능력에 직접적인 영향을 미친다. 신체 기관을 관장하는 대뇌의 기능 중 손을 관장하는 부분은 전체의 3분의 1이 넘는다. 손은 대뇌의 명령에 따라 움직이고 손동작의 정보는 다시 대뇌로 바로 송신된다. 따라서 손가락을 많이 움직일수록 대뇌가 활성화되고 명석해진다. 특히 젓가락을 사용하는 오른쪽 손가락의 움직임은 좌뇌(左腦)의 발달을 촉진한다. 좌뇌는 언어, 논리, 사고력을 관장하는 부위다. 젓가락의 사용은 서로 독립된 두 막대기의 조절과 역학적 관계를 통해 이루어진다. 상호 협동 없이는 아무것도 할 수 없는 것이다.[11][12]

우리처럼 젓가락을 쓰는 다른 민족으로 중국·일본·베트남 지역의 주민이 있다. 우리는 숟가락과 젓가락을 함께 쓰는 반면, 일본에는 젓가락만 있다. 일본인이 쓰는 짧은 사기 숟가락은 근래에 냄비 요리를 즐기면서 퍼졌다. 오늘날 중국인도 숟가락을 더러 쓰지만, 역시 젓가락이 앞선다. 숟가락으로는 볶음밥이나 뜰 뿐, 국물은 입에 대고 마신다. 이 점은 일본도 마찬가지이다. 이들과 달리 한국은 숟가락

---

11) 이어령, 『너 누구니: 젓가락의 문화유전자』, 파람북, 2022
12) 장혜영, 『한국 전통문화의 허울을 벗기다-한·중 문화의 심층 해부』, 어문학사, 2010

과 젓가락을 동시에 사용해 왔으며 그 역사도 오래되었다.

　일본 교토(京都)의 고려미술관에는 통일신라 시대의 것으로 알려진 수저 한 벌이 있다. 금을 입힌 것으로, 금으로 싼 구슬을 달고 특히 숟가락에는 복숭아꼴의 얇은 꽃판 무늬까지 곁들였다. 숟가락 길이는 27㎝이며, 허리는 굽었다. 젓가락의 길이는 24.4㎝이다. 일본인들은 우리보다 훨씬 늦게 젓가락을 사용했다. 서기 3세기 『삼국지(三國志)』에 실린 '왜인들은 손으로 음식을 먹는다'라는 내용이 그 증거이다. 수저는 우리에게서 그들에게 건너갔다. 젓가락 전파에 대한 일본 학자 이치이로 하치로(一色八郞)의 설명이다. 젓가락은 중국에서 직접, 또는 조선 반도를 거쳐서 들어왔다고 알려졌지만, 일본에서 젓가락을 쓰기 시작한 것은 3세기에서 7세기 사이의 일이다.

　'일본인의 일생은 젓가락으로 시작해서, 젓가락으로 마감한다'라는 말이 있다. 아기의 백일상에는 반드시 젓가락을 놓았고, 친척 가운데 장수한 사람이 음식을 먹는 시늉을 가르쳤다. 튼튼하게 자라나기를 바라서이다. 이 젓가락은 새봄에 처음 싹이 튼 버드나무로 깎는다. 일본인들은 젓가락을 신성한 물체로 여긴다. 일본인에게 젓가락이 없는 생활은 생각할 수 없다. 버려진 젓가락을 공양하는 동시에, 감사를 바치기 위해 젓가락 무덤을 세웠다. 젓가락을 신으로 받드는 신사(杉箸神社)도 있다. '와리바시(割箸)'는 나라현(奈良縣 吉野郡)의 한 업자가 1882년에 만들었다. 이곳에는 젓가락 상인의 시조라 불리는 백저옹(百箸翁)을 비롯하여, 젓가락과 관계된 세 신을 모신 신사도 있다. 일본에서는 어린이와 어른, 그리고 남녀에 따라 각기 다른 젓가락을 쓰며, 한 식탁에서 음식은 옮김젓가락으로 덜어 먹는다. 쓰고 난 젓가락은 반드시 봉투에 다시 넣는다. 자기 입안에 들어갔던 '불결한 것'이 남의 눈에 띄지 않도록 하기 위해서다. 일본인 특유의 청결감과 상대를 배려하는 목적으로, 그들은 한 번 쓰고 버리는 이른바 '와리바시'를 만들었지만, 이것으로 마음이 놓이

지는 않는 것이다.[13]

한국인의 손재주

황우석 교수가 금속젓가락으로 콩을 집을 수 있는 '한국인의 손재주'를 소개하여 크게 화제가 되었던 적이 있다. 미세한 난자에서 핵을 집어내는 극세(極細) 전문적 작업은 고도로 섬세한 손재주가 없으면 안 되는데, 한국 사람들은 오랫동안 쇠젓가락을 사용하면서 그런 작업에서 요구되는 능력을 자연스럽게 체득하였다. 젓가락을 사용하면 손가락, 손목, 팔꿈치 등 관절 30여 개와 근육 50여 개를 움직일 수 있으나, 포크를 사용하면 운동량이 그 절반 정도에 지나지 않고 대뇌에 주는 자극도 덜하다고 한다. 그러므로 젓가락을 사용하는 민족은 손의 세부 근육이 유난히 발달할 수밖에 없었고, 젓가락질이 뇌 운동을 촉진하기 때문에 연쇄적으로 머리도 좋아지게 된다는 것이다. 한국 사람들은 일본이나 중국의 나무젓가락보다 얇고 가늘고 미끌미끌한 금속젓가락을 사용하는 바람에 손재주에 있어서 그들을 크게 능가할 수 있었다.

그런 재주는 부(父-XY 유전자)와 모(母-XX 유전자)로 교차 전달되어 자식에게 이어지고, 타 집안과의 결혼을 통해서 다시 다른 가계(家系)로 이동 및 전달되었다. 당사자 한국인 개개인은 유전자조합을 위한 '운반체' 역할을 한다. 그 결과 특징 있는 유전자는 끊임없이 세대를 교차하면서 한 세대에서 다음 세대로 자연스럽게 이어지게 된다. 마을 단위로 살던 조선 시대 이래의 터전, 예천에서 양궁선수 김진호는 그러한 배경을 갖고 탄생한 것이다. 다른 예를 들어, 한국인의 눈은 갈색이 많고 머리카락은 흑발이 대세를 보인다. 색뿐 아니라 눈의 시각 능력이나 머리카락의 부드

---

13) 김광언, 『우리 문화가 온 길』, 민속원, 1998

러운 정도 등등 유전자의 속성 자체는 장구한 세대에 걸쳐 끊임없이 이어지면서, 되살아날 수 있는 염색체의 속성으로 존재한다.

유전정보의 전달자: 이중나선 DNA

우리의 오래된 옛 조상-동이족(東夷族)은 시베리아 초원 지대를 이동하며 살아왔다. 그런 가운데 멀리 떨어진 대상물을 정확하게 볼 수 있는 시각 능력과 활을 자유자재로 능숙하게 다루는 구사 능력이 생겼고, 그런 특성이 이어져 내려와서 양궁선수 김진호를 배출한 예천 같은 고장은 예로부터 궁술의 터전으로 자리 잡았다. '궁술의 DNA'가 예천이라는 고장에 자리를 잡고 성숙해서 꽃을 피웠던 것이다. 멀리 보기-눈대중과 손의 감각 조절-명중시키는 능력 등등 여러 성질은 부모로부터 자식에게 이어지고 그런 대물림이 있었을 것이다. 대물림이 끝없이 이어지는 게 '유전자 DNA'이다. 개체는 생명체의 유전자 조합을 위한 운반체이다. 유전자(Cistron)는 긴 세대에 걸쳐 지속될 수 있는 염색체의 일부로 끊임없이 교차하면서 세대에서 세대로 이어진다. 유전의 단위는 어느 단계에선가 우리의 먼 조상에게서 창조되었는데, 활쏘기 같은 유전적 특성은 우리에게는 확실히 남아 있고 다른 민족에게는 거의 보이지 않는다.

20세기에 들어서서 유전정보의 전달자라고 말할 수 있는 DNA(디옥시리보-핵산, Deoxyribo-Nucleic Acid)를 발견하면서, 생물학은 획기적인 전환점을 맞이하여 혁명이 일어났다. 1953년에 두 과학자 왓슨(James Dewey Watson, 1928~)과 크릭(Francis Compton Crick, 1916~2004)이 유전에 관여하는 물질을 과학 잡지 『네이처(Nature)』에 발표하면서 생물학 혁명은 절정을 이루었다. DNA가 이중나선(二重螺線)으로 꽈배기처럼 꼬여진 모양을 하고 있다는, 단순하지만 독창적인 이론이었다. DNA 구조는 지퍼가 꼬여있는 모양과 비교되는데, 그 지퍼에는 4가지의 서로 다른 염기(鹽基)를 포함하고 있다. 이 4가지는 아데닌(A), 시토신(C), 구아닌(G), 티민(T)이며 이러한 염기들은 DNA의 골격을 만든다. 후대로 전달되는 유전적 정보는 이 4종류의 염기 서열에 의해 결정되고 몸속에 담겨져서 오래도록 이어진다.

1950년 미국의 생화학자 샤가프(Erwin Chargaff, 1905~2002)는 크로마토그래피(Chromatography: 여러 물질이 섞인 혼합물을 이동속도에 따라 분리하는 방법)를 사용하여 DNA의 구성에 대해 중요한 사실을 발견하였다. 즉, 모든 생명체에서 아데닌의 양은 항상 티민의 양과 같고, 시토신의 양은 항상 구아닌의 양과 같다는 것이다(Chargaff의 법칙). 이 발견은 Watson과 Crick이 세운 모델에서 염기 아데닌과 티민이 그리고 구아닌과 시토신이 공간적으로 어떻게 정확히 맞아떨어졌는지에 대한 의문점을 해결해 주는 열쇠가 되었다. 염기 구조상 구아닌과 시토신이 결합할 때 3개의 수소결합을 이루고, 아데닌과 티민은 2개의 수소결합으로 이루어진다. 이러한 염기 짝짓기 법칙(왓슨-크릭의 법칙)은 정확한 유전자 정보를 전달하는 부분에서 매우 중요한 요소이다.[14]

유전자(시스트론, Cistron)

유전자(遺傳子)는 '불멸의 존재'로 자기 마음대로 '부모'라는 매개체를 통해 세대를 거치면서 한 몸에서 다른 몸으로 옮겨간다. 생명체는 태어나서 죽을 수밖에 없게 만들어졌지만, 그 형질은 유전자라는 매개 수단을 통해 자손 대대로 전달되어 이어진다. 세포 안에 들어있는 유전자, 즉 DNA의 관점에서 볼 때 지구상의 모든 생명은 끊기지 않고 계속 이어져 왔다. 이것을 칭하여 우리는 '생명의 영속성(Perpetuity)'이라고 한다. 생명의 기본단위인 DNA의 영속성을 리처드 도킨스(Richard

---

14) Reinhard Renneberg, 『생명공학: 기초에서 응용까지』 지코사이언스, 2009

Dawkins, 1941~, 옥스퍼드대 명예교수)는 '불멸의 나선'이며, 생명체는 이를 복제 전달하기 위해 태어난 '생존 기계'에 불과하다고 규정했다.

그런 방식으로 전해져 내려온 한국인의 유전적 특성은 외국인과 체질적으로 섞이더라도 몸속 어딘가에 남아 있다가, 때가 되면 어떤 형태로든 다시 나타나게 되어 있다. 이러한 구도 아래 '손재주 DNA'는 현대에까지 간단없이 이어져서 병아리 감별이나 양궁, 골프, 탁구, 프로게임 등에서 뛰어난 성적을 올리게 되었는데, 우리가 이를 단지 반복된 훈련에서 비롯된 것이라고만 볼 수 없는 배경이 여기에 있다. 여성 선수들이 강점을 보이게 된 데에는 바느질이나 뜨개질 등에서 훈련된 손가락 동작들의 유연한 놀림에서 손 근육의 활동이 여느 국가의 대표들에 비해 월등 뛰어났기 때문이다. 인내심이 강하다는 등 다른 이유도 물론 있다.

불멸의 유전자(Unsplash Gene)

사람들은 한 종이 다른 종으로 변하는 것을 진화(進化, Evolution)라고 생각해 왔다. 한때 침팬지가 오랜 세월 변화 과정을 거치면서 인간이 된 것이 대표적인 예라고 잘못 생각하기도 했다. 사실 진화론의 주창자 다윈(Darwin, Charles Robert, 1809~1882)의 주장은 그런 것이 아니었다. 침팬지의 조상을 거슬러 올라가 보면 언젠가 인간의 조상과 만난다는 것이 다윈의 설명이다. 침팬지와 인간이 과거 어느 때부터인가 같은 조상을 갖고 있었다는 것이다. 이렇듯 어느 한 종에서 다른 종으로 넘어가는 변화를 대진화(大進化, Macro-evolution)라고 한다.

그러나 진화에는 이런 대진화만 있는 것이 아니다. 오랜 세월에 걸쳐 조금씩 변해가는 것도 진화이다. 말을 바꾸자면, 주어진 환경에 적응하면서 필요한 기관이 조금씩 변화 발전하는 것도 진화의 일부이다. 진화생물학자들이 말하는 진화는 주로 각 개체의 유전체(Genome) 속에 있는 독특한 유전자들을 모두 모은 유전자군(Gene-pool)에서 특정한 유전자의 빈도가 변하는 것을 말한다. 어떤 유전자가 이번 세대에는 특별히 많았는데 무슨 까닭인지 다음 세대에는 조금 줄어들고, 그 대신 다른 유전자가 득세하는 변화가 생태계에서 늘 벌어지고 있는 진화의 모습이다. 이런 진화를 우리는 대진화에 빗대어 소진화(小進化, Micro-evolution)라고 부른다.

오늘날 지구상의 모든 생명체는 각각 태초의 DNA를 물려받았다. 그 DNA가 개별 생명체에서 각기 다른 조합을 만들어 조금씩 다른 모습의 개체로 살아가고 있다. 인간과 침팬지의 관계도 그런 차이가 있으며, 침팬지와 오랑우탄의 관계, 오랑우탄과 떡갈나무의 관계, 떡갈나무와 코스모스꽃의 관계도 모두 마찬가지이다. 외형도 그렇고 내부 속성도 모두 같은 흐름을 보인다. 모든 생명체의 내부에는 태초의 '조상(祖上) DNA'가 모습만 바뀐 채로 들어 있다. 어떻게 보면 생명이란 바로 이 불멸의 'DNA 나선의 일대기'인 셈이다. 태초부터 지금까지 죽지 않고 살아남은 화학물질의 일대기라는 것이다. 유전자가 한 세대에서 다음 세대로 건너가 동일한 형질을 발현시킨다는 점에 대해서는 현대 생물학계에서 이견은 없다. 유전자 단백질이 만들어내는 구조물이 모두 다 유전한다고 단언하기는 어렵지만, 기본 구조나 골격 등은 유전자 속에 어떤 형태로든 프로그램되어 있었을 것이다. 모든 벌들이 예외 없이 육각형의 집을 만드는 것도 이 때문이다. 하나의 개체에 들어 있는 유전자 조합은 일시적이지만 유전자 자체는 수명이 매우 길다.

이기적 유전자(Selfish Gene)

인간의 세포에는 23쌍, 혹은 총 46개의 염색체가 있다. 각 쌍 중에서 한 개는 어머니로부터 다른 하나는 아버지에게서 온다. 염색체는 1부터 23까지 번호가 매겨지는데, 대략 크기에 따라 가장 큰 것이 1번 염색체가 된다. 염색체 1번부터 22번까지를 상염색체(autosome)라 부르는데, 이들은 신체의 외모와 기능을 담당하는 유전자들이다. 23번째는 성염색체(sex chromosome)로 신체나 행동의 성적 특성을 만든다. 여기에는 두 종류의 포유류 성염색체가 있는데, 그 염색체들의 생김새 때문에 X와 Y라고 부른다. 암컷 포유류는 두 개의 X염색체를 가지고 있고, 수컷은 X와 Y를 갖고 있다. 우리의 염색체 중 하나는 어머니로부터 그리고 다른 하나는 아버지로부터 물려받았다. 어떤 유전자를 부나 모에게서 받았더라도 형질이 발현되지 않을 수도 있다. 어떤 유전자는 발현되지 않거나 불완전하게만 발현될 수 있다. 인간의 피부 색깔을 결정하는 단백질과 유전자가 좋은 예이다. 특히 피부 색깔은 수많은 유전자들의 상호작용에 따라 결정된다.[15]

유전자(遺傳子)의 길은 끊임없이 교차하면서 세대에서 세대로 지속적으로 이어진다. 우리는 부모로부터 각각 염색체를 넘겨받는다. 각각의 염색체는 부모의 정소 또는 난소 안에서 특정한 모습으로 따로따로 조립되었다. 유전자는 오래 지속될 수 있는 염색체 물질의 일부이다. 또 유전자는 정확도가 뛰어난 자기 복제자(複製者)이다. 복제의 정확도란 유전자의 수명을 나타내는 다른 표현이다. 유전자는 자손의 몸에 넘겨져서 여러 세대에 걸쳐 살아남을 수 있다. 유전의 단위는 가깝게는 아버지의 어머니, 즉 당신의 친할머니로부터 온 것으로 볼 수 있다. 거슬러 올라가면 작은 유전 단위의 선조를 멀리 고대로까지 올리면서 종국에는 최초의 창조자를 만나게 된다.

그런 이치가 유전의 속성이고, 우리의 '손재주 DNA'도 그런 방식으로 세대를 거치면서 후손에게로 전달되었다. 손재주 DNA 같은 유전 내용은 어느 단계에선가

---

15) Bryan Kolb, Ian Q. Whishaw, G. Campbell Teskey 저, 김명선·김재진·박순권 역, 『뇌와 행동의 기초』, 시그마프레스, 2012

당신의 조상 가운데 한 사람의 정소 또는 난소 내에 창조 저장되어 있었다. 현재 전해진 우리 몸 안의 유전 내용은 먼 미래까지 그대로 살아남아 후대 자손에게로 전해질 것이다. 유전자는 불멸의 존재다. 각각의 생존 기계인 사람은 적어도 수십 년간 이상 수명을 누릴 수 있다. 그러나 유전자의 기대 수명은 10년 단위가 아니라 1백만 년 단위로 측정되지 않으면 안 될 정도로 불멸에 가깝다. [16)17)18)19)]

단백질은 핵 외부인 세포질에서 합성되는데, 리보솜(Ribosome: 세포질 내의 단백질 합성 장소로 rRNA와 단백질로 구성된다)은 세포 내 단백질을 합성하는 공장이다. 핵과 리보솜 사이에는 거리가 생기며, 이 거리는 메워져야 한다. 그러면 어떻게 핵 안의 DNA 유전 정보가 세포질 내에 존재하는 리보솜으로 전달될까? 여기에는 전달자(Messenger)라는 것이 필요한데, 이러한 전달자는 세포 내에서 효과적이면서도 필수적인 요소이다. 라마르크(J-B de Monet, chevalier de Lamarck, 1744~1829: 용불용설의 주창자)는 생물종이 시간의 흐름에 따라 변하며, 모든 생물은 서로 관련이 있다는 생각을 가졌다. 이는 최초의 진화론이다.

라마르크는 지금은 신빙성을 잃은 '획득 형질의 유전'이라는 이론으로 잘 알려져 있다. 이 이론은 개체의 경험이 유전을 통해 자손으로 전달될 수 있기 때문에, 만일 한 개체가 어떤 것을 성취하면, 그 자손들이 그 노력의 성과를 물려받을 수 있다는 점을 말한다. 생물은 끊임없이 변화한다. 동시에 자신에게 잘 들어맞는 환경의 변화를 경험한 개체는 더 많은 자손을 낳게 되고 그럼으로써 살아남아 번창한다. 지난 50년 동안 축적된 증거로 인류는 확실히 생명 체계의 정보는 한쪽으로

---

16) 구보타 기소우 저, 고선윤 역, 『손과 뇌』, 바다출판사, 2014
17) 최재천, 『최재천의 인간과 동물』, 궁리, 2007
18) 리처드 도킨스 저, 홍영남·이상임 역, 『이기적 유전자』, 을유문화사, 2018
19) 최재천, 『손잡지 않고 살아남은 생명은 없다』, 샘터, 2014

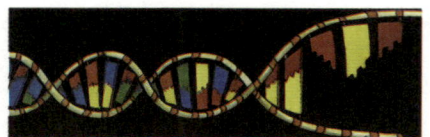
DNA 이중나선이 뉴클레오티드 염기가 접근하도록 열린다.

자유로이 떠다니는 뉴클레오티드들이 자기 짝을 찾아 결합하고 골격을 따라 연결된다.

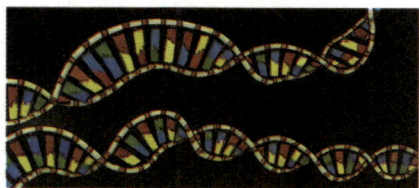
그래서 각각의 열린 가닥을 따라 새로운 가닥이 형성된다. 이런 식으로 한 개의 DNA 분자는 두 개가 된다.

도면 3 DNA 복제 원리

즉, DNA에서 RNA, 단백질로 흐른다는 일반론을 확립했다. 환경이 생물의 단백질에 영향을 미쳐 DNA를 변화시킬 수 있는 길은 어디에도 없다.[20][21]

위에서 설명한 대로 유전적 속성의 하나인 '손재주·솜씨 DNA'는 절대로 소멸하지 않고 최초의 조상으로부터 자손 누군가에게로 계속해서 이어질 수 있다. 그렇게 해서 우리 선수들이 오래전 우리 조상의 솜씨라는 터전을 딛고 양궁에서 만점을 받고, 여자 프로골프 세계 랭킹에서 수위를 차지하는 성과를 내게 되었다. 그러한 '솜씨-DNA'는 역사 이래 오늘날까지 여러 형태로 이어지거나 어딘가에 남아 있다.

---

20) Reinhard Renneberg, 『생명공학: 기초에서 응용까지』 지코사이언스, 2009
21) Mahlon Hoagland, Bert Dodson·Judith Hauck, 『생명과학 이야기』 라이프 사이언스, 2009

CONTENTS

서언 ·· 4
프롤로그 ·· 6

제1장 전통미술에 보이는 한국인의 솜씨-DNA

1. 나노 공예: 청동정문경(精文鏡), 고대의 불가사의한 청동기 주조 기술 ················ 54
2. 누금 세공(鏤金細工) 기법: 금 알갱이의 변주 - 국보 금제대구, 국보 부부총 태환이식 67
3. 투조(透彫) 기법: 바탕판 오려내기 - 무령왕릉 왕비 관장식, 천마총 금제관모와 관입식 ··· 86
4. 백제 금속 공예의 꽃 - 국보 금동용봉봉래산대향로(도판 8) ······························ 101
5. 합금의 비술: 신라 주조공의 합금 기술이 낸 신의 소리 - 성덕대왕신종(도판 9) ··· 114
6. 청동 조각의 절정: 국보 금동반가사유상(도판 10) ·· 131
7. 화강암 조각의 최고봉: 석공예가 이룩한 천상낙원 - 석굴암과 본존불(도판 11) ··· 144
8. 금과 은의 조화: 고려 은제 도금 주전자와 승반, 무령왕릉 은잔 ························ 155
9. 비색의 아름다움: 청자상감운학문매병과 청자진사표형연화문주전자 ··············· 173
10. 세계 인쇄 문화의 선구: 최초의 금속 활자 인쇄본, 직지(直指, 도판 16) ············ 194
11. 판각의 절정: 대장경목판, 고려의 팔만대장경(도판 17) ·································· 207
12. 불심이 이룩한 최고의 경지: 고려 불화, 혜허 필 양류관음도(도판 19) ············· 225
13. 붓으로 세운 유토피아: 국보, 고려 시대, 문경 필 감지금니 대방광불화엄경보현행원품
    (紺紙金泥 大方廣佛華嚴經普賢行願品)(도판 21) ··· 246
14. 은입사기술(銀入絲技術): 국보 청동은입사포류수금문정병(도판 25) ················ 265
15. 나전 예술의 극치: 고려 나전경함(도판 27) ·· 281
16. 자수: 실과 바늘로 잣는 꿈 - 고려자수 불화(도판 30) ···································· 297
17. 타고난 그림 천재: 오원 장승업 ·· 317

제2장 현대에 주목되는 '손재주' - 솜씨 DNA

1. 여자 양궁: 洋弓, 도판 34 ··· 334
2. 여자 골프: 도판 35 ·· 347
3. 민속씨름: 도판 36 ··· 359
4. 프로게임-e스포츠: 도판 37 ·· 370
5. 병아리 감별: 도판 38 ··· 381
6. 줄기세포 복제 기술: 도판 39 ·· 392
7. 외과-안과 수술: 나노 의학(Nano_medicine, 도판 40) ································ 405
8. 손재주와 미세 공정: 반도체(도판 41) ·· 415
9. 핸드폰과 엄지족: 도판 42 ·· 431

제3장 한국인의 DNA 전승

1. 한국인의 솜씨 어디에서 왔나 ··· 442
2. 금속제 젓가락: 다른 손가락의 사용 ··· 444
3. 장인의 솜씨 계승: 일본의 도제 시스템 ·· 454

에필로그 ·· 462
도면, 도판 목록 및 출처 ··· 464

제 1 장

전통미술에 보이는 한국인의 솜씨-DNA

솜씨에 바탕을 둔 전통 공예

'공예'(工藝)는 '백공기예'(百工技藝)라는 표현에서 보듯이, 기술과 예술의 복합적인 의미를 내포하는 개념이다. 그 핵심에 손재주 즉 '솜씨'가 자리하고 있다. 공예는 전통수공업과 미술의 경계를 아우르면서 여러 갈래로 분화하였다. 우리나라에서는 미술 분야 중 특히 공예 문화가 발전하였는데, 무형유산 지정 기준에 따르면 전통 공예의 종류는 18종에 이른다. 이를 크게 나누면 다음과 같다.

1) 목공예(木工藝)

목공예에는 대나무 제품과 버들가지나 싸리로 엮은 제품까지를 포괄한다. 옻칠·나전칠기·화각공예 등은 목공예 제품을 꾸미는 치장기법이다. 신라 때에는 버들고리와 바리때를 일상 식기로 사용하였는데, 바리때는 결이 거세지 않고 부드러운 피나무·오리나무·물푸레나무·버드나무 등으로 만들었다. 고려 시대에는 귀족 취향과 불교의 영향으로 화려한 목공예품이 생산되었으나, 조선 시대에 들어 유교의 가르침으로 사치풍조가 제약되고 억불정책으로 불교 미술의 발전이 저해되어 목공예 기술도 따라서 쇠락하였다. 조선 시대의 목공예품은 인공적 장식과 조형을 최소화하여 미술 이념을 구현하였다. 그 결과 선이 간결하고 면이 정확한 목공예품이 제작되었다. 이처럼 조선 시대 목공예는 소박하고 조촐한 의장으로 바탕의 재질과 구수하게 어울리는 기능 위주의 제품들이 주를 이룬다. 조선 시대의 목공예품은 장·궤·사방탁자·문갑·상·식기 등 다양한데, 특히 구례의 바리때,

나주의 반상, 충무의 장롱이 유명했다.

　조선 시대 목공예 재료로 각종 나무가 특성을 살려 활용되었다. 기둥·울타리·받침과 같이 힘을 받쳐 주는 뼈대는 야무지고 단단한 소나무, 넓고 얇은 널빤지로는 결 사이가 넓고 윤이 나지 않는 오동나무·엄나무 등이, 두껍고 넓은 천판에는 단단한 비자나무·배나무 등이, 장식재로는 결·무늬·색을 활용하기 위해 오동나무·느티나무 등이 각각 활용되었다. 목공예품의 이음새와 짜임새에는 못이나 접착제를 일절 사용하지 않았다. 죽공예 기술이 크게 발달하지는 않았지만, 죽공예품은 삼국 시대부터 요긴하게 이용되었다. 조선 시대에는 장(欌)과 농(籠)에서부터 문방구에 이르기까지 다양한 죽공예품이 전국적으로 사용되었다. 경공장과 외공장에 다양한 제품을 담당하는 장인들이 소속되어 있었으며 발·채상·부채·갓양태 등의 죽세공품이 생산되었다. 죽공예의 재료로는 참대·솜대·오죽·맹종죽이 특징을 살려 사용되었다. 참대는 가장 보편적으로 활용되었고, 솜대는 보기에 정갈한 농과 발을 만드는 데 쓰였다. 오죽은 검은 색을 살려 장식재로 쓰였고, 대통이 굵은 맹종죽은 필통·지통·화살통·수저통 등을 만드는 데 활용되었다.

　목공예품은 옻칠하거나 나전·화각 등으로 장식했다. 제품이 부식되지 않고 견고하도록 오래전부터 옻칠을 사용했다. 옻칠은 산화작용을 통해 단단하게 마르며, 한 번 마르면 수천 년 동안 변하지 않는다고 한다. 나전칠기는 목기·유기·도자기에 헝겊을 입히고 옻을 칠한 다음 자개를 박는다. 고려 시대에는 나전칠기 기법을 독자적으로 발전시켜 12세기 전성기에는 중국보다 더 발달하게 되었다. 고려 시대의 나전칠기는 귀족 취향에 영합하여 작은 꽃무늬를 반복 배치하는 등 가냘프고 단정한 맛이 있다. 이에 비해 조선 시대의 나전칠기는 정교한 솜씨가 거칠어져 정제된 무늬 대신 대형 무늬를 사용하여 회화적인 효과를 나타냈다. 나전칠기는 통영이 본고장이다. 나전칠기의 기본 재료는 옻칠과 자개이다. 옻칠은 옻나무의 수액인데, 7월 중순에서 8월까지 한더위에 채취한 것을 최고로 친다. 옻나무에서 채취한 후 저어서 수분을 증발시키고, 여기에 첨가물을 섞어 여러 가지 색깔의 옻칠을 만든다. 자개는 소라·전복·진주조개 껍데기를 쇠줄과 숫돌에 갈고 톱으로 가늘게 자른 뒤 칼로 끊어서 그릇에 상감한다. 자개 대신 금·은 등을 사용하기도 했다. 나전칠기는 옻칠하고 갈아내는 과정을 반복하는 등 작업 과정에 매우 많은 공력이 요구된다.

화각(畫角)은 쇠뿔을 종이처럼 얇게 펼치고 무늬를 그린 뒤 가구나 기물에 덧붙여서 장식하는 기법이다. 화각은 18세기에 독창적으로 창안되었는데, 전주의 화각이 유명했다. 화각 제품은 규방의 애완품으로 발달하여, 실패·자·바늘집·반짇고리·실장·버선장 등의 침선 용품과 손거울·참빗·경대 등 화장도구가 주를 이루며, 큰 것으로 패물함·중함·대함·장도 있다. 화각에는 중소의 고추뿔(곧게 뻗은 소뿔)만 사용한다. 쇠뿔을 잘라 얇게 켜고, 안쪽에 그림을 그리고 색을 칠하여 가구에 붙인 다음 윤이 나도록 문지른다. 화각 공예의 바탕이 되는 가구는 오동나무를 썼다. 화각의 무늬는 민화와 비슷하게 구름·꽃·새·십장생 등의 그림과 추상적으로 도안한 글자가 주를 이루었다.

2) 도자 공예(陶磁工藝)

흙으로 빚은 그릇에는 토기·도기·자기가 있다. 신석기 시대부터 시베리아에서 몽골을 거쳐 서북지방으로 들어온 빗살문토기(櫛文土器)와 신석기 시대 말기에 남만주를 통해 들어온 무문토기 등이 사용되었다. 삼국 시대에는 중국에서 가마 생산법이 도입되어 1,000도 이상 가열하여 구운 토기가 생산되었다. 백제의 토기는 회청색 무문토기가 대부분이고, 신라의 토기는 모두 회흑색토기이다. 통일신라부터 형태가 세련되고 표면에 무늬가 찍힌 토기가 생산되었는데, 유약을 칠해서 녹색을 띠게 되었다.

고려 시대 초기인 10세기에 송나라에서 청자 기술이 전파되었다. 이로 말미암아 의례용 그릇인 토기·도기의 제작에서 벗어나 실용적인 자기를 생산하게 되었다. 1050~1150년에는 비색청자(翡色靑磁)가 제작되었고, 전성기인 1151~1250년에는 상감청자(象嵌靑磁)가 발명되었으나, 1251~1350년 몽골의 침입으로 청자생산은 쇠퇴기에 접어들었다. 상감 기법은 고려의 독창적인 기술로서, 성형된 기물에 도안을 조각하고 그 안을 적토나 백토로 메워 구워내는 방식이다. 이외에도 고려 시대에는 화청자, 퇴화문청자, 화금청자, 진사청자, 철채자기가 제작되었다. 고려의 백자는 중국의 영향을 받아 12세기경에 발생하였는데, 형태나 문양이 중국의 백자를 그대로 답습했다.

조선 시대에는 유교의 영향으로 실용성을 중시하여 그릇이 두꺼워지고 굽이 안정되었으며, 불필요한 곡선과 면을 최소화하고 장식적인 기교가 거의 없어졌다. 색채도 청화·철사·진사 외에 화려한 색을 쓰지 않았고, 활달하고 자유분방하며 사실적인 문양이 사용되었다. 상감분청·백토분청사기와 옹기 등 한국적 풍류를 지니는 도자기가 주로 생산되었는데, 특히 옹기는 서민의 소박한 미의식이 구현된 민속 작품이다. 경기도 광주군에 있던 사옹원(司饔院)의 분원인 관요는 1882년에 폐지될 때까지 품질 좋은 백자를 제작해 중앙관서에 납품했다. 도자기는 형태에 따라 항아리, 병, 발, 합, 접시로 나뉜다. 햇볕을 쬐는 시간이 긴 남쪽 지방의 옹기 항아리는 배통이 넓고 입이 작으며, 북쪽으로 올라갈수록 배통이 좁고 입이 넓게 만들어졌다.

도자기는 흙, 유약, 안료로 만든다. 흙은 점토·백토·사토를 사용하고, 유약은 잿물에 장석과 석회석을 섞어서 만든다. 안료로는 산화철, 산화구리, 산화코발트가 사용된다. 도자기는 흙에서 돌을 걸러내 태토를 만들고, 발로 지르밟아 흙 속의 공기를 빼내고 점력을 높인다. 손으로 성형하는 방법에는 수날법, 권상법, 테쌓기 등이 있다. 지금도 장식물과 손잡이는 손으로 빚어서 붙인다. 성형 도구로는 주로 물레를 이용하는데, 큰 그릇은 나무 도구로 두드려서 성형하는 타렴법, 굽이 달린 작은 그릇은 흙을 뽑아 올려 성형하는 썰질법으로 만든다. 성형이 끝나면 바람이 잘 통하는 응달에서 서서히 말리고, 적당히 건조된 상태에서 굽을 깎고 장식을 붙이며 무늬를 새긴다. 무늬는 음각·양각·투각·인각·면각 등의 기법으로 장식한다. 이어 초벌구이하고, 유약을 바른 뒤 마침구이를 한다. 가마는 언덕에 만들어서 열을 최대한 활용한다. 주로 소나무나 참나무 장작을 연료로 쓰는데, 청자·분청자·백자의 소성온도는 1,300°C 내외이고, 옹기의 소성온도는 1,200°C 정도이다. 불을 완전히 때고 나면 공기가 들어가지 않게 모든 구멍을 폐쇄하고 서서히 식혀서 꺼낸다.

3) 금속 공예(金屬工藝)

금속 공예 분야는 선사 시대의 청동 제품과 삼국 시대의 금은 제품을 제작했는데, 북방 유목민족이나 중국의 영향을 강하게 받았다. 조선 시대에는 놋쇠로 그릇을 만들었다. 가정에서 여름에는 백자, 겨울에는 유기를 즐겨 썼다고 한다. 구리에 주석을 섞어 만든 놋쇠를 방짜라 한다. 방짜는 두드려 펴서 만들기 때문에 제작 과정이 매우 복잡하다. 방짜는 독성이 없는 까닭으로 식기를 주로 만들었고, 세숫대야·요강 외에도 징·꽹과리 등 타악기도 만들었다. 구리에 아연을 섞은 놋쇠는 쇳물을 녹여 부어 손쉽게 일반 기물을 만들었다. 조선 시대에는 개성, 호남의 구례, 평안도의 정주, 경기의 안성·용인·장호원 등지에서 유기가 생산되었다. 철제 화로는 숯불을 담는 용기이지만 보기만 해도 따스한 감을 주는 친밀감이 있다. 가구 장식을 비롯하여 자물쇠·촛대·담뱃대 등의 철제 잡기는 주물로 만들었는데, 은으로 상감 처리하여 멋을 부렸다. 이를 은입사(銀入絲)라고 한다.

4) 지공예(紙工藝)

종이는 후한(105년) 때 채륜(蔡倫, 50?~120?)이 발명했다. 백제 사람 왕인(王仁, 근초고왕 때의 인물)이 서기 285년에 일본에 천자문과 논어를 전해주었는데, 그때 이미 종이가 사용되었음을 알 수 있다. 고려 시대에 품질 좋은 종이를 만들었고, 조선조 세종 때 서울 세검정에 조지서(造紙署)를 두어 각종 종이를 만들었다. 민간에서는 창호지와 장판지를 주로 만들었는데, 전주·경주·의령이 종이 생산지로 유명했다. 종이는 닥나무 껍질을 원료로 하여 만드는데, 보온성이 뛰어나고 질겨서 인쇄용·문방용·도배용으로 많이 사용했다. 종이로는 여러 가지 물품을 만들었다. 종이를 오리고 붙여서 조화·부채·등·연을 만들었다. 장식용 조화는 궁궐의 잔치나 무속 의례와 불교 의례에서 사용되었다. 궁궐에서 사용한 조화의 종류는 22종이나 되고, 한 번의 잔치에 2만 송이나 사용했다고 한다. 무속 의례와 불교 의례에서는 모란·국화·연꽃 모양의 조화로 장식했는데, 상례에는 흰색 꽃을 사용했다. 부채는 전주와 나주에서 생산된 것을 최상품으로 쳤다. 부채는 얼굴 가리개로도 사용했는데, 혼인 때 신랑은 청색 부채, 신부는 홍색 부채를 사용했다. 상을 당한 사람은 백색 부채를 가리개로 지니고 다녔다. 4월 초파일에 관등놀이할 때 등을 만들어 달았는데, 수박·마늘·연꽃·용·봉황·학·잉어·거북·자라 등의 동식물 모양의 등과 방울·종·북·누각·난간·화분·가마·병·항아리 모양의 등을 만들었다. 장지·비옷·삿갓·우산은 한지에 들기름을 먹여 만들었다.

한지를 여러 겹 배접하고 기름을 먹이거나 옻칠하여 기물을 만들었는데 이를 지승(紙繩)이라 한다. 지갑·담배쌈지에는 들기름을 칠했고, 안경집·갓집·갓모에는 주로 옻칠하였다. 받짇고리·실상자·빗접·빗접고리에는 색종이로 꽃이나 문자를 오려 붙여 장식했다. 그리고 한지를 꼬아 만든 끈을 엮어 망태·바구니 등을 만들었는데, 여기에 옻칠하거나 무늬를 오려 붙여 장식했다. 또한 한지를 물에 풀어 꾸덕꾸덕하게 한 후, 모양을 빚어 종이탈과 여러 가지 그릇을 만들고 칠했다. 그리고 한지를 꼬아 만든 끈을 엮어 망태·바구니 등을 만들었는데, 여기에 옻칠하거나 무늬를 오려 붙여 장식했다.

5) 자수 공예(刺繡工藝)

자수는 옷을 장식하거나 계급을 표시하려는 실용적인 목적에서 발생했다. 삼국시대 이전에도 자수로 귀족층의 옷을 장식하였는데, 불교가 도입되면서 수불(繡佛) 가사 등의 영향으로 자수가 크게 발전하였다. 급기야 고려 시대에는 감상을 목적으로 하는 미술로 발전하여 「수도(繡圖)」가 만들어졌으며, 고려말의 「사계분경도(四季盆景圖)」가 남아 전한다. 조선 시대에 자수는 부덕을 닦고 심성을 수양하는 도구로서 필수적인 교양과정의 하나가 되었다. 북부 지방에서는 추위를 막기 위해 병풍이 주로 제작되었고, 남부 지방에서는 생활용품을 장식한 소품류가 많이 제작되었다. 부녀자가 생활상 필요해서 제작한 자수품에는 대개 안락한 가정생활과 현세의 복락을 기원하는 무늬나 글귀를 수놓았다. 그러나 틀에 얽매이지 않고 규정이나 규제에서 벗어나 대담한 생략과 자유스러운 왜곡으로 일상생활에서 느낀 감정을 솔직하게 표현하여, 자유스러움과 익살을 추구하는 우리 민족의 미의식을 잘 드러내었다.

병풍은 바람을 막고 시선을 가리는 실용적인 목적 외에 그림과 글씨를 감상하는 장식용으로도 사용되었다. 자수 병풍은 꽃과 새를 소재로 한 것이 가장 많고 교훈적인 내용을 담은 것도 있다. 조선 후기에 민화를 수놓으면서 병풍의 구도가 복잡해졌고, 원색 무늬를 굵은 실로 수놓아 서민적 투박함이 진솔하게 표현되었다. 안방은 화조 병풍으로 치장하였는데, 봉황·꿩·공작·학·물오리 등의 길조를 모란·국화·연꽃·석류·오동나무 사이에 수놓았다. 그리고 새는 반드시 암수가 마주 보도록 배치하여 백년해로하는 부부애를 기원하였다. 장수를 기원하는 자수 병풍으로는 백수백복도·백수전도·십장생도·종정도 등을 수놓았다. 백수백복 병풍은 각종 서체로 쓰인 수(壽)와 복(福)을 여러 가지 색실로 수놓았다. 십장생 병풍은 해·구름·물·산·소나무·대나무·불로초·거북·학·사슴을 조화롭게 배치하여 수놓았으며 고려 시대부터 유행했다. 백수전도 병풍에는 금석명기(金石銘器)를 수놓고, 종정도 병풍에는 종(鐘)과 솥을 수놓았다. 이 병풍들은 주로 상류층의 침실이나 서재에 비치되었다. 부귀다남을 기원하는 병풍에는 모란과 포도송이를 수놓았는데, 이 병풍은 잔치나 혼례 때 사용하였다. 이밖에 어울려서 노는 아이들을 수놓은 백자도(百子圖) 병풍도 있다.

　삼국 시대 이전부터 신분을 표시하기 위해 옷에 수를 놓았다. 조선 시대에 왕과 왕세자의 곤룡포에는 용을 수놓은 흉배를 가슴·등·양어깨에 달았다. 문무백관의 흉배 무늬는 여러 차례 변경되었는데, 고종 때 문관 당상관은 쌍학(雙鶴), 당하관은 단학(單鶴), 무관 당상관은 쌍호(雙虎), 당하관은 단호(單虎)로 정해졌다. 흉배는 복식 자수에서 가장 세련된 작품이다. 상층의 예복인 활옷은 다홍색 비단으로 만드는데, 등판·어깨 부분과 소매 끝에 물결·바위·불로초·봉황·나비·연꽃·모란 등의 무늬와 글귀를 수놓았다. 그리고 돌띠에는 장생무늬나 모란무늬를 수놓아 아기의 부귀장수를 기원했다. 이 외에도 베갯모에는 가정의 행복을 기원하는 길상 문양이나 글귀를 수놓았고, 주머니에는 주로 부귀·장생·길상 무늬를 수놓는 등 부녀자들은 자수 공예로 생활용품을 다양하게 장식했다.[22]

---

22)　유광수·김연호, 『한국전통문화의 이해』, MJ미디어, 2003

1 나노 공예

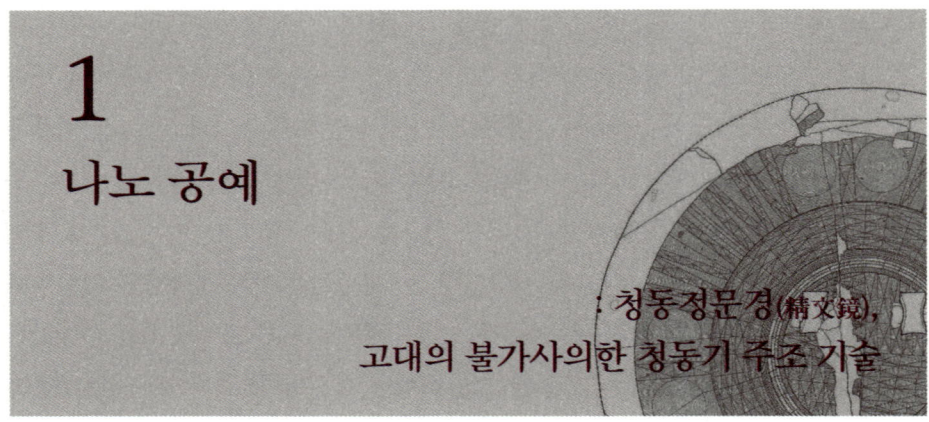

: 청동정문경(精文鏡),
고대의 불가사의한 청동기 주조 기술

청동은 인류가 발명한 최초의 합금(合金)을 이용한 새 발명품으로 기술사적으로 매우 중대한 의미가 있다. 청동이라는 새로운 물질을 만들어낸 일은 인류가 가진 특별한 재주 중의 하나인데, 청동 자체는 우연한 기회에 발견되었다. 청동 이전에도 금속이 사용되었는데, 바로 구리이다. 그러나 구리는 구리 원광석을 두드려서 간단한 장신구나 도구를 만드는 데에 그쳤을 뿐이다. 그러던 어느 날 모닥불 옆에 놓아두었던 구리 원광석이 불에 녹아서 전혀 생각지 않았던 '검은 구리'가 우연히 목격되었는데, 이를 유심히 본 고대 인류가 구리와 다른 광물을 섞어 불에 녹여서 청동을 발명하게 되었다. 청동은 합금 기술을 이용한다는 점에서 구리와는 전혀 차원이 다르다. 청동은 실제 존재하는 원소가 아니다. 구리(Cu)에 주석(Sn), 아연(Zn) 납((Pb) 황(S) 등의 원소들을 일정 비율로 섞어 불에 녹여서 새로운 금속으로 탄생시킨 것이다.

우리나라 고대 금속 문화의 꽃이라 할 수 있는 '청동정문경'은 그런 점에서 대단히 중요하며 획기적인 유물이다. '금속의 가공과 사용'이라는 기술적 측면에서 청동제 거울은 이전과는 확연히 다른 문화 단계의 유물이기 때문이다. 또 중국의 청동기와는 제작 기법이나 표현 대상이 서로 달랐다. 말하자면, 우리에게는 우리만의 독자적인 청동 문화가 있었다. 과거 우리나라에 금속 합금 시대가 있었는가를 놓고 열띤 논쟁이 있었다. 석기 시대가 끝나고 '새로운 돌', 즉 금속 시대로 들어가는 마당에 청동 유물의 존재는 그런 시비를 말끔히 씻어내는 역할을 한다. 청동 다음으로 철기가 보급되면서 인류는 바야흐로 본격적인 역사 시대의 서막을 열게 된다. 청동기 시대는 인류가 석기 시대를 마감하고 본격적인 금속 사용기인 철기 시대로 진입하는 과도기적인 성격을 띤다.

고대에 청동 거울은 제조가 쉽지 않은 희귀품이었고 아주 중요한 물건으로 여겼기 때문에 제정일치(祭政一致) 시대의 제사장이나 통치자만 사용할 수 있는 권위의 상징물이었다. 청동 거울은 동서양을 막론하고 다양하게 제작되었다. 동북아시아의 청동 거울은 대부분 손잡이가 없는 원형이고 이집트 및 그리스·로마 제품은 사용하기 편리하게 손잡이를 부착한 것이 많은데, 이는 동양과 서양의 문화적 차이라고 볼 수 있다. 청동 거울의 분포 범위는 중국 동북 지방과 한반도 전역 및 일본 열도에 이른다. 고조선인이 사용한 청동기 유물 중에서 가장 주목할 유물이 청동 거울인 정문경(精文鏡)이다. 청동 거울의 손잡이인 꼭지가 2개인 것을 다뉴경(多鈕鏡) 또는 다뉴세문경(細文鏡)이라 부른다. 다뉴경의 크기는 지름이 최대 225㎜에서 최소 80㎜로 다양하며 보통 100~150㎜ 정도가 대부분이다. 세문경은 세형동검과 함께 출토되는데, 제작 시기는 청동기 후기부터 초기 철기 시대까지로 알려져 있다. 세문경은 우리 고유의 기술로 우리나라에서만 제작된 것으로 추정되며, 현재 약 31개(평안남도 대동강 유역 4개, 충청남도 금강 유역 7개, 전라북도 만경강 유역 9개, 전남 영산강 유역 5개, 기타 지역 6개) 출토되었다. 이는 오로지 한반도에서만 출토되는 우리 고유의 문화유산이다.

　세문경은 문양에 따라 크게 조문경(粗文鏡)과 정문경(精文鏡)으로 구분된다. 조문경은 대체로 기원전 800~200년 무렵의 비파형동검과 초기 세형동검의 시기이고, 정문경은 기원전 200년에서 기원후 50년 무렵의 세형동검 중기에서 후기 사용으로 분류된다. 조문경은 중국 동북 지방(고조선 영역)과 일본 열도에서도 일부 출토된 것이 있다. 중국 거울은 평면이나 볼록(凸)면인 반면 정문경은 약간 들어간 오목(凹)면이다. 오목거울은 빛을 모아 불을 일으킬 수 있다는 점에서 제정일치 시대의 권력자용이었을 가능성이 크다. 1960년대에 충청남도 논산에서 출토되어 숭실대학교 박물관이 소장하고 있는 정문경은 지름 21.2㎝ 크기로 현존하는 다뉴정문경 중 가장 정교한 유물이다.

　이 다뉴정문경은 1971년 국보 제141호로 지정되었는데 '나노 기술-정밀 기술'에 가까운 초미세 기술로 주조된 것으로 밝혀졌다. 이 발표 이후 역사 및 과학기술 분야의 전문가들이 선사 시대 동경 제작법에 대하여 커다란 관심을 갖게 되었다. 이에 따라 고조선 지역에서 출토된 다뉴세문경의 제작 기법에 관해 역사학자와 연구소 등에서 많은 연구와 논문 발표가 이어졌다. 정동찬은 1999년에 발표한 논문에서 다뉴세문경이 밀랍거푸집으로 제작되었을 것이라고 주장하기도 하였다. 이건무는 2005년에 발표한 『한국 선사시대 청동기 제작과 거푸집』에서 활석거푸집으로 제작되었을 것이라고 주장하였다. 특히 첨단 과학자들이 모여 있는 한국과학기술연구원(KIST)에서도 다뉴세문경 복원 제작을 시도하였지만, 완벽한 복원에는 실패하였다.

　2005년부터 동국대학교 곽동해 교수와 주성장(鑄成匠) 이원규 씨가 공방에서 국보 정문경의 복원에 대한 연구에 몰두하였으며, 2006년 3월 복원에 성공했다고 발표하였다. 곽동해 교수가 밝힌 재현 기술의 핵심은 세밀한 문양의 조각 작업 방법과 활석으로 만든 거푸집의 송연(松烟) 코팅 방법이다. 정문경 앞면은 매끄럽게 처리되었으며, 손잡이 고리가 있는 뒷면은 정밀한 기하학적 무늬가 양각(陽刻)으로 새겨져 있다. 양각된 무늬는 중심 원형부, 중간 원형부, 바깥 원형부로 크게 구분되고, 각 부분은 세밀한 문양으로 장식되어 있다. 지름 65㎜의 중심 원형부에는 너비 10㎜, 높이 16㎜ 크기의 2개의 손잡이 꼭지(鈕)가 위로 치우쳐 있다. 표면은 중심을 십자선으로 구획하고, 내부에 대각선 장방형을 바둑판무늬처럼 구획하였으며, 직삼각형 내부는 직선을 치밀하게 그어 가득 채웠다. 중간 원형부는 22개의 넓은 원을 정연하게 돌리고, 44개의 방사선을 구획하였다. 장방형의 내부를 대각선으로 가르고 거치형(鋸齒形) 내부를 병렬 직선으로 메워 마무리하였다. 바깥 원형부는 동심원, 거치직선병렬문, 방사병렬문 등으로 장식되었다. 상하좌우에 쌍으로 배치된 동심원의 지름은 22㎜이다. 각 동심원은 21개의 원으로 장식하였으며, 동심원의 굵기는 0.5㎜ 정도이다. 바깥 원형부는 동심원문 8개를 2개씩 짝을 지어 배치하였다.

 2009년 숭실대학교는 대학박물관에 소장된 '정문경'에 대한 종합학술조사 보고서인 「한국 기독교 박물관 소장 국보 제141호 다뉴세문경 종합연구」를 내놓았다. 박물관은 지름 21㎝인 다뉴세문경의 거울 뒷면에 1만 3,000여 개의 선이 정교하게 그려져 있다고 발표하였다. 새겨져 있는 선 간격은 최소 0.2㎜, 최대 0.47㎜ 정도로 선 하나의 높이가 0.18㎜인 초정밀 조각이다. 놀라운 조각 방법이다. 박물관의 연구팀이 정문경의 제작 기술을 기술적 측면에서 검토한 결과, 거푸집은 용범(鎔范)인 주물사(鑄物絲)를 굳혀서 문양을 새긴 사형(砂型)이며, 거푸집의 강도가 약해서 스켑(skep 꿀벌집, 일종의 바구니)과 쥐꼬리 등의 주조 결함이 발생하였다. 작도는 컴퍼스(compass)를 이용하여 원을 그리고 각을 2등분한 것으로 보이며, 평면이 아닌데도 정교하게 이루어졌다. 외구의 동심원은 다치구(多齒具)를 사용한 것으로 보이고,

구획원은 컴퍼스를 이용해 한 번에 그린 것으로 보인다.

한편 주연(周緣)의 조각에는 규형을 사용하지 않았으며, 외구의 조각을 마친 후에 팠다. 주조를 마친 후 연마하였고, 손잡이 고리에는 사용으로 인한 마모의 흔적이 남아 있었다. 보고서에서 밝힌 바와 같이, 주물틀(거푸집)이 석형이 아니라 가는 입자의 모래를 사용한 토형이나 사형에 의해 제작되었다는 사실이 최초로 밝혀졌다. 사형 주조로 만들어진 것을 확인할 수 있었던 결정적인 계기는 거울 면과 문양 면에 생긴 조그만 틈에서 거푸집에 사용한 0.3㎜ 이하의 모래 알갱이를 발견하였기 때문이다. 이와 함께 다뉴세문경은 구리, 주석, 납 성분이 혼합된 청동 거울이었으며 구리(Cu)와 주석(Sn)의 혼합비율이 65.7 대 34.3이었음이 밝혀졌다. 이는 현재 최고 품질의 청동기를 제작하는 합금 비율에서 단 1%도 벗어나지 않는 최적의 비율이다.

정문경의 과학적 기술은 현대의 과학자도 상상하기 어려울 정도의 첨단 기술이다. 첫째, 활석이나 밀랍 거푸집 표면에 대부분의 선이 1㎜ 폭 안에 3개의 직선을 조각하였는데 이는 0.2㎜ 간격으로 높이는 0.18㎜이다. 2015년 시점에서 지금의 공학도가 이런 선을 정밀하게 그으려면, 반도체 기판에 전기 동선을 식각할 때처럼 확대경으로 보면서 선을 그어야 한다. 아니면 컴퓨터 CAD 프로그램을 사용하여 확대해 보면서 도면화 작업을 해야 한다. 과연 확대경 없이 육안으로 보면서 직선자와 가는 연필로 머리카락 굵기의 1㎜ 폭 내에 3개의 선을 그을 수 있겠는가? 이는 당시 문명국이라 자랑하던 춘추 전국 시대 중국이나 그리스, 로마, 페르시아에서도 만들지 못했던 기술이다. 고조선의 기술자들이 0.2㎜ 선폭의 무수한 직선과 원형을 조각한 청동 거울을 만들었다고 하면 납득할 수 있겠는가?

우리는 이 다뉴세문경 하나만 가지고도 전 세계에 자부심을 가지고 큰소리를 칠 수 있다. 지금 삼성전자, 하이닉스 등의 국내 회사가 반도체 분야에서 세계 최고의 회사로 성장하고 있는 비결 또한 바로 이러한 우리 조상의 초정밀 제조 '솜씨-DNA'를 이어받았기 때문이지 않을까 한다. 정문경은 외형적인 우수성뿐만 아니라 청동기 제작 기술이 최고 정점에 달했을 때 만들어진 것으로, 청동 거울이 가질 수 있는 예술성과 함께 색상이나 반사율 면에서도 뛰어난 작품이다. 숭실대학교의 『한국 기독교 박물관 소장 국보 제141호 다뉴세문경 종합연구』 보고서의 결론에서도 "정교한 기하학적 문양을 어떻게 주조해 낼 수 있었는지, 어떤 도구를 사용하였는지 등 고고학적 질문에 대한 어떠한 해답도 찾지 못하였다"라고 하였다. 기원전 3세기, 즉 2,400년 전 청동기 시대의 고조선에서 현대의 첨단 과학기술인 나노 기술에 견줄 수 있는 현대적인 초정밀 세공 기술을 보유하고 있었다는 사실은 상상하기 어려운 일로서, 출토된 다뉴세문경 유물이 우리 민족의 금속 공예 기술이 그 당시 세계 최고이자 최첨단에 있었음을 증명해 준다.[23]

1971년 전라남도 화순군 도곡면 대곡리에서 동네 배수로를 설치하다 나무관이 들어 있는 석곽토광묘(石槨土壙墓)에서 일군의 청동 유물이 발견되어 세상을 깜짝 놀라게 하였다. 기원전 3세기에서 1세기 사이에 해당하는 이 유물들은 그때까지 우리가 잘 알지 못했던 삼한 시대의 유물들이기 때문이었다. 이런 류의 유적들은 지표에 아무런 표식이 없는 점이 특징이다. 따라서 쉽게 발견되는 일이 거의 없고, 공사나 도굴 등으로 피해를 입는 경우가 많다. 청동검 3점을 포함하여 6종 11점의 유물들은 관련학자들을 긴장시키기에 충분했다. 그동안 자세히 알지 못했던 세형동검 관계 유물들이 무덤의 구조를 보여주는 현장에 고스란히 남아 있었다.

수습된 유물들은 다음과 같다.

---

23) 이명우, 『(알면 알수록 위대한) 우리 과학기술의 비밀』, 평단, 2016

> 청동잔무늬거울(정문경) 2점: 지름 18.0cm 14.6cm
> 청동팔두령 1쌍: 지름 12.3cm 청동쌍두령 1쌍: 길이 17.8cm
> 청동검 3점: 길이 32.8cm 29.5cm 24.7cm
> 청동손칼 1점: 길이 11.4cm 청동투겁도끼 1점: 길이 7.7cm

수습 후 이들은 국보로 긴급 지정되었는데 이들의 습득 과정은 우연한 발견에서 시작했다. 이들은 그해 12월 대곡리 주민 구재천 씨가 자기 집 빗물 배수로 공사 중 돌무지를 발견하고, 그것을 치우는 과정에서 수습되었다. 습득한 물건들의 가치를 몰랐던 구 씨는 이 유물들을 엿장수에게 넘겼고, 전남도청에 신고되어 세상에 알려졌다. 극적인 드라마였다. 국립문화재연구소에서 긴급히 수습 발굴했고, 36년이 지나 국립광주박물관이 다시 이 유적을 발굴하여 무덤의 구조를 확인하였다. 처음 발견되었을 때 칼 등의 유물 외에 많은 청동 유물이 함께 수습되었을 가능성이 높다. 특히 청동 거울이나 청동 방울류의 유물 외에 토기나 장신구 등이 함께 부장되었을 개연성이 높은데, 자세한 상황을 알 수 없어 아쉽다.

청동 거울을 제작하려면 뛰어난 주조 기술이 필요하다. 정교한 무늬가 장식된 정문경이나 형태를 만들기 까다로운 청동 방울 등의 의기(儀器)는 '밀랍틀(蜜蠟范)'을 만들고 그 위에 고운 점토를 씌운 다음, 그 밀랍을 녹여 원하는 청동기 모양으로 제작하였을 것으로 추정된다. 정문경(精文鏡)의 석제거푸집(石范)이 발견되지 않는 배경은 아마도 이러한 제작 방식 때문으로 추정된다. 이와는 달리 표면에 거친 선이 있는 조문경(粗文鏡)은 석제거푸집으로 제작되었음을 평남 맹산 등지에서 발견된 거푸집 유물에서 알 수 있다. 기원전 3~기원전 2세기는 발전된 합금 주조 기술로 만든 정문경과 청동 방울 등이 보급되는 단계이다.

청동기는 중국 동북 지역에서는 쇠퇴하지만 대동강 유역 이남의 한반도 전역은 물론 일본에까지 널리 보급된다. 특히 제사장의 무구(巫具)로 추정되는 팔주령, 간두령, 쌍두령 등의 청동 방울 세트가 서해안의 충남 논산과 덕산, 전남 화순 대곡리, 함평 초포리와 낙동강 상류의 경북 상주 등지에서 발견되었다. 대동강 유역에서 정문경, 세형동과(細形銅戈) 등의 청동기가 제작되었음은 이 지역에서 발견되는 거푸집과 청동 유물들로 미루어 짐작할 수 있다.

정교한 세선(細線)으로 새겨진 기하학무늬의 정문경을 제작하려면 고도의 전문적인 기술이 동원되어야 한다. 고대판 나노급의 '솜씨-손기술'이 있어야 한다. 그러한 정문경이 제작되는 공방은 당시 최첨단 산업의 중심지이며, 이를 운영하기 위해 그 지역은 사회·경제적으로 대단히 중요한 거점이 될 수밖에 없다. 이러한 고고학적 추론은 기원전 3세기 중반 이후 고조선의 중심이 대동강 유역에 있다고 하는 주장을 뒷받침한다. 위만조선(衛滿朝鮮) 이전, 준왕(準王)이 다스리던 고조선은 청동기를 제작하는 기술이 고도로 발달하였다. 대동강 유역의 것과 유사한 형식의 청동기 갖춤새가 서남한을 중심으로 분포하는 현상은 준왕이 남천(南遷)하면서 동행한 궁인(宮人) 중 청동기 제작 장인이 포함되었을 것을 말해준다. 이는 기원전 3세기 연(燕)의 동진에 따른 후기 고조선의 남하가 세형동검 문화유형의 확산을 가져왔을 것임을 의미한다. 기록과 맞아떨어지는 고고학 자료는 화순 대곡리와 함평 초포리 유적으로 대표되는 정문경과 동과를 중심으로 한 청동기 유물의 갖춤새에서 알 수 있다.

한반도에서 일본으로 건너가 소위 야요이(彌生) 문화를 이룩한 도래인(渡來人)들은 원래 시베리아에서 중국 북부를 거쳐 한반도에 들어왔다. 시베리아를 거쳐서 왔다는 증거는 여러 가지가 있는데, 그중의 하나가 대구 비산동 세형동검의 칼자루 끝을 장식한 마주 보는 오리 장식이다. 이는 멀리 서쪽의 스키타이 문화(Scythian Culture: 아시아 북서부 스텝 지역에 존속했던 인도-유럽계의 유목민족)가 동쪽으로 이동하면서 곳곳에 남긴 동물 장식 문화의 동아시아판 유물이다. 흉노(匈奴)나 동호(東胡)계의 문화라고도 한다. 반도의 동남쪽 영남 지역에 정착한 시베리아계의 이주민들은 반도의 서북부 평안도 지역을 거쳐, 일부는 육로로 대부분은 해로로 동남쪽으로 이동하였다. 반도의 서남쪽에는 마한계의 유적과 유물들이 산재하고 있는데, 영남 지방의 문화와는 공통점도 있지만 상이한 점도 많다. 공통된 유물로는 청동제 단검이나 무기들을 들 수 있고, 서남 지역에는 청동 거울이나 방울류가 많이 발굴된다.[24]

고(故) 한병삼(1935~2001) 국립중앙박물관장이 문화재 거간에게서 귀가 번쩍 뜨이

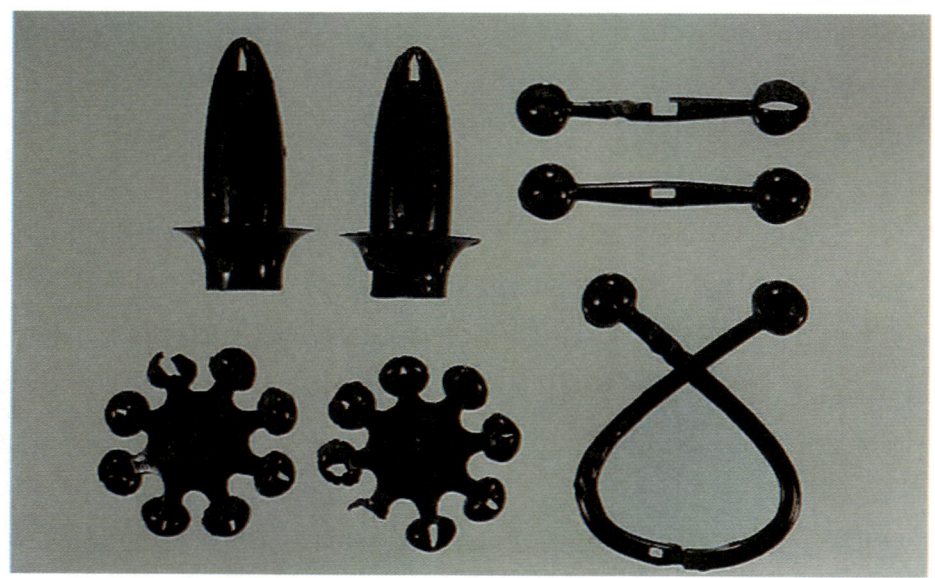

도판 1 청동 방울류 일괄 출토품

---

24) 한국고고학회, 『한국 고고학 강의』, 사회평론, 2007

는 이야기를 들었다. "때는 1960년대, 장소는 충남 논산훈련소"라 했다. 참호를 파던 병사들이 이상한 물건들을 발견했다. 살펴보니 흙과 녹이 잔뜩 묻은 고색창연한 청동기 세트가 묻혀 있었다. 동심원과 삼각형 문양이 잔뜩 새겨진 청동 거울(정문경)과 방울 8개 달린 팔주령(2점), 포탄 모양의 간두령(2점), X자가 교차한 조합식(1점) 및 아령 모양의 쌍두령(2점), 청동 방울 등이다. 모두 청동기~초기 철기 시대 권력자가 사용한 것으로 여겨지는 청동기였다. 군인들은 이 청동기 세트를 중간상인에게 팔아넘겼다.

청동 방울 일괄 유물들은 논산훈련소 군인들이 1960년대 정문경과 같은 곳에서 수습했지만, 중간상인을 거치는 과정에서 이산가족이 됐다. 상인은 이중 정문경을 숭실대 박물관에 팔고, 나머지 청동 방울 일괄품은 수집가 김모 씨를 거쳐 호암미술관으로 넘어갔다. 정문경은 지금까지 다뉴세문경(多鈕細文鏡) 즉 꼭지가 여럿에 가는 줄무늬가 있는 거울로 알려져 왔다. 기원전 3~2세기 무렵에 제작된 청동 거울이다. 고대 청동기 제작에는 황금비율로 여겨지는 구리 대 주석 비율(67 대 33)에 가장 근접한 66 대 34가 기록되었다. 이 과정에서 청동기 세트는 막연하게 강원도 출토품으로 알려지게 됐다. 이후 숭실대 박물관 소장 '정문경'과 호암미술관 소장 '청동 방울 일괄 유물'은 차례로 국보가 됐다.

정문경에는 3개의 구획 안에 여러 줄 동심원과 무려 1만 3,000여 개에 달하는 가는 선(線)들이 그려져 있다. 선의 간격은 0.3~0.34㎜, 원의 간격은 0.33~0.55㎜에 불과하다. 청동기 시대판 '나노 기술'이다. 하지만 두 박물관의 유물이 같은 출토지 출신이라는 사실을 몰랐으니 이산가족으로 지낼 수밖에 없었다. 그러던 중 이 청동기 세트를 매매했던 중간상인이 고 한병삼 관장에게 '정문경과 팔주령 등은 논산훈련소 군인들이 수습한 세트 유물'이라고 증언하고 나섰다. 한병삼 전 관장에게서 중간상인의 고백을 전해 들은 이건무 전 국립중앙박물관장은 "대형 청동

도면 4 정문경 도해

거울과 청동 방울 세트의 조합이 자연스럽다"라면서 "게다가 청동 방울에서 보이는 검은 녹의 색깔이 청동 거울인 정문경과 극히 유사하다"라고 밝혔다.

이 정문경에는 중첩된 동심원과, 그 동심원 안의 무늬, 그리고 직선을 이리저리 규칙적으로 새긴 삼각 문양 등이 매우 조밀하게 새겨져 있다. '거친 무늬 거울'을 지칭하는 '조문경'이 있으므로, 이에 대응하는 '고운 무늬 거울'은 정(精)자 '정문경'이라고 해야 옳은 표현이다. 과거 사용했던 '다뉴세문경'이라는 명칭은 일본의 우메하라 스에지(梅原末治, 1890~1983)가 붙였으니 왜색풍이라 할 수 있다. 그래서 지금의 국보 정식 명칭은 '정문경'이다. 이 국보 '정문경'은 처음부터 '국보경(國寶鏡, 국보 거울'으로 일컬어질 만큼 국보 중의 국보로 통했다. 거울의 지름은 212~218㎜, 무게는 1,590g 정도이다.

박학수 국립중앙박물관 보존과학 연구관은 2019년 11월 열린 한국문화재보존과학회 추계학술대회에서 아주 흥미로운 도구를 들고나왔다. 대나무 자와 참빗살로 개조한 컴퍼스였다. 대나무자 같은 도구로 직선, 격자문 등을 새길 수 있다는 사실을 증명했다. 다음은 참빗살이었다. 참빗살은 원 사이의 간격이 0.33~0.55㎜에 불과한 동심원을 그리는 데에 활용됐다. 즉 참빗살 21가닥의 끝을 얇게 깎은 만든 일종의 다치구(多齒具) 컴퍼스로 동심원을 그려본 것이다. 그는 "대나무 컴퍼스로 정문경의 동심원 문양을 재현할 수 있다는 사실을 입증한 것"이라 설명했다.

0.3㎜의 극초정밀 예술품을 어떻게 주조했단 말인가. 여러 주조법으로 복원을 시도했다. 경기도 무형유산 이완규 주성장(鑄成匠)은 2007년 활석에 직접 문양을 새긴 뒤 주조하는 방법으로 정문경을 재현하였다. 활석제 석범을 사용한 주조법이다. 국립중앙과학관 윤용현 과장은 밀랍주조법으로 정문경을 복원해 보았다. 활석에 문양을 새긴 뒤 밀랍을 부어 굳힌 다음, 그 위에 고운 황토와 모래 등을 섞은 배합토를 씌운 후 열을 가해 밀랍을 녹여냈다. 그렇게 만든 거푸집에 쇳물을 부어 거울을 만들었다.

2007년부터 1년간 국립중앙박물관 보존과학팀의 분석 결과 '국보경의 실체'에 한발 다가가는 성과를 얻어냈다. 숭실대 소장 정문경은 구리 61.68%, 주석 32.25%, 납 5.46%를 함유한 것으로 분석됐다. 구리와 주석 비율만 따지면 65.7 대 34.3이었다. 고대 청동기의 합금 비율을 기록한 중국의 『주례(周禮)』「고공기(考工記, 중국 고대도시 계획의 원칙을 언급한 문헌)」에 기록된 '금유육제(金有六齊)' 내용을 해석하면 '구리 67 대 주석 33이 합금의 황금비'라 한다. 2008년 당시 성분분석을 담당한 유혜선 국립중앙박물관 보존과학부장은 "국보 정문경은 고대 청동 거울 제작을 위한 황금비율을 그대로 반영했다"라면서 "청동기 기술이 최고정점에 달할 때 제작된 유일무이한 작품"이라고 말했다.[25][26][27][28][29]

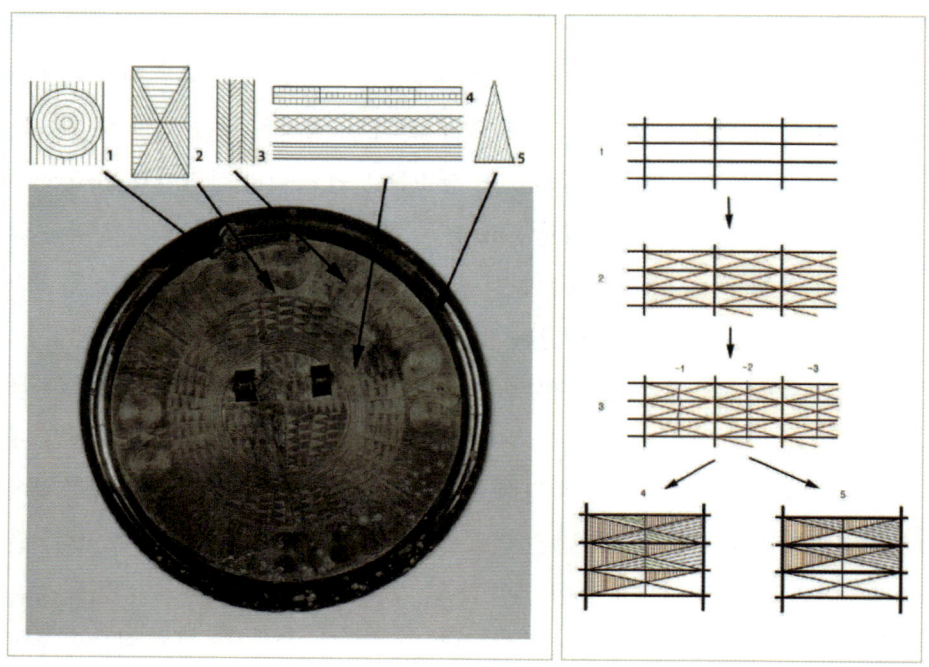

도판 2 국보 정문경

---

25) 박학수,「국보 141호 다뉴세문경 거푸집의 조각 도구와 방법」,『한국문화재보존과학회 추계학술대회』, 2019
26) 박학수 외,「국보 제141호 다뉴세문경의 제작기술」(박학수),「다뉴세문경 성분 조성에 관한 연구」(유혜선),「다뉴세문경 도안과 제작기술의 변천」(이양수),『한국 기독교 박물관 소장 국보 제141호 다뉴세문경 연구』, 숭실대기독교박물관, 2008
27) 이건무,『한국기독교박물관 소장 국보 제141호 다뉴세문경 연구』, 숭실대기독교박물관, 2008
28) 윤용현·조남철,「청동잔무늬거울의 복원제작기술과 과학적 분석」,『보존과학회지』통권 40호, 한국문화재보존과학회, 2012
29) 이완규,『한국의 문화유산 청동기 비밀풀다』, 하우넥스트, 2014

2 누금 세공(鏤金細工) 기법

: 금 알갱이의 변주
- 국보 금제대구, 국보 부부총 태환이식

'누금 세공' 기법은 금실 혹은 금 알갱이를 금판 위에 부착하여 장식 효과를 크게 높이는 귀금속 공예 기술 또는 그런 방식으로 제작된 금세공품(金細工品)을 말한다. 누금 기술의 기원은 고대 메소포타미아 우르 지방에서 출현하였고, 고대 유럽과 서역에서는 기원전부터 구리 확산법을 사용하였다. 우리나라에서 누금 기술이 구사된 금제품이 처음 발견된 것은 석암리 금제대구(金製帶鉤)로 구리 확산법을 사용하였다.

구리 확산법은 금(金)이나 은(銀)이 열을 가하면 길게 늘어나는 성질을 이용하여 가는 실 모양이나 동그란 작은 입자(粒子)를 만들어 금판에 부착하여 장식 효과를 높이는 특수한 가공 기술이다. 제작 방법은 먼저 얇은 금은판 혹은 작은 금판을 가열하여 동그란 금 알갱이를 여러 개 만든다. 즉 금사를 가늘게 잘라 불에 녹인 후 냉각시키는데 그 과정에서 금이 가지는 표면장력 때문에 입자 알갱이는 동그란 형태를 띠게 된다. 이어 고열 땜질을 하거나 금속화합물을 이용하여 그 알갱이를 금속 표면에 접착시킨다. 누금 세공 작업을 하려면, 우선 금 알갱이를 크기별로 준비한다. 이 과정에서는 지정된 지점에 열을 가해 금판에 알갱이를 붙이는 공정이 가장 어렵다.

순전히 손작업에 의존하기 때문에 세밀하고 정확한 눈대중에 따른 계산과 재빠른 손놀림이 요구되는 고난도의 공정이다. 다시 말해 뛰어난 '솜씨-손재주'가 있어야 한다. 특히 눈이 좋아야 한다. 때에 따라 고무액이나 아교, 화학약품 등을 금속 표면에 바른 뒤 알갱이를 배열하고 불로 가열하기도 한다. 합금으로 이루어진 금속들을 서로 접합하는 경우 합금의 구성성분들이 일정한 조건(구성 금속, 성분비, 온도)이 되었을 때, 두 금속은 최저의 융점에서 표면끼리 쉽게 녹아 붙게 된다. 이런 현상을 유텍틱 접합(eutectic bonding)이라고 하는데, 이를 이용한 세공 기술이 바로 누금 기법이다. 이 현상이 일어나는 합금 비율을 만들기 위하여 구리 성분 등의 매개체를 바르기도 하며, 가열하여 합금속의 구리 성분을 표면으로 끌어내기도 한다. 선이나 알갱이 입자를 바탕 금속에 부착시킬 때, 가장 중요한 일은 최소한의 결합을 통하여 접착강도와 심미성을 동시에 부여하는 점이다.

이 특수한 기술을 필리그리(Filigree)라고 하며, 그래뉼레이션(Granulation)이라고 부르기도 한다. 우리나라 최초의 누금 유물은 평남 대동군 석암리 9호 낙랑고분에서 출토된 〈금제용문대구(金製龍文帶鉤)〉이다. 본격적인 누금 제품은 주로 삼국 시대 고분에서 찾아볼 수 있다. '누금 세공'은 본래 지금의 이라크 지역인 고대 메소포타미아 남부 수메르 도시국가 우르(Ur) 왕조에서 기원전 2500년경에 시작된 금속 공예 기법으로, 금제 장신구 패용이 유행하였던 그리스에서 고도로 발달하였다. 중국에는 전국 시대에 누금 세공이 전해졌지만, 서역과의 교통로가 개통된 한대(漢代) 이후에 누금 제품이 본격적으로 제작되었다. 중국 북부의 내몽골은 서방으로 통하는 길목인데, 북방 유목민족을 통해 중앙아시아, 동아시아로 전파되는 루트와 연결된 것으로 알려졌다.

'필리그리' 기술은 주로 금(金)으로 만들어진 장신구에 많이 사용되었으며, 특히 신라 시대 장신구에서 많이 보인다. 지배계층의 권위와 부의 상징으로 애용되었던 금은 가공성이 좋고 절대 변하지 않는 화려한 색상으로, 장신구 제작에 적합하지만 그에 합당한 경제력을 요구한다. 따라서 의식이나 의례용의 큰 장신구를 제작하기 위하여 금의 사용량을 줄임과 동시에 장신구의 무게를 줄이기 위하여 몸체를 속이 빈 형태로 성형하면서, 그 대신 표면에 화려하게 장식할 수 있는 누금 기법이 애용되었던 것 같다. 또한 연속적으로 배열되어 접착된 구형의 모양은 마치 알, 태양, 열매 등을 연상시킨다. 이는 영원성, 생산성에 대한 주술적 염원을 보여주는 것으로 고대인들의 종교관에서 비롯되었다고 여겨진다. 누금 기술은 이러한 염원 상징물을 신비로운 신앙 대상으로 의미를 부여하면서 장식 기술로 발전하였음을 알 수 있다.

누금 기법의 제작 과정을 자세히 살펴보자. 우선 금(金) 입자를 만들어야 한다. 알갱이의 경우, 얇은 금판을 잘라 가열하면 표면장력에 의해 구형의 입자가 된다. 입자를 많이 만들기 위하여 도가니 안에 탄가루를 깔고 일정하게 잘라낸 얇은 금판이나 금선 등을 그 위에 간격을 주고 배치한다. 탄가루와 금속조각들을 층층이 올린 후, 도가니를 밀봉하여 가마 속에서 가열하면 둥근 입자를 다수 얻을 수 있다. 얻어진 입자를 찬물에 넣어 탄가루를 제거하고 식힌 뒤, 다양한 크기의 가는 체에 걸러 동일 크기의 입자를 골라내어 사용한다. 입자를 바탕 금속 표면에 붙일 때는 같은 재질인 금, 은으로 땜(鑞, soldering)을 하거나, 금속화합물을 이용하여 땜 없이 융착시키는 등 다양한 방법이 쓰인다. 땜의 경우, 합금(合金)이 순금(純金)보다 융점이 낮은 원리를 이용하여 순도가 낮은 금이나 은으로 땜질하는 방법이 사용된다. 예를 들면 24k인 경우 22k의 금땜을, 18k인 경우 16k의 금땜을 사용하는 식이다. 긴 선을 만들려면, 금을 도가니에 넣고 가열하여 녹인 후, 틀에 부어 괴(塊)를 만들어 망치질하면 가늘고 길게 늘어난다. 어느 정도 가늘게 되면, 여러 종류의 구멍이 있는 인발(引拔)판을 사용하여 선을 뽑아 원하는 굵기의 선을 얻을 수 있다. 그러고 나서 알갱이와 바탕 금속 표면에 붕사(硼砂, flux)액을 바른 후 원하는 문양대로 배열한다. 순금을 제외한 모든 금속들은 가열되면 산화하므로 땜 과정에서 표면에 산화막을 형성하게 된다. 땜 조각이 녹아도 산화막 때문에 금속 표면과 차단되어 붙지 않는데, 이때에 붕사는 산화막을 방지하고 땜 조각이 연결부위에 잘 녹아 붙도록 돕는 역할을 한다. 배열을 마친 후 천천히 가열하다가 서서히 불을 높여가며 땜 조각을 공급하여 부착시킨다. 땜을 쓰면 땜 조각이 바탕 금속이나 입자 표면에 퍼져 표면이 거칠어지거나 입자의 형태가 변형될 수도 있다. 따라서 땜을 최소로 하여야 하며 숙련된 불 조절이 요구된다.

화학반응을 이용할 때도 다양한 재료와 방법들이 사용된다. 여러 가지 종류의 아교나 나무의 수액으로부터 추출한 트라가칸트 고무액(gum tragacanth) 또는 아라비아 고무액(gum arabic), 물고기 아교 혹은 염동(鹽銅, $Cu(OH)_2$)과 동염화물(銅鹽化物, $CuCl$, Cu_2Cl_2) 등의 화학 용제를 금속 표면에 바른 뒤, 알갱이를 배열하고 불로 가열하여 접착시키기도 한다. 우선 염동 등의 구리 화합물과 물을 희석하여 용액을 만들고, 이를 입자의 전면에 바른 뒤 바탕 금속의 문양에 맞춰 배열하여 건조시킨다. 약하게 가열하면 아교 성분은 탄화되고 일정 온도가 되면 동의 피막이 형성된다. 피막은 알갱이를 바탕 금속과 접촉 부분에서만 결합하여, 바탕 금속과 피막이 싸인 알갱이의 접촉부분이 합금이 되어 단단하게 붙는다. 순도가 낮은 금을 이용할 때는 화학 용액을 사용하지 않고 불로만 가열하여 접착시키기도 한다. 이외로 접착할 금속 알갱이 표면을 간단하게 구리 도금하여 사용하기도 한다. 오랫동안 구리를 세척한 질산 용액에 철 조각을 넣은 후 금속 알갱이를 넣으면 표면에 구리가 약간 붉은 빛으로 도금된다. 이 알갱이를 바탕 금속 위에 배치한 뒤 붕사액을 바르고 가열 접착한다.

누금 기법이 어떤 경로로 한반도에 전해졌는지는 확실하지 않다. 그리스에서 성행한 이 기법이 페르시아나 인도, 중국을 거쳐 한사군-낙랑에 전파되어 삼국에까지 미쳤다고 보는 것이 타당할 것이다. 신라가 중국을 통하지 않고 북방문화와 직접 교류를 통하여 그리스, 로마 문화권과 접촉하였으리라 추정하기도 한다. 즉 신라는 낙랑의 유민이나 동해안 고구려의 동북 지역을 통하여 유라시아 대륙 문화와 그리스·로마 문화권에 접촉하고, 이들 문화를 받아들여 신라의 독자적인 이질 문화를 형성하기에 이르렀다는 주장도 있다. 그리하여 신라의 누금 기법, 황금수식(黃金垂飾), 수지형입식금관(樹枝刑立飾金冠) 등이 신라에서 가야, 백제로 이전되었다고 한다.[30][31]

신라는 '황금의 나라'로 알려져 있다. 신라에서 유독 금제품이 많이 나오는 이유는 무엇인가. 중국은 금보다 옥을 더 선호했다. 고구려나 백제의 경우, 신라만큼 금제품을 선호하지는 않았다. 신라의 무덤 형식이 고구려나 백제와는 달리 '폐쇄형무덤-적석목곽분'이라서 많은 유물들이 남아 전한다. 그럼에도 유물 중에 특히 금제품이 많이 보인다. 금 세공 기술도 뛰어나다. 금관 금제과대 금제이식 등등 금제품이 압도적으로 많다. 그 대표적인 유물로 금관총 출토 금관, 황남대총 출토 금제품 그리고 후대의 보문리 부부총 출토로 전하는 금제태환이식을 꼽을 수 있다. 그에 앞서는 유물로 낙랑 고토에서 출토된 석암리 금제대구를 살펴보자.

---

30) 이송란, 『신라 금속공예 연구』, 일지사, 2004
31) 이유진, 「고대 누금세공 기법의 전개와 발전」, 『기초조형학연구』 7-1, 2006

평양 석암리 9호분 출토 금제띠고리(平壤 石巖里 金製帶鉤, 도판 3) 길이 9.4cm 너비 6.4cm, 낙랑 시대(1~2세기), 국립중앙박물관 소장

도판 3 평양 석암리 9호분 출토 금제띠고리

    낙랑은 한4군(漢四郡)의 하나로 전한 무제가 기원전 108년에 위만조선을 멸망시키고 나서, 낙랑을 비롯하여 진번, 임둔에 3군을 설치하고 다음 해 예(濊)의 땅에 현도군을 두어 한4군을 설치하였다. 누금 세공 기법이 낙랑군 설치와 더불어 우리나라에 들어왔다고 추정하게 하는 유물은 1916년 평안남도 대동군 석암리 9호 낙랑 목곽묘에서 발굴된 금과 비취로 만들어진 용문금제대구(帶鉤)이다. 이 유물은 허리띠 연결고리 장식품이다. 무덤의 주인공 복부 근처에서 칼 반지 옥인(玉印) 등과 함께 출토되었다. 이 유물은 한반도에서 발견되는 누금 기법 최초의 예로 매우 발전된 기술로 제작되어 주목된다.

용문금제대구의 전체 형태는 말굽을 축소한 모양으로, 대구 몸체에 7마리의 용을 타출기법으로 표현하고 용 위에 크기가 다른 금립(金粒)을 장식하였다. 용과 용 사이에 7개의 녹송석(綠松石)이 감입되었다. 유사한 대구는 1975년 중국 신강성에서 출토된 구룡문금제대구, 호남성에서 출토된 용문대구가 있다. 이런 누금장식 공예품은 경주에서 발견된 누금귀걸이보다 4~5세기나 앞서는 유물이다. 이들은 모두 한의 부속 지역에서 제작되었다는 점, 말발굽의 형태가 흉노(匈奴) 동물 양식의 대구에서 기원한 형태에 중국적 취향의 용 문양이 가미된 점 등으로 보아, 석암리 고분 출토의 용문금제대구는 낙랑의 자체 제작이 아닌 중국 변방에서 제작한 북방 흉노의 것이라는 견해가 있다. 이런 종류의 금세공 기술은 북방에서 한반도로 내려왔음을 알 수 있고, 더 거슬러 올라가면 실크 로드로 더듬어 올라갈 수 있다. 현재 원두(圓頭) 후방(後方) 모양의 혁대 금속(버클)에 정교한 일곱 마리 용을 조각하였고, 용과 용 사이에는 40여 개의 비취를 장식하였는데 지금 남아 있는 것은 일곱 개뿐이다. 이 교구는 평양의 낙랑 고분에서 발견되었으나 중국 한나라에서 들어온 것으로 생각하여 중국의 식민지 한사군의 증거가 된다고 추정되기도 한다.

삼국사기(三國史記) 신라본기 일성이사금(逸聖尼師今)조의 기록에 "민간에서의 금과 은, 구슬, 옥 등을 사용하는 것을 금한다"라는 내용이 전한다. 즉 금의 사용을 신분에 따라 제한하였음을 알 수 있다. 신라의 문물은 금제품으로 대표될 만큼 보관, 관식(冠飾), 이식(耳飾), 팔찌, 허리띠, 반지 등 금제 유물이 특히 많다.

신라 누금 기법의 유입경로는 다양하게 추측된다. 신라 황남대총 북분에서 출토된 팔찌는 여러 가지 보석이 상감되어 있어 북방계 누금 세공과 연결된다. 금판의 위아래를 바깥쪽으로 말아 붙인 다음, 다시 금판 한 장을 대어 만들었다. 그리고 그 위에 물방울 모양과 원형 그리고 마름모 모양으로 분할하여 보석을 상감하고 그 주변을 누금 알갱이로 장식하였다. 이런 기법은 중국 영하고원 북위(北魏)묘에서 출토된 귀걸이에도 보인다. 고원은 실크로드에 있으며 변방요충지 역할을 하던 도시이다. 이 귀걸이는 물방울 모양으로 녹송석과 진주를 분할하여 감입한 후 그 주위를 누금 알갱이로 장식하였다. 방제한 사산조의 이란 은화가 같이 출토된 점으로 볼 때 소그디아나(Sogdiana, 소그드의 땅)에서 제작되었을 가능성이 있다. 소그디아나 지역에서 누금 세공품들이 다수 출토되는 것으로 보아 당시 누금 세공 기법이 크게 발전하였음을 알 수 있다. 다시 말해, 소그디아나의 누금 양식이 중계무역의 활동으로 중국에 수용되면서 신라에까지 영향을 미쳤음을 추측할 수 있다.

귀걸이(耳飾)는 신라 금제품의 대표적인 유물이다. 귀걸이의 기본형식은 귀에 닿는 주환(主環)부와 중간을 잇는 중간부, 그 아래의 수하(垂下)식으로 구성되며, 주환의 형식에 따라 태환귀걸이(太環耳飾)와 세환귀걸이(細環耳飾)로 분류된다. 경주 보문리 부부총에서 출토된 태환이식 귀걸이의 주환에는 누금 세공 기법으로 꽃무늬가 장식되어 있다. 양산 금조총에서 출토된 귀걸이의 태환에는 구갑문 구획 안에 잔잔한 세립이 누금되어 있다. 이런 신라의 귀걸이 형태는 이집트, 수메르, 바빌로니아, 스키타이, 박트리아, 인도에 이르기까지 유사한 유형을 하고 있으며, 고구려, 가야 신라의 귀걸이가 유사하여 당시 국가 간의 교역을 짐작할 수 있다. 고구려의 누금 장식이 절제와 생략을 통해 남성적이고 세련되었던 반면, 신라는 세밀하고 장식적인 요소를 많이 가미하여 여성스러우면서도 권위가 넘치는 양상을 보인다.

황남대총 남분에서 출토된 투각다면체 금구슬은 원으로 뚫어진 사이의 표면에 누금 장식을 촘촘히 하였는데, 이 같은 방법은 위진남북조 시대 동진을 비롯한 남조 기법과 유사하다. 동남아시아와 중국 남방의 누금 세공은 북방과 달리 보석 상감이 없고, 속이 빈 다면체 구슬 표면에 누금 알갱이를 가득 접합하거나, 누금 장식을 하지 않고 금환을 연접하여 구슬을 만들기도 한다. 구슬을 팔찌나 목걸이 등 장신구로 애용하는 남방 지역 풍습에 영향을 받아 이러한 속이 빈 다면체 구슬이 많이 출토된다. 사기(史記)의 기록에 의하면, 중국 한무제 때 운남과 안남 등을 정복하여 동남아시아의 수로 연결망을 얻었으며, 운남과 사천을 지나 인도로 가는 길 즉 당시 동남아시아와 중국을 잇는 바닷길이 있었다는 것을 알 수 있다. 다면체 구슬의 출토지를 보면 인도 서북부, 인도 남부, 동남아시아, 중국 남방으로 이어지는 연결성을 보인다. 중국 한대 공심다면체(空心多面体) 구슬의 기법은 고구려 귀걸이의 중간식에서 찾을 수 있다. 고구려와 신라가 같은 형태의 금구슬 장식기법을 공유하고 있는 것은 동진, 고구려를 통한 신라의 유입 경로를 추측하게 한다.

부여 능산리사지 출토 누금 세공 유물 4점을 대상으로 기초적인 재질 특성과 미세조직을 분석하여 각각에 대한 제작 방법을 살펴보면 다음과 같다.

① 금제 원추형누금장식은 전체 순도가 22.7K로 비교적 높은 순도를 나타낸다. 얇은 금판을 말아 원추형으로 만들고, 상단에는 너비 1.3㎜로 보이는 새김무늬 금세선 띠 장식을 둘렀으며, 띠 장식 아래에는 직경 0.7㎜ 크기의 금 입자를 2개 또는 3개씩 연결된 상태로 띠 장식과 금판에 부착하였다. 아랫부분에는 0.2㎜ 두께의 금판을 직각으로 세워 유엽형으로 구획하고 진사(HgS), 먹과 같은 안료로 감장(嵌裝)하였으며 바깥쪽을 직경 0.4㎜ 크기의 금 입자로 장식하였다. 원추형 금판과 상단의 띠 장식 및 금 입자들의 접합면에서 땜의 잔재가 확인되어 금땜의 사용 가능성을 보여주었다. 접합부에 대한 SEM-EDS 분석과 금 입자의 XRF 분석을 통해 동을 합금한 금땜을 사용하여 금 입자를 접합하였을 것으로 해석되었다.

② 누금 구슬은 2점 모두 순금에 가까운 조성을 나타냈다. 금 입자는 직경 0.3~0.4㎜의 크기를 보이며 표면에 최소 단면이 접합된 상태이다. 이를 확대 영상으로 살펴본 결과, 금 입자의 접합면에서 접합단면의 경계면이 뚜렷이 관찰되어 상대적으로 접합강도가 약한 것을 알 수 있다. 이는 누금 구슬 표면

에 고착된 누금 입자들이 부분적으로 탈락한 상태를 보이는 것을 통해 재차 확인할 수 있다. 금 입자의 접합 흔적이 관찰되나 형태를 추정하기 어렵고 분석에서도 접합 방법에 대한 정확한 증거를 찾기 어려웠다.

③ 누금 장식은 금과 은이 97:3의 비율로 합금된 상태이나, 전체 순도가 23.1로 아주 높은 수치를 나타냈다. 금제 고리는 0.7㎜의 일정한 두께로 제작 시 원형의 금선을 만든 후 양단을 사선 방향으로 절단하여 연결부위의 결합력을 증가시킨 모습을 보이며, 연접된 금제 고리 사이사이에 강한 접착강도로 접합된 금 입자는 직경 0.8㎜의 크기를 나타냈다. 금제 고리의 사선 방향 연결부에서 미세한 땜의 모습이 관찰되어 접합 방법으로 금땜의 가능성을 확인하였다. 분석 결과, 접합부의 성분이 금제 고리의 소지와 유사한 것으로 보아 용융점의 차이보다는 동일 재료를 분말 상태로 미량 바른 후, 열을 가해 순식간에 금땜의 용융이 이루어지도록 하는 접합 방법을 적용했다고 추정했다. 이러한 결과는 백제 시기의 금속 세공 기술을 과학적으로 설명하는 기초자료로 활용될 것으로 기대한다.[32]

누금 세공은 금속의 표면에 금 알갱이나 금선을 붙여 문양을 화려하게 꾸미는 기법이다. 삼국 시대 금은 공예품 세공에 사용되는 금사(金絲)는 무령왕릉 환두대도나 보문리 부부총 석실묘 출토 태환이식에 사용된 것처럼 인발판(引拔板)에서 뽑아낸 것이며 속이 꽉 차 있다. 그런데 가끔은 속이 비어 있는 권사(捲絲)가 활용된 금속 공예품을 발견할 수 있다. 신라에서는 황남대총 남분 금방울과 북분 감옥팔찌에서, 백제의 경우 능사·왕흥사지·왕궁리 공방지 출토품에서 확인되는 정도이

---

32) 이선명·남궁승·김연미, 「부여 능산리사지 출토 누금세공 유물의 제작 기술 연구」, 『보존과학회지』 v.26 no.1, 2010

다. 누금 세공이 베풀어진 삼국 시대 공예품을 살펴보면, 금립이 녹아 있거나 부착 간격이 일정하지 않은 사례가 많다. 통상 금립의 접합은 용융점(鎔融點)의 차이를 이용한 납땜 접합으로 보아왔으나, 외래 물품이 확실한 계림로 14호분 보검의 경우는 화학적 반응을 이용한 융착법(融着法)으로 접합하였을 것이라는 분석 결과가 나와 있다.

신라 지역 금제품의 출현 시기는 4세기 말로 월성로 가13호분 금제이식 및 용기로 확인된다. 누금 유물은 5세기 중엽의 황남대총 남분 금제지환과 금제령이 가장 오래된 것으로 알려져 있다. 금제품과 누금 유물 출현 간 50~100년의 차이를 보인다. 신라의 누금 유물은 대부분 금랍법으로 제작되었고, 신라에서 출토된 외래계 누금 유물은 융접법으로 제작되었다. 아교는 여러 접합기술에 모두 적합하지만, 붕사는 접합재료로 사용하기에는 어려움이 있다. 접합 용융 온도는 구리 확산법이 가장 낮고, 합금융접법·금랍법 순으로 높은 온도가 요구된다. 금랍법으로 만든 금제품은 땜쇠의 흔적이 확인되는데, 금립의 크기와 형태는 불규칙적이다. 구리 확산법의 경우, 금립 표면의 특이 조직이 보이지 않고 누금 접합부에서 땜쇠의 흔적도 보이지 않는다. 융접법으로 제작한 금제품의 경우, 은 금립 표면에 수지상 조직이 확인되고 누금 접합부는 아주 균일하고 땜의 흔적이 없다.

신라인들은 금의 재료적 특성을 정확하게 파악하고 있었으며, 금제품의 경우 용도에 맞는 부위 또는 부분별로 순도를 조절하여 사용하였다. 또 의도적으로 연성과 전성을 조절하기 위하여 적당량의 은을 첨가하여 사용하였다. 신라의 금제품에는 용도나 착장 부위에 따라 합금비를 달리한 다양한 금공예 기법들이 활용되었다. 황남대총 북분 금제천(팔찌)은 누금열이 중간에 잘린 흔적으로 보아 크기를 줄여 수리하여 사용한 점, 화학조성에서 금-은-동 합금 누금인 점, 실사용에 따른 마모 흔적이 관찰된 점으로 미루어 보아 외국에서 제작 후 신라로 유입되었을 가능성이 보인다. 또한 계림로 14호 장식보검과 금척리 금제이식 등은 마모 흔적으로 보아 피장자의 실제 착장 가능성이 높아 보인다. 장식보검은 금-은-동 합금 누금으로 분석되어 외래 유입 가능성이 높다. 누금 기술 재현실험으로 신라 지역 출토 유물의 신라계와 외래계를 구분할 수 있는 특징을 확인하였는데, 신라 지역에서 출토된 신라계 유물은 금랍법이, 외래계 유물에는 합금용접법이 사용되었다.[33]

보문리 부부총 금귀걸이(普門里 夫婦塚 金製太環耳飾, 도판 4) 5~6세기 길이 각 8.7㎝

경주 보문리 고분에서 출토된 크기 8.7㎝ 금귀걸이로 국립중앙박물관에 보존되

도판 4 경주 보문리 부부총 금귀걸이

---

33) 신용빈, 「신라 금제품의 화학조성과 누금기술」, 공주대 대학원 박사논문, 2021

어 있다. 금제 귀걸이는 신라 고분에서 많이 나오며, 백제나 고구려 고분에서 출토되기도 한다. 일본에서도 드물게 출토되는데, 한반도에서 건너간 사람들의 유품으로 추정된다. 태환이식이라 함은 가운데를 비워 공간으로 만들어 중량을 가볍게 한 형식의 귀걸이를 뜻한다. 순금을 세공하는 기술이 상당히 발달했기에 이러한 걸작품이 나온 것이다. 이런 형식의 귀걸이는 귀에만 다는 것인 줄 알았으나, 근년에 고분을 발굴해 본 결과, 왕의 귀에는 물론이고 허리와 무릎에도 주렁주렁 달았음을 알게 되었다.[34]

보문리 부부총 석실묘에서 출토된 금귀걸이는 신라 누금 세공 기술을 대표하는 명품이다. 통일기 이후에도 이 기법은 지속적으로 사용되었으며 감은사지 동탑 사리장엄구에도 이 기법이 구사되어 있다. 신라 귀걸이는 출토 수량이 많을 뿐만 아니라 삼국 시대 귀걸이 가운데 가장 화려한데, 왕도인 경주와 그곳의 대형분에 집중되는 양상이 뚜렷하다. 초기의 신라 귀걸이는 고구려 귀걸이를 모델로 만들어졌다. 주환의 굵기에 따라 태환이식과 세환이식으로 구분된다. 태환이식은 종류가 단순한 편임에 비하여 세환이식은 여러 종류가 공존하는 모습이 보인다. 태환은 도넛 모양으로 속이 비어 있다. 태환의 표면에는 접합선이 관찰된다. 즉, 단면 반원형의 금판 2매를 땜으로 접합하여 만든 것이다. 황남대총 북분 단계에 이르면 태환이 커지면서 태환의 제작에 사용하는 금속판의 숫자도 늘어난다. 태환의 양 끝에 동그란 금판이 부착된 사례가 있다. 제작 과정에서 태환 접합부가 터지는 경우를 대비하여 뚫은 것으로 보이는 자그마한 구멍이 남아 있는 것도 있다.

고신라를 대표하는 거대한 무덤은 적석목곽분이다. 적석목곽분은 신라의 국력과 문화를 대내외적으로 과시한 조형물로, 신라가 대내적으로 팽창하던 마립간기

---

34) 최신해, 『국보찾아 10만리: 한국국보총람』, 정음문화사, 1985

인 5세기에서 6세기의 짧은 기간 동안 만들어졌다. 무덤은 지상 또는 지하에 덧널(木槨)을 설치한 뒤, 덧널에 주인공의 시신이 안치된 널(木棺)과 다양하고 화려한 껴묻거리를 부장하였다. 덧널 주위를 냇돌로 덮고, 그 위에 다시 흙으로 덮어 봉분을 만든 구조이다. 적석목곽분에는 금관, 금허리띠, 유리잔 등 화려하고 많은 유물이 부장되었으며 이들 유물은 주변 국가와는 차별되는 신라만의 독특한 황금 문화를 보여준다.

'금령총(金鈴塚)'은 1924년 일본인이 발굴 조사했으며, 현재는 터만 남아 있다. 발굴 조사로 지름이 약 18m인 전형적인 적석목곽분이라고 무덤의 구조와 크기가 정확히 밝혀졌다. 무덤은 상자형의 덧널 속에 길이 1.5m, 너비 0.6m 내외의 작은 나무널이 놓였는데, 널 속에는 무덤의 주인공이 머리에 금관을 쓰고 둥근고리자루칼을 허리에 찬 채 안치되었다. 특히 주인공의 허리 부분과 금관에 매달린 드림장식에서 각각 한 쌍의 금방울이 출토되어 금방울 무덤이란 의미의 '금령총'으로 불리게 되었다. 이 무덤에서는 금관과 금허리띠 외에도 목걸이, 귀걸이, 가슴드리개, 팔찌와 반지 등의 장신구와 함께 말탄사람모양토기, 배모양토기, 등잔모양토기, 유리잔 등이 출토되었다. 출토된 유물은 천마총 등 신라의 왕릉급 무덤에서 보이는 최상급의 장신구가 모두 출토되었지만 크기가 매우 작은 것이 특징이다.

금령총이란 이름을 붙이게 된 금방울을 살펴보면, 중심고리(主環)는 없는 상태이며, 작은고리 아래에 사슬로 엮어 내려가고 그 아래에 지름 1.4㎝ 정도의 금방울을 매단 형태이다. 이 금방울 안에는 작은 구슬이 들어가 있어 흔들면 딸랑거리는 소리가 난다. 금방울의 표면에는 가는 금테를 마름모 모양으로 붙여 각목(刻目) 처리를 하였다. 그리고 구획된 마름모 모양 안에도 역시 가는 금테를 둥글게 붙이고 새김문 처리한 후 그 안에 푸른색의 유리옥을 감입시켰다. 금령총에서 출토된 금관도 지름이 16.5㎝에 불과하다. 관테에 3개의 세움장식(입식, 立飾)과 2개의 사슴뿔장식을 부착한 것은 전형적인 신라 금관과 같으나, 곱은옥(曲玉)이 없고 크기가 작은 점이 특징이다. 교동 금관과 함께 무덤의 주인공이 유소년일 가능성이 높다. 금허리띠 역시 총길이가 71㎝에 불과하여 다른 허리띠에 비한다면 최대 50㎝가량이나 작다. 기본 형식은 황남대총 남분 이래 신라 금제 허리띠의 형식을 잇고 있으나 드리개가 매우 소략하다. 띠꾸미개는 모두 23매인데 꾸미개에 표현된 인동무늬가 매우 간략화되어 있다. 허리띠에 매단 드리개 중 여러 개의 금판을 이어서 만든 것은 7줄이며, 그 외에 연필 모양 장식 2개, 곱은옥 3개 등 모두 13개이다. 띠꾸미개와 큰 드리개에는 금판을 오려 만든 달개를 매달아 화려하게 표현하였다.

금령총에서는 굵은고리 귀걸이와 가는고리 귀걸이 여러 점이 함께 출토되었는데, 특히 주목되는 것은 가는고리 귀걸이 2쌍이다. 먼저 1쌍은 지름 1.4㎝ 크기에 2줄의 귀걸이를 매달았다. 그중 1줄은 가는 금판을 이용하여 사잇장식과 드림을 매달았으며, 사잇장식은 상하에 모자 모양 장식이 있고, 그 속에는 원래 유기물이 있었던 것으로 추정되나 현재는 부식되어 없어진 상태이다. 또 다른 1줄에도 금판으로 중간식과 수하식을 매달았는데, 사잇장식은 굵은고리 귀걸이의 장식처럼 고리를 여러 개 연접시켜 만든 구체와 반구체로 장식하였으며, 구체에 달개를 9개 매달아 화려하게 장식하였다. 드림에는 금모(金帽)를 씌운 곡옥을 매달았는데 무령왕의 귀걸이와 비교된다. 다른 1쌍은 주환이 없어 드리개 수식인지의 여부는 불분명하다. 연결금구는 금판이며 작은고리이은입방체, 둥근고리 6개를 정사각형으로 붙여서 만든 것으로 중간을 장식하였는데 작은 고리 안에는 푸른색 유리옥을 끼워 넣었다. 드림으로는 오목한 삼엽형(三葉形)의 장식을 4개 매달았다. 주연부에는 각목대를 돌렸다. 2쌍이 출토되었는데 수하식에는 푸른색의 유리를 덧씌워 장식하였다. 이처럼 유리로 장식하는 기법은 앞 시기보다 훨씬 세련된 기법으로, 금관총과 금령총 단계만의 특징이다.

경주 시내 중심부인 노동동 일대에는 봉황대, 식리총, 금령총 등의 큰 무덤이 분포하고 있다. 봉황대(125호)는 높이 22m, 지름 82m로 황남대총(98호) 다음으로 규모가 큰 무덤이며, 봉황대 남쪽에 있는 식리총(126호)은 문양이 독특한 금동제 신발(식리, 飾履)이 발견되기도 하였다. 봉황대의 남쪽에 있는 금령총(127호) 역시 1924년에 조사된 무덤으로 일본인 우메하라 스에지(梅原末治) 등이 발굴 조사했으며, 돌무지덧널무덤의 구조를 최초로 확인한 뜻깊은 무덤이기도 하다. 직사각형의 구덩이를 판 뒤 바닥에 냇돌과 자갈을 깐 높이 4~5m, 지름 약 18~20m인 돌무지덧널무덤이다. 금령총은 말 그대로 '금령(金鈴)', 금방울이 처음으로 발견되어 붙여졌던 이름이다. 그렇다고 해서 이 무덤 속에서 금방울만 나오지는 않았다. 금관과 금허리띠를 비롯하여 말탄사람토기, 배모양토기 등 신라를 대표할 만한 국보급 유물이 대거 등장하였다. 이 무덤은 규모가 작으며 금관이나 금허리띠, 꾸미개의 크기가 작고 말탄사람토기와 배모양토기 등 상형토기가 많은 것으로 보아 왕자의 무덤으로 추측된다. 식리총과 금령총은 규모와 구조가 비슷하며 봉황대와 서로 밀접한 관계가 있는 것으로 보인다.[35][36]

백제 누금 공예 자료 가운데 한성기까지 올라가는 사례로 공주 수촌리 8호분 금귀걸이를 들 수 있다. 길이가 4.6cm에 불과함에도 매우 정교하다. 중간식과 수하식에 크고 작은 금 알갱이가 장식되어 있다. 백제에서 가장 오래된 누금 세공 자료이며 소환구체(小環球體)를 중간식으로 사용한 귀걸이 가운데 가장 이른 시기의 자료에 해당한다. 시기 차가 있지만 무령왕비 귀걸이와의 기법적 계승 관계가 인정된다. 신라의 공예품 가운데 누금 세공이 베풀어진 초기의 자료로는 황남대총 남분 출토 금제 반지와 금령(金鈴)이 있다. 이 가운데 금령은 표면에 권사(捲絲)와 그 좌

---

35) 홍진근·김현희, 국립중앙박물관 고고관 신라실
36) 국립중앙박물관 <큐레이터와의 대화>, 제67회·제77회

우에 금 알갱이가 조밀하게 부착되어 있다. 이와 유사한 금령을 외지에서 찾아보기가 어려워, 일단은 신라에서 제작되었을 가능성에 무게를 둘 수 있다.

이러한 구조의 태환은 신라에 유일하므로 신라적인 귀걸이의 특징 가운데 하나라 지적할 수 있다. 태환이식의 중간식은 매우 정형화되어 있다. 맨 위쪽에 소환구체 1개를, 그 아래에 구체의 윗부분만 제작한 반구체를 연결한 것이다. 고구려의 귀걸이에는 중간식으로 구체 1개가 끼워져 있어 차이가 있다. 소환구체를 만드는 기법 또한 조금 다르다. 신라의 경우 대부분 12개의 소환을 접합하여 만들었는데, 장식 효과를 내기 위해 구체의 상하에 동일한 크기의 소환을 1~2개 더 덧붙이는 경우가 많다. 그리고 상하의 소환이 대칭을 이루는 경우가 많고 상하 소환열의 중간에 각목대(刻目帶)가 부가되곤 한다. 중간식의 기본 구조는 시간이 흐름에 따라 혹은 귀걸이의 격에 따라 약간 다양하다. 즉, 구체와 반구체 사이에 소환을 겹쳐 쌓거나 스프링처럼 감아서 만든 장식을 끼워 넣기도 한다. 고식은 구체와 반구체가 바로 연결되거나 2개 내외의 소환이 끼워진다. 후기로 가면서 귀걸이가 길어지는 경향과 더불어 구체 사이의 장식도 길어진다.

세환이식은 태환이식에 비하여 종류가 다양하다. 초기에 유행한 형식은 중간식이 소환구체나 입방체여서 태환이식의 중간식과 유사하다. 세환이식이 다양해지는 것은 5세기 후반 이후이다. 이 무렵이 되면 매우 작은 소환과 각목대 등을 조합하여 만든 원통형 장식이 중간식으로 활용되며 6세기에 이르기까지 지속적인 변화를 겪으며 제작된다. 이러한 유형의 귀걸이가 신라 세환이식 가운데 가장 유행했다. 그 외에 중간식 없이 사슬로 수하식을 매단 간소한 것도 만들어졌다. 신라 귀걸이도 고구려와 마찬가지로 시간이 지나면서 차츰 화려해진다. 전체 길이가 길어지기도 하고 표면에 금 알갱이를 붙이는 등 꾸미는 장식이 현저히 많아진다. 그에 따라 무게 역시 무거워진다. 이러한 변화의 경향성은 귀걸이뿐만 아니라 금관 등 여타 장신구에서도 확인된다. 따라서 변화의 세부적인 양상을 단계화하면 귀걸이 출토 고분의 상대 서열을 확정할 수 있다.

태환이식은 기본형이 정해져 있기 때문에 변화 양상은 비교적 명확하다. 변화의 모습을 정리하면 다음과 같다. 첫째, 주환이 커진다. 황남대총 남분과 보문리 부부총 석실묘 귀걸이 사이에는 크기에서 현격한 차이가 보이는데 소형에서 대형으로 변화한다. 둘째, 연결금구가 변한다. 초기에는 금사를 사용하다가 차츰 금판을 사용하기 시작한다. 셋째, 중간식의 구조와 길이가 변한다. 중간식을 구성하는 구체와 반구체 사이의 장식이 길어진다. 넷째, 영락이 장식되는 부위가 넓어진다. 영락이 없는 것에서 중간식에만 있는 것으로, 다시 수하식까지 장식되는 것으로 그 범위가 넓어진다. 아울러 영락의 숫자도 늘어난다. 다섯째, 심엽형 수하식의 제작 기법이 변화한다. 처음에는 장식 없는 판이 사용되는데, 중간에 타출로 돌대를 표현하는 단계를 거쳐 판 앞뒤에 세로로 돌대를 접착하는 방식으로 변화한다. 후기에는 테두리에 각목대와 금 알갱이 붙임장식이 추가된다. 태환이식에서 관찰되는 이러한 변화 양상은 세환이식에서도 보인다. 초현기의 세환이식은 간소하다. 상하 길이도 짧고 영락 장식이 없다. 이에 비하여 6세기 이식은 종류가 다양해지며 금 알갱이를 붙이거나 옥을 끼워 장식하는 예도 생겨난다.

6세기 후반 이후의 유적에서 수식을 갖춘 귀걸이가 출토되는 사례는 거의 없다. 적석목곽분에서 그토록 빈번하게 출토되던 귀걸이가 여타 금속제 장신구와 함께 자취를 감추었다. 다만, 황룡사지 태환이식, 경주 동천동 숭삼마을 37호묘 세환이식이 있을 뿐이다.

신라 귀걸이 완제품 혹은 방제품이 고구려나 백제에서는 출토된 바 없지만 가야에서는 여러 점이 출토되었다. 김해 대성동 87호분, 동 봉황동 '가야의 숲' 1호 석곽, 여수 운평동 M2호분, 합천 옥전 M3호분과 91호묘 귀걸이가 그에 해당한다.

일본 열도에서도 신라산 혹은 신라적 요소를 갖춘 귀걸이가 출토된 바 있다. 신라산으로 볼 수 있는 것으로 가시하라시(橿原市) 니이자와센즈카(新沢千塚) 126호분 귀걸이를 들 수 있다. 이 귀걸이의 중간식과 수하식 제작 의장은 경주 황남대총 남분 주곽 출토 드리개, 황남대총 북분 부장품 수장부 출토 드리개와 유사하므로 신라로부터 전해진 완제품일 가능성이 있다. 다쓰노시(龍野市) 니시노미야야마(西宮山) 고분 귀걸이는 중간식과 수하식을 모두 갖추었다. 중간식은 1개의 소환구체, 수하식은 심엽형의 모엽과 원형의 자엽으로 구성되어 있다. 중간식이 소환구체 1개인 것은 신라보다는 고구려 귀걸이와 유사한 면모이지만 수하식의 형태는 고구려보다 6세기 신라 귀걸이와 더욱 유사하므로 아마도 6세기의 어느 시점에 신라 귀걸이의 영향을 받아 왜에서 제작되었다고 추정할 수 있다. 야오시(八尾市) 고오리가와니시즈카(郡川西塚) 고분 귀걸이는 외형으로 보면 5세기 후반 이후의 신라 귀걸이와 유사하지만, 은제품이어서 차이를 보인다. 신라에서는 이러한 유형의 은제 귀걸이가 없으므로 이 역시 일본 현지산으로 볼 수 있다.[37]

---

37) 김종일·성정용·성춘택·이한상, 『한국금속문명사:주먹도끼에서 금관까지』, 들녘, 2019

3 투조(透彫) 기법

: 바탕판 오려내기
- 무령왕릉 왕비 관장식, 천마총 금제관모와 관입식

신석기 시대 말에 구리(銅, Cu)가 인류 최초의 금속으로 등장하면서 금속 공예가 시작되었다. 남경숙(2005)은 금속 공예 기법을 크게 주조와 단금으로 나누고 표면 장식 기법으로 '조이'라는 용어를 사용하였다. 조이는 음·양각을 포함하며 조각 기법과 상감 기법으로 분류하였다. '투조(透彫) 기법'은 금속판에 문양을 그리고 끌이나 정으로 따내어 무늬로 나타내는 기법이다. 투조는 문양 이외의 부분을 오려내는 방법으로, 평안남도 진파리 1호분 출토 투각금구(透刻金具)는 고구려 유물로 대표적인 작품이다. 무령왕릉에서 출토된 금동신발에 시문된 연꽃, 봉황, 인동무늬 등도 예로 들 수 있다. 문양을 투조하기 위해서는 밑그림을 금속판에 그리고 끌로 따내는 전통 기법과 실톱과 같은 도구로 오려내는 현대 방법이 있다. 고대에는 요즘과 같은 가는 실톱이 없었기 때문에 탄소강을 끌의 모양에 따라 제작하여 소지금속을 뚫어냈을 것으로 추정된다.

투조 기법

투조란 금속판에 문양을 표현할 때, 가시성을 높이거나 장식 효과를 높이기 위하여 바탕의 여백을 뚫어내거나 문양 그 자체를 잘라서 뚫어내는 기법을 말한다. 전자를 지투(地透), 후자를 문양투(文樣透)라 부른다. 이 기법은 금속제품에 많이 보이지만 도자기나 목공예품에서도 볼 수 있다. 투조 작업은 보통 금속판 표면에 스케치하듯 밑그림을 그린 다음, 가위나 망치 끌 등을 이용해 차례로 뚫어낸다. 고신라 유물 중에는 천마총 금제관모나 금허리띠, 황남대총남분 안장부속구에서 전형을 찾아볼 수 있고, 통일신라 유물 중에는 월지 출토 소형화불이나 불상 광배에서 이 기법이 잘 확인된다. 투조 기법이 구사된 유물 가운데 가장 화려한 것은 황남대총남분에서 출토된 '말안장 앞뒤장식'이다. 전면에 걸쳐 용무늬를 투조 기법으로 표현했으며, 투조판 안쪽 바닥면에 비단벌레(玉蟲)의 날개를 조밀하게 붙여 화려하게 꾸몄다. 이러한 기법은 고구려의 진파리7호분 출토 금동제 투조장식판에서도 확인된다.

고구려 불꽃문 투조 금동보관

이 보관은 금동판을 세공하여 만든 장식으로, 고구려 문화의 수준을 잘 보여주는 명품이다. 불꽃 무늬같은 곡선이 어우러져 휘황찬란한 이 장식은 직선적인 부분은 전혀 없이 유연한 곡선만으로 구성된 점이 특징이다. 이 유물을 보면 고구려 미술이 갖고 있는 힘차고 역동적인 아름다움을 느낄 수 있다. 비슷한 시기에 뛰어난 곡선미를 자랑했던 나라는 백제였고, 이후 통일신라가 그 영향을 받아 조형성을 꽃피웠다. 자세히 살펴보면, 유기적으로 흐르는 곡선들이 서로 부딪히기도 하고 연속되기도 하면서 전체적으로 자연스럽게 하나의 유기체를 이루고 있다. 부분적으로는 비대칭적인 구조를 이루면서도 전체적으로 조화를 이루고 있다. 이 장식에는 유려한 곡선의 느낌이 강하면서도 단단한 느낌을 동시에 지니는 고구려만의 독특한 인상이 잘 정리되어 있다. 힘찬 곡선들로 이루어진 이런 스타일은 백제 무령왕릉에서 출토된 왕 금관 장식의 디자인과 유사하다는 점에서 후에 백제에 영향을 미쳤을 수도 있다. 거리감은 있지만 아프가니스탄에서 출토된 금관에도 그런 기법이 구사되어 있어 흥미롭다.

천마총 투조장식 관모 및 관모 장식(투조 기법의 대표적 사례, 도판 5, 6)

도판 5 천마총 투조장식 관모　　도판 6 천마총 금제관식

신라의 투조 문양은 고구려나 백제와 달리 간결한 형식의 투창을 만들어 뚫어냈다는 특징을 보인다. 천마총 금모(金帽)는 금판 여러 개를 앞, 뒤로 이어 붙여 제작했다. C자와 원을 투공 장식한 면을 양 측면에 두고, 바깥에는 T자와 원을 투조한 판 두 개를 앞뒤로 박아 고정했다. 뒷면에는 T자 위로 용문을 투각한 판을 덧대었

는데 상단에 타원형 공간이 뚫려 있다. 앞면에 T자 판은 방형으로 구멍을 내고 격자문 금판으로 덧대어 못을 박았다. 다채로운 문양에 정으로 두드린 점들이 찍혀져 있다. 하단에 작은 구멍을 뚫어 착용을 위한 용도로 사용한 것으로 판단된다.

더하여 두 날개를 활짝 핀 형태의 관식(冠飾)이 관모와 함께 출토되었는데 관모의 제작 기법과 유사하다. 관식 끝부분이 ∧로 꺾여 있어 관모 앞에 꽂아 사용했을 것으로 보인다. 신라의 관모 관식에 대해서는 여러 문헌 자료를 참고할 수 있다. 고구려의 경우 『구당서(舊唐書)』에 벼슬아치는 새의 깃 두 개를 가삽(加揷)하고 금은으로 장식하였다는 기록이 있다. 관모는 변(弁) 혹은 절모(折帽)라고 부르며, 삼국의 기본적인 관모의 형태였다. 관모에는 가죽 혹은 비단이나 금은 장식을 덧대었다. 황남대총 금동제 관모는 조익형 관식이 꽂힌 채 발견되었고 양산 부부총 등에서 백화수피제 관모에 붙여진 경우도 발견되었다.

무령왕릉 왕비 금제 관장식(도판 7)

도판 7 무령왕릉 왕비 금제 관장식, 길이 22.2㎝, 너비 13.4㎝

왕비의 머리 부분에서 2매로 이루어진 1쌍의 관장식이 발견되었는데, 삼국 시대 투조 장식의 대표급 유물이다. 두께 2.0㎜ 내외로 얇게 늘린 금판을 투조하여 만들었으며, 꽂이 부분은 청동으로 따로 만들어 붙였다. 녹이 심하여 어떠한 방식으로 부착된 것인지는 확인이 어렵다. 그림에 나와 있듯이, 관장식은 바탕에 진한 배경을 갖추면 찬란하게 빛나는 꽃의 모양을 보인다. 왕의 관식과 달리 영락 장식을 하지 않은 간결한 모습이지만 그 아름다움은 훨씬 배가된다. 중앙에 일곱 잎의 연꽃을 엎어놓은 모양의 대좌와 그 위에 활짝 핀 연꽃이 꽂힌 꽃병, 그리고 주위로 불꽃처럼 힘 있게 펼쳐진 인동초무늬가 표현되어 있다. 투조는 문양을 살리고 바탕을 제거한 지투(地透, 바탕을 걷어내고 문양을 살리는 방식) 기법이다.

투조 기법의 세부를 알기 위해 가장자리의 잘린 면을 보면, 대부분 경사져 있어 끌을 비스듬히 대고 윤곽선을 따라 타격하여 잘라나간 것을 알 수 있다. 또한 연꽃을 엎어놓은 모양의 대좌와 꽃병 사이에 있는 방형의 투조면을 살펴보면, 좌측 상단에서부터 시계방향으로 타격해 나갔음을 알 수 있다. 인동초무늬의 잎사귀가 동그랗게 말린 모습을 표현하기 위해, 급격히 돌아가는 끝부분에 둥근 구멍을 뚫고 끌과 같은 날카로운 도구로 다듬어 연결하였다. 왕비의 머리 부근에서 금판 장식이 함께 출토되었는데, 이 장식의 테두리에 구멍이 촘촘히 뚫려 있어 관꾸미개와 함께 실을 이용하여 대륜에 장식했던 것으로 짐작된다. X선 형광분석 결과, 금(Au) 99.0~99.2%, 은(Ag) 0.5% 내외, 동(Cu) 0.2~0.4% 정도의 함유량을 보여 순금에 가깝다.

황남대총 남분 은제 도금 관모

높이가 17㎝인 원정 고깔형 감투이며 대략 3각형 은판을 뒤에서 덧붙여 굳건히 하였다. 앞에는 당초를 오려 무늬를 놓은 금동판을 붙였는데 이곳은 날개 장식을 꽂는 곳이다. 정면에는 물결무늬와 점무늬를 장식한 굵은 선으로 정사각형을 그려놓았다. 황남대총북분에서는 금관이며 금제과대 등 찬란한 유물들이 많이 나왔는데, 남자 무덤인 남분에서는 은관밖에 나오지 않았다. 이 은관도 몸체는 은판이고 그 일부를 금으로 도금하였다. 금과 은은 위계나 신분의 차등을 표시하는 수단으로 채택되었다. 여러 이유로 볼 때, 무덤의 주인공은 내물왕(奈勿王)과 그의 부인 보반부인(保反夫人)이라는 주장이 있다. 여자보다 남자가 출신성분이 낮은 사람이라고 추정된다. 고대에는 권력을 상징하는 관(冠)을 특별히 금이나 금동 등의 귀금속으로 제작하였다. 금제품은 금동보다 위계가 높은 존재에 사용되었다.[38)39)40)]

금동투조옥충감장안교(金銅透彫玉蟲嵌裝鞍橋)

1921년 경주 금관총에서 비단벌레 장식 마구류가 최초로 확인된 이후, 경주 지역에서 계속 출토되고 있다. 1973년 발굴된 동서 80m, 남북 120m, 높이 22.2m에 이르는 초대형 고분인 황남대총에서 발굴된 유물은 무려 5만 7,000여 점으로, 그 중에서도 가장 비상한 관심을 끌었던 안교, 등자, 행엽 등이 비단벌레 장식 기법을 이용한 가장 대표적인 유물이다. 황남대총남분에서 출토된 투조금동판피옥충장안교(透彫金銅板皮玉蟲裝鞍橋)는 목판 위에 수피를 두 겹으로 깐 후에 비단벌레의 날개를 세로로 깔고, 다시 그 위에 쌍룡문을 투각한 금동판을 씌운 후 가장자리에 테를 둘러 고정하였다. 또 목심에 비단벌레를 장식하고 투조한 금동판을 씌운 등자, 비단벌레를 감장하고 금동판을 씌운 경판 등도 출토되었다. 북분에서도 투조한 금동판 아래에 비단벌레를 감장한 안교와 철판 위에 비단벌레를 감장하고 투조한

---

38) 이종선, 『고신라 왕릉 연구(古新羅王陵硏究)』, 학연문화사, 2000
39) 이호관, 『한국의 금속공예』, 문예출판사, 1995
40) 정영호, 『한국의 미 23 금속공예』, 중앙일보사, 1985

금동판을 얹은 행엽 등이 출토되었다.

황남대총에서 출토된 안교금구는 대표적인 신라의 유물로 남분에서 출토된 마구들이며, 특히 대표적인 것으로 안교를 꼽아야 한다. 출토 당시에 대부분이 부곽에서 출토되었는데 7쌍분의 안교가 보고되고 있으며, 그 가운데에는 철제도 포함된다. 가장 대표적인 것은 금동투조옥충감장안교 1쌍이다. 목심에 다시 목판 위에 자작나무껍질을 두 겹으로 깐 후에, 비단벌레의 날개를 세로로 촘촘하게 깔고 다시 그 위에 변형용문을 투각한 금동판을 씌운 후 테두리에 테를 둘러 고정하였다. 투각한 금구의 주연은 점선조로 시문하고 금동교구를 2개씩 달았다. 전륜이 후륜보다 약간 작은 편이다. 그 밖에도 투조한 목심에 은판을 씌운 안교, 목심흑칠안교, 목심철제안교, 철심에 비단벌레를 장식하고 투조한 금동판을 씌운 안교 부속 금구 등이 보인다. 또 황남대총 북분에서 출토된 금동투조옥충감장 안교 한 쌍이 남쪽의 석단 중앙부에서 출토된 것으로 보고되고 있다. 파손과 부식이 매우 심하나 남분 출토 유물에 비추어 짐작이 가능하다. 투조한 금동판 아래에 비단벌레를 감장한 것은 남분 출토 유물과 비슷하나 해금구의 투조한 금동판에는 주연을 점선조로 시문하고 있다. 또 안교의 파수장식은 역시 투조판에 용문을 점선조로 시문하였으며, 중앙과 양쪽에는 못으로 고정하고 바탕에는 비단벌레를 감장한 것으로 보인다.[41]

황남대총에서 출토된 비단벌레 장식 마구류는 일본 아스카 시대(飛鳥時代) 호류지(法隆寺) 소장 옥충주자(玉蟲廚子)보다 이른 시기의 유물로 밝혀짐으로써, 비단벌레 장식 유물이 일본 고유의 공예품이라는 주장을 반론하는 계기가 되었다. 금관총에서는 치마로 추정되는 의복에 십자 형태로 날개를 장식한 유물이 출토되었다. 이

---

41) 이난영·김두철, 『한국의 마구』, 한국마사회 마사박물관, 1999

는 금관총 관 중앙에 의류 단편이 있었는데, 부식은 되었으나 그 일부에는 비단벌레 날개가 십자 모양의 꽃 형식으로 달려 있고 중앙에 작은 영락이 달려 있다.[42]

황남대총남분 은제용문투조안교

육안 관찰이 어려운 결합 방법 등은 입체현미경으로, 균열과 제작 기법은 X선 조사를 실시하여 확인하였으며, 안교의 재질은 X선 형광분석기를 이용하여 표면 분석하였다. 안교의 도금층 성분분석 결과 은(Ag)이 약 99%에 이를 정도로 순도가 높았다. 도금층의 분석 결과 Au, Cu, Hg가 주성분으로 확인되었는데, 구리에 수은 아말감으로 도금한 것으로 추정된다. 은제투조안교금구는 문양을 두고 바탕을 잘라내는 지투법(地透法)을 사용하였다. 은판 투조안교금구와 금구의 결합은 금동원두정을 4~5㎜ 간격으로 박아 결합시켰다. 물결무늬를 축조하고 내부에 둥근 점을 각인한 표현 기법은 황남대총 출토 유물 다수에서 관찰된다. 안교 목심에 관한 확인 결과, 표면에 보이는 나이테의 패턴이 일정하게 선의 형태를 이루며, 휘어져 곡선을 이루는 것으로 보아 방사단면을 넓게 켜서 이용한 것으로 확인된다. 즉, ㄱ자형의 곡선 형태로 생장한 나무를 의도적으로 벌채하여 사용한 것으로 보인다. 안교 전·후면에서 2종류의 평직 직물이 확인되었는데, 마(麻)의 일종으로 확인된다. 안교금구 후면에 부착된 직물은 모(毛)로 확인된다.[43]

---

42) 김도형, 「금속장식기법에서 자연 유기재료(有機材料)를 활용한 조형디자인 연구-비단벌레 표면장식을 중심으로」, 단국대학교 대학원 석사논문, 2013
43) 권희홍 외, 「황남대총 남분 출토 용문투조은판피안교의 보존과 제작기법 연구」, 『박물관 보존과학』 제12집, 2011

나주 신촌리 9호분 출토 금동신발

삼국 시대 고분에서는 장송용으로 보이는 금동제 신이 발견된다. 표면에는 여러 가지 문양이 장식되고 바닥에는 수십 개의 송곳 같은 돌기가 있기도 하다. 경주 식리총에서 출토된 신은 표면 전면에 정교한 문양이 돋을새김되었고, 무령왕릉의 신에는 당초문이 투각되었다. 장신구들을 통관하면 고대에는 금을 대량으로 사용하였음이 주목되며, 투각 문양에 한층 효과를 내기 위하여 바닥에 비단벌레 껍질을 깔았다.

금동신발은 주로 피장자의 발에 신겨져 있거나 발 근처, 목관 동쪽에 마련된 부장궤에서 출토된다. 백제의 무령왕릉이나 신촌리 9호분의 경우는 피장자의 발에 직접 착용시킨 사례이다. 신라의 금동신발도 백제의 것과 마찬가지로 3판의 금속판을 결합하여 만든다. 다만 백제의 금동신발처럼 좌우 측판이 앞뒤에서 결합되지 않고 앞판과 뒤판이 옆에서 결합된다는 차이를 보인다. 바닥에는 금동못을 부착하지 않았는데, 이는 신라의 특징이라고 할 수 있다. 그러나 황남대총 북분에서 출토된 금동신발의 경우 뒤꿈치 부분이 남아 있지 않고 바닥판만 있어 전체 형태를 알 수 없지만, 신발 바닥판의 가장자리에 작은 구멍이 뚫려 있어 발에 고정하기 위한 끈 등을 연결하였을 것으로 추정된다. 황남대총 남분의 경우 凸자 무늬에 영락을 매단 금동신발 안쪽 바닥에서 마(麻)에 붉은색 비단을 감싼 직물 흔적이 확인되어 금동신발 자체만을 신지 않았음을 알 수 있다. 또한 凸자 무늬를 투조하는 방법도 다른데, 백제의 경우는 凸자 무늬를 동일한 방향으로 배치하지만, 신라의 신발에는 凸자 무늬를 맞물리게 배치한다.

신촌리 금동신발의 경우 전연과 후연에 '<'문과 원문을 교대로 배열하고 중간에 측판을 결합하기 위해 원두정을 박았다. 신촌리 금동신발은 좌·우측의 전연과 후

연의 문양이 같은 패턴이지만 방향성이 다르다. 신촌리 9호분 을관에서 함께 출토된 금동관의 분석을 진행한 김성곤(2012)의 연구로 아말감 도금을 확인하였다. 신촌리 금동신발의 가장 큰 문양이 2㎜ 정도의 원점문으로 매우 작은 요철이기 때문에 평면 부분보다 금이 두껍게 도금된다.

나주 신촌리 금동신발의 복원 제작 과정은 여섯 단계로 나눠볼 수 있다. 첫째, 훼손된 유물의 크기와 형태를 정밀 실측하여 정확한 유물의 정보를 얻고 원형을 평면으로 옮겨 복원도면을 제작하였다. 둘째, 소지금속인 동 소재를 도면의 외형을 따라 작두와 수공가위로 절단하였다. 셋째, 문양시문을 위해 문양에 맞는 정을 강철로 제작하고 도면을 통하여 타출기법으로 평면을 가공하였다. 넷째, 형태를 성형하기 위한 입체가공을 진행하였고 앞의 과정과 동일하게 사면정을 제작하였다. 다섯째로 신발의 표면을 전통 도금 기법인 아말감 도금하였다. 마지막으로 전연과 후연은 원두정으로 결합하고 측판과 바닥판은 금동사로 엮어 조립하였다.[44]

인간의 장신구 가운데 가장 눈에 띄는 것이 관모와 신발이다. 발에 신는 신을 장식하는 습속은 낙랑 유적에서도 발견되었고 고구려와 백제 고분에서도 출토된 바가 있으나, 신라 고분 식리총에서 출토된 것만큼 화려한 문양을 새긴 것은 일찍이 그 예를 볼 수 없다. 식리가 완형으로 출토된 것으로는 나주 반남면 출토의 식리가 있고, 원형을 찾을 수 있는 것으로는 무령왕릉 출토의 청동제 식리가 있다.[45]

---

44) 강민정, 「나주 신촌리 9호분 출토 금동신발의 제작기법과 고대기술 재현」, 한국전통문화대학교 석사논문, 2018
45) 황호근, 『한국장신구사』, 서문당, 1996

나주 복암리 정촌 고분

　나주 복암리 정촌 고분은 전남 나주시 복암리 일대와 영산강 본류가 한눈에 보이는 산사면에 있다. 2013년부터 발굴 조사를 진행하였고 조사 결과 한 변이 24~26m, 높이 9m인 방형의 평면 형태이며 고분 끝자락에는 흙이 흘러내리는 것을 막기 위한 석축이 조성되어 있었다. 나주 정촌 고분에서 출토된 금동신발은 길이 32㎝, 너비 11.5㎝, 높이 13.5㎝로 현재까지 확인된 백제의 금동신발 중 형태도 온전하며 세부적인 문양이 가장 완벽하고 화려한 것으로 평가된다. 문양은 연속적인 육각문 안에 도깨비, 연꽃 등 다양한 문양이 채워져 있으며 발등에는 용머리 장식이 부착되어 있다. 이는 현재까지 발굴된 금동신발에서는 발견되지 않은 점이며 발목에는 목깃이 하나의 띠로 제작되어 발등면의 여미어진 부분과 'ㄴ'자 형태로 만들고 원두정으로 결합되어 있다. 바닥판에는 연화문과 용문을 투조와 조금으로 표현했고, 24개의 사면정이 부착되어 있다.

무령왕릉 금동신발

　무령왕릉은 삼국 시대 피장자의 신분이 확인된 유일한 왕릉으로 당시 중국에서 유행했던 벽돌무덤 형식이다. 당시 백제문화의 역량과 수준을 보여주는 획기적인 유물이 다량 출토되었고 절대 연대를 가진 고분이다. 왕의 금동신발은 문양을 투조한 금동판을 은판 위에 덧대어 제작한 것이 특징이다. 신발의 전체 길이는 36~38㎝로, 귀갑문을 기본 단위로 하여 봉황문과 연화문을 투조하였다. 양발이 맞닿는 내면은 제외하고 외면만을 동사로 영락을 고정하였다. 바닥판의 사면정은 총 9개씩 부착하였고 내부에서 직물이 확인되었다. 왕비의 신발은 36㎝로 기본적인 구조와 제작 기법은 왕의 신발과 같지만, 외면에 인동덩굴문과 봉황문을 장식하여 왕의 신발보다 더욱 화려하다. 바닥판에는 사면정과 원형의 영락이 부착되어 있다.

안동고분 출토 금동관모

관모의 형태는 아래 양 끝이 좁아지는 타원형 형태로 하연대 양 끝에서 수직으로 상연대가 커다란 아치형을 이루고 있다. 상연대 안쪽 양쪽으로 심엽문이 연속적으로 투각된 측판이 각 1개씩 있고, 그 위를 감싸고 도는 투각판 1개가 있다. 관모 출토 당시 상연대 위쪽부분에 반구형장식물이 있었는데, 이러한 형태의 장식물은 일본 후나야마 고분 금동모와 우리나라의 익산 입점리 금동모, 공주 수촌리 금동관모와 동일한 형식으로 판단된다. 이 관모는 여러 개의 장식판이 겹친 복잡한 구조인데 토압에 의해 눌려 작은 조각들로 파손된 상태였다. 편이 섞여 교란되지 않도록 부분적으로 Paraloid B-72(inAcetone) 15%로 경화처리를 하면서 출토지의 흙을 제거하였다. 관모는 파손되면서 형태가 어긋나 있는 상태로 원형을 잡기 위해 파손된 부분을 순차적으로 해체하였으며 해체한 편은 현미경으로 관찰하면서 Scalpel로 녹을 제거하여 금도금층을 표출하였다. 모든 이물질 제거를 완료한 후에 관모의 해체 순서와 반대로 접합 복원하였다. 전체적으로 ParaloidB-72(in Xylene) 5%, 10%를 순차적으로 붓으로 도포하여 강화 처리하는 것으로 관모의 모든 보존처리를 완료하였다. [46]

석가탑 사리장엄구 (釋迦塔 舍利莊嚴具)

1966년 10월 경주 불국사의 석탑을 보수하기 위해 해체했을 때, 탑 내부의 사리공에서 발견된 사리장엄 유물들이다. 중심부에 놓였던 사리외함과 함께 안에는 원구형으로 생긴 은제의 사리 내·외함과 금동사리합, 무구정광대다라니경, 각종 구슬과 함께 있었다. 사리함의 주위에는 청동제 비천상을 비롯하여 원형동경 1점

---

46) 국립중앙박물관, 『박물관 보존과학』 제30집

과 ¼동경편, 목탑, 경옥제곡옥, 구슬, 향목 등이 놓여있었다. 사리함의 바깥 기단부 바닥에서는 비단에 쌓인 종이 뭉치가 발견되었는데, 종이가 한데 뭉쳐져 글의 내용은 알 수 없다.

사리외함은 4면에 덩굴무늬를 좌우대칭의 모양으로 뚫어서 새겼으며, 몸체를 받치고 있는 기단부도 무늬를 뚫어서 새겼다. 지붕 위에는 덩굴무늬를 새기고 지붕 꼭대기, 모서리, 지붕 마루에는 연꽃으로 장식하였다. 지붕 끝에는 나뭇잎 모양 장식을 달아놓았다. 정교하게 투조된 뚜껑에 보석까지 감입된 8세기 사리기(舍利器) 중의 걸작이다. 은제 사리내·외합은 계란 모양의 뚜껑이 덮인 합으로, 은으로 도금하였으며 8세기 중엽 양식을 보인 화려한 연꽃무늬와 작은 동그라미를 찍어 만든 어자문(魚子文)으로 장식하였다. 금동 방형사리합은 앞·뒷면에 탑을 중심으로 양옆에는 보살입상을, 옆면에는 인왕상을 선각하였다. 뚜껑에는 3단으로 이루어진 탑 모양의 작은 꼭지가 있으며 합 속에는 향나무로 깎은 작은 사리병이 들어있었다.

이곳에서 발견된『무구정광대다라니경』은 8세기 중엽에 간행된 현재까지 알려진 세계 최고의 목판인쇄본으로, 너비 약 8㎝, 전체 길이 약 620㎝ 되는 곳에 1행 8~9자의 다라니경문을 두루마리 형식으로 적어놓았다. 발견 당시 부식되고 산화되어 결실된 부분이 있었는데 20여 년 사이 더욱 심해져 1988년에서 1989년 사이 전면 수리 복원하였다. 불경이 봉안된 석가탑은 751년 불국사가 중창될 때 세워졌던 것으로 알려졌으므로, 이 경은 그 무렵 간행된 것으로 인정된다. 또한 본문 가운데 중국 당나라 측천무후 집권 당시에만 썼던 글자들이 발견되어, 간행연대를 추정할 수 있다.

보물 청자투각연당초문필가(靑磁透刻蓮唐草文筆架)

필가는 붓을 꽂아 보관하는 문방용품이다. 이 유물은 단순한 직사각형 몸체에 다양한 문양을 장식하여 조형성을 높였다. 몸통 양옆에 장식된 용머리는 갈퀴, 수염, 비늘 등이 양각으로 정밀하게 묘사되었다. 이러한 필가는 존재 자체가 희귀할 뿐만 아니라 아름다운 조형과 유색 등에서 고려청자를 대표하는 걸작 중 하나이다.

고려청자 붓꽂이는 크게 장방형의 몸체와 받침으로 구성되어 있다. 크기는 높이 8.8㎝, 길이 16.8㎝이다. 몸체 양면에는 연화당초문이 화려하게 투각되었고, 측면은 용의 목 부분에서 용두로 이어진다. 몸체 양 측면에 부착된 용두의 사실적인 표현과 조각 기술은 청자 필가의 핵심이다. 용두의 전체 형상은 틀로 성형하고 비늘이나 갈퀴 등의 세부 표현은 굵기와 깊이가 다른 선으로 섬세하게 음각하였다. 용두의 눈은 산화철 안료로 표현하여 표정과 모습에 생동감을 더하였다. 굽바닥까지 완벽하게 시유하였고, 모서리 네 곳에 유약을 살짝 닦아내고 백색내화토빛음을 받친 흔적이 남아 있다. 요나라 삼채자기중에 이와 유사한 형태의 필가가 있어서 고려와 요의 교류를 보여주는 작품이다. 청자 붓꽂이는 투각, 음각, 철채, 상형 등의 다양한 기법을 사용하여, 고려 12세기 청자 제작 기술과 조형적 완성도의 정점을 보여주는 작품이다. 기형, 문양, 유색 등 조형적인 면에서 완성도가 높고, 왕의 권위를 상징하는 용이 소재로 사용된 점, 개성 일대에서 출토된 점 등으로 고려 왕실에서 사용된 것으로 추정된다.

청자칠보투각향로(靑磁七寶透刻香爐)

상감청자의 초기 양상을 보여주는 작품으로 국보 청자칠보투각향로(靑磁七寶透刻香爐)를 들 수 있다. 이 향로는 밑받침, 중앙 화로 몸체 그리고 뚜껑 등 세 부분으로 구성되어 있다. 받침은 세 마리의 토끼들이 등에 받치고 있는 삼릉화형의 받침대가 돋보인다. 이 받침은 위의 두 부분보다 널찍하여 그릇 전체에 안정감을 준다. 중앙부의 화로는 국화잎 모양의 이파리들에 둘러싸여 있는데, 이것들 밑으로 6판의 잎 모양 받침이 고이고 있다. 주목되는 부분은 뚜껑에 올려져 있는 구형의 칠보연계문 장식이다. 투조로 되어 있어서 향의 연기가 분산되어 빠져나갈 수 있다. 향로 본연의 목적인 연기가 빠져나갈 수 있게 고안된 기능적인 투조 장식 부분이다. 이 향로는 12세기의 작품으로 판단되는데 아름다운 비색, 독특한 조형성, 상감기법의 등장 등의 관점에서 청자의 대표작이다.

백자투각모란당초문호(白磁透刻牡丹唐草文壺)

18세기에 제작된 백자청화 투각모란당초무늬항아리는 내항아리와 외항아리의 이중구조로 이루어져 있다. 투각 기법은 도자기의 형태를 만든 후, 흙이 완전히 마르기 전 기면에 문양을 그린 후 구멍을 뚫는 기법이다. 삼국 시대 토기나 조선 목기에도 많이 보인다. 투각 기법에는 음·양각 후 배경 부분을 도려내거나 도자기에 그린 무늬 자체를 뚫어내는 두 가지 방법이 사용된다. 조선 시대 투각 백자에는 음·양각 기법이 함께 등장하는데, 청화나 동화 안료를 같이 써서 장식 효과를 극대화했다. 그러나 구조적으로 약해서 제작할 때 깨지거나 망가질 위험이 아주 크다.

이 항아리는 기면 전체에 큼직한 모란꽃을 네 군데 배치하여 정성스럽게 양각한 뒤, 시원시원하게 투각하여 장식미를 극대화했다. 이례적인 백자이다. 동그란 주둥이 아래로 목이 반듯하게 서 있고 어깨는 당당하다. 어깨 부분에 청화로 당초문대를 둘렀고, 허리에 여의두문을 양각하였다. 투각은 첫 단계부터 불에 구워내는 마지막 공정까지 손이 많이 가고 파손율도 높아 남아 있는 유물이 많지 않다. 이 항아리는 이중구조로 이루어진 독특한 형태로 내부에 물레를 사용한 흔적이 있다.[47)48)]

---

47) 안휘준, 『청출어람의 한국미술』, 사회평론, 2010
48) 최경원, 『우리미술 이야기』, 더블북 코리아, 2021

4 백제 금속 공예의 꽃

- 국보 금동용봉봉래산대향로(도판 8)

한국 고대의 금속 공예

향은 보통 향로를 이용하여 태우며, 향을 사용하는 방식에 따라 향로의 모양이 달라진다. 우리나라의 고대 향로는 출토 예가 적은 편이다. 통일신라 시대의 병향로(호암미술관 소장)가 있고 고려 시대에는 향완(香垸)이 주로 사용되었다. 그밖에 박산향로가 있는데 백제대향로는 이 형식이다. 보통 박산향로는 뚜껑에 산 모양을 조각하는데, 산악 문양을 2~3층으로 구성하고, 산봉우리는 3, 4개로 표현하며 향의 연기가 빠져나가기 위한 둥근 구멍이 있으며 산은 가는 선으로 선각한다. 향로는 일찍부터 의식용 분향기구로 사용되었다. 기원은 밝혀지지 않았으나 냄새를 제거하려는 방편으로 인도에서 처음 시작되었다.『삼국사기(三國史記)』등의 기록에 미루어 우리나라에도 불교와 함께 향이 들어온 것으로 보인다. 중국은 한대의 박산로가 대표적이며 남북조 시대 이후 손잡이 향로가 유행한다. 백제금동대향로와

도판 8 국보 금동용봉봉래산대향로(출처: 문화체육관광부)

비교할 수는 없으나 고려 시대에는 향완 병향로 등이 알려져 있다. 조선 시대에는 정형화된 향로로 대표된다. 특히 종묘나 왕실의 향로, 사찰의 향로들이 알려져 있다.[49]

---

49) 이난영, 『한국 고대의 금속공예』, 서울대학교출판부, 2000

삼국 시대 사찰에서 향의 사용이 성행했음은 많은 자료를 통해 확인된다. 박산향로 계열인 백제금동대향로나 화로형 향로인 미륵사지 출토 금동향로, 석굴암의 나한상이 들고 있는 병형 향로 등은 우리나라가 일찍부터 향과 향로를 사용했음을 보여주는 자료들이다.

지금까지 향로는 기물 자체에 주목하여 문양과 형식 분류에 대해 연구가 집중되었다. 불단을 장엄하고 공양하기 위해 널리 사용된 향로는 대부분 큰 향로이다.[50] 건조된 향을 태우려면 향로의 몸통이 커야 한다. 분향 시 연기가 많이 나고 재가 날리기 때문에, 한대(漢代)에 제작된 향로는 뚜껑이 있고, 향로 아래에 물을 담는 반을 받치는 경우가 많다. 분향 방식은 향로 뚜껑의 유무에 영향을 주는데, 원래 향로는 뚜껑이 있는 형태가 기본이다. 향로의 뚜껑은 향의 가루나 재가 날리는 것을 방지하고 향 연기를 조절하는 역할을 한다. 뚜껑에 있는 연공의 위치나 개수에 따라 연기의 방향과 양 등을 적절하게 조절할 수 있다.

백제금동대향로의 비밀

백제금동대향로는 1993년 부여왕릉원 서쪽에 있는 능산리 사지에서 주차장 확장공사를 앞두고 기적처럼 발견되었다. 발굴된 지점은 백제 왕실 사찰의 대장간 자리로 판명되었다. 이 향로는 신궁에 봉안되어 백제 왕실의 조상신과 각종 신령들을 모시는 데에 사용되었을 것으로 추정된다. 발굴 직후 1996년 국보로 긴급히 지정되었다. 1,400년 만에 빛을 본 백제금동대향로는 진흙탕 물속에 묻혀 있다가 발굴되어 오랜 잠에서 깨어났다. 이 향로는 발견 당시 거의 완벽에 가까운 보존 상태를 지녔다고 보고되었다. 백제대향로는 금동제 유물이다. 금동유물은 청동 표면에 금이 도금된, 청동과 금으로 구성된 유물이다. 금동유물은 금으로 도금되어

---

50) 박지영, 「고려의 향문화(香文化)와 향로(香爐)」, 『문화재』 56-2호, 2023

있음에도 도금부가 손실되면서 바탕 금속인 청동이 부식되어 부식물이 형성된 상태로 발견되는 경우가 많다. 예를 들어 경주 황남대총 남분 출토 금동신발은 청동 부식물로 크게 오염된 상태로 발견되었다. 발견 당시 금동신발은 여러 편으로 분리되어 있었으며 유물 표면에 청동 부식물이 다량 발생한 상태였다.

그렇다면 백제의 보물 금동대향로는 어떻게 온전한 형태로 발견될 수 있었을까? 그 답은 매장 당시의 환경에서 찾을 수 있다. 금속의 부식은 물과 산소라는 요인에 의해 발생한다. 당시 금동대향로는 진흙 속에 묻혀 있었다. 금동대향로를 둘러싼 주변의 진흙이 완벽한 진공 상태를 만들어 향로 주변 공기를 차단하였고, 따라서 매장된 동안 부식이 거의 발생하지 않았던 것이다. 우연치고는 대단한 행운이 아닐 수 없다.

금동대향로는 백제 장인의 놀라운 금속 공예 기술을 보여준다. 이 향로는 크게 몸체와 뚜껑으로 구성된 대형 향로이다. 여의주를 끼고 있는 봉황과 연꽃 봉오리를 입으로 받치고 있는 용, 신선들이 산다고 알려진 박산 등이 정교한 조각 솜씨로 표현되어 있다. 금동대향로를 CT 촬영한 결과, 향로 몸체와 용 받침을 연결한 부위를 빼면 따로 만든 후 붙여 조립 제작한 것이 아니라 원래부터 통째로 주조하였다는 사실이 밝혀졌다.

백제금동대향로는 동아시아 최고 수준의 경지를 보여주는 특급 명품이다. 향로의 역사는 오래되었다. 인도에서는 4천여 년 전에 향로가 출현하였고, 중국은 전국 시대 말부터 다양한 향로가 제작되었다. 한나라 때에 와서 박산향로가 유행하였다. '박산'은 신선이 거주하는 곳으로 신선 사상의 결과물이다. 한반도도 중국의 영향을 받아 낙랑 지역에서 관련 유물이 출토되었다. 백제대향로의 배경에 한반도에서 이어져 온 박산향로의 전통 위에 중국과의 교류가 있었음을 짐작할 수 있다. 이 향로는 엄청난 대작이다. 높이는 62.5㎝, 몸통 최대지름 19㎝, 무게

11.85kg이다. 향로의 성분을 분석하기 위해 국립중앙박물관에서 시료를 채취하여 분석한 결과, 구리가 81.5%, 주석이 14.3%이고, 나머지 원소가 4.2%였다. 원료 산지 분석 결과 요녕성과 감숙성 출토품과 성분비가 유사한 것으로 확인되었다.

금동대향로는 밀랍주조법(失蠟法-Lost Wax Method)으로 제작되었는데, 이를 통해 당시 백제인의 뛰어난 주조 솜씨를 알 수 있다. 대향로의 표면 도금에는 신라와는 달리 '수은 아말감 도금법'이 사용되었다. 수은 아말감 도금법은 수은과 금을 섞어 만든 아말감을 이용해 도금하는 기법으로, 이 향로의 도금 기술은 매우 놀라운 수준을 보여준다. 이 방법은 미륵사지 출토 유물의 금동 분석에서도 확인되었는데, 백제 고유의 도금 기법으로 파악된다. 이런 독특한 기법과 함께 정교한 도금 피복 기술은 백제 금공예술품의 발전에 크게 기여하였을 것으로 보인다. 도금은 철, 청동, 황동 등과 같은 금속 표면에 금이나 은, 납, 주석, 아연 등의 다른 금속을 입히는 기술을 말하며, 이는 겉모양을 아름답게 할 뿐 아니라 금속의 내식 내마모성을 향상시키는 역할을 한다. 이런 도금 기술은 삼국 시대에 널리 성행하였으며 조선 시대까지 이어져 많은 수의 불상, 향로 등에 사용되었다.

X선에 의해 밝혀진 향로의 과학적 설계

향로는 상부 장식과 뚜껑 그리고 몸통 및 받침이 연결된 하부로 상하 2부분으로 구성되어 있다. 상부 장식은 봉황이 보주 위에 선 형상인데, 봉황의 다리 사이로 원형관이 보주와 봉황을 연결한다. X선 조사 결과에 의하면 이 원형관은 뚜껑의 상부에서 보주를 관통하여 봉황 몸통까지 연결되며, 봉황 가슴부위에 작은 배연구 2개가 뚫려 있다. 이는 향을 피웠을 때 연기가 봉황 가슴에서 솟아오르게 하고, 뚜껑과 상부 장식의 결합을 고정하도록 고안되었다. 배연구는 모두 12개이다. 2개는 봉황의 좌우 가슴팍에 있고, 10개는 뚜껑의 산악 문양 뒤쪽에 배치되어 있다. 향로의 두께는 0.5~0.6㎝ 정도이다. 몸체와 연결된 관은 함께 주조된 것이 아니라 별주되어 접합하였다. 받침은 용이 한 다리를 치켜들고 꼬리와 나머지 세 다리를 이용하여 용틀임하는 자세로 되어 있다. 사이사이에 파도문, 연화문, 구(球) 등을 배치하여 전체가 하나의 원형굽으로 연결되도록 했다. 용의 발목 3지점이 바닥에 닿으며 정삼각형을 이루고 있는데, 이는 향로가 매우 치밀한 설계에 따라 제작되었음을 보여준다.[51]

백제금동대향로는 1993년에 발굴되었고, 1992년부터 시작된 능산리 발굴 조사는 계속 진행되었다. 그러던 중 1995년 '백제창왕명 석조사리감(百濟昌王銘石造舍利龕)'이 출토되어, 또 한 번 유적의 중요성이 확인되었다. 그밖에 많은 유물들이 출토되었고, 향로는 국보 제287호로, 사리감은 국보 제288호로 각각 지정되었다. 백제는 사비성 밖에 왕릉을 조영하고, 도성과 왕릉 사이에 대규모 절을 지었다. 국립부여박물관은 이 절을 왕릉 관리와 죽은 왕의 추복 제의를 주관하는 성격의 능사로 명명하였다. 능사는 남북 길이 약 90m, 동서 너비 약 80m 규모로, 남북 선상에 가람의 중심축을 둔 1탑(塔) 1금당(金堂, 가람배치에 있어 대웅전 하나와 탑 1기를 중심에 놓는 방식) 식의 전형적인 백제 사비 시기의 사찰임이 밝혀졌다. 금당 서쪽에 공방을 배치하였는데, 이곳에서 백제금동대향로가 출토된 것이다. 능사 중앙부에서 목탑지가 확인되었다. 목탑은 기단 너비가 11.73m로, 초층 3칸의 구성이었을 것으로 추정되었다. 목탑지를 발굴하는 과정에서 심초석 위에서 '백제창왕명사리감'을 발견하였다. 사리감의 명문에 따르면 위덕왕(威德王) 14년(567)에 이 사리감이 제작되었고, 동시에 목탑이 조성되었음을 알 수 있다. 능사의 건립연대도 이때였음을 짐작할 수 있다. 사리감의 이러한 제작 시기에 견주어 백제금동대향로의 대략적인 연대를 추정할 수 있다.

---

51) 강대일, 『보존과학, 기억과 가치를 복원하다』, 덕주, 2022

앞에서 언급했듯이 백제대향로는 몸통을 연꽃 봉오리로, 뚜껑은 산 모양으로 만들고 많은 물상을 조각했는데 정상에는 봉황을, 아래에는 용을 조각 배치하였다. 이로 보아 이 향로는 불로장생하는 신선이 용이나 봉황과 같은 상상의 동물들과 어우러져 살고 있다는 해중의 박산, 즉 신선 세계를 표현했다는 전형적인 박산향로임을 알 수 있다. 대향로는 상하의 봉황과 용 그리고 중앙의 몸체 세 부분으로 구성되어 있는데, 조각수법이 대단히 섬세하고 정교하다. 특히 똬리를 튼 용이 기운생동하는 모습이나, 봉황의 유려하고 세련된 곡선은 백제 미술의 극치를 보여준다. 우리나라 금속 공예 최고의 작품이다. 가운데 몸체에 여러 도상들이 빼곡하게 담겨 있다. 봉황은 알 같은 둥그런 받침 위에 서 있으며, 봉황의 턱과 가슴 사이에도 여의주 같은 작은 알이 있다. 백제금동대향로에서 용과 봉은 음과 양을 상징하는 동물로 한 쌍을 이룬다. 용은 물에 사는 존재로 인식되고, 음의 기운을 상징하였다. 대향로 밑받침으로 용을 표현한 것은 그러한 상징을 나타낸 것으로 보인다. 대향로의 몸체에는 다양한 요소들이 부조되어 있다. 최상위에는 다섯 명의 악사가 악기를 연주하고 있다. 악기는 완함, 횡적, 배소, 북 그리고 거문고이다.

이 향로의 뚜껑에 박산 형태는 5단으로 되어 있다. 각단은 5봉우리 큰 산은 25개이다. 큰 산은 엇갈리게 배치되었고 연결되는 49봉우리로 중첩된 산의 모습이 되었다. 이 산에 최정상의 봉황을 비롯한 37마리의 상상의 동물과 악사 5인을 비롯한 17인의 신선이 있다. 또 나무, 향연구멍 그리고 산길, 산 사이로 흐르는 시냇물, 입체적으로 낙하하는 폭포와 호수도 있다. 향로 몸통을 장식한 연꽃도 5단으로 표현했다. 향로의 용은 대좌 기능을 하는데 머리 위로 향로 동체를 짊어지고 있다. 용의 몸통, 꼬리, 수염, 머리카락 등은 연꽃이나 연꽃과 관련된 당초문으로 나타냈다. 향로 정상의 새는 용과 대비되게 표현한 봉황이다. 봉황은 박산에서 양(陽)을 대표하는 신수 그리고 음(陰)을 대표로 하는 용과 대칭되어 맨 정상에 안치되었다.

봉황은 막 비상하려는 듯 날개와 꼬리를 거의 50도가량 펼치고 있다. 봉황의 부리 밑에는 용을 비롯한 신수의 입 언저리에 배치되던 여의주가 있다. 봉황은 절로 노래하고 춤춘다고 하며, 노래는 묘음(妙音) 또는 오음(五音)이라고 말하는 점에서 보듯 예로부터 음악과 관련된 동물이다. 이 향로에 악기를 연주하는 악사가 동반된 것, 다섯 원앙이 봉황을 응시하는 것도 이와 관련된다. 연화화생이란 연꽃에 의하여 만물이 신비롭게 탄생하는 생명관을 말한다. 이 향로는 신산인 박산을 표현한 것이지만, 향로에 표현된 용·봉황·연꽃·산 그리고 수많은 물상 모두가 이 연화화생과 직간접적으로 관련된다. 연화화생의 중심을 이루는 연꽃은 이 향로의 경우 동체인 연꽃 봉오리이다. 그런데 연꽃은 물속에 뿌리를 박고 물 위로 꽃을 피우는 속성이 있으며, 이 향로에서 연꽃은 용을 통하여 물속과 연결되고 있다.

상하로 분리되는 대향로의 몸체에는 다양한 도상이 등장한다. 위쪽에는 육상 세계를, 아래쪽은 대체로 수중 세계를 나타낸 듯하다. 육상 세계에 묘사된 인물은 모두 12명이며, 2명은 기마 인물이다. 말의 표현도 매우 역동적이다. 나머지 인물들도 각기 다양한 포즈를 취하고 있다. 바위 위에 앉아 명상하는가 하면, 머리를 감거나 낚시하는 장면도 있고, 지팡이를 짚고 산책하는 인물도 보인다. 코끼리를 타고 있는 인물도 보인다. 코끼리는 불교와 관련이 깊다. 등장하는 동물들은 특이하다. 사람 얼굴에 새나 짐승의 몸을 갖고 있는 표현도 보인다. 원숭이, 사자, 호랑이, 멧돼지, 사슴 등을 확인할 수 있다. 새들도 다양하다. 꼭대기 부분 산 정상의 다섯 마리 새를 비롯하여, 독수리, 긴 부리 새, 외뿔 새 등이 있다. 그밖에 상상의 동물인 포수(鋪首)도 보이고 식물과 나무들도 표현되어 있다.

대향로 몸체의 아래쪽은 향을 피우는 곳이다. 이 표면은 3단의 연꽃잎으로 구성되어 있다. 연꽃잎은 끝이 살짝 반전되어 있고, 잎의 끝부분을 사선문으로 음각하였다. 연꽃잎 즈변에 27마리의 동물과 2명의 인물이 표현되어 있다. 한 명은 무예 동작을 취하고 있고, 다른 사람은 동물을 타고 달리는 모양새이다. 27마리의 동물들은 악어, 황새, 물고기를 비롯하여 다양하다. 대향로 도상은 천상과 지상 그리고 지하 세계를 표현하고자 했다. 용이 뿜어내 탄생시킨 지상 세계는 봉황의 천상 세계로 연결된다. 대향로의 도상 구조에는 제작자의 의도가 담겨 있다. 용과 봉황은 상상 속의 상서로운 동물이다. 그 용봉이 위아래를 호위하는 공간이 육상 세계이다. 이 부분이 향로의 가장 중심이 되는 공간이다.

이 향로의 연꽃은 용의 입과 연결되고 있다. 이 연화는 단순히 용의 입과 연결된 것이 아니라, 바로 동아시아의 신수인 용의 입에서 피어나는 기(氣)이다. 결국 용과 연꽃이 상호 동격인 것이다. 용의 입에서 화생된 이 향로의 연꽃은 몸통에서 보듯 만개한 연꽃이다. 그런데 이 만개한 연꽃은 뚜껑 부위에서는 산(山)으로 화생(化生)하고 있다. 이 산은 신선 세계의 중심인 산, 박산이다. 결국 박산이 연꽃에 의하여 화생된 것이다. 신선 사상에는 음양오행설도 포함된다. 이 향로에서 음양관은 맨 정상에 봉황을 배치하여 양을 상징하고, 맨 아래에 용을 배치하여 수중 세계이자 음을 상징한 것으로 표현하였다. 오행관은 뚜껑의 산이 5방위로, 또 5단으로 솟았으며 또 각 단은 5봉으로 이루어져 있고 5곳의 박산문을 남긴 것, 원앙 5마리, 악사 5인, 5개의 구멍을 2겹으로 뚫은 향연 구멍 등으로 반영되었다.

동체를 연꽃 봉오리형으로 뚜껑을 산 모양으로 만든, 그리고 유달리 봉황과 용을 돋보이게 배치한 이 박산향로를 일명 용봉봉래산향로(龍鳳蓬萊山香爐)라고도 부른다. 여기서 봉래산이란 명칭을 사용한 점은 박산이 우리나라 쪽에 있다는 상상의 삼신산을 가리키고, 그중에서도 봉래산을 가장 많이 언급하였기 때문이다. 결과 우리 민족에게 가장 친근한 이상향으로 알려진 봉래산이란 이름을 이 향로에 부여한 것이다. 이 향로는 같은 박산을 표현한 6세기 전반에 제작된 백제 무령왕릉 출토 동탁은잔이나 7세기경에 제작된 것으로 보는 부여 외리 출토 백제문양전과 비교하여 볼 때 더욱 다양하면서도 세련되고 발전된 모습이다. 따라서 이들보다 이 향로는 약간 시대가 내려가는 7세기 전반에 제작된 것으로 추정된다.[52][53]

백제대향로는 양식적으로 중국 박산향로의 영향을 받았다고 할 수 있다. 박산향로에 신선 사상이 결합하기 시작한 시기는 전한 중기 무렵부터이다. 그러나 한무제 때 유교가 국교화되면서 박산향로는 쇠퇴하였고, 이후 북위대에 불교의 발흥과 함께 공양구로 널리 사용되기 시작했다. 향로는 대표적인 불전 장식구이다. 백제대향로와 북위 향로 양식 사이에는 뚜렷한 차이점이 있다. 북위 향로의 삼산형 산악도에는 수렵도가 없는 반면에 백제대향로에는 수렵도가 장식되어 있다. 백제대향로의 산악-수렵도에는 우주의 동물 신령을 지배하는 '수렵왕' 개념이 반영되어 있다. 이러한 차이점은 백제대향로 몸체 연꽃 장식의 경우에도 마찬가지이다. 백제대향로의 연꽃에는 날짐승과 물고기가 장식되어 '연화도'의 주제를 형상화하고 있는데, 이 주제는 지상계와 천상계, 수중계를 왕래하는 물새와 물고기들을 표현함으로써, 몸통의 연꽃이 천상의 하늘 연꽃에 대응함을 나타내기 위한 것이다.

백제대향로의 좌대격인 용장식은 독립적 상징물이라기보다 연꽃과 결합된 하나의 상징 체계라고 할 수 있다. 용은 수신(水神) 같은 존재로 물의 순환을 상징하는데, 여기서는 천상의 연못과 지상의 연지 사이를 순환하는 것으로 나타난다. 대향로의 특징은 고대의 5부 체제를 봉황을 중심으로 악사 5명과 기러기 5마리가 산의 정상에서 천신을 맞는 형태로 표현한 점이다. 다섯 악사가 들고 있는 악기들은 완함, 거문고, 배소, 적, 남방계의 북 등으로 고구려 안악3호분과 덕흥리고분 주악도의 악기 구성에 가까운 특징을 보인다. 이러한 점은 다섯 악기 중 향로 전면에 장

---

52) 이내옥, 『백제금동대향로의 비밀』, 일조각 한국사 시민강좌 제44집, 2009
53) 국립중앙박물관, 『박물관 보존과학 이야기=Conservation science at the national museum of Korea』, 2013

식된 완함에서도 확인된다. 완함은 당시 중국에서는 거의 사용되지 않았으나, 고구려에서는 중심 악기로 사용되던 악기였다. 완함은 고구려에서 전해졌거나 서역에서 직접 전해진 악기로 추측되며, 이는 백제의 음악이 고구려의 영향을 많이 받고 있었다는 점을 의미한다. 북은 남방계 항아리북의 일종으로 추정되며, 백제의 해양 활동을 고려할 때 가능성이 있다.

대향로의 테두리에 장식된 유운문은 북위 향로 테두리에 장식된 유운문과 밀접한 관련이 있다. 이 유운문은 산악도와 그 아래 연지의 수상 생태계를 가로로 구획하고 있으며, 유운문의 이러한 기능은 고구려 고분벽화에서는 도리에 장식된 유운문이 천정벽의 천상도 공간과 무덤 주인공의 세속 생활상이 그려진 사방벽의 공간을 구획 짓는 형태로 나타난다. 따라서 유운문을 중심으로 볼 때, 대향로와 고구려 고분벽화의 공간 구분 사이에는 일정한 대응 관계가 성립한다고 할 수 있다. 향로의 산악도는 '천상계의 산' 또는 '조상들의 산'을 상징하며, 몸체의 연꽃은 지상의 연지(蓮池)의 수상 생태계를 나타낸다고 할 수 있다. 대향로와 고구려벽화의 유운문 테두리와 도리에 관한 공간 구분은 시베리아 알타이 샤먼의 북에 그려진 천상계와 지상계, 지하계의 공간 구분과 밀접한 관계가 있는 것으로 나타난다. 이는 대향로에 장식된 동물이나 인물, 그리고 고구려 고분벽화의 신령과 인물이 샤머니즘의 세계관에 토대를 두고 있음을 의미한다.

이 점은 대향로 산악도에 묘사된 기마수렵인물이 알타이 샤먼의 북에 그려진 샤먼의 모습-말탄 샤먼이 활을 들고 동물들을 겨냥하는 모습-에 대응한다는 점에 의해서 확인된다. 대향로는 백제 왕실의 제기이다. 따라서 향로에 묘사된 기마수렵인물들은 백제의 왕들을 상징한 것이라고 결론지을 수 있다. 대향로에는 고대 동북아의 5부 체제를 상징하는 조형물을 정점으로, 고대 동이계의 광휘의 연꽃과 연화도의 주제, 그리고 서역의 삼산형 산악도와 북방계 수렵문화 등이 복합적으로 결합해 있으며, 이를 배경으로 백제인들의 세계관, 우주관, 신령관이 잘 표현되어 있다. 이는 삼국 시대의 정신문화가 샤머니즘에 있었음을 뜻한다.

백제는 부여계 사람들이 이주해 지배층을 형성한 나라이다. 따라서 그들의 문화는 북방의 패턴을 그대로 가지고 있었을 것으로 추정된다. 한성 시대의 백제 관직에 북방 흉노족의 관직인 좌현왕, 우현왕 제도가 있었던 사실이 이를 뒷받침한다. 그들이 해양으로 눈을 돌린 것 역시 기마 문화의 진취성과 관련해 연결되는 대목이다. 이는 북방으로의 진출이 좌절되면서 불가피한 선택이지만, 바탕에는 외부로부터 선진문화를 흡수하고 독자적인 역량을 키우려던 기마 문화적 사고와 세계관이 있었기 때문이다. '말'이 '배'로 바뀌었을 뿐 그들의 개척과 모험 정신은 시종일관 변함이 없었다. 따라서 백제의 해양 진출은 각별하다.[54)55)56)]

대향로에는 중국 박산로의 전통을 계승하면서 백제의 독자적 요소가 가미되었다. 향로 자체가 대형화되고 뚜껑에 장식된 신선 문양이 크고 드라마틱하게 구성되어 있다. 천상계인 정상에 봉황을 두고, 그 아래 뚜껑에 각종 동물과 신선상, 그 밑 몸체에 연꽃을 중심으로 물과 관련된 동물, 그리고 제일 아래쪽에 용을 배치하였다. 전체 형상은 용의 입에서 나온 기운으로 연꽃 봉오리가 만들어지고 이 연꽃 속에 모든 도상이 형성되는, 이른바 불교의 '연화화생'을 의미한다. 이러한 불교-도교의 복합 문양은 백제의 특징이다. 이 향로가 출토된 절터가 백제 왕릉인 능산리 고분군 지역인 만큼 이 향로는 백제 왕실에서 사용한 것이다. 백제대향로는 백제는 물론 고대 동북아인들의 세계관, 우주관, 신령관 등을 연구하는 데 중요한 단

---

54) 서정록,『백제금동대향로-고대 동북아의 정신세계를 찾아서』, 학고재, 2011
55) 조용중,「백제금동용봉봉래산향로」,『공간』321, 1994
56) 조용중,「중국 박산향로에 관한 고찰 상·하」,『미술자료』53·54, 1994

서를 제공하고 있다. 향로의 제작 연대는 520년대 후반에서 530년대 전반기 사이로 추정되며, 사비 신궁에 봉안하기 위해 제작된 것으로 여겨진다. 이 신궁은 위덕왕 때 신불양립의 정책에 따라 567년 신궁사로 개편되었으며, 대향로는 신궁에서 사용되다가 백제 멸망 시 부속건물 중 하나인 공방터의 수조에 황급히 매장된 것으로 판단된다.[57]

『삼국유사(三國遺事)』卷三 흥법(興法) 第三 아도기라조(阿道基羅條)에는 신라 19대 눌지왕(訥祇王) 때 양(梁)에서 향을 보내왔다는 기록이 나오는데, 이에 따르면 불교 공인 이전인 5세기 중엽에 고구려의 중 묵호자(墨胡子)에 의하여 신라에서도 향을 사용하게 되었음을 알 수 있다. 고구려와 백제는 신라보다 불교가 먼저 유입된 사실로 미루어보아 더 일찍이 향과 향료를 사용했으리라 생각된다. 평남 용강의 쌍영총 벽화에 귀부인의 〈공양행렬도(供養行列圖)〉에 시녀가 향로에 향을 피우며 걷는 장면이 있으므로, 고구려에서는 이 고분을 축조한 연대인 5세기 중엽에 향이 널리 생활화되어 사용되었음을 알 수 있다. 백제는 1993년 부여 능산리 제3건물지에서 출토된 금동용봉장식대향로로 미루어 7세기경 이미 향로의 보급과 수준이 최고에 달하였음을 알 수 있다. 통일신라 시대의 향로 사용을 엿볼 수 있는 예로는 국립경주박물관이 소장한 성덕대왕신종의 비천상에 나타난 향로와 염거화상탑(廉居和尙塔)의 탑신에 부조된 향로 정도를 들 수 있다. 실제 유물로서 통일신라 시대의 향로는 호암미술관이 소장한 〈금동초두형향로(金銅鐎斗形香爐)〉만 남아 있는데, 그 연대를 9세기경으로 볼 때 불교유입 이후 상당한 공백이 생긴다.[58]

---

57) 국립중앙박물관 홈페이지
58) 이호관, 『한국의 금속공예』, 문예출판사, 1997

5 합금의 비술

: 신라 주조공의 합금 기술이 낸 신의 소리
- 성덕대왕신종(도판 9)

종의 어원으로

종(鍾), 금고(金鼓), 령(鈴) 등이 있다. 쇳소리를 내는 작은 금속 악기들이 크게 만들어진 것을 범종(梵鍾)이라 부른다. 어느 사찰에나 범종, 큰북(大鼓) 목어(木魚) 그리고 운판(雲板)을 달아 아침저녁에 치는데, 이 네 가지는 대표적인 범음구(梵音具)이다. 범종의 장엄한 소리는 듣는 이의 마음을 청정하게 하고 신앙심을 불러일으킨다. 한국의 범종은 서양종이나 중국, 일본의 종과 다른 독특한 형태를 지니고 있으며, 세부 장식과 웅장한 소리로 인하여 세계의 종 가운데서 최고로 인정된다. 신라가 통일된 후, 대형 사찰이 건립됨에 따라 주종(鑄鍾)사업도 활발해졌다. 8세기에 들어 범종을 주조하는 데에 국력을 기울여 봉덕사종(奉德寺鍾)과 같은 거대한 종을 주성하는 데 성공하였다. 한국 범종의 출현 시기는 대략 6세기 중반 무렵이다. 한국 범종의 전형적인 양식을 갖게 된 것은 신라 범종이다. 남아 있는 신라 범종은 5구이며, 그중 2구는 깨져 온전한 것은 3구이고, 일본에 신라 범종 5구가 전해져 온다.

도판 9 성덕대왕신종

    종은 종을 거는 현가부(懸架部)와 소리를 내는 종신부(鍾身部)로 구분된다. 현가부에는 걸이쇠와 용조각이 있다. 종신은 상대와 하대, 연곽과 당좌 등을 갖추고 있다. 당좌는 몸체 ¼ 정도에 있는 종 치는 자리이다. 종 앞뒤 두 군데에 있고, 타종 때 충격을 극소화하도록 두껍게 제작된다. 당좌 간격에 맞추어 주악상과 비천상을 조각하는데, 이는 한국 종에만 있는 특징이다. 신라 주종 기술은 소리 울림인 '맥놀이'가 특징이며, 이는 신라 주종 기술의 우월함을 드러낸다. 신라 종은 중량을 맥놀이 조절에 이용하여 기술적으로 탁월하다. 비천상 역시 한국 종에만 있다. 신선을 묘사한 조각으로, 천의를 걸치고 꽃구름 속에서 악기를 연주하거나 부처에게 공양하는 모습을 하고 있다. 중국이나 일본 종은 별 문양 없이 띠만 돌린다. 종교적 목적의 종에는 조성 날짜, 조성 경위와 발원문, 시주자 명단 등이 주조되어 있다. 용뉴는 종을 매다는 고리이다. 고리에 새겨진 용은 포뢰(浦牢)라 하는데, 포뢰는 고래를 무서워하여 고래를 만나면 해변에 나와 슬피 울어 그 소리가 백 리 밖까지 들렸다고 한다. 종소리도 멀리까지 울려 퍼지길 바라는 뜻으로 고리를 포뢰 모양으로 만들었다.

속칭 '에밀레종'이라 부르는 봉덕사(奉德寺)종은 '성덕대왕신종(聖德大王神鐘)'이라고 명문에 적혀 있고, 종의 제작 일자는 A.D. 770년 12월 14일이다. 동양 청동 문화의 정수가 되는 아름다운 봉덕사종은 한국미술을 대표하는 최우수 작품이다. 왕명에 따라, 국사 차원에서 주성해 봉덕사에 시납한 종이다. 종의 몸통 높이는 2.91m이고 종 걸이의 높이는 0.65m로 전체 높이는 3.7m이다. 바닥면 직경은 2.2m이고 두께는 밑쪽이 20cm이고 위로 올라가면서 점차 10cm 정도로 얇아진다. 전체 부피는 3㎥ 정도가 되는 대종이다. 명문에 의하면 "경덕대왕(景德大王)이 구리 12만 근을 희사하여" 이 종을 만들었다고 하며, 당시 12만 근은 오늘날 무게 단위로 약 27톤이다. 주물 제작 시의 감량과 여분 30% 정도를 감안하면 종의 무게는 대략 20톤 정도가 된다. 종에 주출된 문양의 아름다움이나 종소리는 세계 으뜸이다. 일본 방송에서 세계 종소리 경연대회를 열었는데, 에밀레종 종소리가 단연 최고였다고 한다.

『삼국유사』에 따르면 "경덕왕 13년(A.D.754) 무게 49만 758근의 황룡사종을 주조하고, 이듬해에 30만 6,700근의 분황사약사여래상을 만든 다음, 선왕 성덕대왕을 위해 대종을 만들기로 하였다. 그러나 완성을 보지 못하고 있다가 36대 혜공왕 6년(A.D. 770)에 끝내고 봉덕사에 봉안하였다."라고 한다. 완성된 해는 1년 늦은 혜공왕 7년이고 봉덕사는 효성왕(孝成王)이 부왕인 성덕대왕의 명복을 빌기 위해 세운 절이다. 종에 있는 명문에 의하면, "신기(神器)가 이룩되니, 그 모습은 산과 같이 우뚝하고 그 소리는 용의 읊조림 같더라. 위로는 지상의 끝에 다하고 밑으로는 끝없는 땅 밑까지 스며들지니, 이 종을 보는 자는 신기함을 느끼게 할 것이요 소리를 듣는 자는 복을 받으리라.(神器化成 狀如岳立 聲若龍吟 上徹於有頂之巔 潛通於無底之下 見之者稱奇 聞之者受福)"라고 되어 있다. 그러나 조선 시대에 봉덕사가 홍수로 매몰되면서 신종은 잡초 속에 버려졌다. 한성부윤 김담(金淡)이 영묘사 옆으로 옮겼는데, 이때가 세조 5년(A.D.1460)이다. 1915년 조선총독부박물관 경주분관으로 옮겼다가, 1975년 국립경주박물관 준공과 함께 현 종각으로 옮겨왔다.

　성덕대왕신종은 한마디로 신라 금속 공예를 대표하는 최고의 걸작품이다. '손재주의 꽃'이라 할 주조 기술은 물론, 신비로운 음향과 우아한 형태 등에서 세상에서 이 종을 능가할 종은 없다.

　신종의 모양은 부드러운 원추형인데 종 높이의 ¼쯤에 해당하는 어깨 부분, 넓은 동체 부분 그리고 구연부의 세 부분으로 나누어진다. 어깨에는 당초문의 띠가 있고 그 아래 4개의 테두리가 있다. 그 안에 연화 장식 꼭지가 한 갑 안에 9개씩 양각되어 모두 36개가 있고, 몸통에는 비천상·명문·당좌가 양각되어 있다. 비천상은 허리둘레에 4체가 있으며, 연화좌에 무릎을 꿇고 향로를 받들어 기도하는 모습을 양각했다. 밑에는 구름무늬가 있고, 영락이 달린 천의를 휘날리며 하늘에서 내려오는 형상을 하고 있다. 몇 줄의 간결한 선으로 하늘에서 내려오는 모습을 조각한 수법은 기교의 극치를 보여준다. 당좌는 비천상 사이에 보상화문으로 되어 있어

서로 마주 보고 있으며, 비천상과 비천상의 나머지 두 공간에 명문이 새겨져 있다.

신종에 새겨진 명문은 1,000자가 넘는 장문이다. 신종의 글을 지은 이는 김필해(金弼奚)이고 글씨를 쓴 이는 서(序)에 김부원(金符睕), 사(祀)에 홍단(洪端)이다. 경덕왕이 선왕에 대한 추모의 정이 간절하여 구리 12만 근으로 큰 종 1구를 주조하려 했으나 이루지 못하자, 혜공왕이 그 뜻을 받들어 완성하니 대연년(大渊年: 신해년辛亥年) 대려월(大呂月: 12월)의 일이라 하였다. 구연부는 팔능형(八稜形)으로 되어 있는데 수려한 당초문 띠를 둘러서 우아한 느낌을 준다. 종의 윗부분에는 종을 다는 종뉴가 포뢰라는 동물의 형상으로 되어 있다. 중국『한서(漢書)』의 저자 반고(班固)가 쓴 서도부(西都賦) 주기는 '포뢰는 해변에 있는 동물로 고래를 보면 크게 겁을 먹는데 고래가 꼬리로 포뢰를 치면 큰소리를 내면서 운다고 한다. 이래서 종소리를 크게 내고자 종 위에는 포뢰를 만들어 놓고 종을 치며, 종봉(鐘棒)은 고래 모양으로 하게 되었다.'라고 포뢰를 설명한다. 이 종의 포뢰는 조각 솜씨가 뛰어나 마치 살아서 꿈틀거리는 것처럼 보인다.

이 포뢰의 종뉴 옆에 음관(音管)이 솟아 있는데 연화가 정교하게 조각되어 있다. 종을 쳤을 때 진동된 공기가 소리를 따라 울리면서 빠져나가도록 하는 음관이 종 위에 있는 것은 '한국 종(韓國鐘)'의 특징 중 하나이다. 종소리가 끊이지 않고 요요하게 오래오래 가는 원인이 바로 여기에 있다. 끊어질 듯 이어지는 이 종소리의 묘한 흐느낌에서 '에밀레종'의 전설이 생겨난 것으로 보인다. 전설에 의하면, 경덕왕이 대종을 만들기로 결심하고 전국의 고을마다 시주승을 보냈다. 한 스님이 어느 집에 가서 시주를 청했더니 그 집 아낙네가 아기를 안고 말하기를 '우리 집에는 시중하려야 이 어린 것밖에는 없는걸!'이라고 말하는 것이었다. 신라인의 정성을 모은 보시로 종은 주조에 착수했다. 그런데 어찌 된 셈인지 종이 되지 않았다. "이는 부정을 탄 탓으로, 희생이 있어야 합니다."라고 일관이 아뢰었다. 여러 길로 추궁한 결과 보시 때 희롱조의 말을 한 여인 탓으로 단정을 지었다. 이 때문에 어린아이가 희생 제물로 바쳐졌다. 그랬더니 종은 완성되고 종소리가 '에밀레-. 에밀레-.'하고 애처롭게 울려 퍼졌다. 이래서 신종은 일명 '에밀레종'이라고 불리게 되었다.

에밀레종 전설은 불교 통과 지점의 하나인 중국 무위(武威)에서 발생하여 에밀레종 쪽으로 옮아온 것으로 추정된다. 중국 전설의 발원지인 대운사 종은 측천무후(則天武后, 624~705) 때에 주조되었고 에밀레종은 조금 늦은 771년에 조성되었다. 대운사종 전설이 에밀레종의 전설로 옮겨졌다고 보는 것이 맞을 것이다. 대운사종 전설은 혜초(慧超)를 비롯한 신라 유학승들의 입에서 입으로 신라에 전파되었을 가능성이 높다. 에밀레종의 전설이 생기게 된 이유에는 여러 가지가 있겠으나 전설 이상의 과학적인 근거가 숨어 있다. 구리를 부드럽게 해서 묘한 음악적인 소리를 내게 하려면 다량의 인(燐)을 화합시켜야 한다. 그러므로 인이 가장 많이 들어 있는 인체가 희생되었으리라는 생각을 쉽게 떠올릴 수 있다.

에밀레종의 조성과 관련하여 불교사적 측면에서 들 수 있는 배경으로 경덕왕 때에 이루어진 주종사업을 들 수 있다. 경덕왕 754년 황룡사에 무게 497,581근이나 되는 종을 만들었다고 한다. 다음 해에 무게 306,700근의 '분황사 약사불'을 만들었고, 완성은 늦었으나 무게 12만 근인 에밀레종을 만들기 시작한 것도 이때였다. 왕실의 오랜 관심과 노력의 결과 에밀레종은 명실상부하게 신라 불종의 정화를 창조해 내는 결과를 보여주었다. 이처럼, 당시 최고 수준의 종을 주조하는 과정에서 주종과 관련된 국내외의 다양한 지식과 정보가 넓게 축적되어 나갔을 것이며,

이에 따라 종에 대한 일반인들의 관심도 함께 높아져 나갔을 것이다.[59][60][61]

    신라 종들은 대부분 실랍법(失蠟法, Lost-wax method)으로 주조되었고 거대한 에밀레종 역시 마찬가지 방법으로 제작되었다. 에밀레종에는 약 1.8m 높이에 둥글게 선이 그어져 있다. 이 선은 납형법 주형의 제조 과정에서 생긴 선이다. 워낙 크기 때문에 2단계로 나누어 하부 약 2m 정도까지를 먼저 만든 다음 윗부분을 작업한 것이다. 신라 종은 구리 80%~85%, 주석 12%~15% 정도가 함유된 주석 청동으로 주조되었다. 성덕대왕신종, 상원사(上院寺)종, 실상사(實相寺)종 등의 평균 성분은 구리 80.4%에 주석 14.2%의 합금비를 보인다. 이는 청동기 시대 동검의 분석치 구리 79.2%, 주석 13.4%에 매우 가깝다. 신라 종과 동검의 조성비가 유사하다는 사실은 단단하면서 동시에 타격에 잘 깨져서는 안 되는 칼과 종의 특성을 배려한 결과로 보인다. 동검과 같은 청동 무기를 만들었던 우리의 '합금 전통'과 '솜씨'가 신라 종으로 이어진 것이다. 에밀레종 설화에서 인신 공양은 종 주성의 어려움을 설화로 표현한 것이다. 중국에서는 주조할 때 말과 같은 동물, 생나무 같은 유기물을 넣었다는 설도 있다. 이는 주조 쇳물의 유동성과 탈산에 영향을 줄 수 있다.[62]

    성덕대왕신종과 같은 대종을 주조할 때는 용광로의 쇳물을 2~3톤씩 도가니에 나누어 크레인 등으로 단시간에 옮겨서 신속하게 거푸집에 부어야 한다. 이 방법은 현대 기술로도 이뤄내기가 대단히 어려운 작업이다. 신라 종의 장인들은 종 설계, 문양 설계, 거푸집 제작, 동 합금 성분 배합과 용해 주조를 각각 분담했다. 대종에는 많은 용해된 쇳물이 필요하다. 소형 도가니에서 구리와 주석 등을 용해하

---

59) 권오찬, 『신라의 빛』 글밭, 2001
60) 황인덕, 「에밀레종 전설의 근원과 전래」, 『어문연구』 56집, 2008
61) 이재혁, 「한국범종의 시대별 특성과 조형예술성 연구」, 경희대 대학원 석사논문, 2014
62) 남천우, 『유물의 재발견』, 학고재, 1997

고, 쇳물 통로를 만들어 거푸집에 동시에 주입하는 방식을 썼을 것이다. 신라의 장인들은 종을 만들 때, 누적된 경험을 통하여 용해할 동과 주석의 양을 산정했을 것이다. 성덕대왕신종에 사용된 동 12만 근은 소근(대근의 3분의 1)으로 계산하면 24톤이다. 주종 과정에서 쇳물의 산화, 슬랙 발생, 아궁이 손실 등 20~25%의 쇳물 손실을 고려하면 실제 종에는 20톤 내외의 쇳물이 사용되었을 것이다. 1997년 성덕대왕신종의 무게를 정밀 측정한 결과 18.9톤으로 확인되었다. 흙으로 만든 용해로에 백탄(박달나무나 참나무 숯과 같이 단단한 숯) 등을 사용하고, 풍구 등으로 공기를 공급하여 고온 연소시켜 쇳물을 녹였다. 쇳물의 용해 온도는 섭씨 1,200~1,250℃이고, 거푸집 주입 온도는 1,000~1,150℃이다.

성덕대왕신종의 유곽 바로 하부와 비천상 사이에는 주조할 때 형성된 이음매와 같은 선이 있다. 이 선은 하부 거푸집과 상부 거푸집의 경계선으로 거푸집이 상하 이단 분할형으로 조립되었음을 의미한다. 또 종체 상부의 용두, 음통과 천판을 만들기 위한 최상부 거푸집이 있었다. 따라서 전체 거푸집은 총 3단 분할형의 외형과 코어라고 불리는 1개의 내형으로 구성하여 조립되었을 것으로 추정된다. 종신부의 각종 문양과 용뉴부는 부분 거푸집을 별도로 제작하여 거푸집에 조립했다. 성덕대왕신종의 문양과 조각의 섬세한 표현을 위해서는 고도의 '솜씨-손재주'와 치밀한 계산에 근거한 '정밀주조 기술'이 필요하다. 당시에는 용뉴, 음통 그리고 비천상의 섬세한 문양을 밀랍으로 조각하고 그 위에 주물사를 덧입힌 다음, 열을 가하여 녹여내 용뉴/음통의 거푸집을 만들었고, 이를 종체의 거푸집과 조립해서 종 전체를 주조한 것으로 추정된다. 다른 부위의 섬세한 문양이나 종 전체를 밀랍으로 주조했을 것이라는 의견도 있다.

성덕대왕신종의 신들린 듯한 '맥놀이'는 주파수 차이가 작은 두 개의 파동이 서로 간섭하여 소리의 강약이 반복되는 현상이다. 우리 종에서 맥놀이를 만드는 원인은 종의 대칭 구조 속에 있는 미세한 '비대칭성'에서 나온다. 종과 같은 대칭 구조 형태가 비대칭성이면, 진동모드는 주파수 차이를 만드는 진동모드 쌍으로 분리된다. 이 주파수 쌍이 서로 간섭하여 맥놀이가 발생한다. 우리 종의 주조 과정에서 발생하는 구경 혹은 몸통 두께의 '비대칭성'이 맥놀이의 주요한 원인이 된다. 서양의 연주용 종은 맥놀이를 피하고자 주조 후 갈아내어 비대칭성을 제거하기도 한다. 맥놀이를 통해 여음이 끊어질 듯 이어지고, 숨 쉬는 듯한 생동감을 주면서 오래 들리도록 만든다.

종소리는 종이 갖는 여러 고유 주파수가 합성되어 만들어진다. 고유 주파수를 결정하는 중요한 요소는 종의 크기, 형상과 두께와 재질 특성 등이다. 종의 구조가 고유 주파수를 결정하고 고유 주파수가 종소리를 만든다. 종과 유사한 원통 구조의 이론에 따르면, 종의 반경이나 길이가 증가하면 고유 주파수가 낮아지고 종이 두꺼워지면 고유 주파수는 높아진다. 이 때문에 작은 종은 청아한 고음을 내고, 큰 종은 장중한 저음을 낸다. 한국 종에서는 '맑고 웅장한 소리'가 가장 중요한 요건이다. 우리 종은 대개 몸통 아래로 내려오면서 두꺼워진다. 종의 두께 분포와 고유 주파수에 대한 연구에 따르면, 하대의 두께와 종의 평균 두께의 비를 2:1 이상으로 하고, 하단에서 당좌까지의 거리가 종신고의 0.25배 이상 되도록 만들어 주면 2차 진동음이 1차 진동음보다 크게 발생한다는 사실이 밝혀졌다. 대형 종에 이 원리를 적용하면, 낮은 주파수의 1차음이 잘 들리지 않더라도 2차음을 크게 만들어 웅장함을 높일 수가 있다. 성덕대왕신종은 신라 시대에 만들었음에도 이러한 구조적 조건을 만족시키는데, 두께가 하부로 가며 완만하게 증가하여 하대에서 가장 두꺼워진다.

1986년 새로 제작된 종로 보신각종(普信閣鐘) 타종에서 나는 소리는 신라 성덕대왕신종의 소리와 크게 다르다. 울림이 덜하고 단조롭다. 이유가 무엇일까. 성덕대왕신종은 64Hz의 1차음도 강하지만 168Hz의 2차음은 더욱 강하게 발생하여 '웅장하고 청감이 좋은 소리'를 내고 있다. 하대가 적절한 비율로 두꺼워지는 옛 종의 이러한 구조는 무수한 타종에 따른 충격으로 파열되기 쉬운 하부를 보강해 주는 역할도 하면서 오랜 세월 동안 수많은 타종의 충격을 견뎌낼 수 있었다. 우리 종은 가운데 배 부분이 바깥쪽으로 약간 튀어나온 항아리 모양의 독특한 구조를 보인다. 반대로 서양종은 배 부분이 오목하고 하단이 바깥쪽으로 나오는 날렵한 구조를 갖는다. 중국 종이나 일본 종은 밋밋한 원통형으로 배가 튀어나오지 않고 일자형에 가깝다. 이러한 항아리 모양이 종소리에는 어떠한 영향을 미칠까를 살펴보면, 항아리 구조는 종 구조의 강성을 증가시켜 고유 주파수를 높여 고음화하는 효과를 가져온다. 볼록이나 오목한 원통의 구조 이론에 따르면 볼록한 부분의 곡률이 커질수록 고음화 효과는 커진다.[63]

한국의 종(鐘)은 중국, 일본의 종(鍾)과 쓰는 한자가 다르고 모습에도 차이가 있다. 중국이나 일본 종의 경우에는 종뉴가 두 마리의 용이 서로 등지고 있으나, 한국은 한 마리의 용이 머리와 다리를 뻗고 있다. 한국 종 옆에는 중국이나 일본 종에서는 볼 수 없는 용통(甬筒) 즉 음관이 있다. 또 표면 위아래로 보상화무늬나 모란당초무늬를 새긴 띠와 4개의 유곽이 있고, 유곽 안에 각각 9개의 연두가 있다. 몸통에는 비천상과 종을 치는 부분에 당좌를 새겼다. 음통은 큰 피리 모양의 원통으로 속이 비어 있어 종 내부의 소리가 이곳을 통해 밖으로 전달된다. 신라 종에만 있는 독특한 구조이다. 음통이 음관의 역할을 하면서 고주파 음들을 흡수하여 소리의 잡음을 감소시킨다. 종뉴는 종을 매다는 고리로, 용이 조각되어 있어 용뉴라고도 한다. 용의 조각은 힘이 넘치나 균형을 잃지 않고 서로 조화를 이루고 있으며, 세부 표현은 섬세하고 미려하다. 꽃봉오리 형태로 돌출된 장식으로, 연뢰라고

---

[63] 이장무·김석현·염영하, 『우리가 정말 알아야 할 우리 종』, 나녹, 2019

도 한다. 당좌는 종을 치는 자리이다. 종을 만들 때 장소를 정해두고 그곳에 8개의 잎으로 된 연꽃을 2중으로 겹쳐 보상화무늬를 만들었다. 당좌는 신라 종의 고유한 용두 방향을 기준으로 종의 전후방에 각각 1개씩 두 군데 배치하였다.

성덕대왕신종의 비천상은 신라의 미를 대표하는 상징이다. 천인(天人)은 연화좌에 무릎을 꿇고 향로를 받들고 있으며 하늘로 휘날리는 옷자락 주위로는 보상화가 구름처럼 피어나고 있다. 뛰어난 손재주에 기반한 섬세하고 미려한 조각이 돋보인다. 성덕대왕신종은 경덕왕이 부왕 성덕왕(聖德王, 재위 702~737)의 명복을 기원하며 만든 종이다. 그러나 경덕왕은 종의 완성을 보지 못했고, 이어 아들 혜공왕(惠恭王)이 771년에 완성하였다. 성덕대왕신종에는 "신종을 높이 달아 일승원음(一乘圓音)을 깨닫게 하였다."라고 한다. '일승원음'은 부처의 음성처럼 세상 모든 이들을 향한 깨달음의 소리라는 뜻이다.[64]

에밀레종 소리는 범종이 갖출 수 있는 4가지의 특성을 모두 갖추고 있다. 에밀레종 소리는 끊어질 듯 이어지는 '맥놀이 현상'이 나타나고, 심금을 울리는 소리가 들리며, 신체를 휘감아 흔드는 저음이 여운을 남기면서 오래오래 지속된다. 1986년 염영하 교수(서울대)는 에밀레종 소리에서 나타나는 맥놀이 현상은 종의 미세한 비대칭성 때문이라고 했고, 1987년 남천우 선생은 『유물의 재발견』이라는 저서에서 맥놀이 현상은 에밀레종 내부에 덧씌운 덤쇠가 원인이라고 발표하였다. 1996년 미국 노던 일리노이대학의 토마스 로싱(Thomas D. Rossing) 교수는 「동서양 종의 음향 특성」이라는 논문에서 에밀레종의 타종부위인 당좌(타종 부위)가 돌출되어서 맥놀이가 나타난다고 발표하였고, 1997년도에 김양한 교수(과학원)는 미세한 비대칭성에 기인한다고 하였으며, 같은 해에 진용옥 교수(경희대)는 에밀레종의 당좌, 비

---

64) 구글 Arts & Culture - 국립경주박물관
　　https://artsandculture.google.com/story/AAVhcz8wEYLALw?hl=ko

천, 아래 띠돌이 등의 '역 대칭성'에 의해 맥놀이 현상이 나타난다고 보고한 바가 있다. 최근에 배명진 교수는 맥놀이 현상이 종의 흔들림 주기와 일치하는데, 맥놀이 현상의 한 원인은 종의 걸림에 따른 진자의 동시성과 소리 떨림의 흔들이에 의해 발생한다고 발표(1999년)한 바가 있다. 그는 또 심금을 울리는 에밀레종 소리의 비밀은 종소리의 기본 진동수가 중년남성의 가슴 떨리는 목소리 진동수와 일치하여 친근감이 가는 종소리로 들린다는 것을 발표(2000년)하였다. 한국의 종소리가 긴 여운을 남기는 까닭은 서양 종과 달리 종의 하대 부분이 오목하여, 종소리가 종 내부에 갇혀서 밖으로 빠져나오지 못하고 오랫동안 휘돌아 치기 때문이라고 알려져 왔다.

에밀레종 소리의 주파수 성분은 64Hz, 168Hz, 360Hz, 477Hz 등으로 구성되어 있는데, 종에서부터 수십 미터 떨어진 곳에서는 168, 360, 477Hz의 주파수 성분이 주로 들리게 되는데, 이러한 주파수 성분들은 심금을 울리는 소리의 고주파가 된

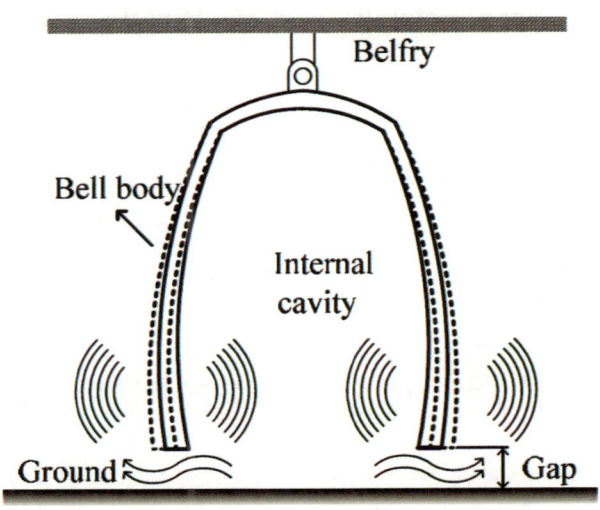

도면 5 한국 종의 내부 공동 계

다. 에밀레종 소리를 이루는 가장 저음의 고리는 64Hz의 성분으로 공기보다는 땅을 통해서 주로 전파되고, 사람의 귀보다는 피부를 통해 진동으로 잘 느끼게 된다. 그리고 이 64Hz의 기본 진동 소리는 긴 여운을 남기는 특징이 있다. 수축 과정의 반복으로 소리의 기본 진동 소리가 나타나며, 동시에 구리의 탄력성에 의해 소리의 지속시간이 결정된다. 에밀레종 소리를 정밀하게 음향 측정하여 이를 입체 그래픽으로 재구성한 논문(1997, 김양한 교수)에 따르면, 당좌를 가격했을 때 종소리의 기본 진동수 64Hz는 바로 둥근 링의 탄력 반복 주기와 일치한다는 측정치를 나타내었다. 그리고 에밀레종을 주조할 때 새겨놓은 명문에 따르면 종소리는 '둥근 소리를 들려주기-일승의 원음을 위해 주조하였다'라고 하였는데, 이것은 우리 선조가 종소리는 둥근 링의 탄력에 의해 기본 진동 소리가 나타난다는 사실을 이미 알고 있었다는 증거이다.

또한 한국의 종에서만 독특하게 나타나는 현상으로, 종의 제조 시에 종의 하부를 오목하게 마무리한다는 사실은 둥근 링의 탄력을 오랫동안 지속시켜 종소리의 여운을 오랫동안 유지하기 위함이다. 당좌 부위를 타격하면 진동은 오목한 종의 하대로 전달되어 둥근 링의 탄력 특성이 나타나게 되는데, 당좌 부위의 넓은 링이 하대의 좁은 링을 잡아주는 역할을 하게 되므로 하부 링의 탄력을 오랫동안 지속하게 한다. 이러한 사실은 1,300여 년 전 우리의 선조가 고도의 과학적인 지식을 종소리 제작에 이미 활용하고 있었음을 입증한다. 또 음관의 형상이 외형으로는 용이 음관을 싸 안고 있는 형상을 하고 있고, 내부적으로는 밑둥치 부분의 직경이 작고 윗부분의 직경이 큰(약 80%) 형태를 하고 있다는 사실이다. 이것은 나팔과 같은 형태인 것이다. 마치 종의 내부에 고여 있는 소리를 밖으로 뿜어내기 위하여 있

는 것과 같은 형상인 것이다.[65][66]

현재 한국의 범종은 통일신라 8세기 이후에 만들어진 종만 남아 있다. 용뉴는 한 마리의 용을 조형했고, 허리를 구부려서 고리같이 만들고 이를 통해 종의 내부와 관통된다. 용 옆에 음향 조절을 위한 원통형 음관이 붙어있어서 이를 통해 종의 내부와 관통된다. 종의 아래위 끝에 문양대가 둘려 있다. 신라 범종은 한 마리의 용과 문양이 장식된 음관으로 구성되었으며, 이후 고려와 조선 시대로 내려오면서 시대적 변화를 보여준다. 범종의 구조에서 용뉴와 음통은 한국 종의 대표적인 특색 중 하나이다. 내부가 관통되었기 때문에 '음관'이라 부르기도 한다. 음통에 대해 이홍직은 "음향을 조절하고 여음을 끄는 데 효과가 있는 음관을 반드시 장치하고……."라고 '음관'이라는 용어를 사용하였다. 진용옥은 "음관이 깔때기 모양으로 출구가 벌어져 있어서 고른 음향은 보존하고 불필요한 고주파는 제거하는 역할을 한다."라고 음향효과와 관련이 있음을 주장한다.

신라 시대에는 현대와 같이 과학 문명이 발달하지 않아 종을 만들기 위한 연료, 동·주석 등의 재료, 용해 시설 등에 어려움이 많았으리라 짐작할 수 있다. 그러나 나름대로 알맞은 방법으로 주종(鑄鍾)에 필요한 재료를 마련하였고, 또한 주종 기술도 대단히 발달했다는 사실은 상원사종, 봉덕사종 등이 입증한다. 종을 제작하는 주조법은 설계→문양 조각→용뉴 조각→각부주형(거푸집) 제작→전체주형(거푸집)조립→합금용해→용탕(鎔湯) 주입→주조 완료→주물사 제거→탕구압탕(押湯) 제거→보수→비파괴검사→음향 조정→방청/도장→완성 과정으로 이루어진다. 쇳물이 주입되는 거푸집을 제작하는 방식이 두 가지로 다를 뿐 그 밖의 공정은 동일

---

65) 나덕수·배명진, 「에밀레종 소리의 긴 여운에 관한 연구」, 『한국음향학회 2000년도 논문집』 제19권 2호, 2000
66) 김양한, 「성덕대왕신종의 소리」, 『방송공학회지』 제3권 제1호, 한국방송·미디어공학회, 1998

하다.

　한국 종에는 다른 나라에 없는 상대(上帶), 하대(下帶), 당좌, 비천상, 명문이라는 아름다운 모양이 있어 '코리안 벨'이라는 학명으로까지 불리고 있을 만큼 우수성을 인정받고 있으며, 그 전형은 신라 범종에서 완성되었다. 한국 범종은 시대에 따라 신라식과 고려식, 조선식으로 약간에 조금씩 차이를 보인다. 신라 종과 고려 종은 순수한 우리 선조의 창의력을 바탕으로 하나, 조선 시대의 종은 중국의 영향을 받아, 이른바 조(朝)·중(中) 혼합 양식이 만들어졌다.

　통일신라 범종의 명문은 성덕대왕신종을 제외하고 대부분 종의 외형에서 잘 안 보이는 부분에 기록하는 경우가 많다. 상원사종은 천판이라고 불리는 몸통의 상부면, 그리고 선림원지종의 경우에는 내부 면에 기록하기도 하였다. 그러다가 9세기 전반에 만들어진 종에서 처음으로 몸통의 상대 아래로 네모꼴의 자리를 두어 명문을 양각시킨 점을 볼 수 있다. 이러한 방형의 명문곽(銘文廓)은 일본 우사진구(宇佐神宮)범종과 같이 10세기에는 몸체의 당좌와 주악천인 사이 여백에 기다랗게 네모꼴의 곽을 만들어 그 안에 명문을 새겼다.

　한국 범종은 청동, 중국 범종은 철로 만든다. 종을 달기 위한 고리는 한 마리 용 모양으로 만들어져서 용뉴라고 하는데, 중국 종 및 일본 종은 쌍룡 용뉴를 갖고 있으나, 한국 종은 단룡이고 용뉴 옆에 음향을 조절하는 음관이 있는 것이 특징이다. 따라서 한국 범종은 소리가 맑고 긴 여운을 가지는 맥놀이가 특징이다. 성덕대왕신종의 용뉴는 역동적인 형태로 조각되어 있으며 종신 상단에 보상화무늬가 양각되어 있다. 종의 형태는 윗부분이 잘린 원추형이며, 종신 위에서 ⅔쯤 되는 아래쪽이 가장 넓고 아랫부분은 좁아져서 안정감 있는 조형미를 보여준다. 상대, 하대, 당좌, 연곽, 비천상 등의 문양이 모두 섬세하고 아름답다. 종신 상하에 견대(肩帶)를 돌리고, 그 속에 보상당초문을 장식하였다. 구연대(口緣帶)는 아가리가 팔릉형을 이루고 있는데, 이는 다른 신라 범종과는 다른 오직 유일한 예이다. 또한 팔릉에 연화를 배치하고 있다. 종신에 명문이 양각되어 있고, 비천상 2구는 연화좌에 무릎을 세우고 있는 공양상으로 비천 주위에 보상화를 장식했다. 이 종의 무늬 중 가장 아름다운 것은 종신에 부조로 새겨진 비천상이다. 공손히 향로를 받들고 있는 천인상과 환상적인 보상화무늬가 성덕대왕신종의 아름다움에 신비감을 더한다. 천상으로 천의 영락 등이 휘날리고 있는데, 이는 한국 비천상의 대표급이다. 이러한 비천상은 중국 종이나 일본 종에는 나타나지 않는다.

고려는 불교가 정신적 지주였고, 신라 문화를 계승 발전시켰던 관계로 불교 미술이 발달했다. 현존하는 고려 범종은 대략 160점을 헤아리는데, 국내에 100여 점, 국외에 60여 점이 분포되어 있다. 범종이 많이 제작된 시기는 13세기로, 당시 제작된 금석문 등에 의하면 연호보다 간지명(干支銘)의 사용이 두드러졌다. 종의 몸체는 외형이 직선화되거나 종구 쪽으로 가면서 밖으로 벌어지는 경향을 보이며 상대 위로 입상화문(立狀花文) 장식이 첨가된다. 이 입상화문대는 고려 후기 종의 가장 두드러진 점 가운데 하나이다. 용뉴는 목이 가늘고 길어지며 S자형의 굴곡을 이룬다. 목뒤로 뿔 같은 장식이 첨가되기 시작한다. 종의 몸체에 연화좌 위에 앉은 불상을 장식하거나 삼존상을 함께 표현하는 경향이 보편적으로 된다. 고려 범종은 세련된 통일신라 시대 범종에 비해 단아하며 문양의 선택 등이 복잡해진다. 말기에는 중국 원의 양식이 도입되어 조선 범종의 조형이라 할 새 형식의 범종이 만들어진다. 고려 종은 양은 늘어났으나 통일신라 종보다 주조 기술이 거칠어지고 문양이 추상화되는 경향을 보인다.

조선 시대에는 고려 시대 후기의 범종 형식과 중국 종의 형식이 결합하여 독자적인 형태와 문양을 갖춘 범종이 만들어졌다. 음통이 없어지면서 한 마리였던 용뉴는 쌍룡으로 바뀌었다. 입상화문대는 사라졌으며, 상대 아래에는 범자무늬가 첨가되어 독립된 문양 띠로 자리 잡게 되었다. 범종의 가장 위쪽에 있는 용의 모습을 닮은 고리로 이 용뉴에 쇠줄을 연결하여 종을 매단다. 종의 무게가 집중되는 곳으로 고도의 제철 기술이 아름다운 조형미의 극치를 이룬다. 조선 전기 범종이 한국 범종의 역사에서 중요한 위치를 차지하는 이유는 전통 한국 범종의 양식에서 중국 종의 요소를 이 시기에 적극 수용하여 이후 제작되는 범종에 많은 영향을 끼쳤기 때문이다. 조형 양식의 혼란과 주조 기술의 쇠퇴는 결국 동화사종(桐華寺鍾), 고운사종(孤雲寺鍾, 1859), 보림사종(寶林寺鍾, 1870)과 같은 19세기 중엽의 종을 거치며 더욱 가속화되어, 근대에 이르러서는 통일신라 이래로 한국 금속 공예의 구심점 역할을 수행해 오며 면면히 이어져 왔던 한국 범종의 전통은 완전히 단절된다.

6
청동 조각의 절정

: 국보 금동반가사유상(도판 10)

국보 금동반가사유상(金銅彌勒菩薩半跏思惟像(1962-2))은 6~7세기 대표적인 불교 조각 중 하나이다. 이 불상은 교토 코류지(廣隆寺)의 목조반가사유상과 매우 흡사하여 비교되며, 한일 고대 불교 조각의 교류 증거로 주목을 받고 있다. 국보 금동반가사유상(1962-2)은 비슷한 성격의 국보 금동반가사유상(1962-1)과 함께 논의되었다. 고유섭(高裕燮)은 한국학자 최초로 국보 금동반가사유상(1962-1)이 국보 반가사유상(1962-2)보다 연대가 늦다고 규정했다.[67] 황수영은 국보 반가사유상(1962-2)에 대해 고신라 불상으로 간주하고 있다. 문명대는 반가사유상(1962-2), 반가사유상(1962-1) 모두 고신라 불상으로 간주하고, 반가사유상(1962-1)은 6세기 삼사분기에서 사사분기 초, 반가사유상(1962-2)은 600년대 초로 보았다. 김원룡은 반가사유상(1962-2)을 백제 작으로 보고 있고 김재원, 김리나

---

67) 1962-1, 1962-2는 지정연도와 지정순서를 의미한다.

도판 10 국보 금동반가사유상(1962-2)

는 고신라설을 따르고 있다. 강우방은 반가사유상(1962-2)은 600년 초의 백제 작으로 보며 국보 반가사유상(1962-1)은 6세기 후반 고구려 작으로 보고 있다.

국보 반가사유상(1962-2)은 완전한 모습을 가진 금동반가사유상이다. 머리에 삼산관(三山冠)을 쓰고, 상체는 벗은 반가 자세로 의자에 앉아 무언가를 생각하는 대형 금동반가상이다. 관은 반달 모양의 삼산형 보관인데 무늬나 장식이 전혀 없다. 이런 삼산관은 신라 지역에서 주로 나타난다. 얼굴은 통통한 편에 코는 길고 오똑하며, 입은 인중이 짧고 입가를 올려 미소를 띠었다. 눈에는 미소가 우러나게 했는데, 이 미소야말로 청순하고 온화한 '열반의 미소'이다. 상체는 나신이며, 하체는 부드러운 곡선을 만들어내고 있다. 오른무릎과 다리는 굵은 편이고 왼다리는 굴곡 없이 쭉 뻗어 내린 형태이다. 왼팔을 꺾어 왼손을 오른 발목 위에 걸쳤고, 오른 팔꿈치는 오른 다리 무릎 위에 얹고 오른손을 올려 검지와 중지를 오른쪽 뺨에 살포시 대고 있다. 손가락을 구부리며 만드는 동감은 휘어지는 상체와 숙인 듯한 얼굴, 오른 다리와 오른팔이 꺾어지면서 이루는 모습과 어울려 이 반가상이 지고한 '사유 열반의 경지'에 이르렀음을 보여주려 하고 있다. 이는 중생을 제도할 것인가, 말 것인가에 대한 고뇌에 이른 깊디깊은 사유로 은은한 미소가 얼굴 가득 번지고 있다.

이 반가상에는 두 가닥 목걸이 1점만 간결하게 표현되어 있고 팔찌는 형태만 알 수 있으며, 다른 장신구는 일절 없다. 내린 왼발 아래의 연화족대는 통일신라 양식인데 발이 투박하고 연화문은 9세기의 특징을 보인다. 보관의 앞부분, 오른팔 팔꿈치, 상현좌 뒷면 하부 등은 일부 수리되었다. 이 반가상의 상체는 천의를 걸치지 않았고 하체는 두툼한 군의를 입고 있다. 군의 상단은 띠를 두르고, 상단 자락은 측면으로 모아 띠를 덮고 있다. 오른 다리로 내린 군의는 3겹인데 윗자락은 무릎을 따라 살짝 내렸고 아랫자락은 바닥까지 흘러내리고 있다. 내린 자락에는 중간이 끊어진 U자를 선으로 표현했고 흘러내린 옷자락 끝이 Ω자를 이루면서 3중으로 겹쳐 3단 상현좌를 이루고 있다. 뒷면은 허리띠 아래로 세로 겹주름을 이루며 둔부 밑으로 들어갔다가 받침대 아래에서 묶은 후 다시 흘러내렸다.

국보 반가사유상(1962-2)는 크기가 93.5㎝로, 금동으로 제작된 반가사유상 중에서 크기가 가장 클 뿐 아니라 최상의 아름다움을 뽐내는 작품이다. 불법에서 말하는 부처의 깨달음을 금빛으로 표현한 이 금동불상은 밀랍주조법으로 조성한 입체 조형물이다. 군더더기가 전혀 없는 균형 잡힌 신체, 자연스럽게 처리된 옷 주름, 또렷하게 표현된 이목구비, 얼굴에 보이는 잔잔한 미소는 이 불상의 숭고미(崇古美)를 한껏 더한다. 머리에 쓴 삼산관은 인도나 중국의 보살상에는 보이지 않는 형식이다. 풍만한 얼굴에 눈썹 선은 호를 지으며 콧대의 선으로 이어지는데, 길게 묘사된 눈 끝이 살짝 올라가 다소 날카로운 인상을 준다. 입은 약간 돌출되었는데 입가에 미소가 완연하다. 가슴과 팔은 가냘프지도 풍만하지도 않으며, 작고 통통한 손과 손가락 하나하나에 움직임이 있어 산뜻하게 생동감을 준다. 오른손에 대응하여 반가한 오른쪽 발에도 미묘한 생동감이 느껴지며, 발가락 끝에 살짝 힘을 주었다. 상체는 가슴이 약간 도드라지고 허리는 잘록하다. 오른쪽 얼굴에 대고 있는 손가락에도 율동감이 있으며, 위로 올린 오른 발가락은 잔뜩 힘을 주어 구부린 모습이다. 오른쪽 무릎을 살짝 들어 팔꿈치를 받쳐주고 팔은 비스듬히 꺾은 손가락을 뺨에 대고 있다.

반가상 제작 방법

반가사유상(1962-2)에 대해 청동의 합금 성분 등을 비파괴분석법으로 조사한 결과 몇 가지 중요한 제작상의 특징이 확인되었다. 국보 반가사유상(1962-1)처럼 내부의 굴곡이 외부의 형태와 대부분 일치했다. 내형토와 외형토의 간격을 유지해 준 쇠못(core pin)도 여러 군데 보인다. 내부에는 내형토로 사용한 흙이 일부 남아 있는데, 굵은 모래 입자가 섞인 사질점토에 식물 줄기를 짧게 썰어 넣었다. 국보 반가사유상(1962-1)과 마찬가지로 원형 틀에 밀랍을 입히고 세부를 조각한 다음, 밀랍을 제거하고 청동 쇳물을 부어 주조하는 밀랍주조법이 사용되었다. 주조가 순조롭게 이루어져 뒷면 대좌 하단 및 왼발 연화좌를 제외하면 주조 결함은 거의 없었다. 국보 반가사유상(1962-1)보다 상의 두께가 훨씬 두꺼워 청동 쇳물의 흐름이 좋은데, 사질점토에 식물 줄기를 섞은 내형토를 사용하여 내부 공기를 원활하게 배출시켰기 때문이다. 주조 방법의 관점에서만 본다면 국보 반가사유상(1962-2)이 훨씬 발전된 제작 기술을 갖고 있음이 확인되었다.

　상의 내부에는 머리에서 대좌까지 수직으로 내려오는 굵은 철심과 가슴에서 X자로 교차해 양팔로 들어간 철심이 감마선 사진으로 확인되었다. 수직의 굵은 철심과 수평의 가는 철심이 만나는 교차점은 철심에 구멍을 뚫어 가느다란 철심을 양쪽에서 넣어 X자로 교차시켰다. 양팔로 가는 철심을 몸통의 철심에 고정하여, 주조할 때 팔 내부의 내형토가 움직이는 결함을 막았다. 팔 내부에는 철심 위로 감는 철사가 있는데, 사질점토를 붙이기 위한 장치로 추정된다. 반가사유상(1962-1)에는 없던 장치이다. 성분 조사 결과, 본체는 주석이 4~5% 정도 든 청동으로 국보 반가사유상(1962-1) 본체와 유사하다. 의자 밑바닥 두 곳과 연꽃을 밟고 있는 왼발 앞부분 등의 수리 부분을 측정해 보니 한 곳은 본체와 성분이 일치하는 청동을, 의자 밑바닥의 수리 부분과 왼발 및 연화좌는 본체와 성분이 다른 순동을 사용하였다. 본체와 성분이 일치하는 곳은 주조 당시 수리한 것이고, 성분이 다른 연화좌와 대좌 왼쪽 부분은 통일신라 시대 이후에 수리한 것으로 판단된다.

　반가사유상(1962-1), 반가사유상(1962-2) 두 상 모두 쇠못을 사용한 밀랍주조법을 기본으로 하고 있으나, 내형토를 만드는 방법과 밀랍을 입히고 조각하는 수법에서 차이를 보인다. 반가사유상(1962-1)은 머리와 몸체 부위에 수직 철심이 있고, 쇄골 부위에 청동 쇳물이 침투하여 생긴 거스러미가 있다. 주조 결함으로 인한 수리 흔적도 더러 보인다. 상의 두께는 4mm 내외로 얇고, 내형토는 고운 진흙을 사용하였다. 머리와 몸체 부분의 내형토를 별도로 만들어 그 위에 얇은 밀랍판을 입혀서 조각상을 만들었다. 머리와 몸체를 하나로 연결하고, 왼발 및 족좌는 밀랍만으로 조각하여 붙였다. 밀랍 조각상 위에 진흙을 입혀 외형토를 만들고, 열을 가하여 밀랍을 제거한 다음 청동액을 부어 주조하였다. 복잡한 보관 장식, 얇은 두께, 공기가 잘 빠지지 않는 진흙 내형토 등에는 주조 결함이 많이 생겼다. 그래서 결함 부위를 재주조하거나 새로 만들어 붙이는 등의 수리 작업을 거친 다음, 표면에 금을 도금하여 완성하였다.

반가사유상(1962-2)의 내부 구조는 국보 반가사유상(1962-1)보다 단순하다. 중심 철심은 하나이며, 양팔로 가는 철심은 가슴 부위에서 중심 철심을 관통하여 X자를 이루며 지나갔다. 단순한 철심 구조는 내형토를 움직이지 않도록 견고하게 고정시켜 주는 역할을 했다. 바닥 두 곳과 왼발을 제외하면 수리한 곳이 거의 없는 완벽한 주조물로 처음부터 주조법의 완성도가 높았다. 반가사유상(1962-2)은 철심을 세우고 하나의 내형토를 만든 다음 그 위에 밀랍을 두텁게 입혔고, 이 밀랍을 깎아내거나 덧붙여 가면서 밀랍 조각상을 완성하였다. 밀랍 위에 진흙을 입혀 외형토를 만들고, 밀랍을 제거한 다음 청동액을 부어 주조하였다. 주조 결함이 거의 없어 바닥면과 왼발을 수리한 후, 금도금하여 완성하였다. 완성한 조각품은 밀랍을 두텁게 사용하여 양감이 풍부하며 옷주름 등 표현 측면에서도 입체감과 사실감이 살아 있다.

이렇듯 국보 반가사유상(1962-1)과 반가사유상(1962-2)은 밀랍주조법이라는 같은 제작법을 사용하였음에도 불구하고 내형토와 상의 두께, 밀랍의 사용 방법 등에서 차이를 보인다. 고운 진흙을 내형토로 사용한 반가사유상(1962-1)은 쇳물을 부을 때, 틀 안에 들어 있던 공기가 외부로 원활하게 배출되지 못했다. 이는 얇은 상의 두께와 함께 쇳물의 유동성을 크게 떨어뜨렸고, 수많은 주조 결함으로 이어졌다. 반면 반가사유상(1962-2)은 청동 쇳물이 잘 흘러들 수 있도록 일정한 두께를 확보하고, 공기 배출이 쉬운 모래가 많이 섞인 사질점토를 내형토로 사용하였다. 주석 함량이 5% 내외로 거의 비슷한 청동을 사용하였음에도 불구하고, 쇳물의 유동성 확보, 내형토를 고정하는 철심 사용법, 쇠못의 적절한 배치 등에 의해서 주조의 완성도는 커다란 차이를 보였다. 즉, 국보 반가사유상(1962-2)이 주조 면에서 볼 때에 훨씬 발전된 기술을 사용하고 있다.[68]

반가사유상(1962-2) 최고의 쟁점은 신라 작인가, 백제 작인가 하는 제작지의 문제이다. 일본인 학자들을 중심으로, 일본 국보 1호 코류지 목조반가사유상의 제작지를 근거로 신라 제작이라는 주장이 다수였다. 삼산관의 형태, 가슴과 허리 처리, 무릎 밑 옷자락과 의자 옆의 허리띠 장신구 등 전반적인 이미지가 국보 반가사유상(1962-2)과 매우 닮은 코류지 목조반가사유상을 신라 작으로 추정했기 때문이다. 그들은 그 근거로 나무의 재질을 지적했다. 목조반가사유상이 만들어진 7세기대의 일본 목조불상은 대부분 '쿠스노키(クスノキ, 楠)'라는 녹나무로 만든 반면, 코류지 반가상은 경상도에서 자생하는 적송(赤松)으로 만들어졌다. 제작 방법도 대부분의 목불이 신체의 각 부분을 나누어 여러 조각으로 맞춰 만드는 반면, 코류지 사유상은 하나의 나무에 상을 직접 조각하여 만든 것으로 당시 일본의 일반적인 제작 방법과는 차이가 있다는 점에 있다. 그리고 『일본서기(日本書紀)』 623년 조에 신라 사신이 불상 1구, 금탑, 사리 등을 가지고 왔는데, 불상은 코류지에 안치하고 나머지는 사천왕사에 보냈다는 기록이 있는데, 코류지를 세웠다는 진(秦) 씨가 신라계라는 사실이 밝혀지면서 코류지 상이 신라에서 제작되었다는 주장을 뒷받침하게 되었다. 그러나 아직까지 국보 반가사유상(1962-2)의 제작지에 대한 정설은 없다.[69]

국보 반가사유상은 우리나라 불교 조각사 연구의 출발점이자 6, 7세기 동아시아의 가장 대표적인 불교 조각품 가운데 하나로 잘 알려져 있다. 반가사유상은 중

---

(68) 민병찬, 「금동반가사유상의 제작 방법 연구-국보 78, 국보 83호 반가사유상을 중심으로」, 『미술자료』 제89호, 국립중앙박물관, 2016
(69) 강우방·곽동석·민병찬, 『불교조각』, 솔출판사, 2003

국에서는 주된 불상에 종속되거나 한 부분에 불과해서 단독으로 조성된 예가 드물지만, 백제에 와서는 종속적인 관계를 벗어나서 독립적인 조형성을 갖게 되었다. 따라서 반가좌 특유의 복잡한 신체 구조를 무리 없이 소화하여 중국의 반가사유상에서 보이는 과장과 단순화, 옷 주름이 반복되는 도식성을 극복해 가며 우리나라 삼국 시대에 크게 유행한다. 반가사유상의 자세는 석가모니-싯다르타 태자의 모습에서 비롯된 것으로 인도의 간다라, 중국 남북조 시대 불상에 등장한다. 중국의 반가사유상은 5~6세기에 주로 만들어졌으며, 우리나라에서는 6~7세기에 크게 유행하였다. 일반적으로 반가사유상은 미륵불(미래의 부처)로 간주되며, 일본의 아스카, 하쿠호 시대의 반가상에 영향을 준다.

'반가상'에 대비해 양반다리는 전가(全跏), 서 있으면 입상(立像), 누우면 와상(臥像)이며, 부처의 자세는 그 부처의 역할을 말해준다. 가장 오래된 반가사유상은 간다라 불상에 있어서 그로부터 이 상이 정립되었다고 보는 것이 통설이다. 불전도에 보이는 반가사유상은 태자상이고 대신변도나 변상도, 이를 단순화시킨 삼존도의 협시상은 보살상이며, 불전도 가운데 항마성도상에 보이는 반가사유상은 마왕상으로 간주된다. 이 세 종류의 반가사유상은 많이 조성되고 보편화되었다. 중국에서는 이 반가사유상을 북위 시대에 주로 수용했다. 대표적인 예가 운강 6굴 광창 불전도 중 백마별리(白馬別離)의 반가사유상이다. 태자가 애마 칸타카와 이별하는 장면이 분명하므로 태자상이 확실하다.

일제 강점기에 발견된 반가사유상(1962-2)은 출토지가 분명하지 않다. 이에 따라 신라 작과 백제 작으로 보는 견해가 분분하다. 일본학자 세키노(關野貞)는 반가사유상(1962-2)이 경주 오릉 부근 폐사지에서 출토했다고 보고 있다. 이나다 순스이(稻田春水)는 1910년 충청도 벽촌에서 가져왔다고 말했다. 이 반가상은 교토 코류지 목조반가사유상의 제작지가 신라라는 점을 근거로 신라 작이라는 주장이 설득력을 얻었다. 두 상은 삼면관의 보관 형태, 가슴과 허리의 처리, 무릎 밑의 옷자락과 의자 양옆으로 드리운 허리띠 장신구 등이 매우 흡사하여 양국의 고대 불교 조각 교류로 주목을 받아왔다. 일본 목조불상 대부분이 녹나무나 비자나무로 제작된 것에 비해, 코류지의 목조반가사유상은 한국 경상도 일대에서 자생하는 적송(赤松)으로 만들어졌다. 제작 방법도 신체 각 부분을 여러 조각으로 나눈 다음 짜맞추는 일반적인 방법과 달리 통나무 하나에 상을 그대로 깎아서 조각하였다. 또『일본서기(日本書紀)』 623년조에 신라에서 가져온 불상을 코류지에 모셨다는 기록이 있어, 이 불상을 목조반가사유상으로 추정하고 있다. 그러나 코류지 상이 우리 상에 비해 정적인 느낌이 강하고 서로 다른 조형감각을 풍긴다는 문제점이 제기되었고, 미술사적으로 조화롭고 균형 잡힌 형태와 우아하고 세련된 조각 기술로 미루어 백제 작으로 보는 것이 타당하다는 견해가 함께 제시되고 있다.[70]

국보 금동미륵보살반가사유상(1962-2)은 완벽한 조형성과 철학적·종교적 깊이로 국립중앙박물관을 대표하는 걸작 중의 걸작이다. 이 불상은 '사유의 방'이라는 독립된 전시 공간에 반가사유상(1962-1)과 함께 전시되어 있는데 전체적으로 우아한 기품과 아름다움이 신비로운 분위기를 자아내고 있다. 미술사가 최순우는 이 불상에 대해 이렇게 평했다.

"이 반가사유상의 아름다움은 인간이 만들어낼 수 있는 모든 아름다움을 초월한 것이며… 말로 표현하기 어려운 '한아(閑雅)의 아름다움'은 보는 사람으로 하여금 한숨을 내쉬게 조차 한다. …서양인은 모나리자의 미소를 최고로 여겨 '영원한 미소'라고 예찬하는데, 미륵보살반가사유상과 나란히 놓는다면 모나리자의 미소 정도는 당장 안색을 잃을 것임에 틀림없다."

---

70) 국립중앙박물관 홈페이지
 (https://www.museum.go.kr/site/main/relic/recommend/view?relicRecommendId=16866)

한아의 아름다움이란 주체할 수 없는 아름다움을 말한다. 이 상을 보통 반가사유상이라 부르는데, 세상에 대한 고뇌를 넘어 고요의 세계를 맞은 청년 미륵의 모습은 완벽하다. 상체는 옷을 걸치지 않은 맨살로 두 줄의 목걸이만 걸치고 있지만 엄숙함이 담겨 있다.

한반도에서 건너간 것으로 알려진 일본 국보 1호 코류지 목조 반가사유상은 앙드레 말로(André Malraux, 1901~1976)로부터 "인간 존재의 가장 청정하고, 가장 원만하며, 가장 영원한 모습의 상징"이라는 최고의 찬사를 받았다. 살포시 눈을 감고 깊은 철학적 명상에 빠진 모습이 국보 반가사유상(1962-2)과 많이 닮았다. 태양과 초승달을 결합한 장식이 솟아 있는 화려한 보관, 가느다란 듯 힘이 넘치는 신체의 곡선, 천의 자락과 허리띠의 율동적인 흐름, 두께 2~4㎜로 유지한 고도의 주조 기술… 미술사학자 강우방은 "언뜻 고요해 보이지만 위대한 보살 정신의 생명력을 역동적으로 표현한 기념비적 작품"이라고 말했다. 코류지 반가사유상은 크기는 약간 크지만 작품성으로는 국보 금동미륵반가사유상(1962-2)의 기품이 뛰어나다. 그리고 금동과 나무의 차이는 실로 기술 면에서 차이가 난다. 금동은 나무로 만든 작품이 기본으로 있어야 틀을 만들 수 있다. 청년 미륵은 아름답다. 손가락마저도 아름답다. 여인의 손 같다. 미륵의 손가락은 세밀하게 깎은 약지를 구부려서 동그란 고리를 그리고 나머지 손가락은 가볍게 세웠다. 뻗친 검지에 힘이 들어가 있다. 감아올린 손가락들의 부드러움과 직선의 검지가 주는 양면성이 슬픔과 환희의 중간에 서 있는 미소와 만나 깊은 정적에 들어 있다.

불교 전래 이래로 이 땅에 무수한 미륵불이 만들어졌다. 그중에서도 반가사유상은 우리 고유의 미륵불이랄 수 있을 정도로 불교 조각사에서 단연 수위를 차지하는 불상 양식이다. 미륵상은 중국을 거쳐 우리나라에 들어왔음에도 중국의 형식과는 전혀 다른 느낌과 감동을 준다. 대개 불상은 제작 당시 해당 민족의 얼굴과 몸체를 하고 있기 마련이다. 우리나라 불교는 결코 인도나 중국 불교와는 다른 얼굴과 몸체를 가지고 있다. 불교 미술에 조예가 깊은 독일의 미술사가 디트리히 제켈(Dietrich Seckel, 1910~2007)은 「불교 미술 The Art of Buddism」에서, "미륵반가사유상은 한국적 요소를 뚜렷하게 잘 표현하고 있다. 그러나 이것과 비교되는 중국 작품이 없기 때문에 학자적인 정확성을 가지고 설명할 수는 없다."라고 이야기한다. 또한 그는 한국 문화의 특성으로 "위엄과 매력, 정제되고 우아함, 솔직과 담백, 기술에 얽매이지 않은 자연성의 발로, 기교적이 아닌 점, 고고한 기품이 있지만 완벽주의를 배척한 점" 등을 들었다. 제켈은 양식 면에서 볼 때, 미륵반가사유상(1962-2)과 유사한 작품들이 일본에서 6세기와 7세기에 발견되는데 그들 중 몇몇은 한국에서 건너간 것 같다고 했다.

남북조 시대를 거쳐 우리나라 삼국 시대를 풍미하였고, 일본까지 영향을 주었기에 동양 삼국은 미륵반가사유상이라는 공통 분모로 문화를 공유했다. 일본 고대의 불교 미술은 한반도의 영향권에서 자유로울 수 없었다. 코류지 미륵불은 고대 동아시아 문화 교류의 소산이며, 한반도의 영향을 강력하게 보여주는 증거물이다. 교토, 나라 등지에는 아스카에서 가마쿠라 시대로 이어지는 시기의 미륵불이 집중적으로 분포되어 있다. 이 지역은 한반도 도래인들이 밀집된 거주지였다.

국보 금동반가사유상(1962-1)의 신비로움은 국보 금동반가사유상(1962-2)과 비교하기 어려운 점이 있다. 우열을 가리기에는 너무나 뛰어난 두 작품이다. 깊은 사유에 몰입한 인간적 모습인 사유상을 예배의 대상으로 삼은 종교는 불교뿐이다. 싯다르타 태자의 고뇌에 찬 모습은 점차 희열에 차서 법열을 느끼는 은은한 미소를 띠게 된다. 인도에서 성립되어 중국에 이르러 수많은 사유상이 만들어졌지만, 조형적 완성을 이루어 독립된 예배 대상이 된 것은 우리나라에 이르러서였다. 둘 다 국보 금동미륵반가사유상이라고 하지만 서로 다른 이름을 가지고 있다. 국보 금동반가사유상(1962-1)은 '금동일월식반가사유상'이라고도 하며 국보 금동반가사유상(1962-2)은 '금동연화관사유상'이라고 한다. 이 둘은 어느 것을 우위에 둘 수 없는 세계 미술사상 기념비적 작품이라 할 수 있다.[71]

국보 금동미륵반가사유상(1962-2)의 양식 특징과 편년

국보 금동미륵반가사유상(1962-2)은 등신대에 가까운 대형 금동보살상이다. 이런 금동불상은 국보 금동미륵반가사유상(1962-1)과 함께 반가사유상의 대표적인 예로 통일신라 시대의 대형 금동불상도 철불 이외에는 몇 점 없어서 희귀하다. 이 금동반가사유상은 대형 조각이어서 불상의 자태를 자연스럽게 만들 수 있었다. 반가사유상(1962-2)의 아름다움을 꼽자면 다음과 같다.

첫째, 불상 전체에 보이는 비례의 아름다움을 지적할 수 있다. 비례를 살펴보면, 반가 자세 상의 이상형은 두고(頭高):신고(身高)가 1:4.5이고 안고:신고가 1:6.59이다. 국보 반가사유상(1962-1)은 두고:신고가 1:4.07이고 안고:신고가 1:7.8인데, 이는 보관이 높아서 나타나는 현상이다. 이에 비해 국보 반가사유상(1962-2)과 비슷한 코류지 반가사유상의 경우 두고:신고가 1:4.4이고 안고:신고가 1:7.2이어서 목조반가상보다 머리와 얼굴이 좀 더 작아진 비례를 나타낸다. 이런 비례는 머리와 상체, 오른팔과 오른무릎이 이루는 적절한 조형감각과, 손가락 등이 섬세하게 휘어지는 조화미를 형성하여 이 보살상에 생동감을 불어넣고 있다.

둘째, 형태가 주는 아름다움이다. 반가사유상(1962-2)은 16세쯤 되는 소년의 신체를 이상적인 모습으로 승화시킨 걸작이다. 둥근 듯 갸름한 앳된 얼굴, 부푼 듯 만듯한 봉긋한 젖가슴과 어깨와 배 등이 보여주는 풋풋한 상체와 여린 듯 유연한 어깨와 팔, 듬직한 무릎의 반전과 상승미는 코류지 목조반가상도 따라올 수 없다. 원

---

71) 신광철, 『유네스코 지정 한국의 세계문화유산』, 일진사, 2011

통형 돈자와 돈자 앞면에 내려진 상현좌는 어느 반가사유상도 따를 수 없는 세련된 자태이다. 즉 무릎을 받치는 옷자락의 상승미, 삼단의 옷자락이 한단씩 안쪽으로 모이면서 하단 끝자락이 꽃잎을 이루어 돈자까지 보이게 한 옷 주름이 이루는 체감률은 극치의 기법이 아닐 수 없다. 더하여 상단 자락이 이루는 지그재그 주름, Ω형과 꽃잎형 무늬, 하단의 꽃잎 무늬는 상현좌 옷 주름의 백미이다. 이렇게 날렵하고 세련되고 날씬한 국보 반가사유상(1962-2)의 돈자와 직사각형 상현좌를 코류지 반가상이나 국보 반가사유상(1962-1) 등은 따라갈 수 없다. 이 돈자와 상현좌야말로 국보 반가사유상(1962-2)의 우아한 모습을 돋보이게 하는 신의 한 수라 하겠다.

셋째, 흘러내리는 선(線)이 주는 아름다움이다. 한없이 부드럽고 유연한 율동미라 할 수 있는데, 특히 상현좌의 옷 주름 선이 압권이다. 삼산보관(三山宝冠)의 부드러운 선, 얼굴의 세련된 선, 어깨와 가슴, 팔과 손가락, 등과 허리가 만드는 간결한 선, 돈자와 상현좌 옷 주름 선의 리드미컬한 선 등에서 아름다움을 만끽할 수 있을 것이다. 이 선이 바로 생명력이다. 국보 반가사유상(1962-2)의 양식상 특징은 한마디로 단순하며 간결한 구도, 세련되며 우아한 형태, 한없이 부드러운 선율의 미로 이 반가사유상은 최고 걸작이라 할 수 있다.

반가사유상(1962-2)은 편년을 비교할 대상이 거의 없다. 570년 전후 북제의 반가사유상 특히 백옥반가사유상 양식이 반가사유상(1962-2) 양식을 형성하는 데 주요 참고 대상이 되었으며, 반가사유상(1962-2)은 6세기 말에서 7세기 초에 조성되었다고 보는 것이 무난하다. 이런 점은 코류지 목조반가사유상이 603~616년경으로 추정되는 것과도 연관된다.[72]

---

72) 문명대, 「국보 83호 삼산보관형 금동미륵반가사유상의 새로운 연구」, 『강좌미술사』 제55호, 한국불교미술사학회, 2020

7
화강암 조각의 최고봉

: 석공예가 이룩한 천상낙원
- 석굴암과 본존불(도판 11)

석굴암은 1740년 활암(活庵) 동은(東隱)이 찬술한『불국사사적기(佛國寺事蹟記)』에 '직조석감(織造石龕)'이라 표현하였듯이, 돌로 비단을 짜는 것처럼 감실(龕室) 내부를 조성한 인공석굴이다. 이 말은 무엇보다도 화강암을 주재료로 사용했다는 건축상의 특징이 있으면서 과거 이처럼 아름답게 석굴을 조성한 예가 없었던 점을 비유한 말이다. 화강암은 조각이 상당히 어려운 재질로 꼽힌다. 인도나 중국은 석굴을 건조할 때 모두 자연 암벽을 뚫어서 내부 공간을 만들었고, 또 오랫동안 한자리에서 여러 개의 석굴을 완성했다. 이와는 대조적으로, 석굴암은 자연 암벽을 뚫어 만들지 않고, 많은 화강암 석재들을 차곡차곡 쌓아 올려 '인공적으로 석굴을 조립'하였다. 바로 이 점이 석굴암 건축의 대표적인 특징이다. 그리고 석굴 구조의 기본 평면이 전방 후원이라는 독특한 구성을 하고 있는데, 전실은 방형이며 주실은 원형을 이루며 서로 연결되어 있다.

도판 11 석굴암 본존불

　석굴의 기초공사로 원래의 지면에 자연 판석을 깔았으며, 바닥돌 밑에는 천연 마사토층이 있다. 이러한 기초 위에 둥근 주실이나 그 앞의 방형 전실에는 안상이 새겨진 면석이 돌려져 있다. 면석 위에 불상을 부조한 29매의 큰 벽석이 배열되었고, 이들을 마감하기 위해 자연 석주를 전실 입구 좌우에 하나씩 세워놓았다. 불상 판석 위로는 이맛돌이 돌려 있는데, 굴 내에는 장대석을 얹었고, 밖으로는 두공 모양의 받침돌과 평평한 옥개석을 얹었다. 굴 안의 천장 밑에는 열 개의 반원형 감실이 마련되어 있다. 이맛돌과 감실은 둥그런 궁륭형의 천장으로 구성되어 있다. 끝으로 천장 돔 구조의 마감돌로 한 장의 큰 돌을 얹어 석굴을 완성하였다. 마감한 이 천개석은 세 쪽으로 깨어져 있는데, 석굴 공사의 어려움을 해결하기 위하여 김대성(金大城, 700~775)이 천신에게 간곡한 기도를 올렸다는 설화가 전한다.

석굴암을 다룬 석공의 '솜씨-손재주'는 돌을 재료로 비단을 짜는 듯한 조성 기술을 발휘했다는 점에 있다. 우리나라는 석공예가 특히 강한 편이다. 석굴암에서 가장 중심에 있는 조각상은 우리나라 전신조각(全身彫刻)의 대표 격인 존재이며 본존인 여래좌상이다. 대리석과는 달리 세밀한 표현이 어려운 화강암을 재료로 이런 수준의 숭고한 종교 조각을 조성한 석공의 눈썰미와 손재간이 특히 돋보인다. 이름 없는 석공의 '손재간'이 이룩한 이 불상은 한국 조각사에서 최고봉의 위치에 놓일 작품이다. 미켈란젤로는 원석을 보면 그 안에 사람이 보인다고 했다. 이 불상을 세우기 위해서 엄청난 크기의 화강암 원석과 그것을 잘 다듬어 부처의 형상으로 완성한 조각가의 뛰어난 공력이 바탕이 되었다.

석굴암의 설계는 중심이 되는 본존불의 크기를 먼저 정한 후, 다른 조각과 부속 공간들이 그에 맞추어 조화롭게 설계되었다. 본존불은 주실 중앙에 앉아 동쪽을 바라보고 있으며, 머리는 울퉁불퉁한 나발이고, 육계는 머리 크기와 비례가 맞게 솟아 있다. 통통하게 살이 찐 얼굴에는 눈썹, 눈, 코, 입이 정연하게 배치되어 얼굴과 잘 어울리는 크기로 조각되었다. 반쯤 뜬 눈 속에 눈동자를 실선으로 새겨 넣었고, 눈썹이 활처럼 휘어져 머리 가까이 뻗어있다. 목에는 삼도가 뚜렷이 새겨져 있다. 오른쪽 어깨를 드러낸 편단우견(偏袒右肩)을 했는데 신체의 굴곡이 자연스럽게 드러난다. 왼손은 다리 위로 살며시 올려 선정인(禪定印)을 하고, 오른손은 오른쪽 무릎 위에 올려놓고 검지로 땅을 누르는 듯한 항마촉지인(降魔觸地印)을 하고 있다. 이 불상은 중국의 성당(盛唐) 시기의 양식을 바탕으로 제작되었기에 풍채가 우람하면서도 풍만하고 육감적이다. 전체적으로 비례가 완벽하고 조화미와 절제미가 깃들어 있는 우리나라 불교 조각의 최절정기 불상이다.[73][74]

석굴암 주실의 가장 안쪽, 본존불 바로 뒤에 십일면관음보살입상(十一面觀音菩薩立像)이 조각되어 있다. 석굴암에는 모두 합쳐 38구에 달하는 조각상이 있는데, 그 가운데 본존여래상만이 환조(丸彫:입체 조각)이며 나머지는 모두 부조이다. 이 보살상도 부조로 조각되었는데, 다른 상에 비하여 상당히 높은 고부조(高浮彫)로 제작되어 마치 환조를 보는 듯한 느낌을 준다. 오른손은 영락 자락을 살짝 쥐었으며 왼손에는 연화가 꽂힌 정병이 들려 있다. 온몸을 천의와 함께 영락 장식으로 화려하게 장엄하고 있는데, 다른 어떤 상들보다도 깊은 정성을 들여서 조각하였음을 알 수 있다. 머리 맨 꼭대기의 광배가 있는 조각상의 얼굴까지 합하면 부처의 얼굴은 총 11면이나 된다. 관음보살은 자비의 화신으로 모든 보살 가운데 가장 중요한 존재이다. 흔히 아미타불의 협시불(夾侍佛)로 자주 등장하지만, 십일면관음이라는 변화관음(變化觀音)으로 성립되면서 독립적인 예배 대상이 된다. 십일면관음은 일반적으로 밀교의 도상으로 알려졌지만, 석굴암의 십일면관음상은 성관음(聖觀音)의 성격을 극대화했다.

금강역사(金剛力士)는 금강저를 들고 석가모니를 지키는 야차신(夜叉神: 인도 고유의 신)이다. 인도에서는 하나의 단독 상으로 출발하였으나, 중앙아시아를 거쳐 중국에 이르면서 사찰 입구 좌우에 시립해 불법을 지키는 수호신으로 정착되었다. 이에 이왕상(二王像), 또는 인왕상(仁王像)이라 부르기도 한다. 입을 열고 있는 상을 아형 금강역사, 입을 다문 것을 음형 금강역사라 한다. 우리나라에서는 대체로 탑 또

---

73) 황수영·안장헌, 『석굴암』, 열화당, 1989
74) 강우방, 『원융과 조화』, 열화당, 2004

는 사찰의 문 양쪽을 지키는 수문신장의 구실을 담당하였다. 우리나라의 금강역사상은 분황사 모전석탑의 1층 탑신석을 시작으로 경주 구황동 절터의 모전석탑 등 탑의 문비 입구 좌우에 부조되었다. 이후 통일신라 탑에도 전통이 계속 유지되지만, 법당 입구에 조각된 예는 석굴암에 있는 상들이 유일한 작품이다. 석굴암 주실 입구의 금강역사상은 아형과 음형이 한 쌍을 이루며, 석굴암의 부조 조각 가운데 가장 입체적으로 조각되어 있다. 강인한 근육, 힘차게 휘날리는 치마와 천의 등은 매우 강렬하게 표현되었다. 우리나라 금강역사는 중국이나 일본의 금강역사처럼 근육이 과장되거나 눈초리와 자세가 위압적이지는 않다.

석굴암은 전실은 방형 본실은 원형으로, 소위 전방후원식 평면을 기초로 하여 그 위에 돔(Dome)형 석실을 정교하게 세운 석굴이다. 석굴 첫 번째 방이 사각형인데 바로 전실이다. 이곳을 지나면 연도가 나오고, 연도를 지나면 원형 본실이 된다. 사각형 방(方)은 땅이고 둥근 원(圓)은 천(天), 즉 하늘을 뜻하므로 석굴암은 천지인 우주를 상징한다. 이때 땅은 세속을, 천은 진리를 나타내는 것으로 불교의 세계관을 웅대하게 표현하고 있다. 입면으로 보면, 전실은 일단의 판석을 방형의 단층으로 나타내었고, 본실은 다층과 둥근 돔형의 원형 천정을 구축하여 하늘과 땅을 대칭적으로 조화시켰다. 전실에서 복도까지는 불·보살을 지키는 8부신장이 호위하고 그 다음에 본실의 문을 막아주는 인왕상을, 복도에는 사방을 방어하는 사대천왕을, 그리고 본실 입구 좌우에는 이들을 통솔하는 최고의 신, 제석천(帝釋天)과 범천(梵天)을 배치하고 있다. 본실의 중심에 본존불을 안치하고, 주위에 10대 제자와 보살 3인, 높은 감실 속에는 보살과 유마거사를 배치하고 있다.

석굴암의 불상은 한 구 한 구 모두가 이상적 사실주의 조각의 최고 걸작들이다. 이들 불상의 특징은 세 그룹으로 나눠볼 수 있다. 첫째, 본실의 본존불과 주위의 모든 상, 둘째, 감실의 보살상, 셋째, 전실의 8부 중상 등이다. 첫째, 본존상과 주위의 여러 상들은 우아하며 활력이 넘치는 이상적 사실주의의 아름다움을 보여준다. 본존불(本尊佛: 중심 부처)은 항마촉지인(降魔觸地印: 부처가 악마를 항복시키는 모습을 표현한 손의 모습)을 하고 앉아 있는데, 거구의 우람한 형태며 떡 벌어진 어깨나 당당한 가슴, 발달한 젖가슴과 팽팽한 근육, 그리고 둥글고 팽만감 있는 얼굴 모습은 전성기 신라 불상의 세련된 사실미를 유감없이 발휘하고 있다. 이 중에서도 특히 주목되는 불상은 '십일면관음보살상'이다. 이 불상은 몸체에 비해 머리가 크며 그다지 늘씬하지는 않지만, 우아한 형태미는 타의 추종을 불허할 만큼 뛰어난 걸작이다. 한편 10대 제자들은 갖가지 모습, 가령 인도 아리안계의 이국적인 모습이 보이는가 하면 신라나 당나라 승려의 모습도 보이며 갖가지 표정을 갖춰서 사실적인 아름다움을 잘 나타낸다.

둘째, 본존불 주변의 여러 불상과는 달리 온화한 특징을 보이는 불상들도 있는데 바로 감실상들이다. 작은 감실 속에 앉아 있는 이들 보살상에는 부드러운 얼굴, 유연한 체구, 적당한 부피감 등 사실미가 잘 표현되어 있다. 셋째, 이들 두 흐름과는 다른 조각이 전실의 8부신장상들이다. 팔부중(八部衆)은 새로운 시대양식을 알려주는 작품들이다. 이 조각상들은 힘이 줄어들고 선의 긴장미나 탄력적인 부피감이 사라져서 당당한 무장(武將)의 분위기는 찾아볼 수 없다. 이들 8부신장 조각들은 김대성이 석굴암을 완성하지 못하고 죽자, 국가가 나서서 완성했다는 사실이 반영된 작품이라는 데에 의미가 있을 뿐이다.[75]

우리나라에서는 화강암을 재료로 주로 이용하였기 때문에 부조상, 즉 마애불(磨崖佛)이 많이 제작되었다. 부조는 도드라진 정도에 따라 고부조, 반부조, 저부조로 나뉜다. 사물의 측면 절반을 나오게 하면 이를 반부조라 하는데, 이를 기준으로 더

---

75) 문명대, 『한국불교미술사』, 한국언론자료간행회, 1997

도드라지면 고부조이고 덜 튀어나오면 저부조이다. 저부조의 대표는 동전 조각이다. 동전 조각은 해당 나라의 조각 수준과 미감을 그대로 보여준다. 조각이 어렵고 표현이 쉽지 않기 때문이다. 면 위로 도드라지지 않고 오히려 낮게 형상 전체를 파내는 것을 요조(凹彫)라 하고, 선으로만 새긴 것을 선조(線彫)라 한다. 부조는 도드라지게 하거나 파내서 조각하기 때문에 면과 시점에는 제약이 생긴다. 부조의 특성을 완벽하게 소화하여 평면적인 것을 입체적 대상으로 승화시킨 것이 석굴암의 부조상들, 특히 석굴 입구 좌우에 있는 금강역사상이다. 화강암(Granite)은 굵은 입자와 높은 경도(모스 경도: 6~6.5) 때문에 강한 압축강도로 조각할 때 대리석(모스 경도: 3)과는 달리 사실적인 표현이 어려운데, 당시 조각가는 그것을 훌륭한 괴체(塊體)로 완성했다. 대좌는 자연석같이 거칠게 다루었는데, 그 위에 굳건히 버티고 있는 발의 표현이 압권이다.[76]

다음으로 살펴볼 점은 석굴 자체와 전실의 관계이다. 석굴은 처음부터 전면에 기와를 덮었던 것으로 추정된다. 석굴은 둥근 주실의 외벽을 돌아서 큰 화강암을 두 겹으로 두껍게 쌓아 올려 외부를 견고하게 한 후 흙을 돌렸고, 천장으로 올라가면서 흙과 진흙을 덮은 뒤 기와를 얹어 빗물의 침투를 막았다. 이러한 방식은 석굴의 전실 위에 목조의 지붕을 만들고 다시 기와를 덮었던 방식과 연결되어 석굴의 보존을 위해 중요한 역할을 다해 왔을 것이다. 기와를 덮는 방식은 석굴 창건 이래 계속되어 왔기 때문에 신라 이래 각 시대의 기와가 바로 석굴 주변에서 발굴되었다. 석굴은 목조건물이 보호한 덕분에 천 수백 년 동안 주변의 자연환경 속에서 버틸 수 있었다. 말하자면 석굴은 예불과 공양을 위한 전실 구조가 있어서, 본존불이나 보살·천부·나한 그리고 신장상들이 보존될 수가 있었다. 전실과 석굴 사이의 아치 입구에는 나무 문짝이 있어서 이중으로 석굴을 보호하게 돼 있었다.

---

[76] 강우방·곽동석·민병찬, 『불교조각』 솔출판사, 2003

이 석굴의 주실은 인도의 조형 양식을 본받아 원형을 이루는데, 그 중심에서 다소 안쪽으로 석굴의 주인공 본존불좌상이 안치되어 있다. 그리고 뒷벽 위 높은 위치에 한 장의 두광이 벽석으로 끼워져 있다. 두광은 큰 돌을 둥글게 깎아 둘레에 연꽃무늬를 새겼는데, 본존의 머리보다도 조금 높은 후벽에 있다. 그래서 본존을 향해 예불할 때 신도의 두 눈과 본존의 머리 그리고 이 둥근 두광돌이 일직선 위에 놓이게 설계되었다. 설계자는 석실과 전실을 설계하면서 전실에서의 예불 행위를 예정하였음에 틀림없다. 석굴 조영의 목적이 본존불에 대한 예불이기에, 세심하게 배려했다는 증거이다. 이같이 후벽에 두광이 장치된 것은 이 석굴에서만 볼 수 있는 기발한 착상으로, 매우 독특한 기법이다. 석굴은 '전방후원 2실'이라는 점에 설계의 핵심을 두었다고 생각된다. 그리고 석조 주실 본존불 앞뒤 두 곳에 작은 석탑 1기씩을 안치하였다. 그중 대리석 오층탑 1기는 20세기 초 일본으로 반출되었는데, 오늘까지 그 행방을 알 수가 없고 다른 탑도 행방이 묘연하다.

 2010년대 이래 석굴암 연구는 늘어나는 양상을 보인다. 여기에는 본존을 제외한 범천·제석천, 10대 제자, 신장상 등의 개별적인 도상과 대좌 연구, 그리고 건축사학계에서의 1960년대 복원·수리 과정 검토, 불교사 및 미술사에서 다룬 창건의 사상적 배경 등이 포함되어 있다. 1960~90년대 이뤄진 석굴암 연구가 양식과 본존불의 명칭과 역할, 석굴암의 건축 구조에 중점을 둔 것이라면 1990년대 이후는 도상학적 검토가 대세였다. 도상과 건축, 신앙의 배경, 종교학적 연구는 지속적으로 진행된 편이지만, 그에 비해 석굴암의 조각과 양식에 관한 연구는 상대적으로 정체된 느낌이다. 학계와 불교계 모두에서 관심의 대상이 되는 석굴암의 원형을 탐구하기 위해서는 무엇보다 양식적인 분석을 통해 신라 중대에 석굴암의 조각들이 차지하는 위상을 검토하는 일이 필수이다.

 최근 석굴암의 조성 시기에 대한 문제 제기가 있었고, 석굴암의 건립연대를 재

검토해야 할 필요성이 대두됐다. 거의 문제 삼지 않던 석굴암의 창건 시기를 『삼국유사(三國遺事)』를 비롯한 문헌 기록과 선학들의 연구로 되짚어 보는 계기가 됐다는 점에서 의미 있는 논쟁이라 하겠다. 경주 석굴암은 서기 750년쯤 신라 35대 경덕왕 대에 재상을 지낸 김대성이 창건했다고 알려져 있다. 삼국유사 기록 때문이다. 삼국유사의 '대성효이세부모(大成孝二世父母)'조에 "김대성이 현세의 양친을 위해 불국사를, 전세의 부모를 위해 석불사(석굴암)를 세웠다"라는 내용이 있다. 석굴암이 20세기 초 세상에 알려진 이후 종교학·미술사학·역사학 등 인문과학뿐 아니라 건축학·수학까지 다양한 분야에서 폭넓은 연구가 이뤄졌지만, 유독 석굴암의 조성 시기에 대해선 별다른 의심 없이 이 기록이 정설로 굳어져 왔다. 그런데 석굴암 조성 시기를 최소 40년 앞당겨 봐야 한다는 주장이 제기됐다. 민병찬은 국립춘천박물관에서 열린 '다시 찾은 빛: 선림원 터 금동보살입상' 국제 학술 심포지엄 기조강연에서 "석굴암은 750년경 김대성이 창건한 게 아니라 706년에서 711년 사이에 신라 33대 성덕왕대 창건한 것으로 보는 것이 타당하다"라며 문제점을 지적했다.[77]

그런 의미에서 본다면 석굴암의 조영 시점에 대해서는 건축사적 접근과 조각의 조성연대를 확인하는 미술사적 연구가 필수적이며, 이는 석굴암의 원형을 복원하기에 가장 적절한 해법이다. 종교적, 사상적, 역사적 맥락에서의 접근이 석굴암을 총체적으로 이해하는 데에 중요한 역할을 한다는 것은 두말할 필요가 없다. 석굴암 창건과 조각들의 조성 시기는 사천왕이나 금강역사 같은 호법신이나 높은 감실에 안치하여 잘 보이지 않는 보살상이 아니라, 창건 당시부터 고도로 계획된 설계 구축안에 따라 조성했을 본존불과 범천·제석천, 10대 제자를 중심으로 검토되어야 한다. 석굴암을 제대로 이해하기 위해서는 건축, 토목공학, 방위, 조각 모두

---

77) 허윤희, 「삼국유사는 틀렸다, 석굴암 창건은 706~711년 사이 신라 성덕왕 때」, 조선일보, 2024년 5월 15일

를 아우를 수 있는 원래의 건립계획안을 주도면밀하게 되짚어 볼 필요가 있다. 중심과 주변, 핵심이 되는 것과 부차적인 문제로 나누어 고찰하는 것이 당연하며 조각에 있어서 핵심은 본존불과 원형 주실의 부조들이 된다.

화본에 의거한 조상이라 하지만 석굴암은 단순한 조각상이 아니다. 경주 인근 지역의 석재는 입자가 굵어 정으로 쪼았을 때, 자칫하면 덩어리가 깨질 위험이 큰 화강암이다. 사방에서 감상할 수 있는 환조 조각은 높은 수준으로 완성하기까지 오랜 숙련 기간이 필요하며, 석재의 성격을 정확히 파악하고 기술적 완성도를 높이는 다양한 방안을 마련해야 가능하다. 화본을 입수했다고 해서 이를 입체 조각으로 그대로 옮기기는 힘들거니와 화본에 보이지 않는 3차원적 공간감을 살리기는 매우 어려운 일이다. 조각 기술이 수준 높게 발전해야 석굴암과 같은 명작을 조성할 수 있다.

당(唐)이 들어선 후 미술에서 당의 구심력이 높아졌다. 그에 따라 한국이나 일본에서 당의 미술과 흡사한 작품을 만들었고, 조각 역시 한·중·일 삼국이 공통된 성격을 보였다. 사천왕상이나 항마촉지인 불상 등은 신라가 미술의 국제적인 흐름에 동참하고 있었음을 보여준다. 당의 조각 양식이 시차를 보이지 않고 신라 조각에 편입되었을 것이라는 주장이 가능하다. 석굴암 본존불이 중국 불상의 영향을 받았고, 중국에서 신라로 바로 유입되었으리라 비정하기란 쉽지 않다. 인도의 조각도 어느 정도 중국화의 과정을 거치고 있었다고 생각되므로 그대로 신라에 전해졌다고 볼 수는 없다. 석굴암 본존불과 원형 주실 내벽 부조는 당의 조각과 유사하지만, 원형으로 여겨지는 상을 중국 조각에서 찾기란 어렵다. 정사각형에 가까운 짧은 상체와 상대적으로 가늘고 긴 두 다리, 긴장감으로 가득 찬 팽만한 상체와 유려하게 흘러내린 왼팔의 옷 주름, V자형으로 접힌 두 다리의 주름이 상당히 특징적인 까닭이다. 초월적 명상에 잠긴 듯한 탈속한 상호는 세속적인 아름다움을 추구한 중국 조각과는 상당히 다르다. 이상화된 인체와 얼굴은 오히려 인도의 조각을 연상시키기도 한다. 석굴암은 인도에서 중국을 거쳐 한반도로 들어온 석굴사원의 연장이라는 측면에서 이해는 되지만, 원래의 명칭이 '석불사(石佛寺)'였고, 중국에 이와 비슷한 석굴은 없다. 조각 기법으로 보더라도, 석굴암 주실 부조들은 본존불과 잘 어우러지게 만들면서 원형 주실 전체 조각의 종합성과 통일감, 완성도를 높이는 역할을 한다. 완만한 곡선의 부조들은 전혀 세속적인 느낌을 주지 않는다. 이 시기 불교 미술은 인도 조각에 근원을 두고 중국이나 한국에서나 이를 각자 자기식으로 소화하였을 것이다. 더욱이 이 시대는 외국과 교류가 활발했고 구법승과 사신들이 인도에 다녀와서 인도와 중앙아시아 문물이 자주 유입되었다. 석굴암의 본존불과 부조들이 같은 시기 중국의 불교조각과 다른 성격을 보이는 점은 인도계 국제양식의 영향을 받았기 때문으로 볼 수 있다.[78]

---

78) 강희정, 「신라 중대 조각사에서 석굴암의 양식적 특징과 위상」, 『미술사와 시각문화』 제31호, 2023

8
금과 은의 조화

: 고려 은제 도금 주전자와 승반, 무령왕릉 은잔

은 수급의 역사와 제작 기법

은(銀, Silver, 원소 번호 47, Ag-argentum)은 대단히 무르고 잘 펴지는 귀금속으로 선사 시대부터 현대에 이르기까지 금, 구리와 함께 인류와 깊은 관련이 있다. 동·서양을 막론하고 은은 은화, 관장식, 장신구, 식기, 사리기, 불상, 화장호 등 생활용품, 의례기, 미술품의 재료로 애용됐다. 그뿐만 아니라, 화학공업에서 도금이나 약품, 도료, 사진 감광 재료, 땜납, 베어링, 치과용 아말감 재료 등으로 광범위하게 이용되고 있다. 은은 주로 왕족이나 귀족, 양반 같은 특권층의 사치품으로 사용되었다. 은공예품 대부분이 공주 무령왕릉, 경주 황남대총, 조선 시대 숙신공주묘 등 왕족의 고분이나 묘에서 출토되었다. 『만기요람(萬機要覽)』 재용편(財用篇)에 따르면, 호조(戶曹)에서 관장하는 호조은은 천은(天銀), 지은(地銀), 현은(玄銀), 황은(黃銀) 4등급으로 구분되었는데, 왕실 기명은 천은으로 만들고, 지은은 중국의 사신을 접대하는 예단, 현은과 황은은 일상용으로 사용되었음을 확인할 수 있다.

은은 포함된 납의 함량에 따라 분류되기도 하였다. 순은은 광은(鑛銀)이라 불리기도 했다. 납의 함량이 은 분류의 기준이 된 것은 납 광석의 제련법에 기인한다. 이규경(李圭景,1788~1863)이 지은 『오주서종박물고변(五洲書種博物考辨)』에 그 내용이 실려 있다. 은이 나는 곳을 알아내는 방법으로 '산 위에 납이 있으면 그 아래에 은이 있다', '상하좌우에 연광이 은광을 둘러싸고 있다'라고 설명하고 있다. 즉 은은 납과 함께 채광되고 있었음을 알 수 있다. 채광된 납 광석은 순도가 높은 은을 얻기 위해 제련 과정을 거치게 되는데, 조선 중기 이후에는 단천연은법(端川鍊銀法)을 사용하였다. 단천연은법은 은과 납의 녹는점 차이를 이용하여 납 광석에서 은을 분리하는 원리이다. 은의 녹는 점은 960.5℃이고, 납은 327.5℃이기 때문에 납 광석을 은의 녹는 점 가까이 온도를 높여 녹인 후 찬물을 부어 은을 분리해 냈다.

은공예는 화병·주전자·식기·다기·담배합 등의 기물을 제작하는 대공(大工)과 반지·비녀·노리개·장도·떨잠 등의 장신구 등을 제작하는 세공(細工)으로 분류된다. 은공예는 모루, 망치, 정, 광쇠, 환봉, 각인, 금판, 솔, 줄, 집게 등 여러 도구가 필요하다. 모루는 은 등의 금속을 불려 두드릴 때 받침으로 쓰는 단단한 금속판이고, 정은 문양을 새기거나 형태를 다듬을 때 사용하는 연장이다. 쓰임새에 따라 사용하는 정의 종류가 달라진다. 가장 많이 쓰이는 것은 촛정으로 선을 새길 때 사용된다. 상감정은 사각으로 음각을 파낼 때 사용되고, 공군정은 동심원 형태를 찍거나 오려낼 때 사용되며, 바닥정은 문양이 도드라지도록 주변 여백을 내릴 때 사용된다. 광쇠는 마무리 작업에서 빛을 내기 위해 문지르는 도구이며, 줄은 표면을 다듬거나 땜질 후 표면을 고를 때 사용된다. 환봉은 둥근 원통형의 막대로 양끝의 굵기가 달라 반지나 원형의 물품을 만들 때 사용된다. 각인은 제작자나 제작소, 재질, 순도 등을 표시하기 위해 사용된다. 제작 공정은 대공과 세공 모두 '은 용해-성형-

조각 및 장식-다듬기'의 네 단계 과정을 거치게 된다.

은공예품의 전통적인 성형 방법은 단조(鍛造, forging)와 주조(鑄造, casting)가 대표적이다. 단조는 망치로 금속을 두드려 가며 성형하는 방법이고, 주조는 금속에 용해해 주형틀에 부어 응고시키는 방법이다. 은 용해 과정은 필요한 만큼의 은을 용해접시에 담고 열을 가하여 은을 녹인다. 은이 용해되어 액체 상태로 변하면 성형 단계를 거친다. 용해된 은은 상온에서 쉽게 굳기 때문에 빨리 골돌에 부어야 한다. 은이 붉게 달아오르면 모루 위에 올려 망치질한다. 다시 열풀림과 망치질 과정을 반복한다. 이런 과정을 거치면 전연성(展延性)이 증가하고 단단해진다. 성형이 끝나면 조각이나 장식을 한다. 촛정이나 공군정 등 다양한 정을 사용하여 문양을 새기거나 얇은 금판을 붙이는 방법이 사용된다.

조각 기법에는 선각(線刻), 화각(花刻), 고각(高刻), 투각(透刻), 육각(肉刻), 입사(入絲) 등이 있다. 선각은 일명 평각(平刻)이라고도 하는데 촛정을 시용(施用)하여 문양을 음각하는 방법이다. 화각은 다질정을 비스듬히 눕혀 조각하는 기법으로, 붓으로 그린 것처럼 조각선의 강약이 표현된다. 고각은 조이질한 금속편을 붕사로 땜하여 문양을 입체적으로 표현하는 기법이며, 투각은 표현하고자 하는 문양 이외의 부분을 뚫는 기법이다. 육각은 가장 어려운 기법으로 송진과 진흙, 기름을 섞어 만든 감탕을 조각틀 위에 깔고 그 위에 금속판을 붙여 다질정으로 문양을 두드러지게 하는 방법이다. 입사 기법은 상감 기법과 같은 원리로 문양을 파내고 난 후, 그 자리에 금·은·오동선 등을 넣어 다지는 방법이다. 도금은 수은과 금을 함께 녹여 도금할 대상물에 입힌 후 열을 가해 수은을 날려 금만 남게 하는 방법이고, 부금 기법은 접착제를 사용하지 않고 열을 가해 얇은 금판을 은 등의 다른 금속에 붙이는 방법이다. 은공예의 마지막 단계는 다듬기이다. 용해-성형-조각 및 장식을 거친 은공예품들은 끌과 줄 등을 이용해 마지막 형태를 다듬고, 광쇠나 세척 과정을 거

쳐 광내기 작업을 하여 마무리한다. [79][80]

고려 은제 금도금 주전자와 승반(도판 12)

　2009년 국립중앙박물관에서 '한국박물관 개관 100주년 기념 특별전'이 열렸다. 당시 출품된 문화재 가운데 가장 화제가 되었던 유물은 일본 텐리대(天理大)에서 빌려온 안견의 〈몽유도원도〉였다. 그러나 〈몽유도원도〉 못지않게 관객들을 사로잡은 작품이 하나 있었다. 고려 때 만들어진 '은제 금도금 주전자와 받침(승반)'. 그 모양이 대단히 화려하고 이색적인 데다, 미국 보스턴 미술관에서 빌려왔다는 사실이 알려지면서 많은 사람들이 주전자의 매력에 빠져들었다. 이 주전자는 고려 시대의 가장 우수한 금속 공예품 가운데 하나로 꼽힌다. 전체를 은으로 두드려 만든 뒤 표면을 금으로 도금했다. 은 제품에 도금하는 기술은 난도가 대단히 높다. 색깔도 좋지만 주전자의 전체적인 모양이 매우 고급스럽고 화려하다. 뚜껑을 보면 연꽃이 겹겹으로 피어 있고, 맨 위에 한 마리 봉황이 앉아 있다. 주전자 몸통 표면으로 빙 둘러 가며 대나무 줄기를 표현했고, 그 줄기마다 연꽃무늬와 덩굴무늬를 음각으로 새겨 넣었다. 주구(注口)는 대나무 마디로 형상화했다. 전체적으로 조형미가 탁월한 명품이다. 화사하면서도 절제를 잃지 않아 반듯하다. 주전자를 받치는 받침까지 세트로 온전히 남아 있어 가치가 더욱 높다. 그래서 '세계에서 가장 아름다운 주전자'로 불리기도 한다. 은공예 기술의 최절정에 있는 명품이다.

　미국으로 우리 문화재가 많이 건너갔다. 2013년 현재 전 세계에 흩어져 있는 우리 문화재 15만 2,911점 가운데 미국에 있는 유물은 4만 2,325점으로, 일본에 이

---

79)　정지희, 「20세기전반 한국 은공예품 연구」, 고려대학교 대학원 박사논문, 2017
80)　조윤정, 「조선시대 왕실의 은공예품 수요와 은장(銀匠) 연구」, 한국전통문화대학교 석사논문, 2020

도판 12 은제 금도금 주전자, 고려 시대, 보스턴 미술관 소장

어 두 번째로 많다. 메트로폴리탄박물관, 브루클린박물관, 필라델피아박물관, 코넬대 허버트-존슨미술관 등 미국의 박물관, 미술관 곳곳에 우리 문화재가 산재해 있다. 선사 시대 토기, 각종 청동기로부터 청자와 백자, 그림, 금속 공예품 등 장르는 다양하다. 우리 문화재가 미국으로 반출된 시기는 대체로 19세기 후반부터 20세기 중반. 약탈로 반출된 경우도 적지 않지만 구입과 선물 등을 통해 미국으로 건

너간 경우도 많다. 흥미로운 사실은 일본의 대표적 고미술상 야마나카(山中) 상회가 중개 역할을 한 점이다. 교토와 오사카에서 출발한 야마나카 상회는 미국 뉴욕과 보스턴에 지점을 냈고 미국 유수의 박물관들이 이곳을 통해 한국 문화재를 수집했다.[81]

보스턴 미술관의 고려 은제 금도금 주전자

미국과 유럽의 유명 박물관에서 한국실이 중국이나 일본에 비해 형편없이 초라한 모습을 보면 답답하다. 오래전 영국 V&A미술관 한국실을 설치할 때가 생각난다. 당시 박물관 측은 그저 이름뿐인 한국실 공간을 생각할 뿐 배려가 없었다. 그 때문에 그들과 한국실의 위치나 규모 문제를 놓고 꽤 심한 실랑이를 해야 했다. 중국실이 큰 것은 그렇다고 치더라도 한국실이 제대로 된 대접을 받지 못하는 것이 너무 억울했다. 한국실의 설치에는 우리 기업에서 기부금을 냈기 때문에 더욱 그러했다. 이는 국력의 문제이기도 하지만 실제 그들의 한국 미술품 컬렉션이 빈약하기 때문이기도 하다. 1876년 개관한 보스턴 미술관은 워싱턴의 스미스소니언미술관, 뉴욕의 메트로폴리탄박물관과 함께 미국 내 동양미술의 3대 컬렉션 중 하나로 꼽힌다. 1890년에 일본실을 열었고, 1927년에는 아시아부로 확대 개편하였다. 이때 한국 유물도 전시되었고 특별기금도 마련하여 한국 미술품 수집에 적극 나섰지만 그 양은 아주 미미했다. 현재 미술관이 소장하고 있는 한국 미술품의 총량은 겨우 720점에 불과하다. 그러니 한국실이 빈약할 수밖에 없다.

그러나 수량에 비해 보스턴 미술관의 한국 미술품은 수준이 아주 높다. 서양인

---

81) 이광표, 『한국의 국보: 문화재 전문기자가 현장에서 취재하고 입체적으로 바라본 국보 이야기』, 컬처북스, 2014

들이 한국 미술품을 처음 수집해 갈 때, 특히 공예품에 매료되어 고려의 화려한 목칠, 금속, 도자 공예품에 집중했다. 이 미술관의 국화꽃과 넝쿨무늬가 아주 정교하게 새겨져 있는 고려 '나전칠기염주합'은 고려 나전칠기의 대표작이다. 특히 은제 금도금 주전자 및 승반은 고려 시대 금속 공예의 최고 명작으로 손꼽힌다. 은으로 만든 다음 금으로 도금한 유물인데 도금이 아주 잘 되어 마치 금주전자처럼 보인다. 중후한 느낌의 대통 모양의 몸체에선 품위와 우아함이 물씬 풍긴다. 목에는 연꽃봉오리, 뚜껑에는 봉황을 더없이 정밀하게 조각해 장식했다. 이런 정교함을 위해서인지 몸통, 목, 뚜껑 세 부분이 따로 분리된다. 사용할 때는 주전자를 승반 속에 넣고 따뜻한 물을 담아 주전자의 술이 식지 않도록 했던 작품이다.

은주전자의 소장과 유래

미국 보스턴 미술관은 한국 미술품을 상당수 소장했다고 알려져 있다. 우리 문화재는 선사 시대부터 조선 시대, 고고학 유물에서 회화, 조각, 도자, 금속, 목공예, 민속품에 이르는 것으로 파악된다. 보스턴 미술관에서는 〈은제 도금 주자 및 승반〉을 개성에서 출토된 고려 시대 12세기 유물로 소개한다. 조지 닉슨 블랙 기금(George Nixon Black Fund) 10,000달러를 사용하여 야마나카 상회(山中商會)를 통해 구입하였으며, 취득 일자는 1935년으로 기록되어 있다. 박물관에 입수될 당시에는 표면의 부식층이 두껍고 잡물이 부착되어 청동 유물로 인식되었는데, 후일 보존 연구소의 세척과 복원 과정을 거쳐 은에 도금된 명품으로 확인되었다. 주자와 승반은 보스턴 미술관의 대표적인 소장품이었고 국내 학자들까지 그 존재 가치를 높게 평가하고 있었다.

이후 2003년 샌프란시스코 〈아시안아트미술관〉에서 고려 왕조의 미술을 회고한 대규모 전시회에 출품되어, 대표적인 금속 공예품으로 유명세를 갖게 되었다.

이후 국내에서는 두 차례의 전시를 통해 이 작품을 실견할 기회가 있었다. 먼저 국립중앙박물관에서 2009년에 열린 〈한국박물관 개관100주년 기념특별전〉에 소개되었다. 다음으로 2013년 삼성미술관 리움에서 한국 전통 공예의 미를 집중 조명한 〈금은보화(金銀寶貨)〉 전시에서 감상할 수 있었다. 그리고 2018년 고려 건국을 기념하는 해를 맞이하여, 세 번째 고국 나들이를 하였다.

주자와 승반의 현황과 특징

보스턴 미술관 소장품은 주자와 승반이 한 세트를 이룬 기물이다. 은에 도금한 두 유물은 승반 안에 주자를 넣을 수 있는 구조로, 내용물의 온기나 냉기를 유지하기 위하여 고안된 형태로 추정된다. 주자와 승반은 대나무를 연결한 것처럼 리듬감 있게 굴곡진 몸체를 공유하며, 주자에 달린 손잡이와 주구도 대나무를 응용한 형태로 만들었다. 뚜껑 하단에는 손잡이에 걸리는 큰 고리가 있고 상단에는 크기가 다른 연꽃 송이가 2단으로 배치되었다. 그 위에는 긴 꼬리와 날개가 달린 봉황이 앉아 있다. 만개한 두 연화는 각각 분리되고 상단은 봉황의 두 다리와 연결되는 구성이다. 주자와 승반은 고려 시대에 유행하여, 금속이나 도자기로도 다수 제작되었다. 중국에서는 승반을 온완(溫碗)이라 부르며 향로나 정병과 함께 사용한 경우가 있다.

보스턴 미술관 소장품은 승반 전체가 깊은 형태로 주자를 온전히 감쌀 수 있는 외형이다. 주자의 전체 높이는 34.3㎝, 굴곡이 생기는 어깨 부분의 몸체까지는 12.5㎝, 어깨너비는 15.7㎝이다. 승반의 높이는 16.8㎝, 지름은 18.8㎝로 조사되었다. 두 유물을 겹쳐 놓으면 높이가 무려 38㎝에 이른다. 실측된 크기를 보면, 주자에 내용물을 담을 수 있는 높이와 승반이 맞물리고 몸체와 밀착되어 효과를 극대화할 수 있는 구성이다. 국립중앙박물관에 소장된 〈청자상감포도동자문주자와 승반〉을 함께 비교해 보면 간극을 분명하게 알 수 있는데, 승반의 높이가 낮아 온기를 유지하는 용도보다는 받침의 역할만 강조된 듯하다. 보온 효과를 높이기 위하여 주자의 몸체를 완전히 감쌀 수 있는 승반의 형태로 자리 잡았고, 이후 다양하게 변화하며 받침의 역할이 좀 더 강조되고 실질적인 용도는 약화하면서 사라진다.

탁월한 제작 기술

안정된 주자의 몸체, 길게 뻗은 주구, 긴 손잡이, 뚜껑, 꼭대기의 동물 장식, 승반의 조합 등은 중국 북송(北宋)에서 크게 유행한 기형이다. 보스턴 미술관 소장품이 높게 평가되는 이유는 아름다운 형태 뒤에 우수한 기술력이 있기 때문이다. 은(銀)은 다른 금속에 비해 두드리면 길게 늘어나는 성질이 강하다. 이 주전자는 은을 단조하여 기본 형태를 만들고 부분적으로 도금하였으며, 전면에 다양한 장식을 꾸며 넣었다. 오랜 시간 정성이 필요한 두드림의 미학을 활용하여 입체적인 고부조(高浮彫) 타출과 부드러운 곡선을 선보이고, 세부까지 정교하게 문양을 표현한 점은 이 작품을 한층 돋보이게 한다. 주자를 보면, 낮은 굽 위의 몸체는 반쪽의 대나무를 연결한 것과 같은 모습으로 24개의 굴곡을 갖고 있다. 목 부분도 부드럽게 굴곡이 연결되는데 어깨는 날카롭게 직각으로 꺾였다. 다섯 줄의 손잡이가 유려하게 부착되었고 끝에 마개가 있는 죽순 모양의 주구가 길게 달렸는데, 모두 땜으로 연결하였다. 뚜껑은 두 부분으로 구성되었고 각각 크기가 다른 연꽃의 꽃송이가 자리한다. 모두 타출기법으로 화려하게 만개한 연화를 표현하였고 맨 위에 꼬리를 한껏 치켜올린 봉황이 서 있다.

주자는 세 부분으로 나눌 수 있고 뚜껑도 분리되지만, 원래는 손잡이에 걸리는 고리 때문에 탈착이 어려운 구조이다. 현재 고리의 한쪽이 떨어져 있는데, 잔편은 소실되었을 가능성도 있다. 뚜껑의 각 연결 부분을 자세히 보면, 세 줄의 고리로 이루어진 장식이 보인다. 별도로 만든 부분을 서로 끼워서 연결할 때, 내부가 드러나지 않게 마무리한 것으로 생각된다. 이에 비해, 뚜껑의 꼭지는 비슷한 장식이 보이지 않아 연결 부위가 그대로 노출되어 있다. 또한 새의 두 다리 주변으로 고리 모양의 흔적도 관찰되어, 다른 부분과 마찬가지로 원형 장식이 있었을 것으로 추정된다.

승반도 주자처럼 24개의 굴곡으로 형태를 잡고 굽의 밑은 밖으로 살짝 벌어져 있다. 주자의 몸체보다 굴곡에 깊이가 있고 굽도 강조되어, 전체가 한 개의 꽃송이처럼 보인다. 주자와 승반의 굽은 높이가 다르고 제작 방식에도 차이가 있다. 주자는 몸체의 은판을 늘려 굽을 만들고 테두리에 다른 판을 덧대어 마무리하였다. 승반의 높은 굽은 따로 제작하여 붙인 것으로 추정되며, 못으로 연결한 자국이 보인다. 굽의 끝부분은 도톰하게 처리하여 실용성과 함께 장식 효과를 준다. 주자와 승반의 굽은 모두 몸체에 연결되는 굴곡이 있고 각 면마다 문양이 장식되었다. 주자에는 살짝 핀 꽃봉오리가 작게 나타나고, 승반은 공간이 넓으므로 분명하게 구획하여 문양을 표현하였다. 활짝 핀 연꽃을 위에서 내려다본 모양과 측면관을 번갈아 배치하면서 새겨 넣었다. 이러한 장식은 주자와 승반의 몸체에도 비슷하게 반영되어 있다.

주자와 승반의 굴곡진 부분마다 연밥이 보이는 만개한 연꽃과 연꽃 봉오리가 번갈아 음각되어, 세트를 이룬 기물의 통일성을 보여준다. 또한 승반의 상단과 굽의 끝단, 주자 몸체의 상단에도 일정하게 띠를 둘러 장식했는데, 마치 연꽃잎을 풀어 놓은 것과 같은 모습이다. 뚜껑의 연화 송이 세부에도 같은 표현이 보인다. 국립중앙박물관이 소장한 〈은제 도금 탁잔〉의 받침 윗부분에 각각의 꽃잎을 타출로 두드려 만든 장식과도 연결된다. 한편 주자와 승반의 몸체 하단에는 복판의 앙련(仰蓮)을 표현하였다. 비슷한 장식은 중국 오대(五代)의 주자와 승반부터 등장하고 북송에도 보이는데, 보스턴 미술관 소장품은 선각으로 표현하였다. 주자의 뚜껑과 목이 연결되는 부분 양쪽 테두리는 뇌문(雷文)이 둘렸다. 주구의 끝부분도 같은 뇌문이 있는데, 이는 고려 금속 공예품의 특징이다. 뚜껑의 하단에는 손잡이에 걸 수 있는 죽절형 고리가 달렸고 위쪽의 연꽃으로 이어지는 부분에는 물결 같은 무늬를 둘렀다. 앞서 살펴본 <은제 도금 탁잔>의 상단과 하단에도 유사한 문양이 테두리로 나타난다. 또한 요나라 959년의 편년을 가진 탁잔의 굽과 전의 테두리에도 같은 특징이 반복되어, 상호 영향 관계에 참고가 된다.

가장 화려한 부분은 뚜껑의 연꽃과 봉황이다. 주자와 승반은 기본적으로 연꽃을 주제로 장식하였다. 상부에는 꽃송이를 입체적으로 배치하고 하부에는 선각한 연화 받침을 두었으며, 몸체에는 연화문을 다양하게 변주하였다. 기법으로는 타출법(打出法)이 주로 사용되었다. 꽃송이에 유감없이 발휘된 타출기법은 다른 부분에서는 절제하고 선각으로만 표현하였다. 금속 재료의 특징이 잘 드러나게 예리한 선을 다루면서도 몸체를 부드러운 곡선으로 처리하여 아름다운 균형 감각을 보여준다. 9엽의 2층 받침을 두고 연꽃 송이를 올렸으며, 각 12개의 잎을 네 단으로 쌓아 만들었다. 잎은 살짝 밖으로 꺾여 활짝 피기 직전의 꽃송이를 아름답게 표현하였다. 섬세한 타출기법을 응용하였고 겉면은 잎맥과 같은 세부를 선각으로 새겨 넣었다. 같은 방식으로 만든 작은 크기 연화가 위로 겹쳐 있으며, 그 위에 봉황이 있다. 벼슬이 강조된 머리에 날개는 펼쳐 올렸고, 긴 꼬리는 둥글게 말아 올려 하늘을 향한다. 몸통의 세부는 선각으로 표현하였고 내부는 관통하는 막대기로 주자에 고정하였다. 백제 <금동대향로>로 거슬러 올라가는 상서로운 새의 전형적인 모습이다. 리움미술관에 주자의 뚜껑으로 연상되는 금동 장식이 소장되어 있다. 유물은 크기가 다른 연화가 이중으로 연결되고 꼭대기에는 새가 앉아 있는 모습이다. 기본적인 외형이 유사하고 꽃잎의 끝이 밖으로 뻗치듯 묘사된 세부도 일치한다. 보스턴 미술관 소장품에 비하면 전체적으로 간략하게 표현되었고, 새의 특징도 차이가 있지만 원래 뚜껑이었던 것으로 추정된다.

고려가 기술력과 예술적 감각을 토대로 주자를 제작한 시기는 비교적 이른 시대로 추정된다. 『고려사(高麗史)』에는 정종(定宗) 3년(948)에 은제 주자의 사용이 나타나고, 문종(文宗)대 1072년과 1080년에는 중국에 예물로 주자를 보낸 것으로 기록되어 있다. 중국에 견주어도 손색없을 만한 솜씨가 인정되어, 왕실의 대표 물품으로 금속제 주자가 선택되었을 것이다. 또한 온기(溫器)의 종류로 고안된 특수 기형이 등장하고 정착된 시기, 그리고 기능에 따른 구조의 특징이 중국의 북송(北宋)과 연결된다.

보스턴 미술관에 소장된 주자와 승반은 개성 인근의 무덤에서 수습된 유물이다. 최고의 기량을 가진 장인이 진귀한 재료로 만들어낸 금속 기물은 왕실이나 핵심 계층이 향유하는 공예품으로, 왕릉이나 궁궐터 혹은 왕실이나 귀족과 관련된 사찰과 유적지에서 찾아볼 수 있다. 그렇지만 이전 시대와 달리 고려는 무덤에 다량의 부장품을 넣는 풍습이 줄고, 왕릉이나 유적이 도굴된 경우도 많아 실체를 규명하기가 쉽지 않다. 또 명확한 출토지와 절대 연대를 가진 금속 공예품도 소수에 불과하다. 이러한 상황에서 〈은제 도금 주자와 승반〉의 존재 가치는 특별하다. 비교할 수 있는 국내 유물이 많지 않지만, 왕실의 연회와 의례에서 금은제 주자가 사용된 기록과 보스턴 미술관 소장품의 수준으로 볼 때, 왕실 고분에서 출토되었을 가능성이 높다. 주자는 항아리에 담긴 술을 국자로 뜨는 불편함을 줄일 수 있는 기명(器皿)으로 발전했고, 다음은 승반을 함께 사용하여 따뜻한 내용물을 보관하면서 받침대의 편리한 기능을 활용할 수 있는 방식으로 발전했다.

주자와 승반에 관련된 문헌 기록과 기능에 충실한 기형의 특징, 문양의 세부 묘사 등을 관련 유물과 비교해 본 결과, 제작 시기는 대략 11세기 후반으로 추정된다. 고려 시대에 청자로 제작된 주자와 승반에 비해 금속 유물은 그다지 많지 않다. 그러나 청동제 주자는 상당한 수량이 국내외 여러 미술관에 소장되어 있다.

은제 도금 주자의 '찬란함'에 가려, 화려한 장식이 없는 청동 주자는 주목받지 못한 부분도 간과할 수 없다. 그 때문에 짝을 이루는 승반의 존재를 잊고 각각의 유물로 전시되거나 수장고에서 빛을 보지 못하기도 한다. 다수가 선택하고 선호하는 기형은 지속적으로 제작되면서 높은 수준으로 발전하게 된다. 보스턴 미술관 소장품을 제작할 수 있는 역량도 동일한 과정을 겪으며 완성되었을 것이다. 주자와 승반은 고려 시대 금속 공예가 이룬 탁월한 성과를 반영하고 있으며, 위상에 필적하는 찬사를 받고 있다.[82]

정치적 격변기에 탄생한 고려 금속 공예의 정수, 고려 은제 도금 주자

우리나라는 커피 소비량으로 세계 6위에 오를 정도로 커피를 좋아하는 나라이다. 고려 때에도 차를 좋아하는 문화가 있었다. 당시에는 요즘의 커피숍 같은 '다점(茶店)'이 많았다. 일반 평민들도 즐겨 찾았고, 개성과 같은 도시뿐 아니라 지방까지 문을 열 정도였다. 차 마시는 일은 일상 업무 중 하나였다. '다시(茶時)'라고 하여 업무 도중 차 마시는 때가 있었고, 왕이 행차할 때 차를 들고 따르는 '차군사(茶軍士)'도 있었다. 친한 친구에게는 차를 가는 맷돌이나 주전자를 선물하는 풍습도 있었다. 이런 문화 속에서 고려에는 청자 잔, 청자 주전자, 은제 주전자 등의 다기(茶器)들이 발전할 수밖에 없었다.

고려 은제 도금 주자는 세상에서 가장 아름다운 주전자라고 불릴 만큼 우아하고 기품이 있다. 이 귀한 고려의 주전자가 미국으로 건너간 경위에 대해 다음과 같은 이야기가 전한다. 1935년 일본 고미술상 야마나카 상회 뉴욕 지점에서 동양 미술품 경매가 열렸다. 야마나카 상회는 뉴욕, 보스턴, 시카고, 파리, 베이징에 지사

---

82) 유홍준, 『국보순례』 눌와, 2011

가 있었고, 유럽과 미국에 신문광고를 낼 정도의 대기업이었다. 동양의 많은 유물들이 야마나카 상회를 통해 미국과 유럽의 박물관으로 팔려나갔다. 일제강점기인 1935년 개성 부근 고분에서 출토된 이 은제 주전자도 보스턴 미술관에 당시 돈으로 1만 달러라는 거금에 팔렸다. 흙을 뒤집어쓰고 녹이 잔뜩 슬어 있어서, 처음에는 은이 아니라 청동인 줄 알았다고 한다. 도굴품이기 때문에 보관 상태가 좋지 못했고, 아직 이 물건의 진가를 제대로 알지 못할 때였다. 주전자와 함께 야마나카 상회에서 받은 정보는 단 하나였다. "고려의 수도 개성에서 훼손된 왕과 귀족의 무덤 가운데서 발견되었다."

주전자와 받침(승반)이 한 세트를 이루는 구성은 송나라에서 유행했던 양식이다. 중국 쓰촨성에서 출토된 남송 은제 도금 주자를 보면 고려 주전자의 원형을 그대로 보여준다. 고려는 송나라의 유행을 받아들인 것으로 보이는데, 쓰촨성에서 출토된 주전자에 비해 고려의 주전자가 미학적으로 훨씬 뛰어나다. 유행을 받아들여 진일보한 것이다.[83]

황남대총 북분 은잔 (皇南大塚 北墳 銀盞)

은잔은 높이가 낮고 지름은 넓다. 상단과 하단은 연판문으로 문양대를 둘렀으며, 몸통은 공간을 육각으로 구획하고 선이 만나는 지점은 원점을 찍어 연결하였다. 육각문의 내부에는 인물과 상서로운 동물을 타출하였다. 날개를 활짝 펼친 새를 비롯하여 호랑이, 사슴, 말, 뱀, 가릉빈가 등이 확인되고 날개의 깃털이나 몸통의 반점까지 상세하게 묘사해 놓았다. 인물은 옆으로 누운 듯한 독특한 자세로 등장한다. 큰 눈과 높은 코를 가진 얼굴로 서역인의 모습으로 추정되며, 여신으로 보

---

83) KBS 천상의 컬렉션 제작팀, 『천상의 컬렉션: 당신의 마음을 사로잡을 단 하나의 보물』, 인플루엔셜, 2018

는 견해도 있다. 그릇의 안쪽 바닥면에는 6개의 꽃잎을 가진 화문이 있고 중앙에는 새 한 마리가 꼬리를 말아 올린 모습으로 서 있다. 기물의 뒷면을 앞쪽으로 두드려 문양이 드러나게 하는 타출 기법이 사용되었고 세부는 끌로 음각하여 표현하였다.

은잔에 나타나는 문양의 소재와 구성, 제작 기법 등은 서역의 유물과 관련이 깊다. 육각문을 구획하고 내부에 상서로운 형상을 배치하는 방식은 서아시아에서 비롯되어 실크로드를 통해 동쪽으로 전파되었으며, 중국 남북조 시대를 거쳐 우리나라 삼국 시대에 유입되었다. 중국 랴오닝성 삼연(三燕)고분에서 출토된 말안장가리개와 광둥성에서 발견된 금동타출완에서도 비슷한 특징을 찾아볼 수 있다. 국내에서도 고구려 고분벽화, 경주 식리총과 전북 고창 봉덕리 등 백제와 신라 지역에서 출토되는 금동신발, 무령왕릉의 두침과 족좌, 환두대도 등에서 다수 확인되고 있어, 당시의 유행을 알 수 있다. 은잔에는 인물, 동물, 화문, 육각문 등 다양한 장식이 나타나고 그릇의 안쪽에는 타출 기법의 흔적이 그대로 드러나 있다. 따라서 삼국 시대 공예 기법과 문양을 연구하는 데 중요한 자료로 평가된다. 또 비교예가 국내에서 다수 출토되었고 중국, 중앙아시아, 서아시아 유물과도 연관되어, 국제 영향 관계를 고찰할 수 있는 점에서도 의의가 있다.[84]

무령왕릉 출토 은잔(도판 13)

'고려 은도금 주전자'에 앞서는 시기에 제작된 은제품으로 무령왕릉 출토 은잔도 있다. 1971년 무령왕릉에서 출토된 '은잔'은 6세기 전반의 백제 문화를 이해하는 데에 있어 매우 중요한 금속 공예품이다. 이 은잔은 출토지와 제작 연대가 확실

---

84) 한국민족문화대백과사전(https://encykorea.aks.ac.kr/Article/E0042875)

도판 13 무령왕릉 출토 은잔

한 백제의 금속 공예품이다. 이 잔은 뚜껑이 달린 탁잔으로 잔의 표면에는 음각으로 산수문과 용을 비롯한 여러 문양들이 새겨져 있다. 잔은 은제 잔과 뚜껑, 동제 잔받침 등 크게 세 부분이 따로 제작되었다. 잔은 둥근 몸체에 원통형 낮은 굽이 부착된 형식이며, 연꽃 모양의 꼭지가 달린 뚜껑은 삿갓형에 가깝다. 은잔의 높이는 5.6㎝이며 입지름은 대략 8.6㎝이다. 은잔은 주조로 만든 후 표면을 손질하였고, 은잔 바닥에는 수평을 맞추기 위해서 두드린 흔적이 있다. 은잔 표면에는 연화문과 용 3마리, 인동당초문대가 음각되어 있다. 장식 기법은 작은 끌을 대고 망치로 쳐서 음각선을 표현하는 선조(線彫) 음각 기법이 중심이다. 여기에 사용된 선조 기법은 작고 가는 끌을 사용하여 촘촘히 쳐 나갔다.

은잔 뚜껑도 주조 기법으로 제작하고 표면을 다듬었다. 뚜껑도 통째로 주조된 것이 아니라 연화형 꼭지, 금색 연화투조판 그리고 은제 뚜껑 등 3부분으로 나누어 제작되었다. 뚜껑 높이는 5.2㎝ 지름은 8.6㎝이다. 연화형 꼭지의 지름은 8㎜이며, 모두 8엽의 연화형으로 조각되어 있다. 금색 연화투조판은 투조 기법으로 연꽃을 만들고, 그 꽃잎을 선조 기법과 쌍점문으로 장식하고 있다. 뚜껑 윗면에는 삼산형의 산을 배치하고 사이에 새와 사슴, 나무 등을 선조로 표현하였다.

동제 잔받침은 접시 모양의 아래 면에 원통형 굽이 있고 윗면 중앙에 높이 1.6㎝의 원통형 대좌가 달린 형태이다. 잔받침의 최대 지름은 14.7㎝이고 현재 높이는 최대 3.1㎝이다. 이 잔받침은 청동 혹은 동합금으로 추정된다. 전체를 한 번에 주조한 것일 가능성이 크다. 잔받침의 접시 부분은 완만하게 외반하였으며, 굽과 대좌는 직립해 있다. 바닥 굽의 바깥지름은 7.2㎝이며, 윗면 대좌 입지름은 3.8㎝이다. 잔받침 윗면에 선조 기법으로 대좌 안쪽면에 연화문을 새겼고 바깥쪽에 거치문을 장식했다. 문양은 인면조(人面鳥) 1, 용 1, 사슴 1, 새 4, 괴수 1 그리고 연꽃과 나무 등이다.

이 잔과 같이 꼭지가 달린 뚜껑과 잔받침이 있는 기형은 중국 남조에서 그 원형을 찾을 수 있다. 고족배나 잔받침이 있는 금속제 탁잔의 형식은 남북조 시대 중국에서 유행하던 그릇의 하나로, 무령왕릉 동탁은잔 형식의 기원이 된다. 그러나 이 잔의 둥그스름한 형태나 짧은 굽, 굽을 별도로 만들어 땜으로 붙이는 제작 기법 등은 남북조 시대의 그릇들과는 양식적으로 차이를 보여주기 때문에, 백제 공예의 특징을 드러내는 점이다.

잔과 잔받침이 세트를 이루는 탁잔 형식은 중국에서 일찍부터 사용되었다. 큰 차이를 보이는 점은 제작 기법이다. 무령왕릉 동탁은잔은 잔과 굽을 별도로 만들어 붙이고, 꼭지와 뚜껑을 별도로 만들어 결합시키는 방식을 택했으나, 중국의 예들은 대부분 일체로 주조한다. 문양의 시문 방식도 동탁은잔은 중국과는 달리 선으로 시문하는 선조 기법을 사용한다. 이 때문에 무령왕릉 동탁은잔의 원류는 남북조의 청동 용기에서 찾을 수 있지만, 동탁은잔의 제작지는 백제일 가능성이 높다. 무령왕릉보다 앞선 시기의 신라 황남대총 출토 은제합은 뚜껑 윗부분에 별도의 금속판과 고리를 리벳 기법으로 접합하여 장식하는 기법이 사용되고 있다. 백제금동대향로도 기대, 노신, 뚜껑, 봉황 등을 별도로 주조하여 결합하는 방식을 사용하고 있다. 동탁은잔의 제작 장인이 부분 부분을 따로 결합하는 방식을 택한 점은 은이라는 값비싼 재료를 효율적으로 제작하기 위해서이다. 이는 전체를 통째로 주조하여 굽 부분이 두껍게 만들어진 남조 청동기에 비해 경제적인 생산방식을 채택한 것이다.

동탁은잔의 문양 구성은 조금 늦은 시기의 백제금동대향로와 상통하는 부분이 많다. 동탁은잔이나 백제금동대향로에서 모두 산악과 서수로 상징되는 도교적 요소나 연화문으로 상징되는 불교적 요소가 혼재되어 있으며, 이러한 요소들은 백제인들의 내세관과 사상을 반영하는 것으로 해석된다. 이러한 사상적 원류는 고구려에서 찾는 것이 타당할 것이다. 그중에서도 연화문이나 인면조와 같은 문양은 고구려 고분벽화와 관련이 있다. 동탁은잔에서 표현된 초월적 세계, 혹은 이상향은 고구려 5~6세기 고분 벽화에 표현된 이상향, 혹은 내세관의 영향을 받았다고 볼 수 있다.[85]

---

85) 주경미, 「무령왕릉 출토 동탁은잔의 연구」, 『무령왕릉 출토유물 분석보고서』 II, 국립공주박물관, 2006

9 비색의 아름다움

: 청자상감운학문매병과 청자진사표형연화문주전자

고려청자의 성립

청자(Celadon)는 중국과 한국에서 번창했던 도자기이다. 도자기의 색깔로만 말한다면 중국 청자는 녹색(green) 자기 쪽이 많고 우리는 회청색(grey-blue)이 대표적이다. 별도로 중국은 청자의 고운 색을 비색(秘色)이라 했고 우리는 비색(翡色)을 으뜸으로 쳤다. 한국을 대표하는 솜씨로 '고려청자'를 손꼽지 않을 수 없다. 청자의 출발은 중국이지만 고려는 고려만의 특색있는 고려청자로 개선 발전시켰다. 오늘의 반도체처럼 비록 수입된 기술이지만, 고려인 특유의 '손재주-솜씨'가 가미되어 독특한 청자로 우뚝 섰다. 고려청자는 고려 광종 연간에 고려가 중국의 제도와 문물을 배우기 시작했던 시기에 최초로 제작되었다. 고려는 중국 청자를 선호했고, 중국 청자의 수요가 늘어 수입품이 부족해지자 고려청자를 자체 제작하도록 요구되었다.

처음에는 중국과의 교류를 통해 수입품으로 만족하였지만, 960~978년 사이 중국 용천요, 경덕진요에서 청자가 새롭게 제작되자 고려도 청자를 자체 제작하고자 하는 열망이 일었다. 그 무렵 중국 월주요의 청자 장인들이 고려에 왔고 그들에게서 청자 제작 기술을 배웠을 것이다. 오늘날 한국이 반도체기술을 수입해서 자체적으로 발전시킨 것처럼… 비색청자의 제작으로 유명한 월주요는 그 품질이 절정에 달해 있었다. 고려는 970년대에 월주요의 청자 장인들을 데리고 와서, 당시 청자 제작을 갈망하던 고려 장인에게 청자 제작 기술을 가르쳐 주었던 것으로 보인다.

고려청자는 누가, 어떻게 제작하기 시작했을까? 배천 원산리요지에서 발굴된 청자편 중에 '순화3년임진 태묘제사실 향기장 왕공탁조'명이 음각된 예와 '순화4년(淳化四年)', '심', '이(李)' 등과 이화여대 박물관의 청자호의 바닥에 '순화4년계사 태묘제1실 향기장 최길회조'명이 음각된 청자 등이 있다. '장왕공탁조', '장최길회조', '심(沈)', '이(李)' 등은 당시 청자 장인들의 이름이다. 고려청자 장인들은 왕씨(王氏)나 최씨(崔氏) 등의 성을 갖기 어려웠다. 부안 유천리요 출토 청자편에 보이는 '효문', '조청' 명의 예로 보아, 왕공탁과 최길회 등은 중국의 청자 장인으로 추정된다. 이를 보면, 중국의 벽돌가마와 가마 용구, 청자편들과 유사하고, 왕공탁 등 장인들의 이름이 있어서 고려는 980년대에 중국 청자 장인들로부터 청자 제작 기술을 받아들였음을 짐작할 수 있다. 즉 청자 제작 기술을 배운 뒤에 전통 진흙 가마로 바꾸어 축조한다든지, 40m의 가마를 10m로 줄이면서 청자 제작 기술을 발전시켜 나갔던 것으로 보인다.

993년부터 26년간 거란의 침입으로 개경이 피습되고 나주로 피신한 현종에 의해 제2단계의 청자가 제작되었다. 양질의 흙이나 풍부한 땔감과 배로 운반이 편리한 강진 고창 일대에서 새롭게 청자를 제작하기 시작했다. 1020년대에 새롭게 시작된 제2단계의 청자 제작에서 고려화한 청자 기명들이 제작되었다. 강진 용운리 일대와 삼흥리, 해남 신덕리, 고흥 운대리, 고창 용계리, 반암리, 진안 도통리 등지에서 해무리굽완을 비롯한 새로운 청자를 제작하기 시작했다. 11세기 후반은 중앙집권적인 귀족 정치 체제가 확립되는 시기로 지방 호족으로부터 왕권의 안정과 학문의 발달, 북송과의 교류를 통한 발전이 이루어졌다. 11세기에는 청자를 비롯하여 백자, 흑자가 함께 제작되었으며, 이때의 대표적인 도자는 해무리굽완으로 유색이 숙련되어 갔으며 회백색의 내화토 받침으로 얇게 받쳐 구웠다. 현종 연간 강진 등에서의 새로운 청자 제작은 11세기 후반 문종 연간에 이르러 전국의 수많은 가마에서 양질의 청자 제작으로 꽃피우게 된다.

고려청자의 비색

고려청자가 독특한 아름다움을 지닌 것은 고려인들이 자연을 관찰하고 자연의 순리를 슬기롭게 이용했기 때문이다. 인류 문명이 토기를 사용하면서 정주(定住) 생활로 크게 발전할 수 있었고, 토기 다음에 오는 도기에 유약을 입히면서 청자가 발생하고, 이어서 백자도 생산하게 되었다. 후에 도자 기술의 최고봉인 백자가 크게 발전하면서 청자는 점차 자취를 감추게 된다.

중국인들은 한대(漢代)에 이미 초보적 청자를 만들고 오대(五代)에는 월주청자(越州靑磁)라는 아름다운 청자를 완성하였다. 월주청자는 이후 중국 청자의 근원이 되어 중국 청자사에 중요한 청자를 생산하게 된다. 월주청자 다음으로 여관요청자(汝官窯靑磁), 그 뒤를 이은 것이 남송관요청자(南宋官窯靑磁)이며, 원초(元初)까지 훌륭한 청자를 만들었던 용천청자(龍泉靑磁) 등이 중국 청자를 대표한다.

우리나라는 신라 말부터 오대 월주청자와 같은 청자를 만들기 시작했다. 12세기 전반 고려 인종왕대에 이르러 이미 우수한 청자를 만들었고, 의종대에 가면 청자상감이 최고의 세련미를 보인다. 몽골침략 이후 고려청자는 크게 질이 저하되었으며, 일시 부흥하다가 타락하여 조잡한 청자가 되면서 조선조 분청사기의 모체가 된다.

청자의 아름다움은 색의 아름다움에 있으며 고려청자의 비색(翡色), 중국 청자의 비색(秘色)은 각각 독특한 아름다움을 발산한다. 청자는 유약에 미량 함유된 철분이 높은 온도의 환원번조(還元燔造, 가마의 모든 창을 막아 그을음과 연기까지 태워 고온으로 자기를 구워내는 방식)를 통해 푸른빛을 발한다. 철분의 함유량, 유약의 성분, 태토의 성분, 가마 안의 조건이나 위치, 화도(火度)의 변화, 땔감인 나무의 차이, 불을 때는 기술, 바람의 부는 방향과 강도 등에 따라 다양한 변화를 보인다. 고려청자만의 독특한 발색은 일시적인 모방이나 기술 추종이 아니라, 오랜 세월 쌓이고 쌓인 우리 민족의 저력을 이루는 '솜씨와 미감'이 응집 표출되어 이뤄진 것이다.

고려청자에 관해서는 송(宋)의 태평노인(太平老人)이 '청자의 비색은 고려의 비색이 천하제일'이라 하였고, 서긍(徐兢)은 『선화봉사고려도경(宣和奉使高麗圖經)』에서 "고려 사람들은 청자를 특히 좋아하고 그 색을 비색(翡色)이라 하였으며 비색이 특히 아름답다."라고 하였다. 비색은 맑은 비취색에서 온 것으로 생각되며, 서양인들이 이를 물총새색(Kingfisher colour)이라고 부르는 것은 비색을 물총새의 깃털과 머리 부분의 아름다움에 비유한 것으로 여겨진다. 여기서 우리는 발색에 차이는 있지만, 같은 청자 색을 두 나라가 각기 다르게 표현했다는 점을 주목할 필요가 있다. 고려청자의 비색은 밝고 맑고 명랑하며, 중국 청자의 비색은 진하고 기름지고 깊고 탁하다. 흙과 유약의 조화 속에서 억지를 부려 인위적인 맛을 풍기지 아니한 것이 고려청자 색의 아름다움이다. 우리 미술의 단아하고 자연스러운 미감을 그대로 반영하고 있다. 즉 한국미술과 중국미술의 근본적인 차이점을 도자기가 잘 반영하고 있다. 이는 다른 표현으로, 우리의 심성과 중국인의 감성에는 큰 차이가 있음을 말한다. 서로 다른 자연과 환경의 차이에서 각기 다른 청자를 만들어내게 되었다.[86]

고려청자의 발전

12세기 전반 자기소의 개혁에 따라, 중앙관청 소용의 양질 청자를 제작 공급하는 강진 사당리요가 비색청자를 제작 생산하게 되었다. 고려는 예종(1106~1122), 인종(1123~1146) 연간에 귀족정치가 완성되고 문화는 바야흐로 황금기를 맞는다. 고려청자 역시 발전을 거듭하면서 완벽한 비색청자가 만들어지게 된다. 대표적인 자료로는 고려 인종 1년 송나라 사신 수행원으로 와서 고려의 제도와 문물을 돌아보고 저술한 서긍의 견문록인 『선화봉사고려도경』에 있는 기록과 1146년에 타계한 인종 장릉(長陵)에서 출토한 청자들이 있다. 『고려도경』에서 중요한 기록은 권26 「연례연의조」와 권32 「기명」에 관한 것이다. 「연례연의조」에는 "그릇을 금이나 혹은 은으로 도금한 것이 많고 청자는 값진 것으로 친다."라고 기록되어 있다. 둘째, 「도준」에는 "도기의 색이 푸른 것을 고려인들은 비색이라고 한다. 근년에 들어와 제작이 공교해지고 광택이 더욱 아름다워졌다. 술항아리 형태는 참외 모양과 같은데, 위에는 연꽃 위로 오리가 엎드린 모양의 작은 뚜껑이 있다. 또한 완, 접시, 잔, 꽃병, 탁잔도 만들었는데, 모두 중국의 일정한 형태의 기명을 만드는 제도를 모방했으므로 생략하겠으며, 술항아리만은 다른 그릇과 다르므로 특별히 알려둔다."라고 기록되어 있다. 셋째, 「도로」조에는 "산예출향 역시 비색이다. 위에는 쭈그리고 있는 짐승이 있고 아래에는 연꽃으로 이를 받치고 있다. 여러 기물 가운데 이 물건만이 가장 정절하고 그 나머지인 즉 월주의 옛 비색이나 여주의 신요기와 대

---

86) 정양모, 「고려청자의 비색」, 『정신문화』, 6권 1호, 한국학연구원, 1983

개 비슷하다."라고 기록되어 있다. 중국과는 다른 미감을 표출하고 있던 고려청자에 대한 생생한 기록이다.

우리는 위의 기록에서 따와 고려청자를 '비색청자'라고 부르며, 고려청자가 12세기에 와서 청자의 유색과 형태가 아름다워졌음을 알 수 있다. 1123년 당시 고려청자의 유색이 월주요청자의 유색과 비슷했음과, 1110년에 북송 여요(汝窯)청자 그릇과 비슷하다는 점은 당시 고려청자의 기명이 정교하게 제작되고 있었음을 말해 준다. 이때가 고려 비색청자의 시작이었으며, 그 후 인종 장릉 출토 청자참외형화병(국보) 등에서 비색청자 절정기의 완성된 모습을 볼 수 있다. 이들은 담녹청색의 청자유가 고르게 시유되어 발색이 깊고 맑으며 빙렬이 없다. 태토는 정제되어 있고, 기형은 비례가 알맞다. 문양은 드물며 굽다리에는 규석받침으로 구운 흔적이 있다. 이러한 청자 기형은 북송대 경덕진요산 자기와 여요산과 닮아서, 고려가 이들로부터 기술을 배웠음을 시사한다. 그러나 형태는 달라서 고려인의 기호에 맞는 것을 선택하였음을 알 수 있다.

12세기 중엽으로부터 1231년 무렵까지 80년간은 청자상감의 전성시대이다. 상감 기술은 도자기 표면에 무늬를 새기고, 그 공간에 백토나 자토를 집어넣어 문양을 완성하는 방법을 말한다. 이 기법은 고려인의 독창적인 기술로, 삼국 시대의 상감 기술이나 고려 나전칠기의 감입법 등에서 영향을 받은 것으로 보인다. 이 기간에 최고의 청자상감이 양산되었으며, 특히 문양의 유형은 탈중국(脫中國)이라고 할 만큼 독자적인 내용을 갖추게 되었다. 청자상감이 발달함에 따라 유약의 투명도가 급격히 높아졌으며, 투명도를 높이려는 시도에 따라서 생긴 부작용으로 일어난 것이 빙렬문이다. 의도하진 않았지만, 그릇 표면에 생긴 얇은 금-빙렬은 그 자체가 아름답다. 기형도 고려적인 성격으로 정착되어 갔다. 이 시기의 대표적인 유물이 국보 청자상감운학문매병(靑磁象嵌雲鶴紋梅瓶, 대표적인 유물로 간송미술관 소장품)이다.

이 시기의 유물들은 유약의 투명도가 매우 높으며, 맑은 회청색에 빙렬이 있고 상감 문양이 크게 세련되게 발전했다.[87]

12세기 후반 도자에 있어 기준이 되는 사실은 1157년에 제작된 청자기와에 관한 기록이다. 『고려사(高麗史)』 세가(世家) 권18, 위종11년(1157) 4월 병신(丙申)조에 "고려 궁궐 내에 양이정(養怡亭)이라는 정자의 지붕을 청자기와로 덮었다."라는 기록이 있다. 이 기록과 부합되는 유물이 1927년 개성 만월대 고려 궁터에서 수습되었고, 1964~65년 국립중앙박물관에서 발굴한 강진 사당리 요지에서 출토된 기와편들로 입증되었다. 이 청자기와편들은 청자양각모란문수막새, 청자양각당초문암막새를 비롯하여 청자음각모란당초문이 시문된 청자들이다. 이 청자기와는 『고려사』의 기록과 개성 고려 궁터 그리고 강진 사당리 요지와 부합되는 자료들로, 당시 청자의 양상을 이해하는 데 중요한 사례이다. 문양은 굵은 음각선으로 넓게 시문하여 양각처럼 보이는 모란당초문을 시문하였으며, 양각당초문의 경우도 잎맥까지 표현될 정도로 매우 정교하고 예리하다. 청자유색은 담녹색이 짙어져 가고 양각수법에 의한 모란문도 만들어지고 있다. 규석받침과 내화토 받침을 받쳐 제작하였다. 이 청자는 투각청자가 이 무렵 제작되었음을 알려준다. 중요한 점은 이 청자에 백상감 기법이 시문되고 있다는 사실이다. 〈청자음각모란당초문완〉, 〈청자음각모란당초문발〉 등이 그러한 예로서 구연의 일부분이지만 당초문대나 뇌문대에 일부 나타나고 있으며, 청자기와의 요지에서도 발견되고 있다.

『고려사』의 기록과 출토지, 제작지가 확인되는 이 청자기와편 속에 투각청자, 상형청자의 제작 시기와 상감청자의 제작을 알려주는 사례들이 있어서 특히 주목된다. 의종(1147~1170) 연간 음각, 양각, 투각, 상형, 상감, 철화, 백화수법의 화려한 청

---

87) 최순우, 『청자, 토기』, 웅진출판, 1992

자가 제작되었다. 의종 연간에 그런 청자가 상감청자보다 많이 제작되고, 고려청자의 다양한 기형과 섬세한 문양, 비색의 유색 등이 이 시기에 특징적으로 나타난다. 12세기 후반은 비색청자 외에 음각, 양각, 투각의 화려한 기법과 함께 상감 기법, 철화기법이 새로이 출현하고 있다. 또한 전국에 수많은 청자가마가 설치되면서 생활용의 발, 접시, 병, 완, 위주의 청자 제작이 확산했다. 이 시기는 상감 철화 등의 기법이 사용되면서 고려청자의 양상이 다양하게 발전되던 시기였다.

고려의 상형청자에 관한 기록은 서긍의 『고려도경』 32권 「기명(器皿)」 도로조(陶爐條)에 "산예출향(사자모양의 향로) 역시 비색이나, 위에는 쭈그리고 있는 짐승이 있고 아래에는 연꽃과 연잎으로 이를 받치고 있다"라고 한 향로가 남아 있어서 그 형태를 짐작해 볼 수 있다. 서긍은 이러한 상형청자를 가리켜 '가장 정교하고 절묘하다'라고 하며 뛰어난 솜씨에 감탄하고 있다.

고려 상형청자 중에는 중국 고동기를 본떠 만들어진 것이 많다. 고동기는 중국 고대에 주로 제작되었는데, 송대에 와서 청자로 많이 만들어졌고 이를 고려청자도 따랐다. 많은 예가 청자 삼족정(鼎), 작, 준, 반 등으로 몸통에는 도철문을 새겼다. 동물의 형태를 본뜬 것이 많은데, 오리, 거북, 원숭이, 기린, 사자, 용, 나한, 원앙, 어룡 등을 본떠 뛰어난 작품이 많다. 이러한 상형청자의 격조는 12~13세기 고려청자가 개척한 새로운 경지이다. 1231년 몽골의 침입이 시작되었다. 고려는 항쟁을 결의하고 1232년 강화도로 도읍을 옮겨 1259년 강화 체결 때까지 끈질기게 항쟁을 계속하였다. 이 기간에 중국의 영향은 사라져서 고려도자 특유의 기형과 문양이 발전하게 되었다. 상감청자는 고려 내부의 요구에 따라 고려화한 모습으로 발전했다. 제작 기법으로 보면, 음각연화문화분, 양각연판문완, 투각연당초문돈 등 모든 기법으로 다양하게 제작되었으며 이중 음각과 양각 기법, 상감 기법의 청자가 주로 제작되었다. 이들 청자 중에는 형태가 같으면서 음각과 상감 기법의 문양이 같은 기형에 나타나고 있어 주목된다. 이것은 음각 기법과 상감 기법이 함께 같은 시기에 모든 기형에 제작되고 있었음을 알려주는 증거이다.

장고에 음각, 상감 철화의 모란당초문이 시문된 예들과 청자화분, 청자투각연당초문돈, 높이 85㎝에 달하는 청자상감용문매병과 청자상감인물문매병 그리고 청자종과 피리 등은 처음 알려진 진귀한 청자이다. 상감 기법이 무르익은 운학문, 국화문, 모란문 포류수금문, 연화문, 여지문, 인물문이 시문된 매병, 주자, 탁잔, 화분, 합, 병, 발, 접시 등의 상감청자들이 출토되어, 이들이 13세기를 중심으로 상감청자 전성기의 산물이었음을 보여준다. 또한 드물게 산화동을 안료로 시문한 동채청자들과 산화철로 그린 철화청자 등도 출토되었다. 청자의 유색은 녹색이 짙은 청자유와 투명한 청자유가 함께 주류를 이루며 기벽은 두꺼워져 간다. 굽다리의 규석받침도 커지고, 큰 그릇에는 점토가 섞인 내화토 빚음받침으로 받쳐 구운 예가 많아졌다. 최씨 무신정권이 고려를 다스리다 몽골이 침입하여 원나라가 간섭하던 이 시기에 상감청자로 대표되는 고려청자는 기형과 문양에서 중국적인 요소가 말끔히 사라지고, 고려적인 기형과 유색, 문양의 세계가 확대되어 전개되어 가는 점이 주목된다.

후기 청자

13세기 후반은 무신정권이 붕괴하고 몽골과 화의가 성립되던 시기였다. 1275년부터는 원(元)의 강요로 중앙관제를 개편하고, 원의 수탈과 몽골식 습속·언어가 유행하게 된다. 원의 세력에 기대는 고려의 신지배층은 고려도자에 원대(元代) 도자기의 기형과 문양이 반영되게 했다. 이 시기의 도자 자료로 1257년에 죽은 최항의 지석과 함께 출토된 국보 〈청자진사채연판문표형주전자〉(리움미술관 소장)와 1289~1297년 『고려사』에 보이는 화금청자(畵金靑磁)에 관한 자료가 있다. 청자진사

주전자는 표형의 몸체에 외면은 연꽃잎을 양각하였고, 동자와 연줄기를 중간에 부착시켰으며 연꽃잎에 붉은 산화동을 설채(設彩)한 주전자이다. 유색은 녹색이 짙은 청자류이며 내화토 받침으로 구웠고, 기벽은 두꺼우며 비례가 적정하다. 이 주자가 주목되는 점은 산화동(진사, 辰砂)을 설채한 구체적인 사례라는 사실이다. 14세기 전반은 원에 기대온 권문세족이 이끌던 시기였다. 뛰어난 불화와 사경의 제작이 유행하던 이 시기에 고려청자에 원 자기의 기형과 문양이 반영되기 시작한다. 원의 청화백자에 나타나는 연화당초문, 쌍봉문, 파도문, 파도용문, 어문 등이 고려상감청자에도 나타난다. 매병이 줄어들고 편평한 편호가 만들어지며, 대접은 저부가 깊어지고 각진 접시류가 많아졌다. 기벽은 두꺼워지고 유색은 담청색, 회청색계로 바뀌었다. 상감 문양은 산만한 구도이거나, 필치가 조잡해지고 동일 문양을 반복 사용하여 도안화되기 시작한다. 포류수금문, 운학문, 여지문, 국화문 등이 쓰이지만 간략해지고 운문이 우점문으로 변화하기 시작하였다. 굽다리는 두껍고 굽 안바닥에 굵은 규석받침이나 모래받침으로 받쳐 구워진다. 유색은 회청색계의 청자류가 얇게 시유되었다. 반원형의 대접, 각이 진 접시 등에 간지명 청자가 나타난다.[88]

나말여초 청자 제작과 전통 기술

한반도에서 나말여초에 걸쳐 청자 생산에 성공한 것은 유리한 생산 여건하에 장인들이 실험정신을 발휘했기 때문이다. 통일신라 이후 활발한 교역을 토대로, 중국에서 핵심기술을 이전할 수 있었다. 지방 호족들의 영향력이 증대하면서 대규모 도자기 생산 능력을 보유하게 된 것도 청자 생산의 배경으로 꼽을 수 있다. 제작 기술상으로 선행한 도기 제작으로 숙련된 인력들이 도기 기술과 중국의 청자

---

[88] 윤용이, 『고려청자의 이해와 감정』, 한국고미술협회, 2008

기술을 융합하여 새로운 전통 기술을 개발했다. 청자 제작 기술의 도입 시기에 대해서 중국 해무리굽의 양식 비교에 기초한 9세기 설과, 편년 자료와 최근 한중 가마 발굴자료 비교 등에 대한 재해석을 통한 10세기 설이 있다. 제작 기술에 대해서는 중국 장인들이 건너와 기술을 전수한 경우와 우리 장인들이 기술을 배워 기술을 전파했을 경우 등으로 추정된다. 분명한 사실은 기술 도입 시기의 고려청자 제작 기술은 중국의 영향이 대부분을 차지한다는 점이다. 여기에는 벽돌가마 축조와 갑발을 사용한 환원염 번조, 유약과 태토의 조제, 새로운 기형 등이 핵심 내용이 들어 있다.

나말여초 우리 땅에서 청자를 생산할 수 있었던 배경에는 국내외적인 요소가 혼재되어 있다. 통일신라 말 9세기에 중국 도자의 수입이 빈번했다. 여러 유적에서 월주요(越州窯)와 형요(邢窯)를 비롯한 다양한 중국 자기들이 출토되었다. 중국에서 수입된 도자기들은 경주 일대 왕궁과 안압지를 비롯 미륵사지와 홍성 신금성 등 주요 절터와 산성에서 발견되었다. 통일신라의 인화문 도기가 소멸하고 그릇들도 중국 월주요청자에 보이는 무문청자나 형요백자의 장식 성향과 일치하는 부분이다. 중국 수입 도자의 영향 외에 내부적 배경으로 통일신라 시대 도기의 제작 기술이 상당한 수준이었다는 점도 간과할 수 없다. 다음으로 가마 구조는 길이 10m 내외인데 문제는 가마가 지하식이냐 반지하식이냐 하는 점에 있다. 통일신라 시대 도기 가마들은 지하식으로 자연 경사면을 이용해 굴을 파고 아궁이와 굴뚝을 밖으로 내는 방식이다. 가마 축조 재료는 점토로 구축한 토축요(土築窯)이다. 그러나 일부 반지하식 가마가 출현하고 있고, 번조 방식도 통일신라 말의 가마에 환원염을 시도한 흔적이 보인다. 이러한 요소들은 중국 도자의 유입과 함께 전통적인 한국 도자 제작 기술이 발전했음을 보여준다. 이런 점들이 고려에 들어서서 청자 제작 기술 발전의 원동력이 되었을 것이다.

청자 제작 기술의 분류와 변천

고려청자 초기에는 제작 기술에 있어 중국 기술에 힘입은 바 크다. 핵심이 되는 청자 태토와 유약의 제조, 내화벽돌을 이용한 가마 축조, 갑발과 가마 도구의 사용, 환원염 번조, 내화토를 이용한 굽 받침의 사용 등이 그것이다. 이러한 핵심 기술들은 이를 발전시킬 수 있는 기술적 토대와 능력이 없었다면 불가능했을 것이다. 실제로 중국 청자 기술이 홍수처럼 전수되지만, 이후 고려의 독자적인 비색 청자가 빛을 보게 된 것은 강한 기술적 전통과 실험 때문에 가능했을 것이다. 고려 초기에 축조된 가마를 재료로 나누어 보면, 벽돌을 사용한 전축요와 진흙을 이용한 토축요가 있다. 이 가마들은 중국식 자기 가마, 특히 남방 월주요계 가마 축조 기술을 수용했음을 알 수 있다. 가마 길이와 측면 출입구, 벽돌 축요재와 갑발의 사용 등 월주요와 유사한 기술의 사용 흔적이 발견된다.

이에 비해 토축요는 전축요에 비해 상대적으로 규모가 작다. 이들은 진흙 혹은 폐갑발을 진흙과 같이 사용한 토축요들이다. 또한 이들 부근에서 도기 가마가 같이 운용된 흔적이 뚜렷해서 토축요를 운영했던 장인은 토착 도기 장인이었을 가능성이 크다. 11세기 이후의 청자 가마를 살펴보면, 전축요는 점차 사라지고 길이 10m 내외의 반지하식 토축요로 일원화된다. 이들 토축요는 전통적인 도기 가마와 유사하지만, 측면 출입구 설치 등은 중국식 전축요에서 차용했을 가능성이 크다. 도기 장인들이 주도적 역할을 했을 것으로 여겨지는 지역이 이후 고려청자의 핵심 생산 지역으로 부상했다는 사실은 이전의 도기 기술이 고려청자의 전통 기술로 변환되었음을 의미한다.

청자 제작을 위해 필요한 기술 중 하나는 고화도 잿물(회유, 灰釉)의 제조 능력이다. 한국의 청자 제조가 중국에 뒤진 이유 중의 하나도 이러한 유약 제조 기술이 없었기 때문이다. 통일신라 시대에 걸쳐 나타난 연유(鉛釉)와 도기의 자연 유약은 용융 온도가 낮아서 고화도의 청자 유약과는 기술적 계통이 다르다. 그런데 통일신라 말기 고화도 경질도기에는 흑갈유와 녹갈유가 시유되어 있어 주목된다. 문제는 유약이 자연 시유인지 인공 시유인지이다. 자연 시유는 소성 과정에서 태토 안의 물질이 유리질화하거나 가마 재 등이 그릇 표면에 붙어서 마치 유약을 시유한 것과 같아 실제로 유약이 시유된 것으로 보기는 어렵다. 이에 반해 인공 시유는 고화도 유약을 제작했음을 의미한다. 2001년에 간행된 구림리 도기요지 2차보고서에 의하면, 시유된 유약은 철분 4~6.5% 정도에 알칼리와 알칼리석회유 계통으로 인공 시유된 것으로 판단하였다. 특히 유약 성분은 기존의 청자 유약과 같은 석회유 계열이 아니고 칼리와 나트륨 성분이 많이 차지하는 칼리유로 추정되었다.

고려 초기 청자의 유약이 장석 위주의 고칼슘 석회유로 중국 월주요 청자와 유사하다는 사실은 이미 밝혀졌다. 이는 청자 유약이 중국 청자 장인의 영향 아래 제작되었기 때문에 당연한 일이다. 화학 성분상 산화규소(SiO_2)가 60% 정도로 적고 산화칼슘(CaO)이 15~20% 정도로 많은 석회유이다. 청자의 색상은 유약의 성분 외에 소성시 산화와 환원 정도, 유약의 두께, 시유 회수, 소성 온도와 냉각 속도 등에 영향을 받는다. 특히 발색제인 산화철(FeO나 Fe_2O_3)의 영향은 절대적이다. 성분상 1% 내외로 적은 양이지만, 미세한 차이로 환원과 유약의 점성에 많은 영향을 미친다. 또한 같은 조건이라도 눈여겨봐야 할 것은 고려청자와 월주요 청자의 발색(發色) 메커니즘이다.

우리는 유층을 통과한 빛이 반사되어 다시 육안으로 돌아오기 때문에 청자의 색을 인식할 수 있다. 이때 유약 안의 금속 결정 상태 즉, 결정 입자의 크기와 기포는 빛의 난반사에 직접적인 영향을 미친다. 결과적으로 동일한 성분의 청자 유약이라도 달리 보이게 된다. 또한 유약의 두께에 따른 투명도 역시 색상에 중요한 영향을 미친다. 월주요 청자와 초기 고려청자 모두 유약층이 얇고 투명하지만, 고려청자의 색은 유약만의 것이 아니라 유약과 태토의 결합으로 이루어졌다. 고려청자를 자세히 들여다보면 태토가 은은히 보이는데 이것도 유약의 투명도에 의한 것이며, 이는 고려 사람들이 유약과 태토 색상과의 결합에 의한 독특한 색상을 추구했기 때문이다.

월주요 청자나 고려청자의 태토는 균일한 점토라는 특성이 있다. 이러한 특성은 중국의 경우 원대 이후 백자 생산이 유행하면서, 두 가지 이상의 흙을 섞는 방식이 자리 잡을 때까지 지속된다. 태토 위에 재와 철분이 든 점토를 알맞게 섞어 만든 청자 유약을 시유한 후 환원염 번조하면 청자가 완성되는 것이다. 중국의 경우 송대 들어 일부 청자의 유층이 두꺼워지고, 태토가 보이지 않는 불투명 유약으로 바뀌면서 유색은 오직 유약에 따라 좌우되었다. 반면 고려청자의 발색은 초기 청자의 메커니즘이 그대로 이어졌다. 얇은 유층과 투명유를 기본으로 하고, 급냉각에 따른 유약 속의 기포와 결정이 생기면서 태토가 색상에 미치는 영향이 커졌다. 이는 유층과 기포의 크기와 수량이 크게 작용한 것으로 여겨진다. 고려청자 장인들은 회청색 태토에 투명유를 시유하고 환원염 번조를 하면 비색에 가까운 색상을 낼 수 있음을 알고 있었다. 유약의 제조는 나무 재 하나만을 사용하거나 나무 재 30% 이내에 석회석이나 흙물을 섞어 투명유를 만든 후, 철분이 함유된 태토 위에 시유하여 소성한다.

가마 안의 환원 정도와 냉각 속도도 청자의 색상에 상당한 영향을 미친다. 고려시대 토축요는 가마 길이가 짧고 폭이 좁아서 가마 전체의 압력이나 공기 출입의 통제가 중국 가마보다 수월했을 것이다. 이는 가마 안의 분위기를 환원으로 유지하는 데 대단히 유리하다. 또 가마의 크기가 작아 소성 후 냉각 시간이 짧아서 유약 안의 결정 성장이 억제된다. 일반적으로 유약 내의 결정 성장이 억제되면, 결정에 의한 빛의 산란이 줄어들고 투명한 유약과 적당량의 기포, 태토면의 반사만으로 색을 내게 된다. 이 때문에 고려청자는 중국과 다른 고려만의 색을 낼 수 있었다. 여기에 더해 유약 안의 산화철도 기포 발생에 영향을 미쳐서, 반투명의 은은한 청자 유색을 내는 역할을 했을 것이다.

초기 고려청자 유약에는 중국과 유사한 철과 티타늄이 주요 발색제로 사용된 것으로 보인다. 망간도 검출되지만, 상대적으로 적어서 이 두 가지가 주요 역할을 한 것으로 여겨진다. 이에 반해 일부 초기 청자와 비색청자, 상감청자는 티타늄의 함량이 적은 대신에 망간이 주요 발색제 역할을 하였다. 이러한 결과는 사용한 유약 원료가 바뀐 것에 기인했다고 보인다. 청자 유약의 발색제로 사용하는 광석 원료인 산화철광은 적철광과 자철광 두 종류이다. 이 중 적색의 적철광은 산화제이철로 티타늄을 많이 포함하고 있고 흔히 발견된다. 초기 청자의 경우, 이러한 적철광이 주요한 발색 원료로 사용되었을 가능성이 높다. 이후 유약 성분 중에 망간이 많아지는 것은 유약 원료에 사용된 재가 교체되었기 때문으로 추정된다. 유약에 사용되는 재는 칼리 성분이 높은 볏짚과 나무가 주원료인데, 대개 나무 재를 사용한다. 우리나라에서 주로 자라는 소나무, 참나무, 느티나무 등을 태워 재를 만든다. 철분도 적당하고 인의 성분이 많아 색상에 온화한 느낌을 주며 산화칼슘이 주성분을 이룬다. 특히 망간 성분의 함량이 높은 것은 자작나무, 참나무, 밤나무의 재이다. 초기 청자시기를 지난 때부터 참나무나 밤나무 등으로 재의 원료가 바뀐 것으로 판단된다.

청자 제작에서 초벌구이는 태토와 유약의 강도를 높이고 태토와의 밀착도를 증가시키는 긍정적인 측면을 지닌다. 중국 도자, 특히 명·청대 백자의 대부분이 초벌구이가 생략되는 것은 초벌구이 없이도 태토와 유약에서 문제점이 발견되지 않았기 때문이다. 고려청자의 경우, 고려 초기 전축요에서는 초벌편이 거의 발견되지 않지만 토축요에서는 초벌편이 발견된다. 기술속성상 양질을 더 양질답게 하므로 고려청자의 대표인 강진요의 초벌구이가 고려청자의 기술적 모범이 되었을 것이다. 이러한 초벌 기술의 원류는 중국에서 왔으리라 추정된다. 중국 청자에서 초벌 기술은 북송 시기의 일부 가마에서 이용되었다. 이처럼 한국과 중국은 기술의 차이 때문에 초벌구이에 대한 시행 자체가 달랐다. 태토의 강도가 초벌 후 높아지므로 우리는 초벌을 거친 청자나 백자 생산에 주력하였다. 반면 초벌을 거치지 않아도 별문제가 없었던 중국은 초벌을 중시하지 않았다. 소성에 따른 경제적 비용을 감안한다면 초벌구이 과정을 생략하는 것이 훨씬 효율적이다. 그럼에도 태토의 강도 강화와 유약과 안료와의 밀착도 향상을 위한 초벌구이는 고려청자의 전통 기술로 자리매김하였다.[89]

청자진사채연화문주자

진사 안료의 원료는 산화동(CuO_2)인데, 진사로 사기그릇에 무늬를 그린 뒤 유약을 씌워 구워내면 산화동이 주홍색으로 발색된다. 진사라는 말은 일본인이 붙인 이름이며, 조선 시대에는 주점사기 또는 유리홍이라 불렀다. 진사 자기가 언제 발생하였는지 알 수 없지만, 12~13세기 무렵 만들어진 고려청자 중에 진사로 무늬를 장식한 그릇들이 있다. 고려청자는 바탕색이 맑아야 하며 장식 색채가 있다고 해도 흑백 상감 백토 등으로 그린 화청자의 단조로운 색채가 참모습이다. 그러나 담담한 색채의 고려청자 중에 진사로 상감한 것이나 진사 그림으로 장식한 것이 있어서, 희소가치가 높게 평가될 뿐 아니라 엄청난 고가로 매매되기도 한다.

이러한 진사 청자기 중에 뛰어난 예로 리움미술관 소장품과 프리어 미술관에 있

---

[89] 방병선, 「나말여초 청자 제작과 전통 기술」, 『선사와 고대』 30집, 2009

도판 14 청자진사채연화문주자

는 '청자진사채연화문주전자'가 있다. 후자는 뚜껑이 사라져 없다. 큰 연꽃 봉오리 위에 작은 봉오리가 포개진 조롱박 모양의 주전자로 잘록한 병목에 동자상이 있고, 연잎 고갱이 모양의 손잡이 위에 청개구리 한 마리가 앉아 있으며, 귓대부리의 부드러운 곡선은 둥근 몸체의 형상과 더불어 고려청자 곡선의 세련미를 보여준다. 진사는 주전자 몸통 연꽃잎에 그려진 굵은 선과 동자상의 이마, 그리고 청개구리의 두 눈에 찍힌 작은 점들과 배바닥에 파묵처럼 번진 부분을 장식했다. 회청색의 맑은 청자 유약빛 바탕에 이 주홍색 진사 무늬의 색채 효과는 너무나 잘 거두어져 있다. 꽃잎마다 음각한 연꽃 주름의 섬세한 선이나 간간이 붓끝으로 백토를 찍어서 도드라지게 장식한 백퇴화문의 솜씨를 보면 이 병의 뛰어난 품격을 짐작할 수가 있다. 이례적 작품이지만 의장의 기본에는 복잡한 요소가 없고, 화려한 색채라 해도 단지 주홍색 하나의 효과이다.[90]

청자상감운학문매병(도판 15)

국보 청자상감운학문매병(青磁象嵌雲鶴紋梅瓶, 간송미술관 소장)은 매병의 곡선미가 최고로 표출된 대표적인 상감청자 작품이다. 얕게 각이 진 구부와 팽창된 풍만한 어깨, 완만하게 줄어든 허리, 허리에서 다시 벌어져 세워진 저부에 이르기까지 S자 곡선의 흐름이 돋보이는 걸작이다. 어깨 부분에 백상감 여의두문, 저부에는 연판문대를 흑백상감으로 두 겹 나타냈다. 동체 전면에 흑백 동심원을 여섯 단으로 서로 교차 배치하고, 원 안에 구름 사이로 날아오르는 학을, 원 밖에는 구름과 아래쪽을 향해 나는 학을 흑백상감으로 시문했다. 그릇 전면에 맑은 담청색 유약을 고르게 시유했으며, 미세하게 빙렬이 나 있다. 굽다리는 안바닥을 깎아 세웠으며 점토가 섞인 내화토빚음 받침의 흔적이 있다. '운학문'은 고려청자의 상징적인 문양으로 고려인의 자연관을 보여준다. 학은 도교에서 신선들을 태우고 선계로 가는 새로, 구애받지 않는 세계에 태어나기를 갈망한 고려인의 마음이 운학문으로 표현되었다. 유려한 곡선의 아름다움을 보여주는 형태, 흑백상감 운학문을 시문한 기법, 투명한 담록청색의 유색이 조화로운 작품이다.

---

90) 최순우, 『무량수전 배흘림기둥에 기대서서』, 학고재, 2002

도판 15 국보 청자상감운학문매병, 고려 시대, 간송미술관 소장

    이런 병을 매병이라고 부르는데, 매실주나 인삼주와 같은 술을 담아두는 데에 주로 사용했다. 원래 뚜껑을 덮도록 제작되었으며, 『선화봉사고려도경(宣和奉使高麗圖經)』에는 술을 담는 그릇으로 기록되어 있다. 이러한 매병은 중국 북송 정요산의 백자매병이나 경덕진요산의 청백자매병에 시원 양식이 있는데, 고려에서는 12세

기 비색청자를 제작하던 시기부터 출현하였다. 이 매병은 높이가 무려 42cm에 달하는데, 전형적인 매병이 30~35cm였던 것에 비하면 훨씬 대형이다. 부안 유천리 가마 출토 파편을 보면 크기가 허리춤에 닿을 정도로 큰 청자들도 생산되었다. 보통 도자기가 구워지면서 약 30% 이상 줄어드는 것을 감안하면 엄청난 크기의 명품인 셈이다. 상감청자의 시작은 1157년 청자 기와가 제작되었던 시점으로 추정된다. 『고려사』, 「세가」 의종 11(1157)년 8월 조에 "양이정을 청자 기와로 얹었다."라는 기록이 있다. 상감청자는 13세기에 전성기를 맞았으며, 이때 뛰어난 상감청자 작품들이 많이 제작되었다. 유려한 곡선과 맑은 유색 그리고 운학문의 흑백상감이 어울리는 절정기의 작품으로 이 청자상감운학문매병은 그 절정의 아름다움을 보여준다.[91]

상감청자의 특성

고려 상감청자(象嵌靑瓷)가 정확히 언제부터, 어떻게 만들어지기 시작했는지를 알려주는 기록은 남아 있지 않다. 12세기 자료로 『선화봉사고려도경(宣和奉使高麗圖經)』에 실린 1123년 무렵의 고려청자에 관한 기록과, 실물로 1146년 인종(仁宗) 장릉(長陵) 출토 〈청자과형병(靑瓷瓜形甁)〉 등이 남아 있다. 괄목한 내용은 권 32의 「기명(器皿)」에 관한 것으로 1123년경 고려청자의 모습을 보여준다. 「연례연의조」에는 "그릇은 금이나 혹은 은으로 도금한 것이 많고 청자는 값진 것으로 한다."라고 전한다. 「도준조(陶尊條)」에는 "도기의 색이 푸른 것을 고려인들은 비색이라고 한다. 근년에 들어와 제작이 공교해지고 광택이 더욱 아름다워졌다."라고 기록되어 있다. 「도로조(陶爐條)」에는 "산예출향(狻猊出香) 또한 비색(翡色)이며 위에 쭈그린 짐승이 있고 아래에는 연화가 그것을 받치고 있다."라고 하였다.

---

91) 안휘준·정양모, 『한국의 미, 최고의 예술품을 찾아서』, 돌베개, 2007

1123년경의 고려청자는 비색청자의 시작이며, 1146년 장릉에서 출토되었다고 전하는 청자과형병 등의 청자들과 1157년의 기록에서 나오는 청자기와에서 고려청자의 완성과 절정의 모습을 볼 수 있다. 아울러 『고려도경』에 상감청자에 대한 언급이 없는 점이 주목된다. 서긍이 고려에 온 목적이 북송의 휘종(徽宗)에게 고려 문물을 보고하기 위한 점을 고려해 볼 때, 서긍이 고려의 상감 기법을 기록에서 빠트리지는 않았을 것이다. 1208년경의 〈청자상감연화모란문표형주자와 승반〉과 1213년경의 〈청자상감국화모란유로죽문매병〉은 13세기 초 희종(熙宗) 연간 상감청자의 존재를 알려주는 중요한 작품들이다. 상감 기법이 활용되기 시작한 시기는 1191년부터 1208년 사이로 보이며, 1204년부터 시작되는 희종 연간에 상감청자를 제작하기 시작했다고 판단된다. 상감청자의 본격적인 제작은 1230년대 고종(高宗) 연간부터 시작된다. 상감청자의 전성기인 13세기의 대표적인 작품으로는 부안 유천리(扶安 柳川里) 가마터 출토 고려 상감청자가 있다.

〈청자상감운학문매병(青瓷象嵌雲鶴紋梅瓶)〉은 13세기 후반을 대표하는 청자로 부안 유천리 가마터에서 제작된 것으로 추정된다. 이 시기의 중요한 자료로 1257년에 사망한 최항(崔沆)의 묘에서 지석과 함께 출토되었다고 전하는 국보 〈청자동화연화문표형주자(青瓷銅畵蓮花紋瓢形注子, 리움미술관 소장)〉가 있다. 국립중앙박물관이 소장한 〈청자상감동화포도동자문표형주자 및 승반(青瓷象嵌銅畵葡萄童子紋瓢形注子 및 承盤)〉도 있다. 이 표주박 모양 주자는 1257년의 청자주자와 형태가 유사하고, 전면에 시문된 동자문이 녹청색의 유색과 어울리며 고려적인 기형과 문양을 보여주고 있다. 상감청자의 본격적인 발전은 최씨 무신정권 시대에 이루어졌다. 상감청자는 13세기 초 희종 연간에 등장하여 13세기 전·후반에 걸쳐 꾸준하게 발전했고, 무엇보다 고려적인 기형과 문양에서 뛰어난 발전을 이룩하였다.[92]

---

92) 윤용이, 「고려 상감청자(象嵌青瓷)의 성립과 발전」, 『미술사와 문화유산』 12, 2023

10
세계 인쇄 문화의 선구

: 최초의 금속 활자 인쇄본, 직지(直指, 도판 16)

인류 역사를 바꾼 금속 활자

미국의 세계적 커뮤니케이션 학자인 윌버 슈람(Wilbur Schramm, 1907~1987)은 인류 역사상 4번에 걸친 정보 혁명을 통해 인류 문명이 점점 더 발전해 왔다고 주장했다. 첫 번째 정보 혁명은 인간이 동물과는 달리 자신의 의사를 타인에게 전달하는 '말-언어'를 하기 시작한 것. 두 번째 혁명은 말을 통일된 기호 즉, '문자'로 기록하기 시작한 것. 세 번째는 '금속 활자 인쇄술의 발명'. 네 번째 정보 혁명은 '컴퓨터의 발명'이라고 했다. 그리고 오늘날 우리의 문명이 가능하도록 기여를 한 것은 바로 제3차 정보 혁명, 즉 금속 활자 인쇄술의 발명이라고 했다. 만약 금속 활자 인쇄술의 발명이 없었다면 컴퓨터의 발명도 불가능했다는 것이다.

1997년 세계적 언론사 〈타임〉 사에서 지나온 천년 세상을 움직인 100대 사건

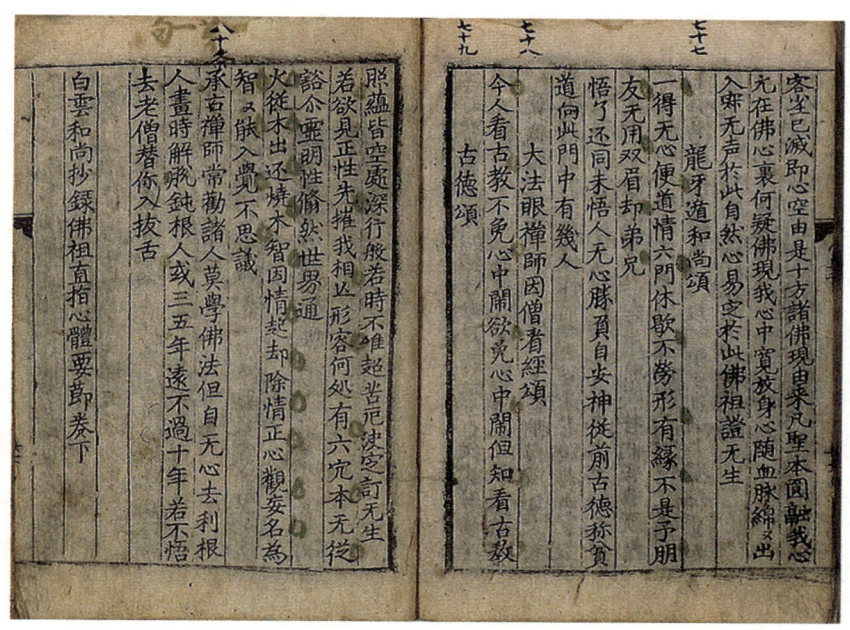

도판 16 직지-권말

을 선정했는데, 첫 번째 사건으로 1455년 독일의 구텐베르크가 『42행 성서』를 금속 활자로 인쇄했던 사실을 꼽았다. 선정 이유는 구텐베르크의 금속 활자 인쇄술이 없었다면, 종교개혁이나 산업혁명, 시민혁명 등이 불가능했고 오늘날 민주주의 역시 이 인쇄술 덕분에 존재할 수 있었기 때문이다. 다른 미국의 커뮤니케이션 학자인 아이젠슈타인(Elizabeth Lewisohn Eisenstein, 1923~2016)은 "인쇄술이야말로 문예부흥과 종교개혁을 가능하게 했을 뿐 아니라 과학의 획기적 발전을 일으켜 근대 사회를 불러왔다."라고 강조하면서 "인쇄술은 역사의 충격이었다. 인쇄술은 모든 분야의 변화를 가능하게 했던 가장 결정적인 동력이었다"라고 했다. 또 히스토리 채널(History Channel)에서 2023년 인류 최고의 발명품 10개의 순위를 발표했는데, 1위가 구텐베르크의 인쇄기였다. 2위는 전구, 3위 컴퓨터, 4위가 전화기 순이다. 여기에 언급된 인쇄술은 모두 '구텐베르크의 인쇄술'을 말하고 있다.

세계 최초 정보 혁명의 개막

비록 세계사에 직접적인 영향을 끼치지는 못했지만 제3차 정보 혁명은 고려에서 세계 최초로 개막되었다. 그러면 고려의 금속 활자 인쇄는 언제부터 시작되었을까? 현재까지 남은 고려 문헌에 금속 활자 발명을 언급한 기록은 발견되지 않는다. 그러나 최소한 1200년대 초 개성에서 금속 활자 인쇄가 시작되었다는 것이 학계의 정설이다. 금속 활자 인쇄에 관한 최초의 기록은 이규보(李奎報)가 저술한 『동국이상국집(東國李相國集)』에 나온다. 1234~1241년간 "『상정예문』 50권 28부를 금속 활자로 인쇄하여 각 부처에 배포하였다."라는 것이다. 그러면 『상정예문』 인쇄가 고려 시대 최초의 인쇄였을까? 이 시기는 몽골의 2차 침입으로 고려 정부가 강화도로 천도해 있었던 때다. 몽골에 쫓겨 강화도로 수도를 옮겨야 했던 위기 상황에서 금속 활자 인쇄술을 발명했다고 보기는 어렵다. 아마도 천도 이전 개성에서 사용했던 금속 활자를 강화도로 가져와 『상정예문』을 찍어냈을 것이다. 고려 금속 활자 인쇄술의 발명 시기를 추정하는 다른 자료로 『남명천화상 송증도가(南明泉和尙頌證道歌)』가 있다. 이 책 맨 뒤에 최이(崔怡)가 쓴 글이 있고 여기에 "중조 주자본(重彫鑄字本)…(중략)…기해(己亥) 9월(九月)"이라는 기록이 있다. 금속 활자본 『중도가』는 강화 천도 이전 금속 활자로 인쇄되었을 것이므로, 이 점이 사실이라면 『상정예문』에 앞서 『중도가』가 금속 활자로 인쇄되었다. 최소한 1200년대 초 수도 개성에서 금속 활자 인쇄가 세계 최초로 시작되었던 사실은 확실하다 하겠다.

인쇄술의 발명은 인류 역사상 위대한 발명으로 서적의 대량생산을 촉진해 문화 발전에 크게 공헌했다. 우리나라의 인쇄술은 통일신라 시대 목판인쇄에서 시작되었다. 목판인쇄는 나무판에 글자와 그림을 새기는 데에 시간과 비용이 많이 들고, 한 번에 단 한 종류의 책만을 낼 수밖에 없었다. 게다가 책판은 보관이 어렵다는 문제도 있다. 이를 극복한 금속 활자는 활판인쇄를 위해 금속을 녹여 거푸집에 부어 만든 활자이다. 활자는 활자의 재료에 따라 금속 활자, 목활자, 도활자(陶活字) 등으로 세분되며, 그 중 금속 활자가 주종을 이룬다. 금속 활자는 금속의 성질에 따라 동(銅), 철(鐵), 납(鉛), 주석(朱錫) 활자 등으로 나뉘는데, 금속 활자로 인쇄한 책을 금속 활자본 또는 주자본(鑄字本)이라 칭한다. 금속 활자 인쇄술은 고려 때 세계 최초로 발명하고 실용화하였다. 고려의 출판기관으로는 서적원이 있고, 조선 시대에는 주자소, 교서관, 간경도감 등이 있다. 서양의 금속인쇄는 성경을 대량으로 찍어내어 종교개혁과 시민혁명의 기본이 되었으나, 우리나라의 경우 국가가 관장하여 일부 계층만이 혜택을 보았다는 한계가 있다. 활자 인쇄술은 목판인쇄에 비해 활자를 만드는 기술 면에서는 매우 복잡하다. 그러나 활자를 만들면 책을 손쉽게 찍어낼 수 있고, 목판 인쇄술에 비해 비용과 공정이 줄어들고 생산시간이 단축된다. 고려는 공양왕 4년(1392) 서적원을 설치하여 금속 활자의 주조와 서적의 인쇄 업무를 관장하였고, 조선은 태종 3년(1403) 주자소를 설치하여 금속 활자를 주조하였다.

현재까지 발견된 고려 시대의 금속 활자 인쇄물-서책으로는 1377년 청주 흥덕사에서 인쇄한 '직지(直指)'가 남아 있는 유일본이자 세계에서 가장 오래된 금속 활자 인쇄본이다. 유럽 최고의 구텐베르크(Johannes Gutenberg, 1398?~1468) 성서(1455년)보다 78년이나 앞서서 고려에서 금속 활자로 책을 인쇄 간행했다. 이러한 역사적 사실은 세계를 깜짝 놀라게 했다. 직지의 원제목은 '백운화상초록 불조 직지심체요절'(白雲和尙抄錄 佛祖 直指心體要節)이고 '직지'라는 약칭으로 불린다. 이 책은 고려 말 백운화상 경한(景閑, 1299~1374)이 역대 여러 부처와 고승들의 법어, 대화, 편지 등에서 선(禪)의 요체를 깨닫는 데에 필요한 내용을 뽑아 상하권으로 엮은 책이다. 고려 우왕 3년(1377) 청주 흥덕사에서 인출했던 현존하는 가장 오래된 '금속 활자본'이다. 이 책 마지막 장에 "선광7년 정사 7월 청주목외 흥덕사 주자인시(宣光七年 丁巳 七月 淸州牧外 興德寺 鑄字印施)"라는 간기(刊記)가 있다. 풀이하면 "선광 7년, 즉 고려 우왕 3년, 서기 1377년 청주목 외곽에 있는 흥덕사라는 절에서 이 책을 금속 활자로 인쇄했다."라는 뜻이다. 놀랍게도 흥덕사에서 직지를 간행하며 인쇄 연대와 인쇄 장소, 인쇄 방법을 분명하게 기록해 남겨놓은 것이다.

직지는 원래 상하 2권으로 되어 있으나 현재 전해오고 있는 금속 활자본 직지는 첫 장이 떨어져 나간 상태의 하권 1권(38장)뿐이며, 이 책은 현재 프랑스국립도서관 동양문헌실 특별 서고에 엄중히 보관되어 있다. 최고(最古)의 금속 활자본 직지를 프랑스로 가져간 인물은 조선에 부임했던 주한프랑스 초대 공사 빅토르 콜랭 드 플랑시(Victor Collin de Plancy, 1853~1922)이다. 그는 1890년대 말 조선에서 직지를 보고 프랑스로 가져가 1911년 경매에서 팔았고, 직지를 매입한 앙리 베베르(Henri Vever, 1854~1942)의 유언에 따라 1952년 직지는 프랑스국립도서관에 기증되어 오늘에 이르고 있다. 직지가 세상에 본격적으로 알려진 것은 1972년 프랑스국립도서관에서 <책(Livre)>이라는 제목의 특별전을 통해 직지를 공개 전시한 이후부터이다.

앞에서 서술했듯, 금속 활자본 『직지』는 본래 상하 2권으로 간행되었으나, 상권은 전해지지 않고 하권만이 전래되었다. 책의 표지에는 '직지 하(直指 下)'라고 직접 쓴 묵필(墨筆) 제목이 있고, 그 오른쪽에는 프랑스어로 '이 책은 1377년에 금속 활자로 인쇄한 가장 오래된 한국의 책이다'라고 기록되어 있다. 책을 구성하고 있는 종이는 닥나무로 만든 저지(楮紙: 한지 닥종이)를 사용했으며, 붉은 실을 사용하여 다섯 곳을 묶은 오침안정법(五針安定法, 정교한 간격으로 5침을 정한 뒤 중앙점을 정해놓고 한 땀 한 땀 꿰어가는 고서 장정법)의 선장본 형태를 하고 있다. 『직지』 표지를 보면 격자 모양의 사방 연속 문양에 중앙 마름모꼴 안에는 연꽃 모양이 들어 있다. 하권 1책은 총 39장 중 첫째 장이 떨어져 나가고 없다. 하권 제1장은 후대에 장정할 때 떨어졌을 수도 있다.

책의 크기는 세로 가로가 24.6×17.0㎝이고, 활자판의 크기는 21.0×14.8㎝이다.

활자판 상하좌우의 테두리가 단변이며 행을 구분하는 계선이 있다. 반장의 행수는 11행이고, 한 줄에 18~20자가 들어 있으며, 작은 글자일 경우 계선 하나에 두 행으로 배열하였다. 2개의 인판을 사용하여 서로 번갈아 조판 인쇄한 것을 확인할 수 있는데, 그중 한 인판은 끝장의 판심제인『직지』의 '지(指)'자가 탈락되기도 하였다. 금속 활자본『직지』의 경우, 권수 제목(卷首題目)은 알 수 없으나 권말에 나오는 제목은 「백운화상초록불조직지심체요절(白雲和尙抄錄佛祖直指心體要節)」이다. 그리고 책의 마지막 부분에 이 책이 간행된 시기와 장소에 대한 분명한 정보가 제공되어 있다. 책의 간행기록 다음에는 연화문인인 석찬(釋璨)과 달잠(達湛), 그리고 시주자 비구니(比丘尼) 묘덕(妙德) 등 간행에 직·간접적으로 관련된 인물들이 나열되어 있다. 전체적인 판면의 인쇄 상태는 첫째 장이나 마지막 장에 찍힌 먹색이 비슷하며 비교적 선명한 편이다.

『직지』는 마지막 장의 간행기록에서 금속 활자로 간행하였음을 분명하게 밝히고 있으며, 다음과 같은 특징들을 통해서도 금속 활자본임을 판단할 수 있다. 첫째, 본문 속의 행과 열이 비스듬하여 바르지 않고 비뚤어져 있으며, 그중에는 글자가 옆으로 비스듬하게 기울어진 것이 나타난다. 둘째, 내용면에 나타난 각각의 글자에 찍힌 먹의 짙고 옅음의 차이가 심하여 어떤 글자는 짙고 시커멓게 나타나지만, 다른 글자는 희미하고 획의 일부가 찍혀지지 않은 것도 나타난다. 셋째, 사용된 활자들의 경우 뒤집어서 판에 고정한 것들이 간간이 나타나며 뒤바뀌어 거꾸로 된 것, 인쇄 도중에 완전히 빠져버린 글자들도 보인다. 넷째, 책의 같은 장에서는 같은 글자 모양이 없지만, 같은 모양의 활자가 다른 장에서는 사용되어 나타나고 있다. 다섯째, 인쇄된 각각의 글자들을 자세히 살펴보면 각각의 획에 너덜이와 티가 남아 있고, 어떤 글자들은 활자를 주조하는 과정에서 생긴 공기 방울의 흔적이 나타나기도 한다. 『직지』 금속 활자본에 보이는 이러한 특징들은 목판본과 분명히 구별되는 중요한 요소들이다. 이를 목판본과 함께 비교해 보면 금속 활자의 특징이 더욱 명확해진다.

목판본의 경우 글자를 쓸 때 계선을 긋고 옆줄까지 그려 정확하게 네모꼴로 만든 다음, 그 네모꼴 안에 글자를 바르게 써서 새겼기 때문에 행과 열이 바르며 기울어지거나 거꾸로 된 글자가 없는 점이 특징이다. 그러나 활자본의 경우는 크기와 모양이 일정하지 않은 활자를 개별적으로 벌여 놓고 판을 찍어냈기 때문에, 글줄 자체가 비스듬하게 비뚤어지거나 글자가 옆으로 기울거나 거꾸로 배열되기도 한다. 또 목판본은 평편한 판목 면에 먹물을 칠하여 찍어내기 때문에 먹색이 극단적으로 진하거나 차이 없이 깨끗하지만, 활자본은 활자면이 평평하지 않고 기복이 생겨 먹색의 짙고 엷음의 차이가 큰 편이다. 더욱이 활자의 높낮이가 균일하지 않을 경우, 글자의 획들 중 일부가 찍히지 않은 사례도 자주 보인다. 이렇듯 금속활자본으로서의 특징이 명확하며, 특히 권말에 '주자인시(鑄字印施: 금속으로 활자를 만들어 인쇄)'라는 간행 기록이 분명하게 있는 것으로 보아 『직지』가 금속 활자본이라는 사실에는 전혀 재론의 여지가 없다.

인쇄판의 테두리를 돌린 선을 광곽(匡廓)이라 하는데, 금속 활자본『직지』는 광곽의 네 모퉁이가 고정된 단변으로 되어 있고, 상하변에 계선이 붙어있다. 행 수는 11행이며, 각 행의 글자 수는 활자의 크기가 일정하지 않아 18~20자로, 1~2자 정도 차이가 난다. 이에 따라 옆줄 글자에 오르내림이 있어 정확하게 일직선을 만들지 못하며, 심한 경우 위쪽 글자의 아래 획과 아래 글자의 위쪽 획이 붙거나 엇물린 경우마저 나타난다. 조선 최초로 1403년(태종 3)에 관 주조 동활자 '계미자'는 대폭 개량되어 활자의 크기나 모양이 비교적 고른 편으로 기술이 향상되었음을 보여주지만, 활자 배열 부분에 있어서는『직지』와 비슷한 특징을 보여준다. 그리고 13세기 초 관에서 주도하여 제작한 활자본으로 추정되는『남명천화상송증도가(南明泉和尙頌證道歌)』를 다시 목판으로 간행한 책과 비교하여 보면, 지방 사찰의 공방 시설에서 부어낸 사주활자(寺鑄活字)의 특징이 명확하다. 『남명천화상송증도가』의 경우, 활자본을 목판으로 다시 새겨서 간행한 것임에도 글자의 크기가 비슷하고 모양이 일정하며, 위 글자와 아래 글자의 획이 물린 것이 없다. 이는 관이 주도하여 간행한 활자 인쇄 기술이 높은 수준으로 발달하였음을 보여주는 사실이다.

『직지』를 찍은 금속 활자는 중간자(中字)와 작은자(小字) 2종이 만들어졌다. 『직지』에서 작은자로 찍은 것은 2줄로 주(註)를 달기도 하고, 본문에 중간자가 부족한 경우 대신 이용되고 있다. 이때 글자를 한 줄로 배열하거나 마치 가는 주처럼 두 줄로 배열한 점이 특징이다. 이러한 특징은 고려 32대 우왕(禑王) 4년(1378) 여주 취암사(鷲巖寺)에서 간행된 목판본의 본문과 대조하여 보면 더욱 분명해진다. 게다가 글자 자체가 부정확하게 나타나며, 글자에 칼로 새긴 흔적이 있는 글자가 금속 활자와 함께 사용되고 있다. 중간자와 작은자의 글자체는 고려 후기에 유행하였던 서체로, 활자를 만들 때 거칠게 제작되어 모양이 고르지 않고 자획도 굵기-가늘기의 차이가 심하며 획이 끊겨 가지런하지 못한 편이다.

금속 활자본 『직지』를 제작하는 데 실행되었을 주조 방법에 대해 알아보자. 금속 활자의 주조는 가열된 금속 재료를 액체 형태로 주형(鑄型)에 부어 사용하고자 하는 모양을 만들어내는 기법으로 금, 은, 동, 철, 납, 아연, 합금 등을 모두 이용할 수 있다. 주조법으로는 밀랍주조법과 주물사주조법이 있다. '주물사주조법(鑄物沙鑄造法)'에서는 주조를 위해 특별히 배합된 주물사에 필요한 만큼 글자를 찍어 글자 모양을 만든 다음, 연결된 홈을 통해 쇳물을 녹여 부어 활자를 만들었다. 따라서 동일한 글자를 찍어내기 위하여 동일한 활자를 계속 만들어낼 수 있었다. 이 경우, 글자를 주물사에 찍었다가 빼어내므로 주물사주조법으로 제작된 활자로 조판하면 글자가 엇물리거나 윤곽선에 닿지 않는다. 『직지』에는 활자의 크기나 모양이 가지런하지 않고, 같은 페이지에서 동일한 활자가 발견되지 않는다. 특히 글자 획이 물리거나 옆줄이 맞지 않는 특징이 있는데, 이 점은 일반적 주물사주조법으로는 설명이 안 되는 부분이다. 당시 사찰에서 전통적으로 쓰이던 주조법으로 '밀랍주조법(蜜蠟鑄造法)'이 있다. 북송 때 흙으로 활자를 만든 다음, 불에 구워낸 '교니활자(膠泥活字)'와 원의 석활자(錫活字) 주조는 활자 한 개라도 견고하고 단단한 물체로 활자를 만들려는 목적이 제일 앞섰다.[93]

『직지』의 주조가 개별 활자를 만드는 것에 비중을 두었다면 '밀랍주조법'일 가능성이 높다. 밀랍주조법은 정제된 밀랍 덩어리에 글자를 새겨 만든다. 여기에 이암, 모래, 황토 등을 섞어 만든 재료를 덮어 굳힌 다음 열을 가하면 밀랍은 녹아 없어지고 글자 모양의 공간이 생긴다. 이 자리에 녹인 쇳물을 부으면 활자 한 개가 만들어진다. 이 경우 비록 한 개로 하나의 활자밖에 만들지 못하지만, 글자끼리 맞붙거나 엇물림이 가능하다. 따라서 『직지』 활자의 주조법은 밀랍주조법으로 활자를 만들었을 가능성이 상당히 높다. 『직지』의 금속 활자 주조법에 관해서 주물사주조법과 밀랍주조법의 두 가지 주장이 있지만, 본문의 글자 모양과 크기가 서로 다른 점 때문에 활자의 주조는 밀랍주조법으로 추정되고 있다.[94]

고려에서 언제부터 금속 활자 인쇄를 시작했는가를 정확히 알 수는 없지만 고려는 한동안 사용한 목판 인쇄술에 대해 불편함을 느끼기 시작했다. 문제는 책을 만들어 내는 '속도'에 있었다. 목판 인쇄는 건조된 나무판 위로 종이에 글자를 써서 붙인 다음 글자를 하나씩 조각칼로 새겨 나간다. 판이 완성되면 먹을 바르고 한 장 한 장 찍어서 인쇄한다. 목판 인쇄는 한번 판을 새겨 놓기만 하면, 필요할 때마다 다시 먹을 바르고 책을 더 찍어낼 수 있다는 장점이 있다. 단점은 목판을 깎는 데

---

93) 김미해·봉성기·김효경·안혜경,『古典에서 만난 우리 금속활자』, 국립중앙도서관 도서관연구소, 2015
94) 청주고인쇄박물관편,『직지: 白雲和尙抄錄佛祖直指心體要節』, 태학사, 2008

에 많은 시간이 소요되고 목판을 보관하기 위해서는 습기가 없는 넓은 공간이 필요하다. 합천 <해인사 대장경경판고>는 그러한 고민의 결과로 만들어진 사례이다. 또한 목판은 썩기 쉽고 반복 인쇄를 많이 하면 글자 획이 닳아 인쇄가 제대로 되지 않는 단점이 있다. 그리고 책을 만들 때마다 일일이 목판을 다시 새겨야 한다는 불편도 있었다. 이를 위해서는 많은 비용과 시간이 필요하다.

금속 활자는 활자를 만들 때 초기 비용이 많이 들지만, 글자를 주물로 만들어 놓으면 책을 찍을 때마다 글자를 뽑아서 다량으로 찍어낼 수 있다. 재료가 금속이기 때문에 오래 사용할 수도 있다. 쇠를 다루는 기술을 서책을 만드는 데 접목한 세계 최초의 나라가 바로 고려였다. 금속 활자 인쇄술이야말로 책을 양산하는 혁명적 방법이었다. 중국은 1490년대 민간에서 금속 활자 인쇄를 시작했다. 국가 차원에서 금속 활자 인쇄를 시작한 것은 1726년 청나라 옹정제 때였다. 중국이나 독일은 겨우 1400년대 중후반에 와서야 빨리 책을 만들어내게 되었다. 세계 최초로 금속 활자 인쇄를 시작한 고려는 세계 최고의 정보 강국이었다. 일찍부터 활자 인쇄술에 도전한 나라는 중국이다. 1041년 북송(北宋)의 필승(畢昇)이란 사람이 흙으로 활자를 만들어 불에 구워낸 후, 이 흙 활자를 한자씩 조판하여 인쇄에 도전했던 기록이 있다. 그러나 쉽게 망가지고 내구성이 약한 단점 때문에 실용화되지 못했다. 이후 원나라 때 왕정(王禎)이란 관리가 1313년 목활자로 농서 22권을 간행하였으나 그것으로 끝나고 말았다..

고려는 유불문화(儒佛文化)가 공존하며 학문과 교육을 중시하며 지식문화가 융성했던 왕조였다. 이를 알려주는 좋은 기록이 있다. 『고려사』에는 선종 8년(1091)에 송나라 철종이 고려에 책이 많음을 알고 고려에 다량의 책을 요청했던 기록이 남아 있다. 바로 「구서목록(求書目錄)」이다. 이 목록에는 총 128종 4,992권에 달하는 방대한 양의 책 제목이 등장한다. 송나라가 자국에 없는 책을 고려에 주문했던 것이다. 고려는 한마디로 '책의 나라'였던 것이다. 기록을 토대로 보면, 고려는 1200년 전후 시점에 세계 최초로 금속 활자 인쇄술을 발명하여 책을 찍어냈다. 그러나 직지 이전의 금속 활자 인쇄물은 현재까지 1점도 발견되지 않고 있다. 다행히 직지 1권이 전해오면서 금속 활자 발명국 고려의 위대한 인쇄 문화를 증명하고 있다. 만약 직지마저 없었다면, 고려 금속 활자 발명 사실 자체마저 부인될 가능성도 배제할 수 없다. 이것이 직지가 가진 인류 문화사적으로 대단히 중요한 의미이다.[95]

『직지』는 고려 승려 백운화상 경한(景閑, 1298~1374)이 중국의 석옥(石屋)선사로부터 전해 받은 『불조직지심체요절』 1권의 내용을 보완하여 1372년에 편찬하였다. 이 책은 1377년 청주 흥덕사에서 금속 활자본으로, 1378년 여주 취암사에서 목판본으로 간행되었다. 금속 활자본 『직지』는 서양이 자랑하는 독일 구텐베르크 『42행 성서』보다 70여 년 앞서 인쇄된 현존하는 세계 최고(最古)의 금속 활자본이다. 고려 금속 활자 인쇄사로 보면, 『직지』는 원의 지배로 중앙 정부의 금속 활자 인쇄 기능이 마비된 상황에서 지방 사찰이 활자를 만들어 책을 찍어내었다는 중차대한 역사적 의미를 지니고 있다. 또 고려 시대 중앙 정부에서 만든 금속 활자 실물이 남지 않은 상황에서 당시의 활자 주조 수준을 확인할 수 있는 유일한 실물이다. 고려에서 금속 활자로 인쇄할 때, 유럽은 오직 손으로 베껴 쓰는 필사 수준에 머물러 있었다. 이러한 필사의 시대에 마침표를 찍은 것이 구텐베르크였다. 이는 유럽에서 1400년대 중반에 와서야 활자 인쇄술에 대한 시대적 요청이 생겨났다는 의미이다.[96]

---

95) 남윤성, 「역사 발전과 금속활자 인쇄술의 관계」, 『한국멀티미디어학회지』 16-2, 2012
96) 청주고인쇄박물관편, 『직지: 白雲和尙抄錄佛祖直指心體要節』, 태학사, 2008

당대 세계 최고(最高)의 지식 정보 문화강국, 고려

1200년 초 고려가 세계 최초로 금속 활자를 사용해 책을 찍어내었을 때, 중국은 목판 인쇄술에 머물러 있었고, 서양에서는 필사, 즉 펜으로 글씨를 써서 책을 만드는 방법만 있었다. 그러나 중국이 금속을 다루지 못해 목판으로 책을 인쇄할 수밖에 없었다거나, 서양에서 목판 인쇄도 못 하고 손으로 직접 글씨를 써서 책을 만드는 방법밖에 몰랐다고 하기는 어렵다. 중국은 이미 한나라 때에 쇠를 녹여 동일한 모양의 동전을 수도 없이 만들어냈고, 기원전 로마 시대에 제작된 온갖 금속제 무기와 장신구들이 남아 있다. 중국이나 서양에서 목판이나 필사의 방법으로 책을 만들었다는 점은 이 방법으로 책을 만들어도 별다른 불편이 없었다는 이야기다. 바꾸어 말하면, 아직 지식과 정보의 빠른 유통을 요구하는 시대에는 도달하지 못했기 때문이었다. 그에 비해 고려의 선조들은 그동안 사용하던 목판 인쇄술에 큰 불편을 느끼기 시작했다. 불편의 핵심은 책을 만들어내는 '속도'의 문제였다 금속 활자 인쇄는 책을 만드는 속도가 필사 또는 목판 인쇄술과는 비교가 되지 않는다.

고려는 태조 때 교육기관을 세웠으며, 광종 때 과거제도를 실시하고 성종 11년(992)에는 수도 개경에 국자감(國子監)이라는 국립대학을 설립했다. 지방에는 경학박사를 파견하는 등 일찍부터 교육과 학문이 발달하였다. 또한 내서성(內書省) 비서감(祕書監) 등을 비롯해 서적원(書籍院) 등 책의 간행과 비치를 전담하던 국립도서관 기구가 있었다. 고려에도 『조선왕조실록』처럼 국정을 일기처럼 기록했던 『고려왕조실록』이 있었다고 한다. 그러나 『고려왕조실록』은 조선 개국 후, 『고려사』로 축약되고 원본은 모두 파기되었다. 『고려왕조실록』이 남아 있었다면, 금속 활자 인쇄술이 필요했던 시대 상황과 발명 과정에 대해 상세한 기록이 있었을 것이다.

당대 세계 최고 수준의 금속 활자 인쇄술이란 '미디어 혁명'을 일궈냈던 고려는 금속 활자를 이용하여 수많은 분야의 책을 빠르게 찍어냈을 것이다. 『직지』는 고려가 망하기 15년 전 지방 도시 청주의 홍덕사라는 사찰에서 금속 활자로 인쇄되었는데, 우리는 이 같은 사실을 통해 고려의 금속 활자 인쇄술은 수도 개성을 넘어 전국의 주요 도시들까지 파급되었던 사실을 짐작할 수 있다. 말하자면 고려는 정부 기관뿐 아니라 사찰에서까지 금속 활자로 인쇄할 정도로 문화 수준이 매우 높았음을 알 수 있다. [97]

우리나라 금속 활자술의 발달과 직지의 문명사적 의의

통일신라 이후 줄곧 사용되었던 목판 인쇄술은 책판을 제작하는 데 시간과 비용이 많이 든다는 단점이 있었다. 게다가 나무를 책판의 재료로 활용하기 때문에 나무가 썩거나 휘는 등 보관 문제가 빈번하게 발생하였다. 이러한 문제를 해결하는 대안으로 활자 인쇄술이 대두되었다. 활자 인쇄술은 금속을 활판의 재료로 활용하여 글자를 한 자씩 제작하고 배치하여 인쇄하는 기술이다. 금속 활자 인쇄술은 제작 과정이 정교해야 하고 활용성이나 검사 과정이 복잡하지만, 목판 전체를 조각하여 한 종의 책만을 출간할 수밖에 없는 목판 인쇄술보다 대단히 효율적이었다. 세계에서 처음으로 창안된 금속 활자 인쇄술은 고려 시대에 발명되었다. 다만 고려의 금속 활자 인쇄술은 초기 형태의 금속 활자 인쇄술이라는 한계 때문에 활자의 정교함이 떨어지고, 이에 따라 인쇄 상태가 깨끗하지 못하다는 문제가 있었다. 그러나 세계 최초의 금속 활자 인쇄술을 고려에서 발명했다는 점에서 역사적 의의가 크며, 우리 인쇄술의 발전 과정에서 『직지』(直指)가 갖는 문명사적 의의를 조명하는 데에 의미가 깊다. [98]

---

97) 남윤성, 「금속활자 발명국 코리아, 그리고 직지세계화를 위한 제언」, 『호서문화』 논총 25, 2016
98) 박희, 「『직지』의 문명사적 의미와 『직지』문화의 발전 방향」, 『호서문화논총』 24, 2015,

11
판각의 절정

: 대장경목판, 고려의 팔만대장경(도판 17)

목판 인쇄술의 등장과 발전

　우리나라는 중국과는 달리 고유의 한지 제작 기술을 보유하고 있었고, 삼국 시대에 이미 먹이 생산되어 중국으로 공출되기도 하였다. 이로 미루어 우리나라는 뛰어난 서적 문화가 형성될 기술적 기반이 있었다. 이미 삼국 시대에 금석 표면에 문자나 도상을 조각하는 조각 기법이나, 불상과 탑에 새기는 탑인에 먹을 칠하여 종이에 찍어내는 탁본 기술 등이 뛰어났다. 이러한 기술들이 서적 제작 기술과 결합하여 이후 통일신라 시대에 나타나는 목판 인쇄술의 기반이 되었다. 실물 사례로 1966년 서기 751년(경덕왕 10)경에 간행된 『무구정광대다라니경(無垢淨光大陀羅尼經)』이 불국사 석가탑 보수공사 중 2층 탑신부에서 발견된 바 있다. 이것은 세계에서 가장 오래된 목판본으로 알려졌다. 『무구정광대다라니경』의 발견으로 한국에서 목판 인쇄술이 발명되었을 것이라고 주장하기도 한다.

도판 17 합천 해인사 대장경판

목판 대장경의 출현

대장경(大藏經)은 일반적으로 불교 성전 전체를 가리키는 용어로 이해되고 있지만, 인도나 동남아, 티베트 등의 불교권에는 이에 해당하는 단어가 없으며 한문 불교권에서만 사용하는 고유한 용어이다. 대장경이라는 용어가 언제부터 사용되었는지는 명확하지 않은데, 기록상으로는 수(隋)나라 때의 자료에 처음 나타난다. 당(唐)나라 이후에는 대장경이라는 용어가 널리 사용되었고, 시간이 흐르면서 불교 성전 전체를 가리키는 용어로 자리 잡았다. 여러 장(藏)들을 포괄한다는 의미에서, 혹은 뛰어나고 훌륭한 장(藏)이라는 의미에서 대장(大藏)으로 부르게 되었다.

수나라 이후 대장경이 계속 제작되었지만, 경의 내용을 나무에 새긴 목판(木板) 대장경은 10세기에 이르러서 출현하였다. 이전의 대장경들은 모두 손으로 쓴 필사본 대장경이었다. 목판에 새겨서 인쇄한 경전은 이미 7세기 중엽에 등장하지만, 10세기까지는 대장경 전체를 목판에 새기는 시도는 나타나지 않았다. 5천여 권이 넘는 대장경 전체를 목판으로 만들어 인쇄하는 것은 쉽사리 엄두를 낼 일이 아니었다. 최초의 목판 대장경은 970년대에 송(宋)나라 태조에 의해 제작되었다. 당나라 멸망 이후 통일 왕조를 수립한 송 태조에게 목판 대장경은 송 황실의 정통성을 확인하는 기념물이었다. 971년부터 시작된 대장경판 제작은 10여 년간 진행되었고, 마침내 983년에 목판으로 인쇄한 대장경이 출현하였다. 개보(開寶) 연간에 판각이 진행되어 '개보장(開寶藏)'이라고 불리는 이 목판 대장경은 불교 문헌 5,048권으로 구성되었다.

우리나라의 목판 인쇄술은 통일신라에서 고려로 계승되면서 크게 발전하였다. 특히 국보 제32호로 1995년에 세계인류문화유산으로 등록된 해인사 팔만대장경은 오자와 탈자가 거의 없어 세계 최고의 대장경으로 평가된다. 팔만대장경 목판본은 초조대장경(初雕大藏經)과 속장경(續藏經)이 몽골의 침입으로 소실된 뒤, 1236년(고종 23) 당시 수도였던 강화에서 시작하여 1251년에 완성되었다. 팔만대장경은 내용도 세계 최고의 수준이다. 고려는 '재조대장경'이라고도 불리는 팔만대장경 이전에도 '보협인다라니경', '초조대장경'등을 이미 제작했다. 최근에는 기록만 있고 실물이 전해지지 않던 다른 대장경인 밀교대장 권 61과 밀교대장 권9가 있다는 사실도 밝혀져, 우리 목판 인쇄술의 발전 상황을 가늠할 수 있다.

고려 시대에 목판 인쇄술이 발전했음에도 외세의 침략 등으로 귀중한 목판활자들이 많이 소실되었다. 고려 대장경은 세계적으로 표준이 되는 대장경이다. 중국 송나라에서 시작된 『대장경』 간행 사업이 최고로 꽃피운 곳은 고려였다. 고려 사회와 고려 불교가 간행 사업의 바탕이 되었다. 고려에서 세 차례에 걸쳐 『대장경』 경판을 만드는 사업이 대대적으로 시행되었다. 이것을 첫째, 『초조대장경』 둘째,

『속장경』셋째,『재조대장경』간행 사업이라고 구분하여 부른다.

1) 초조대장경

고려는 송나라에서 최초로 대장경을 간행한 것을 알고 991년(성종 10년)에 이를 수입하여 대장경을 간행하고자 하였다. 거란이 침입하자 불력으로 외적을 물리쳐야겠다는 불심이 모아져 대장경 주조 사업이 시작된다. 이 사업을 위해 거란 군대가 침입한 1011년(현종 2년)경부터 1087년(선종 4년)까지 무려 76년이란 세월이 소요되었다. 이를 최초로 새긴 대장경이라 하여『초조대장경』이라 부른다. 초조대장경 대본은 송나라 및 거란의 대장경 그리고 국내판도 포함된 것이었다. 이 대장경의 권수는 약 6,000권이고, 범위도 당시까지 나온 것 중 가장 포괄적인 한문 대장경이었다. 초조대장경의 목판 판각 기술은 송나라 대장경에 견줄 만큼 발달했다. 송나라의 대장경과 고려 초조대장경을 비교해 보면, 송나라의 판화는 정적인 유연감을 느끼게 하지만 초조대장경의 판화는 동적인 약동감이 보여 상호 대조적이다. 이 초조대장경 경판을 홍왕사에서 부인사로 옮겨 보관하던 중, 1232년(고종 19년) 몽골군의 침입으로 모두 불에 타 없어졌다. 현재 그 인쇄본이 한국과 일본에 다수 남아 있는데, 한국에 소재하는 것은 모두 국보로 지정되어 있다.

2) 속장경

속장경은 대장경에 대한 주석을 모아 편찬한 것인데, 이 작업은 대각국사 의천(義天, 1055~1101)에 의해 이루어졌다. 의천은 1074년 "불교의 모든 교설을 모아 하나의 장으로 만들어 유통시켜 불법을 중흥함으로써, 국가에 이바지하겠다."라는 상소를 올렸다. 1085년 중국에 가서 불교 주석서 3천여 권을 모아 다음 해에 귀국하였다. 그 후 국내외에서 4천여 권의 주석서를 더 모았고, 1090년 이들을 엮어서

『신편제종교장총록(新編諸宗教藏總錄)』을 상중하 3권으로 펴냈다. 전체가 총 1,010부 4,857권이나 되는 방대한 분량이다. 이 책은 동양 학승들의 주석을 한국에서 최초로 집대성하여 엮은 목록이라는 점에서 의의가 크다. 이를 바탕으로 흥왕사에 교장도감을 설치하고 대장경을 새긴 것이 바로 속장경이다. 이것을 '흥왕사판 대장경'이라고도 한다. 속장경은 1091년 착수하여 1102년에 일단락되었으며, 우아하고 아름다운 인쇄가 특징이다. 이는 고려 목판 인쇄술을 대표하는 우수작이다. 이 속장경은 몽골 침입 때 불에 타서 없어졌지만 『속장경』을 인출한 일부분이 한국과 일본에 남아 있다.

3) 재조대장경

부인사에 있던 초조대장경이 불에 타버리자, 거국적으로 간행 작업을 다시 시작하였다. 이렇게 하여 나온 것이 재조대장경이다. 초조대장경 다음으로 새긴 것이라 하여, '재조대장경'이라 부른다. 대장경 경판의 숫자가 무려 8만 1,258판에 달하고, 8만 4천여 법문을 수록하였기 때문에 보통 '팔만대장경'이라고 부른다. 1236년(고종 23년) 대장경을 다시 만들기 위해 강화도에 대장도감을 설치하고 16년에 걸쳐 완성하였다. 이 작업에는 왕족, 최씨 가문, 귀족, 관료, 문인, 승려는 물론 일반 백성에 이르기까지 다양한 계층들이 참여하였다. 특히 불교계에서는 파괴와 약탈을 자행한 몽골을 조국의 침략자로 규정하고, 침략군에게 무력 항쟁을 전개하거나 대장경의 조성 사업에 적극 참여하였다.

대장경을 판각한 목적은 이를 종이에 인쇄하여 널리 퍼뜨리고자 함이었다. 때문에, 대장경 조성 작업을 끝내고 난 뒤 바로 목판 인쇄 사업이 이어졌다. 1381년 이색(李穡)이 대장경을 찍어 신륵사 장경각에 봉안하였다. 이 대장경은 경판 자체가 중요한 가치를 지니고 있다. 판각한 지 750년이 넘는 현재까지도 원형을 잃지 않고 해인사에 보존되어 있다. 경판 사업은 목판을 3년간 바닷물에 담가 놓는 데에서부터 시작하였고, 글씨를 쓰고 판각하는 과정마다 정성을 다해 경판을 완성하였다. 수많은 경판들을 보관하는 일에도 자연조건과 건축 기술을 최대로 활용하였다. 유네스코에서 1995년 '팔만대장경판'과 그 경판을 봉안한 '고려대장경판전'을 세계문화유산으로 지정하여 그 문화적 가치를 인정하고 있다.

대장경을 다시 새기는 작업을 하면서 수기법사(守其法師)는 초조대장경은 물론 송나라 및 거란의 대장경과 대조 참조하여, 본문에 빠진 글자 등을 보완하였다. 일본도 대장경 조성 사업을 시도했지만, 팔만대장경이 완성되자 자체 판각보다 고려에서 수입하기를 원했다. 일본으로 건너간 대장경 인출본은 일본 불교 문화의 발전에 촉진제가 되었다. 조선조 태조 6년(1397) 대장경 경판은 해인사로 옮겨 오늘날까지 보존되고 있다. 대장경은 6,547권이나 되는데, 보관할 때는 경판을 넣는 함별로 판가에 진열한다. 함을 진열하는 방식은 천(天), 지(地), 현(玄), 황(黃)의 순서에 따라 진열한다. 진열된 함의 숫자는 639개이다.[99]

판각 공간으로서의 해인사

합천 해인사가 대장경판 조성 사업의 중요한 판각 공간으로 사용되었다. 당시 해인사에서의 조성 사실을 표기한 『불설범석사천왕다라니경(佛說梵釋四天王陀羅尼經)』의 경판이 주목된다. 경판에 표지 제목이 양각되어 있고, 앞 계선의 하단 부분에 본문보다 작은 글자로 대승(大升)이라고 판각되어 있다. 앞면에 본문이 표기되어 있으며, 뒷면에는 본문 내용과 함께 권미제와 그다음에 아래 내용의 지문이 배치되어 있다.

---

99) 부길만, 『책의 역사』, 일진사, 2008

"엎드려 다음과 같이 기원합니다. 황제의 수명은 끝이 없고 이웃 병사들의 침략은 영원히 종식되며, 시절은 조화로워 곡식이 풍년들며, 나라는 태평하고 백성들은 평안하길 바랍니다. 병신년 6월 어느 날에 기록합니다. 각수는 대승(大升)입니다. 해인사에서 경판을 새겨 만들었습니다."

이 지문에는 고려 황제 고종의 수명이 끝이 없고, 몽골군의 침략이 영원히 종식되며, 해마다 풍년이 들어 나라가 태평하고 백성들의 삶이 안정되기를 염원하고 있다. 그리고 지문을 쓰고 판각한 시기가 병신년(丙申年) 6월이며, 각수 대승이 해인사에서 경판을 판각하였다는 사실을 표기해 두고 있다. 본 경판에 판각된 조성 시기의 표기 방식과 더불어 내용의 서술 방식, 각수의 활동 시기 등을 분석하여 고종 23년으로 확정하고 있다.

해인사는 판각 기반을 13세기 이전부터 갖추고 있었다. 해인사는 11세기 말부터 사원 내부에 경판의 판각 시설과 인적·물적 기반을 갖추고 있었으며, 토착 세력과 백성들의 협조 체제를 이끌어내는 기반까지 확보하고 있었다. 해인사는 요나라의 『단본대장경(丹本大藏經)』인경본을 소장하고 있었다. 『단본대장경』인경본은 12세기 중엽 예종 때 수입되어 일연(一然)이 『삼국유사(三國遺事)』를 저술하던 13세기 말까지 봉안하고 있었다. 이 대장경은 강화경판 조성 사업의 원전 자료로 핵심적인 텍스트가 되었다. 해인사는 강화경판 조성 사업에서 원천 텍스트를 소장하거나, 대장경 연구 인력까지 보유하고 있었다. 아울러 경판 판각의 각수 인력 및 판하본 작성의 필사 인력도 확보했었다. 대표적인 각수 인력은 대승(大升) 등이다. 충혜왕 원년(1331) 12월 공인을 모집하고 완성한 국보 『삼십팔분공덕소경(三十八分功德疏經)』경판의 판각 사업에 해인사의 승려가 관여하였다는 사실에서 알 수 있다. 이 승려는 각해대사(覺海大師)로, 당시 해인사 주지였다. 해인사는 강화경판 조성 사업에 사용되는 판목의 원자재를 확보할 조건을 갖추고 있었다. 해인사는 강화경판용으로 전국의 산벚나무와 돌배나무를 확보하였으며, 가야산 일대에 경판의 판목으로 사용된 거제수나무가 자라고 있었다. 해인사의 안전한 지리적 입지도 판각 공간으로 유리한 조건이 되었다. 이러한 조건으로 고려조정이 역대 실록 등을 해인사에 보관하였다. 동시에 해인사는 중앙의 대장도감과 수로를 통한 접근이 가능하였으며, 진주목에 설치된 분사도감과 교통로가 확보되어 있었기 때문에, 판각 공간으로서 인적·물적 교류에도 무리가 없었다. 조정은 경판의 조성 역량과 경험을 가진 해인사를 강화경판 조성 사업의 판각 공간으로 활용하였다.[100]

고려대장경의 역사적 의미

고려대장경은 우리나라 출판 문화를 대표하는 문화재로서 명성이 높다. 해인사 장경각이 소장한 '고려대장경판'은 국보로 지정되어 있을 뿐 아니라 2007년 유네스코 세계기록문화유산으로 선정되기도 하였다. 대장경에 대한 일반의 인식은 외침을 물리치기 위한 종교적 신앙심의 소산이라는 이해에 머물고 있다. 이는 역사교육에서 대장경을 부처의 가호로 외세의 침략을 물리치기 위해 만들었다고 이야기하고 있기 때문이다. 대장경에 대해 갖는 의문은 고려 지배층이 백성들의 불만을 무마하기 위하여 대장경판 사업을 벌인 것이라는 인식에서 비롯되었을 것이다. 지배층은 대장경 제작의 명분을 그렇게 제시하였지만, 대장경 제작의 배경에는 복잡한 역사적 의미가 담겨 있다. 대장경 사업은 대외적으로는 당시 치열했던 동아시아의 문화 경쟁에서 뒤처지지 않기 위한 문화 육성 정책이고, 국내적으로는 외침을 계기로 흔들리는 왕실과 중앙 정부의 권위를 확립하기 위한 정치적 행위였다.

---

100) 최영호,「강화경판 고려대장경의 판각 공간과 해인사의 역할」,『동아시아문물연구소』vol. 21, 2012

고려의 첫 번째 대장경판 제작

고려 시대 이전 우리나라에 대장경이 어느 정도 갖춰져 있었는지는 명확하지 않다. 대장경을 갖춘 최초의 사례는 고려 태조 때인 928년으로 추정된다. 당시 홍경[洪慶, 보요(普耀)선사]이라는 승려가 중국에서 대장경을 구해와 국왕이 맞이하였다는 내용이 『고려사』에 전한다. 홍경이 구해온 대장경은 5대 10국의 하나인 남당(南唐)에서 만든 사본 대장경이었다. 고려 태조는 이 대장경을 베껴서 개경과 서경(평양)에 봉안하였다. 왕건은 숭불정책을 펼치면서 개경과 평양에 대규모 사찰들을 건립하였다. 여기에 많은 승려들이 주석하였는데, 승려들의 수행을 위하여 대장경을 갖추려는 요구가 있었을 것이다. 대장경판은 대장경의 수요가 늘어나고 새 목판본을 선망하는 분위기 속에서 제작되었다. 이 작업은 현종 2년(1011)에 제작을 시작하여 현종 말년(1030)경에 완료하였다. 이때 만든 대장경판은 송나라 대장경의 번각(飜刻)본이었다. 대장경판제작은 국내 세력들의 지지를 이끌어내기 위한 중요한 정책이었다. 현종의 대장경판 제작은 국제사회에서 고려의 독자성을 드러내기 위한 정책이었다.

초조(初雕)대장경의 소실과 대장경 재조(再雕) 작업

현종 때에 5,048권의 대장경판이 완성되었지만, 대장경 제작은 그것으로 끝나지 않았다. 11세기 후반 1천여 권 분량의 대장경판이 추가로 제작되었다. 문종은 송나라 개보장의 추가본과 거란 대장경에 수록된 경전 그리고 국내 경전들을 추가로 판각하였다. 이 작업은 선종 때까지 이어졌으며, 선종 4년(1087) 마침내 6천여 권 분량의 고려 초조(初雕)대장경판이 완성되었다. 이 경판은 부인사로 옮겼다가 1232년 몽골의 침입으로 소실되었다. 고려는 대장경판을 다시 만드는 재조(再雕) 사업을 추진하였다. 고려의 대장경판이 왕실과 중앙 정부의 권위를 확립하기 위하여 만들어졌던 점을 고려하면, 몽골의 침입으로 정부가 피난해 있던 당시야말로 대장경을 만들어야 할 필요성이 절박했다.

초조대장경판이 왕실의 주도하에 만들어졌던 것과 달리 대장경 재조 사업은 무신정권이 추진하였다. 최우(崔瑀)와 그의 처남 정안(鄭晏) 등은 자신들의 사재를 희사하여 대장경판의 제작 비용을 마련하였고, 판각 작업도 그들의 근거지인 남해 섬에서 진행하였다. 1236년에 시작되어 1251년에 완료된 재조 작업의 결과 1,547종, 6,778권 분량의 대장경판이 완성되었다. 완성된 대장경판은 강화도로 옮겨져 새로 건립된 대장경판당에 봉안되었다. 이 작업을 주도한 인물은 개태사에 있던 승려 수기(守其)였다. 재조대장경의 목판은 모두 8만 1,350매인데, 팔만대장경이라는 속칭은 이 목판 숫자에서 비롯된 것이다. 정부는 대장경판으로 인쇄한 새 대장경들을 전국의 사찰에 나누어주어 봉안시켰다. 조선 왕조 초 대장경판은 강화도에서 가야산 해인사로 옮겨졌다. 해인사로 옮겨진 이후, 조선 왕조 500년 동안 대장경판은 장경판전에 그저 보관되어 있기만 했을 뿐이었다.

고려대장경의 역사적 성격

대장경과 대장경목판은 동아시아 불교문화의 독특한 산물이다. 인도에서는 경전을 하나로 집성하려는 시도도 없었고, 경전을 목판으로 찍으려는 모습도 두드러지지 않았다. 대장경은 불교의 전통을 온전하게 유지하려고 동아시아 불교계가 노력한 결과이며, 목판 대장경은 경전이 변질되지 않게 후대에 전하려는 의지의 소산이었다. 대장경을 편찬하고 목판으로 대량 인쇄함으로써 동아시아 불교계는 방대한 불교 전통을 고스란히 유지할 수 있었다. 인도 문화권에서 사라져 버린 옛 불교의 전통이 대장경을 통해 후대에 전해질 수 있었다는 점에서 대장경은 불교 문화권 전체의 보고라고 할 수 있다.

동아시아에서 수많은 목판 대장경들이 만들어졌지만, 대장경판을 포함하여 대장경 전체가 온전하게 전하는 것은 고려대장경이 유일하다. 중국의 역대왕조에서 만들어졌던 대장경판들은 모두 인멸되었고, 고려대장경과 비슷한 시기에 만들어졌던 송의 개보장과 거란의 대장경은 인쇄본조차 전해지지 않고 있다. 고려대장경은 인쇄본이 여러 질로 전할 뿐 아니라, 대장경판 자체가 온전하게 전해져서 전모를 알 수 있는 유일한 대장경이다.

고려대장경이 훌륭한 내용으로 후대까지 잘 보존된 것은 고려가 국가적 차원으로 노력한 덕분이다. 대장경은 왕조의 권위를 높이고 국가 통합을 도모하기 위한 것이었다. 두 차례에 걸친 대장경 제작은 왕조와 국가의 위기를 극복하기 위한 정책의 산물이었다. 고려대장경은 고려의 여러 문화적 산물 중 왕실과 정부의 노력이 가장 많이 투입된 대상이었다. 고려에서 대장경이 중요한 의미를 갖게 된 것은 고려 사회에서 불교의 역할이 중요하였기 때문이다. 고려 사회에서 불교가 중요한 역할을 담당하였던 것 또한 국가 정책의 산물이었다. 후삼국을 통일한 고려 왕조는 왕조의 안정과 사회적 통합을 촉진하는 방법으로 '숭불정책(崇佛政策)'을 적극적으로 추진하였다. 고려는 불교라는 사상적 동질성 위에서 운영되었고, 왕조와 국가의 위기를 당하였을 때 대장경 제작을 통하여 이를 극복하고자 하였다. 대장경은 '국가적 상징물'이었던 것이다. 불교를 배척하는 조선 왕조 이후에도 대장경판이 훼손되지 않고 온전히 보존될 수 있었던 것 역시, 고려 왕조를 통하여 대장경판을 불교만이 아니라 국가적 상징물로 여겨온 전통과 관련이 있다고 여겨진다.[101]

---

101) 최연식, 「고려대장경의 역사적 의미」, 『지식의 지평』 10, 2011

고려 시대의 목판 인쇄술과 대장경의 제작

수기(守其)가 엮은 『고려국신조대장경교정별록(高麗國新雕大藏經校正別錄)』을 보면 북송의 개보칙판 대장경을 바탕으로 새긴 '초조대장경'을 '국전본(國前本)' 또는 '구국본(舊國本)'이라 하였고, 거란대장경을 바탕으로 새긴 초조대장경을 '국후본(國後本)'이라 하였다. 이는 문종이 1063년에 들어 온 거란대장경을 바탕으로 다시 초조대장경을 새겨냈음을 말해준다. 문종조 1083년에 송도대장경이 또 들어왔다. 송도대장경은 송나라가 개보칙판 대장경 이후 계속 만든 경론과 새로 새긴 경론이 합쳐졌으며, 이것들이 판각되는 대로 추가 편입되었다. 초조대장경은 선종조 1087년에 판각이 일단락되었다. 그해 개국사와 귀법사에서 대장경 각성 경축 행사가 있었고, 흥왕사에서는 경판을 보존하는 대장전의 낙성 행사가 이루어졌다. 갱(更) 함차의 구대장목록에 따르면, 초조대장경의 판각 규모는 천(天)부터 초(楚)까지의 570함에 수록된 경·율·논 삼장에 해당한다. 초조대장경의 판각 총 권수는 대략 6천 권에 이른다.

북송의 개보칙판 대장경과 우리의 초조대장경 판본을 조사하여 보면, 한 판의 글줄 수, 함차 표시, 판제(板題)의 위치 등에 차이가 있으며, 어제비장전과는 판화의 위치에 차이점도 보인다. 말하자면, 우리 초조대장경이 북송의 대장경 전체를 전적으로 수용한 것이 아니라, 부분적으로 보완 및 수정하여 받아들였음을 증명해 주는 것이다. 『고려국신조대장경교정별록』의 교정 기록에 의하면 초조대장경의 바탕으로 삼은 거란대장경은 본문 한 줄의 글자 수는 17자이다. 거란대장경에 근거한 초조대장경의 국후본을 보면 본문의 글자체, 글자의 크기, 한 줄의 글자 수 등이 초조대장경의 국전본과 동일하다. 결론적으로 초조대장경의 바탕이 된 것은 국내전본이 있음을 의미하며, 판본의 형식은 북송 대장경을 따랐지만, 판각은 독자성을 띠고 있다.

재조대장경(팔만대장경)

『고려사』에 의하면, 재조대장경의 판각은 1236년 착수하여 1251년에 끝난 것으로 나타난다. 준비에 착수한 시기는 조금 올라가는 것으로 보인다. 판각용 목재를 벌목하여 일정 기간 바닷물에 담가 썩지 않게 하고 글자 새기기 쉽게 하는 데에 상당히 시일이 걸렸을 것으로 추정되기 때문이다. 적당한 크기의 나무판을 건조해 판목이 뒤틀리지 않게 처리한 다음, 양쪽 표면을 대패질하고 마무리 작업을 하는 데도 상당한 기간이 필요했을 것이다. 첫 개판은 1237년으로 실적이 2종 117권의 판각에 그쳤음을 보면 늦게 이루어졌다. 판각이 본격적으로 이루어진 시기는 그 다음 해부터였으며, 12년이 지난 1248년에는 정장(正藏)의 판각이 일단락되었다.

대장경의 판각을 담당한 대장도감은 강화도 선원사에 설치되었다. 도감 운영의 재정은 나라가 담당하여야 했으나, 강화로 피난해 온 정부는 지원이 어려웠다. 그리하여 무신정권의 제1인자 최이(崔怡)가 도감의 경비를 지급하였다. 각판용 목재는 남해안 각지에서 선박으로 운반해 왔다. 필요에 따라 분사는 진주목의 관할인 남해에 두기로 했다. 남해안 지방은 최이 일족과 그의 처남인 정안의 경제권역이어서 대장경 판각 사업에 큰 힘이 되었다. 남해안 일대가 이들의 경제기반이었기 때문에, 분사대장도감에서 판각을 무사히 마칠 수 있었다. 판각 자료 중 정장은 천에서 동까지의 639함차에 수록되어 있으며 규모는 총부권수 1,547부 6,547권이다. 보유는 녹부터 무까지의 24함차에 수록되어 있고 규모는 15부 236권이다. 양자를 합친 재조대장경 목록의 총수는 663함 1,562부 6,783권이고 경판수는 8만 1천여 판에 이른다.

재조대장경(팔만대장경)을 서지적 관점에서 보면, 판면이 상하단변에 판심이 없는 권자 형식인 점, 권수제가 있는 판면에서는 22항 14자이고 그 이하의 각 판면에서는 23항 14자인 점, 글자 크기가 같은 점에서 '초조대장경'과 내용이 통한다. 초조대장경과 재조대장경의 차이를 한눈에 볼 수 있는 것은 삼본의 『대방광불화엄경(大方廣佛華嚴經)』이다. 재조대장경은 초조대장경의 한 줄 14자본에 의하지 않고 국내전본의 한 줄 17자본에 따라 번각했기 때문에, 글자 크기가 작고 한 판면의 글자 배당이 총총한 차이를 보여준다. 그리고 본문의 글자에도 많은 차이가 나타난다. 이 화엄경을 제하면 초조대장경과 재조대장경이 대체로 비슷하며, 다만 판식의 일부와 본문 내용을 대조하면 양자의 차이가 드러난다. 본문 내용에 차이가 있는 이유는 재조대장경이 초조대장경의 본문을 교정하여 번각해 냈기 때문이다. 본문의 교정은 수기가 담당하였다. 이렇게 교정하고 부분적으로 문장을 보완한 초조대장경의 본문을 판목 위에 뒤집어 붙이고 새겨낸 것이 바로 재조대장경이다. 재조대장경은 초조대장경의 판본보다 판각의 정교도는 떨어진다. 특히 각수의 기술이 미숙한 경우는 그 격차가 뚜렷하게 나타난다.

재조판의 특성

초조대장경의 특성이 동양 최초의 방대한 한역 정장임을 들었는데, 재조대장경은 그보다도 수록 범위가 더 넓고 규모가 커진 점에 주목하여야 한다. 초조대장경의 수록 범위는 고려대장경 목록의 함차에 편입된 구대장목록에 의해 대강을 미루어 알 수 있다. 그중에는 수기가 재조대장경을 판각할 때, 삭제하거나 추가한 것이 있지만 부권수는 그렇게 많지는 않았다. 재조대장경에는 정장 이외에 『종경록』·『금강삼매경론』과 같은 장소류와 『조당집』과 같은 승전류 등의 보유판 15부 236권이 1865년에 추가되어 규모가 더 커졌다. 이와 같이 부권수에 있어서 초조대장경보다 더 증가한 재조대장경의 총규모는 천에서 동까지 639함차에 수록된 정장이 1,547부 6,547권이고, 녹에서 무까지의 24함차에 수록된 보유판이 15부 236권이며, 총합계가 663함 1,562부 6,283권에 이르렀다. 당시의 한역대장경으로는 거질의 정장이었다. 이것이 첫 번째로 손꼽히는 재조판 대장경의 특성이라 하겠다.

현재 전혀 전하지 않는 거란대장경 본문이 고려대장경에 적지 않게 수록되었음은 언급한 바 있다. 재조대장경을 판각함에 있어서 수기는 초조대장경의 국전본과 국후본을 바탕으로 거란대장경을 비롯해, 송나라 대장경과 대조 교정하고 보수했다. 교정 보수한 본문 중 중요한 것들을 엮어 재조대장경에 편입시킨 것이 바로 『고려국신조대장교정별록』이다. 어느 대장경보다도 재조대장경·본문이 가장 잘 교정되고 보수되었다. 지금까지도 고려대장경의 구성이나 저본과 판각 등과 같은 문헌학적인 측면에서의 연구는 미흡한 상태이다.[102][103][104]

해인사 장경판전

장경판전은 가로 50여m, 세로 15여m의 면적에 네 동의 목조건물로 구성되어 있다. 수다라장, 법보전, 동사간고, 서사간고로 구성된 장경판전은 조선 초기 목조 건축의 전형적인 양식을 보여준다. 수다라장과 법보전에는 고려대장경판이 보관되어 있으며, 다른 두 건물보다 크기도 더 크다. 동사간고와 서사간고에는 해인사 자체에서 새긴 경판이 보관되어 있으며, 수다라장과 법보전보다 그 크기가 훨씬 작다. 이 건물들은 대적광전보다 절 건물들 중 가장 높은 곳에 있는데, 이는 장경판전이 법보사찰인 해인사의 상징이기 때문이다. 판전의 앞쪽 건물은 하전인 수다라장이며, 그 뒤 건물은 상전인 법보전이다. 수다라장과 법보전은 각각 정면

---

102) 이기영, 『고려대장경 그 역사와 의의』, 동국대출판부, 1978
103) 한국정신문화연구원 편, 『한국의 문화유산』, 민속원, 1997
104) 유부현, 『고려대장경의 구성과 저본 및 판각에 대한 연구』, 시간의 물레, 2014

도판 18 해인사 장경판전

15칸, 측면 2칸인 30칸 규모의 건물이다. 수다라장과 법보전의 가로, 세로, 넓이는 각각 60.54m, 8.90m, 538.8㎡와 60.45m, 8.61m, 520.47㎡이며, 앞뒤 벽면 아래위에는 서로 다른 크기의 나무 창살이 설치되어 있다.

장경판전의 특징은 대장경판의 안전한 보관을 위한 과학적 설계에 있다. 즉, 장경판전은 건물 위치, 건물 배치와 좌향, 건물 구조와 창호 처리, 판가 구조, 경판 배열 등의 측면에서 최적의 통풍, 일조량, 온도, 습도가 유지되게 설계되어 있다. 현대의 유체역학 기법을 활용하여, 통풍은 최대한 잘 되게 하고, 습도는 적게, 온도는 적당하게 유지되어 대장경판이 잘 보존되도록 설계된 것이다. 화강암 초석 위에 지어진 장경판전은 통풍이 잘되며 온도와 습도가 적절히 조절되도록 설계되었지만, 수직 창살로 이루어진 나무 창문 외에는 특별한 다른 장치가 없다. 대장경판이 잘 보존된 비밀은 바로 이 나무 창문에 있다. 장경판전 건물의 앞과 뒤는 창문 크기가 다른데, 바로 이 점 때문에 통풍과 공기 순환의 극대화가 가능케 된 것이다. 이렇게 창의 크기가 서로 다른 이유는 건물 뒤쪽에서 내려오는 습기를 억제하고 건물 안의 환기를 원활하게 하기 위해서였다. 즉, 자연 통풍의 극대화를 이루도록 한 것인데, 건물 안으로 들어온 많은 양의 신선한 공기는 반대쪽 창문으로 빠져나가기 전에 건물 안에서 충분히 순환하게 된다. 아래 창문은 더 작게 만들어져 있어 건물 뒤쪽 땅에서 스며드는 습기를 최대한 막아 주게 되어 있다. 수다라장과 법보전은 흙벽으로 둘러싸여 있는데, 이는 무더운 여름에는 온도를 낮게 유지하고, 습도를 자연적으로 조절토록 한다. 장경판전의 바닥이 진흙으로 되어 있는 점도 온도와 습기를 조절하는 데 도움이 되도록 의도된 건물의 또 다른 특징이다. 경판가도 경판을 세웠을 때 공기가 잘 유통되도록 배려하여 제조되었으며, 판가가 지상에서 70~80㎝ 정도 떨어져 있는 것도 원활한 통풍에 기여하고 있다. 장경판전의 위치도 온습도 조절에 용이하도록 방향적 특성을 고려하여 건립된 것으로 간주된다. 장경판전은 옛 건축가들이 건물 대지를 선택하고 건물을 설계하는 데 있어서 뛰어난 지혜와 기술적 노하우를 가지고 자연을 잘 이용했다는 사실에 있다.

대장경이 장경판전 안에 보관된 점과 장경판전의 기둥 수가 108개란 점은 의미심장하다. 108이란 숫자는 인도에서는 성스러운 숫자로 간주했고, 불교에서는 중생이 가진 갖가지 번뇌(kleśa)를 뜻한다. 장경판전의 108개 기둥은 백팔번뇌를 상징한다. 108개의 기둥으로 구성된 장경판전 속의 장경판은 석가모니의 가르침을 뜻하며, 석가모니의 가르침에 의한 세속의 번뇌 제거와 합리적 삶의 중요성을 상징적으로 표현하고 있다. 대장경 저장소로서는 가장 오래된 장경판고는 보존과학의 정수이다. 장경판전이 가진 가장 큰 장점은 온도와 습도 및 통풍의 적절한 조절을 통하여 500여 년 넘게 대장경판의 안전한 보존을 가능케 한 과학적 설계에 있다. 강화도에서 조성된 팔만대장경은 여러 곳으로 옮겨져 보관되었는데, 처음에는 강화도의 선원사로, 그다음 서울의 지천사로, 다시 해인사로 옮겨져, 현재의 장경판전에 보관되어 있다.[105]

해인사는 802(신라 애장왕 3)년에 창건되었다. 고려 때 해인사는 왕실과 밀접한 관계를 유지하여 대규모 사찰로 국가 중요 문서를 봉안하던 사고(史庫)가 있었다. 1399(정종 1)년 이전에 고려 재조팔만대장경판을 이 시설에 봉안하였다. 1488~1491년 해인사에 대대적인 가람 중창 공사가 있었는데, 이 시기에 현재와 같은 규모의 장경판전이 새롭게 건립되었다. 이 시설은 팔만대장경판 봉안을 위한 전용 시설로 건립된 것이다. 중창 시기에도 장경판전은 4동의 건물로 구성되었고, 앞뒤로 수다라장과 법보전 건물이 있으며, 좌우로 동·서 사간판전이 있었다. 장경판전은 1488년 중창 이후에, 규모와 전체적인 형태에서는 큰 변화가 없었던 것으로 보인다. 수다라장과 법보전의 기둥에 사용한 수종을 살펴보면, 법보전은 느티나무가 주이고, 불전 좌측 기둥 1개는 잣나무이다. 반면에 수다라장은 느티나무, 소나무, 잣나무, 기타(전나무, 상수리나무 등) 수종으로 구성되어 있다. 장경판전은 1488년 팔만대장경판 봉안을 위해서 건립된 이후 현재까지 전체 규모에 큰 변화를 겪지 않았다. 특히, 해인사에 발생했던 7번의 화재에도 전혀 피해를 입지 않았다.[106]

---

105) 최남섭,『해인사 장경판전을 통해 본 목조건축유산 보존 연구』, 한국건축역사학회. 2008
106) 김종명,『한국의 세계불교유산: 사상과 의의』, 집문당, 2008

12
불심이 이룩한 최고의 경지

: 고려 불화, 혜허 필 양류관음도(도판 19)

고려의 건국이념인 불교는 찬란했던 신라 불교를 계승하여 귀족관료 중심의 고려 사회에 맞는 종교로 부각되었다. 이 때문에 사회 문화 전반에 걸쳐서 불교의 영향이 강하게 나타났고, 특히 불교 미술과 관련된 분야가 크게 발달하였다. 대부분의 불화는 왕실을 중심으로 한 권문세족들의 시주로 제작한 것들이며, 이 그림들은 당대의 사회적 성격을 반영하여 호사스럽고 화려함을 과시하고 있다. 당시 불화는 감상의 대상이 아니라 엄중한 신앙의 대상이었다. 알려진 고려 불화는 약 150점으로 당대의 사회, 종교, 문화 상황을 짐작케 하는 중요 자료가 된다. 고려 불화의 도상은 경전에 근거를 두고 있지만, 150여 점 가운데 아미타여래 관련 그림이 55점, 관음보살 관련 그림이 42점, 지장보살 관련 그림이 24점으로 120여 점에 이른다.

고려는 중기에는 금(金)나라, 말기에는 원(元)과의 친교 관계를 유지했는데, 왜구

도판 19 혜허 양류관음도

의 약탈이 극심하여 사회는 극도로 불안정한 상태에 있었다. 이러한 혼란기에 고려 불화는 귀족계급의 욕구를 충족시키기 위해 나타난 호국신앙의 산물이었다. 고려 사회를 보면, 왕을 정점으로 궁중이나 사찰과의 관계 등에서 왕실이나 귀족들의 행락 모습을 살펴볼 수 있다. 고려의 문화는 개경을 중심으로 고려 귀족들에 의하여 호화로운 예술 문화로 발달하였는데, 당시 귀족들은 불교, 도교 등의 종교계, 유학을 중심으로 한 학계, 시문 창작 위주의 문학계 등등 문화 전반을 장악하고 있었다.

귀족문화의 성격으로 자리 잡게 된 고려 문화는 사치 생활을 충족하기 위하여 예술 작품을 만드는 데에 집중했다. 고려미술을 대변하는 중요한 예술품으로 '고려 불화'가 등장하는데, 이는 국가와 왕실의 안정과 번영을 빌고 백성들은 행복을 증진하기 위하여, 부처님에 복을 기원하는 성향이 강하게 표출되면서 자연발생적으로 생긴 현상이었다. 고려는 거란이나 몽골의 잦은 침략으로 인한 혼란기였기 때문에, 지배층은 사회적으로 불안정한 상황을 타개하고자 하는 염원을 표현하였고, 피지배층은 고단한 현재 상황을 벗어나려는 기회의 장으로 만들고자 하여 고려 불교가 이러한 성격을 띠었다. 이러한 불교적 성격을 토대로 불교와 관련된 많은 문화유산이 만들어지게 되었으며, 대표적인 예로 팔만대장경, 고려 불화 등이 있다.

한국의 불화는 중세 유럽의 성화가 그렇듯이, 시대를 대표하는 전통 회화로 꼽을 수 있다. 불화에는 벽화, 탱화, 괘불 그리고 변상도 등이 있다. 불교 전래 초기에는 벽화가 중심이 되었으나, 시대가 흐르면서 제작과 이동이 수월한 탱화가 보편화되었다. 괘불은 불교 행사 시 전각 외부에서 거행되는 의식에 쓰이는 대형 그림으로 티베트와 우리나라에서만 볼 수 있다. 변상도는 불경의 내용을 변화시켜 나타낸 그림으로 사경화와 경판 그림 등이 있다. 현존하는 고려 불화는 아미타, 미륵 등 정토도(淨土圖)를 비롯하여, 관음·지장 등의 보살도와 함께 사경화(寫經畵)가 대부분이다. 고려 불화의 가치가 각광을 받게 된 것은 1978년 일본 나라의 대화문화관에서 개최된 〈고려불화 특별전〉부터이다. 이 전시를 계기로 고려 불화의 아름다움과 화려함 등으로 해서 그 가치가 세계적으로 인정되었다. 이때 유명한 아미타내영도가 미국을 통해 국내로 수입되었다.[107]

한국의 불교 미술은 중국을 통하여 수용되었는데, 고려 불화도 중국의 영향을 받았음을 부정하기는 어렵다. 그 참모습을 알기 위해서는 중국 불화와의 관련성이 규명될 필요가 있다. 중국 불화는 대부분 벽화만 남아 있고, 송·원대의 두루마

---

107) 이종선, 『리 컬렉션』, 김영사, 2016

리 불화는 일본, 미국 등지에 소장되어 있다. 고려와 중국의 불교 미술 교섭을 보여주는 기록으로 "여름 6월 계미년(癸未年, 923)에 윤질(尹質)이 양나라 사신으로 갔다가 돌아와 오백나한화상(五百羅漢畫像)을 바치니 해주 숭산사에 모셔 두게 하였다.", "병진년(丙辰年, 1076) 겨울에 조공을 바치고, 데리고 온 화공들로 상국사 벽화를 모사하였다.", "초5일에 눈을 무릅쓰고 절에 와서 잤는데, 벽에 백의관음 그림이 걸려 있었으니 오도자(吳道子)의 진적이었다." 등의 기록이 전한다. 고려는 중국 불화를 선택적으로 수용하였는데, 예를 들어 고려 불화의 관음보살좌상의 도상은 측면의 반가좌상이지만 중국 송·원대 관음보살도상의 경우는 도상이 고정되어 있지 않고 다양하다.[108]

회화사상의 불화

우리나라 회화사상 불교 회화가 가장 높은 수준으로 발달하였던 때는 고려 시대이며 그중에서도 13~14세기가 특히 중요하다. 이 시대의 불교 회화는 귀족적 아취를 지닌 고려 미술을 대표하는 동시에, 당시의 불교 신앙과 미의식 등을 잘 보여준다. 고려 시대의 불교 회화는 불교가 문화의 주된 기반이었던 시대의 산물로서, 한·중·일 삼국 가운데 최고의 경지를 이루었다. 이는 통일신라 시대의 불교 조각 못지않은 혁혁한 업적으로 평가받는다. 고려 시대의 불교 회화는 인물·산수·영모·송죽·계화 등 당시의 일반 회화와 연관이 깊으며, 구도와 구성·설채법·필묵법·기법 등에서 독특한 측면을 보여준다. 이 시대의 불교 회화는 일반 회화와 시차가 거의 없어서 회화사 전체적인 측면에서도 중요하다.

고려 시대에는 귀족사회라는 특성 때문에 불교 회화가 특히 발달하였다. 호화

---

[108] 정우택, 「고려의 중국불화 선택과 변용」, 『미술사연구』 25, 2011

롭고 정교하여 귀족적인 아취가 넘쳐, 고려청자와 더불어 이 시대의 예술 경향을 가장 잘 보여준다. 고려 시대의 불교 회화는 궁중과의 밀접한 관계하에서 이루어졌고, 또 이 제작에 참여하는 화가들도 궁중을 중심으로 활동하던 우수한 작가들이었다. 그러므로, 이 시대의 불교 회화는 억불숭유정책으로 궁중과의 관계가 멀어지던 조선 왕조와는 성격이 크게 달랐다. 고려 불화의 대부분은 아미타여래, 양류관세음보살, 지장보살 등 내세의 안락과 깊은 연관이 있는 대상들을 그려내고 있다. 이런 점은 호국보다는 호신을, 현세보다는 내세에 비중을 두었던 고려인의 사상을 반영하는 것이다.

고려 시대의 회화에서 특기할 일은 이 시대에 불교 회화가 한국 역사상 가장 높은 수준으로 발달하였다는 점이다. 고려 불화의 특징은 서구방(徐九方)이 1323년에 그린 〈수월관음반가상(水月觀音半跏像)〉에서 잘 나타난다. 왼편으로 다리를 꼬고 앉은 유연한 자세, 가늘고 긴 팔과 손, 투명하고 아름다운 겉옷, 화려한 군의, 보석 같은 바위와 옥류, 여기저기 솟아오른 산호초, 이 모든 것들이 함께 어우러져 최고의 아름다움을 빚어내고 있다. 가늘고 긴 눈, 작은 입, 배경의 긴 대나무, 유리 사발 안에 안치된 정병과 꽂혀 있는 버들가지, 얼굴과 가슴 그리고 팔과 발에 복채법으로 채색된 황금빛 등도 이 시대의 불교 회화에 자주 보이는 특징들이다. 화려하면서도 품위 있는 색채, 섬세하고 정교한 의습 문양, 균형 잡힌 구성 등도 간과할 수 없는 특징들이다. 이처럼 고려 시대의 불교 회화는 동양에서 가장 높은 수준으로 발전하였다.[109]

고려 시대의 불교 회화는 여러 가지 특징들을 지니며, 이러한 특징들이 고려 불화를 특별히 두드러져 보이게 하고 값지게 한다. 현재 남아 있는 고려 불화들이 주

---

109) 김원용·안휘준, 『한국미술의 역사: 선사시대에서 조선시대까지』, 시공사, 2003

도판 20 서구방의 수월관음도

제가 제한되어 있어서 당시 불교 신앙의 경향을 엿보게 하고 있다는 점이 주목된다. 대체로 아미타상, 관음상, 지장보살상이 주를 이루고 있어서 아미타신앙과 기복신앙이 현저하였음을 보여준다. 서방정토를 다스리는 아미타여래와 아미타의 협시이기도 관음이 양류나 수월관음상으로 자주 묘사된 점은 고려 후기에 강세를 띠었던 아미타신앙의 면모를 엿보게 한다. 또 명계를 다스리는 지장보살을 즐겨 그렸던 점을 보면 사후세계에 대한 기복적 측면이 강했던 것으로 여겨진다.

화풍상의 특징을 보면, 이 시대의 불화는 화려하고 정교하다는 점이 두드러진다. 화려함은 붉은색, 푸른색, 초록색 등 아름다운 여러 색채와 황금빛에서 연유한다. 이러한 색채들은 진하고 화려하지만 아름답고 차분하다. 특히 금채(金彩)는 복채법(伏彩法)으로 채색되어 본래의 화려한 색채를 잘 유지하고 있다. 이러한 화려한 색채는 당시에 발달하였던 안료 제조법과 품위 있는 색채감각이 뒷받침된 것이다. 색채는 한국인의 정서에 잘 들어맞고, 필법의 정교함, 세밀한 묘사력과 정성

어린 제작 태도에서 고려 불화가 탄생했다.

고려 불화의 구도와 구성에는 특징이 있다. 협시를 동반한 예배상의 경우, 본존은 상단, 협시는 하단에 엄격하게 구분하여 표현하고 있어 조선 시대의 불화와 차이를 보여준다. 차등을 나타내는 상하 이단 구도는 계급적 차이를 시사하는 것이다. 불경의 내용을 압축 표현한 불경 표지화의 경우에는 상하 이단 구도를 피하고 주존을 에워싸는 형태의 '중심구도법'을 계승하여 하나의 전통을 이루게 되었다. 대부분이 꽉 짜인 좌우 대칭형 구성을 보여주는데, 간혹 예외적으로 자유로운 사선 구도인 경우도 보인다. 아미타여래상의 경우, 정면관과 측면관이 함께 보이고 경직성을 피하고 있는 점이 주목된다.

유연한 구도상의 특징은 상하 이단 구도와는 대조를 보인다. 양류관음상이나 수월관음상의 경우, 대부분 측면관에 반가 자세를 취하고 있어서 자유로워 보인다. 더하여 두광과 신광을 묘사하여 전체적으로 짜임새가 돋보이게 하고 있는 점도 특징이다. 또 주존을 크게, 협시나 인물들을 작게 표현하여 삼각구도를 이루는 점도 관심을 끈다. 숙달된 솜씨와 도식화 현상이 함께 엿보이는 점도 특징적이다. 고려 불화는 뛰어난 솜씨와 치밀한 묘사력을 바탕으로 기운생동하는 표현력을 보여준다. 한편, 의습의 처리 등에서는 도식화 현상이 두드러진다. 이러한 도식화 경향은 같은 주제의 그림들을 반복적으로 그렸음을 말해준다.

의식과 무늬에도 독특한 특징이 있다. 고려 불화에 보이는 불·보살들은 화려한 옷들을 입고 있는데, 이들의 옷에 각종 문양들이 장식되어 있다. 이러한 문양들은 고려 불화를 돋보이게 하는 고려 특유의 것인데, 그중 원형의 문양이 특히 두드러져 보인다. 붉은 가사에 시문된 노란 원형 무늬들은 항상 둥근 모습을 유지하고 있어서 도식적이긴 하나 효과는 매우 강렬하다. 또한 양류관음상, 혹은 수월관음상들에 보이는 투명한 옷자락의 아름다움도 고려 불화 고유의 것이다. 고려 불화에 나오는 건물이나 그릇, 집기 등도 고려 고유의 것이어서 불화를 더욱 고려적인 것으로 돋보이게 한다.

고려 불화에 보이는 불·보살들의 얼굴은 정면관의 경우, 둥근 얼굴, 넓은 이마, 가늘고 긴 눈과 눈썹, 아담한 코, 작은 입, 두터운 턱, 큰 귀와 두툼한 귓불, 짧은 목 등의 특징을 보인다. 눈은 생기에 차 있어서 고려 불화를 그린 화가들은 '기(氣)'에 대한 이해와 악센트를 주는 능력을 갖추고 있다. 얼굴에는 홍조가 감돌고, 작은 입술은 붉어서 귀티가 난다. 측면관의 경우, 얼굴은 살쪄 보이며 볼이 두터워 무거운 느낌을 준다. 불·보살상의 얼굴에 보이는 모습은 〈안향초상〉, 〈이색상(李穡像)〉 등 고려 시대 초상화와 시대양식을 공유하고 있다. 옷자락의 묘사에는 철선묘가 기조를 이루고 있는데 필선이 힘차고 생동하는 느낌을 자아낸다.

고려 불화에 배경으로 산수가 그려진 모습이 나타나는데, 불교 회화에 수용된 산수화의 일면을 엿볼 수 있다. 불화 속의 산수와 관련하여 국립중앙박물관 소장 흑칠금니소병(黑漆金泥素屛)의 〈지장보살도〉 배경에 묘사된 산은 금강산이며 실경으로 주목된다. 금강산은 현대에 이르기까지 줄곧 그려져 왔는데, 노영(魯英)이 1307년에 그린 금강산의 모습은 현재까지 남아 있는 가장 오래된 산수 장면이어서 주목된다. 고려 불화의 배경에 보이는 암석에는 청록산수의 전통을 볼 수 있다. 이 바위들은 옥 덩어리 같은 느낌을 주는데 표면에는 고식 전통을 고수하고 있다. 일본 경신사 소장 〈수월관음도〉 등에 곽희파의 암석법이 깃들어 있어서 의미가 있다. 이는 이미 고려 시대에 곽희파 화풍이 수용되고 있었음을 보여준다. 불교 회화 속의 산수화적 요소들은 고졸한 청록산수 화풍이나 곽희파 화풍들이 고려 시대에 전래되었음을 확인할 수 있어 의미가 깊다.

고려 불화에는 동물과 새의 그림도 간혹 보이고, 또 연꽃 등 꽃 그림이 그려져 있는 경우가 많다. 새를 표현한 고려 불화로는 일본 지은원과 서복사에 서복사가 소장한 〈관경변상도〉, 대덕사가 소장한 〈수월관음도〉가 주목된다. 관경변상도에는 단학과 공작이 그려져 있고, 〈수월관음도〉의 왼편 상단에는 꽃가지를 입에 문 청조(靑鳥)가 표현되어 있다. 고려 불화에는 연꽃이 가장 빈번하게 그려졌는데, 정교한 선으로 그려져 있어 장식적이다. 정토의 아름다움을 나타낸 꽃들은 화조화가 불교 회화에서 발전하였음을 실감케 한다.

고려 불화에는 고려 왕궁 건물이나 실내장식 등을 묘사해서 사료적 가치가 있다. 단정한 곡선미, 푸른 지붕과 붉은 단청, 금장식이 된 난간, 정원과 연못 등이 어울려 건축미의 극치를 보여준다. 기왓골은 가늘고 곡선 진 먹선으로, 다른 것들은 섬세한 금선으로 그려진 경우가 많다. 이러한 선들은 매우 숙달된 솜씨가 구사되어 있다. 대개의 건물들이 중층으로 표현되어 있고, 주로 정면을 향한 모습을 보여준다.[110]

고려 불화를 제작하는 법은 다음과 같다. 나무틀에 비단을 고정한 후 앞뒷면에 교반수(膠礬水)를 칠하고 건조시킨다. 앞면에 먹으로 밑그림을 채색한다. 고려 불화에는 화폭에 먹으로 밑그림을 바로 그리는 경우와, 밑그림이 그려진 종이를 뒷면에 붙이고 채색하는 경우 두 가지가 있다. 앞면에 채색하는 경우는 앞면에 비치는 먹선을 보고 뒷면에 입자가 작은 안료를 칠한다. 뒷면에서 채색하면 색이 은은하게 보이는 효과가 있다. 뒷면에서의 채색, 다른 말로 배채(背彩)가 마무리된 후에 시각적 효과를 고려하여 앞면을 보채한다. 불화는 비단이나 종이처럼 약한 바탕 재료 위에 그려지는데, 그림을 오래 보존하기 위해서 뒷면에 배접지를 붙여 보강한

---

110) 안휘준, 『한국 회화사 연구』, 시공사, 2000

다. 현존하는 고려 불화들은 여러 차례의 수리를 거쳐 오늘날에 이른 것들이다.

한국의 불화는 직물 위에 천연 광물로 만든 안료와 동물성 단백질인 아교를 접착제로 사용하여 그려졌다. 불교를 국가적으로 후원하였던 고려 시대에는 불화 제작에 값비싼 재료가 사용되었던 데 비해 조선 시대에는 민간에서 구할 수 있는 값싼 재료가 이용되었다. 한국의 불화는 비단, 삼베, 모시, 그리고 면을 바탕 재료로 사용하였다. 고려 불화의 바탕 재료는 특별히 직조된 비단인데, 격 높은 작품을 만들기 위해 조직이 치밀한 비단을 이용하였다. 고려 불화의 비단은 생사가 고르게 직조되고 바탕면이 채색하기에 적절한 것을 사용하였다. 폭이 2m가 넘는 큰 불화라 하더라도 이음새 없이 한 폭에 그려냈다. 고려 불화에 사용된 비단은 전문 공방에서 고도의 제작 기술을 갖춘 장인이 직조한 것으로 추정된다. 이에 비해 조선 불화는 비단, 삼베, 모시, 면 등의 다양한 바탕 재료 위에 그려졌다. 조선 시대에 불교는 왕실의 후원을 받지 못하고 사정이 어려워지면서 민간에서 공급하는 값싼 재료가 쓰였다.

고려 불화의 특징은 '화려하고 아름답다'라는 점에 있다. 아름다움이 어떠한 방법으로 표출되는가를 살펴보자. 고려 불화에 사용된 안료는 주로 붉은 주색, 녹청, 그리고 군청이다. 이 삼색은 고려 불화의 기본을 이루며, 여래의 가사 바탕은 주색으로 칠하고, 대의에는 녹청, 치마에는 군청을 사용하였다. 또한 주는 보살상의 천의와 장식 등에도 사용되었으며, 녹청과 군청도 여래상의 머리를 비롯하여 보살상 천의에도 사용되었다. 주, 녹청, 군청 이외에 백색계로는 백토와 연백이 사용되었는데, 특히 육신부 등의 복채에 사용된 흰색은 대부분 백토이다. 또 노란색 계는 황토, 분홍색계는 주와 단임을 알 수 있다. 고려 불화는 주, 녹청, 군청의 삼색을 기본으로 하면서 색의 종류를 절제하고 있다. 단조로운 채색임에도 불구하고 고려 불화가 화려하고 아름답게 느껴지는 이유는 안료의 사용법, 즉 '채색 기법'

에 있었다. 모든 물감은 원색 그대로 사용하며 안료의 혼합 사용은 철저하게 억제되었다.

금색은 불화 작업 때 특히 귀한 부분에만 사용되었다. 금을 칠하는 방법에는 금박(金箔)과 니금(泥金) 두 가지가 있다. 금박은 금을 두드려 종잇장보다 얇게 만들어 잘라 붙인 것이며, 니금은 금을 곱게 갈아 안료처럼 만들어 칠했다. 고려 불화에는 니금이 불화의 문양을 표현하는 데에 자주 사용되었다. 고려 불화에서 문양 표현에 사용된 금선을 살펴보면 녹색 위에 그려진 것은 많이 탈락된 반면, 적색 안료 위에 그려진 것은 생생하게 남아 있는 경우가 흔하다. 녹색은 안료의 입자가 크고 거칠어서 채색 후 상대적으로 화면에서 떨어지기 쉽기 때문이다. 반면 적색은 입자가 곱고 치밀하고 착색력이 높아서, 그 위에 금선을 그렸을 때 접착이 용이하여 오래 보존된다. 고려 불화에서 금색은 순도 높은 금니를 사용하여 문양뿐만 아니라 불보살의 피부색으로도 사용되었다.

고려 불화가 지금까지도 선명함을 유지할 수 있는 것은 안료의 활용 방법을 능숙하게 구사했기 때문에 가능했다. 실례로, 일본 가가미진자(鏡神社) 소장의 '수월관음도'는 동아시아 불화를 대표하는 작품인데, 관음보살의 치마 둘레에 선명하고 아름다운 모란당초문이 묘사되어 있다. 황토색으로 문양을 그린 다음에, 바탕이 되는 공간을 백색 안료로 채웠는데 아주 작아서 문양 표현이 쉽지 않다. 백색 안료로 바탕칠하지 않은 이유는 황토색으로 문양을 그릴 때, 바탕의 흰색이 탁해지는 것을 피하려는 의도이며, 그런 이유로 선명한 색감을 낼 수 있었다. 고려 불화의 화려함을 보여주는 또 하나의 중요한 요소는 금니로 여겨진다. 고려 불화는 윤곽이나 옷 주름선 그리고 표면을 장식하는 각종 문양에 금니를 자주 사용한다. 그럼에도 전혀 번잡스러워 보이지 않는다. 이는 금니를 채색의 일부로 여기지 않고 생명력을 불어넣기 위한 도구로 인식하고 구사했기 때문이다.

고려 불화의 바탕칠은 군청색계, 황토색계가 주류를 이루며, 안료를 아교 등의 접착제와 섞어 칠한 것으로 짐작된다. 육신부를 묘사할 때, 가는 먹선으로 윤곽을 잡고 그 선을 따라 붉은 선을 그었으며, 이중선 위로 얇게 바림을 하여 입체감을 나타내었다. 법의의 윤곽과 옷 주름은 가는 먹선으로 그리거나 그 선에 다시 굵은 먹선으로 강조한다든지 하였다. 금니 선으로 마감하는 것은 돋보이게 하는 효과를 얻기 위한 것으로 짐작된다. 보살상이 걸치고 있는 베일의 윤곽선 및 주름선은 먹선을 따라 금니 선을 중첩하여 긋기도 하며, 먹선 위에 백색 선을 그리고 다시 금니 선으로 강조하기도 한다. 이밖에 먹선과 주선, 금니 선만이 아니라 황토계, 녹청계 등의 색선을 사용한 경우나, 나한도처럼 농담이 다른 먹선만으로 형상을 묘사한 경우도 많이 있다.

고려 불화에 사용된 문양의 종류는 매우 다양하다. 여러 문양들은 장소에 따라 달라지지만, 규칙이나 전통이 있는 것으로 추정된다. 여래상의 문양으로는 가사에 연화당초문을 많이 사용하였다. 대의에는 구름과 봉황문이 표현되며, 치마에는 연화문이나 구름무늬가 사용되었다. 여래상에 사용된 문양은 단순하나, 관음보살상에 사용된 문양은 훨씬 다양하다. 치마의 바탕 무늬는 귀갑문이며 그 위에 연화문을 그려 넣는 것이 일반적이었다. 치마의 가장자리는 모란당초문으로 장식하고 있다. 베일의 문양은 바탕에 삼줄기 잎을 그리고, 그 위에 연화당초원문 등을 배치하였다. 고려 불화에 사용된 문양 가운데 가장 많은 것이 '연화당초원문'이다. 이 문양은 고려 불화의 대표적 문양으로 계속 사용되었는데, 연화당초문은 고려 화가들이 고안해 낸 독창적인 문양으로, 고려 불화 특유의 아름다운 세계를 창출해 내는 중요한 요소이다.[111]

---

111) 정우택, 『한국미술의 자생성』, 한길아트, 1999

1328년 원나라 탕구는 가구사(柯九思)와 더불어 그림을 논한『화감』에서 고려 불화에 대하여 '교묘하고 섬려하다'라는 평가를 내렸다. 금빛의 정교한 무늬로 수놓은 옷과 투명한 사리, 청색과 적색의 강렬한 대비, 각종 보석으로 호화롭게 꾸민 대좌 등 고려 불화의 장식은 호사의 극치를 이룬다. 선 하나하나에 쏟은 정성이 곧 공덕을 쌓는 것이라는 믿음 때문에, 고려 불화는 화려함과 섬세함을 다했다. 장식을 통해서 위엄을 높이는 것이 종교미술의 속성이지만, 고려 불화만큼 정교하고 화려한 치장은 유례가 드물다. 고려 불화의 특징은 표면적인 화려함이 아닌, 그러한 장식에 내재된 깊이 있는 신앙성에 있다. 짙은 색조의 배경처리에서 그러한 종교적 깊이를 경험할 수 있다. 섬세한 장식은 내면적 깊이감을 갖는 배경에 의하여 더욱 심오한 장엄으로 승화된다. 고려 불화는 귀족적 취향을 반영한 '화려한 치장'과 '종교적 이상'을 추구한 내적 표현에 의미가 있다.

　고려인들이 고려 불화를 통해서 염원한 것은 무엇이었을까? 현재 남아 있는 고려 불화는 150여 점에 달한다. 이들 불화를 주제별로 분류하면, 아미타불화가 가장 많이 남아 있고 다음으로 관음보살도와 지장보살도가 순서를 잇고 있다. 아미타불화는 죽어서 서방극락정토로 가기를 바라는 기원을 담고 있다. 어느 화가가 남긴 기록을 보면, "국가의 안녕을 빌고 국왕의 장수를 기원하며 부모의 극락왕생을 빌었고, 귀족들이 살면서 부딪치는 난관을 제거하고 장수하며 사후에 극락에 왕생하기"를 기원하고 있다. 관음보살도는 고단한 삶의 고통과 어려움을 풀어주고 현실의 고통을 호소하는 관음의 자비를 기원하고 있다. 지장보살도는 죽어서 지옥에 떨어졌을 경우, 구세주 지장보살의 도움으로 지옥에서 벗어나 아미타불에 의하여 극락으로 가는 내세의 염원과 관련된다. 즉, 살아서는 평안하고 죽어서는 극락으로 가기를 염원했다.

　그렇게 보면, 고려 불화에는 귀족들이 현세에 평안하고 내세에 극락왕생하기를 바라는 현세기복적(現世祈福的)인 염원이 담겨 있다. 섬세한 필선 하나하나에 쏟는 정성은 공덕을 쌓는 행위 그 자체이다. 고려의 권문세가들은 이들 세 불보살을 통해서 그들의 삶을 엮어가고 죽음을 대비하였다. 아미타불은 서방의 극락세계를 주재하는 부처님이다. 이 부처님을 염원하고 염불한 사람은 아미타불이 와서 서방극락으로 맞이해간다. 이러한 내용을 묘사한 불화를 '아미타내영도(阿彌陀來迎圖)'라 한다. 1286년에 제작된 아미타여래도는 연못에 떠 있는 연잎을 살며시 지르밟고 있다. 연꽃이 한 송이씩 피어 있어 사실적인 분위기를 자아낸다. 인상깊은 점은 화면에는 보이지 않는 왕생자를 데려가기 위해 내민 오른팔의 표현이다. 실제보다 길고 두툼한 팔은 아미타불의 내영에 대한 강한 의지를 강조하고 있다. 이런 아미타여래는 화면 속에서 뚜렷하게 부각되어 있다. 이는 명도 높은 색채와 대의(大衣)의 금색 원무늬와 치마에 수놓은 구름무늬, 그리고 진한 옷의 윤곽선 때문이다.

고려 불화를 보면, 인물들이 어두운 배경에서 도드라져 표현되어 광채를 발하고 있는 모습이다. 배경을 간략하게 처리함으로써, 금빛으로 찬란한 상이 더욱 선명하게 돋보이는 효과를 구사하였다. 고려 불화의 배경은 깊이 있는 색조로, 마치 심연 속에 피어나는 꽃처럼 배경과 상이한 대비를 보인다. 리움미술관 소장 '아미타삼존도(阿彌陀三尊圖)'는 중국으로부터 전래된 도상을 근간으로 이를 고려화한 작품이다. 관음보살과 지장보살을 거느린 아미타불이 극락에 태어나기를 염원하는 왕생자를 맞이하는 장면이다. 이 작품은 다른 아미타삼존도와는 달리 아미타불의 중앙계주에서 나오는 빛이 무릎 꿇고 기원하는 왕생자를 비추고 있다. 여기에 아미타불 외에 지장보살까지 등장하여 많은 사람을 구제하는 역할을 보인다. 구성 또한 고려적인 특성이 여실하다. 즉, 부처와 보살을 엄격하게 구별하는 위계적 구성이 주류를 이루고 있다. 중심이 되는 부처는 화면 중앙에 크게 배치하고, 보살들은 본존 무릎 아래에 배치하여 불과 보살을 엄격하게 구분하는 이단 구성을 보인다.

아미타불화의 경우 극락세계에 태어날 중생을 아미타불이 직접 와서 맞이해 가는 내영도(來迎圖)의 형태가 주목된다. 아미타불의 자비로운 모습과 함께 그 포즈는 일반불화에서 볼 수 없는 독특한 구도이다. 고려 불화의 진수는 역시 수월관음에서 만날 수 있다. 이는 아미타불의 좌협시뿐 아니라 양류관음이라는 단독상으로 등장하는데, 묘사 기법 등에서 고려 불화의 진가를 잘 보여준다. 고려인들은 이 관음을 수월관음이라 하였는데, 관음보살의 주처가 남해의 바닷가에 자리한 보타락가(補陀落迦)에 근거했기 때문이다. 관음신앙은 《법화경》의 관세음보살보문품과 《화엄경》의 입법계품에 근거하지만, 고려 불화의 경우 《화엄경》의 교리에 치우친 감이 있다. 이규보의 글에 낙산의 관음을 '수월수상(水月睟相)'이라 하였고, 또 "흰옷 입은 정갈스런 모습이 물에 비친 달과 같다"라고 한 것이라든지 또 "수월을 본떠 백의관음을 닮게 하였다"라고 한 것이 그것이다. 그렇게 고려의 관음은 의상의 낙산관음신앙에서부터 연유되어 곧 수월상의 백의관음으로 정착되었다.[112]

고려 불화에서는 평면적인 공간배치를 주로 사용하였다. 의상대사가 낙산에서 친견한 백의관음을 그린 불화가 전하는데, 바로 일본 다이도쿠지가 소장한 수월관음도다. 일반적인 수월관음도는 화려하게 장식된 암반 위에 관음보살이 앉아 있고, 그 밑에 선재동자가 법을 구하는 형식을 갖춘다. 이러한 형식은 "온갖 보배로 꾸며졌고 지극히 청정하며 꽃과 과일이 풍부한 숲이 우거지고 맑은 물이 솟아나는 연못이 있는데, 이 연못 옆 금강보석 위에는 용맹장부인 관음보살이 결가부좌하여 앉아 있으면서 중생을 이롭게 하며 …(중략)… 선재동자의 방문을 받고 설법하기도 하는 보살이다."라는 내용의 『화엄경』 입법계품을 형상화한 것으로 보인다. 그런데 관음보살 옆에 정병을 두고 그곳에 버들가지를 꽂고 있는 모습, 하늘을 나는 청조의 모습이나 대나무 숲의 모습 등은 밀교계 관음다라니 경전의 내용에

---

112) 장충식, 『한국의 불교미술』, 민족사, 1997

근거한 것이다.

고려 불화의 특징으로 지적되는 점은 '상하 이단 구도'이다. 보살을 부처의 무릎 아래에 배치하여 부처와 보살의 위계를 구별하는 이단 구도의 위계성은 고려 사회가 얼마나 철저한 신분 사회였던가를 말해주고 있다. 그런데 이처럼 철저한 위계성은 독특한 공간을 구성하게 되는데, 그것은 역원근법의 공간이다. 게조인 소장 지장시왕도를 보면, 화면 윗부분이 지장보살을 가장 큰 크기로 배치하고, 중앙에는 보살보다 작은 크기로 이천·사천왕·도명·무독·시왕·사자·판관이 호위하고 있으며, 아래로 급격히 작아진 크기로 동자·판관·사자·동물 형상의 옥졸과 귀족들을 두었다. 이 불화 역시 뒤로 갈수록 커지고 앞으로 올수록 작아지는 역원근법으로 배치되어 있다. 지장보살을 핵심으로 부각하고 다른 권속들은 위계에 따라 크기와 거리를 배려하였다. 고려 불화의 위계성은 도상이 다른 미륵하생경변상도에서도 확인할 수 있는 특징이다.

고려 불화 중에서 설화를 내용으로 하는 불화에서는 역원근법적인 공간 대신에 깊이 있는 공간감을 사용하고 있다. 설화성이 강한 고려 불화로는 관경서품변상도가 대표적인데, 이 불화에 담긴 설화는 매우 극적이다. 부처님 생존 당시 인도의 마가다 왕국에는 왕과 왕비, 태자 사이에 왕권 다툼과 근친 살해의 비극이 벌어졌다. 왕과 왕비 사이에서 늦게 태자가 탄생했는데, 점술가는 태자를 죽여야 후환이 없다고 진언하였다. 이에 태자를 죽이려다 실패하고 시녀들이 길러 결국 태자가 되었다. 이 사실을 알게된 태자는 왕위를 찬탈하는 비극을 저질렀다. 이때 왕비가 영축산에서 법화경을 설법하는 부처님에게 구원을 청하자, 부처님은 열여섯 가지 극락정토의 장면을 보여주고 모두 구제하여 주었다.[113]

---

113) 정병모, 『미술은 아름다운 생명체다』, 다할미디어, 2001

혜허의 양류관음상

고려 불화는 아미타여래계의 불화와 양류관음도, 지장보살도, 나한도, 관경변상도 등으로 나눌 수 있다. 관세음보살 신앙을 대표하는 양류관음도는 부처의 자비 사상을 집중적으로 나타내며, 소망을 이뤄주는 보살을 그린 그림이다. 관음 신앙은 인도에서 기원한 후 우리나라에 들어와 신라 때부터 행해졌으며, 고려 시대를 거쳐 오늘날까지 성행하고 있다. 관음은 자유롭게 몸을 여러 모습으로 바꿀 수 있다고 하여 '관음 33응신설'이 나타나게 되었으며, 관음 신앙이 확대됨에 따라 다양한 관음보살들이 생겨났다. 양류관음은 33관음 중의 하나이며 불교 미술의 주요 주제로 채택됐다. 관음보살은 여러 가지 모습으로 중생을 제도하여 안락한 세계로 이끌어주는 역할로, 대중은 가장 친근한 보살로 여기며 신앙하고 있다. 이러한 관음의 성격은 불교의 2대 이념인 위로는 진리를 찾고 아래로는 중생을 제도한다는 이상 중에서 하화중생(下化衆生)을 실천하기 위한 것이다.[114]

고려 불화로 가장 연대가 오래된 작품은 지원(至元) 23년(1286)에 그려졌으며 현재 일본에 있는 아미타여래입상이다. 빨간 바탕에 황금색의 둥글고 큰 무늬들로 장식된 가사와 금색 무늬 군의를 입고 있는 아미타여래의 모습은 호화롭고 정교하기 이를 데 없다. 얼굴은 왼편, 몸은 정면을 향하고, 발은 오른편으로 틀어 삼곡의 자세를 보여준다. 이 아미타여래입상은 고려 후기 불교 회화의 특성이 잘 나타난다.

이 작품보다 더 뛰어난 경지를 보여주는 작품이 아사쿠사에 있는 센소지(浅草寺)가 소장한 화승 혜허(慧虛, ?~?)의 작품 '양류관음상(楊柳觀音像)'이다. 혜허의 양류관음상은 현존하는 고려 불화 중에서 가장 우수한 작품의 하나이다. 이 작품은 비단 바

---

114) 박옥련, 「일본에 소장된 고려 양류관음도의 복식 문양 고찰」, 『일본근대학연구』 41, 한국일본근대학회, 2013

탕에 아름다운 채색을 써서 정교하게 그려져 있는데, 화폭의 오른쪽 하단부에 금서(金書)로 '해동치선혜허필(海東癡禪慧虛筆)'이라 쓰여 있다. 물방울이나 촛불 같은 광배를 배경으로, 오른손에 버들가지를 든 채 왼편으로 발을 옮겨놓는 듯한 유연한 자태의 관음보살을 그려내었다. 곡선을 이루는 몸매, 부드러운 동작, 투명한 옷자락, 호화로운 장식, 섬섬옥수와 가냘픈 버들가지, 길고 가는 눈매와 작은 입 등 모두가 고려 불화의 특색을 잘 보여준다. 이목구비는 물론, 옷자락과 문양 하나에 이르기까지 완벽한 명품이다. 크게는 전체 구도로부터 작게는 옷자락의 올 하나까지도 정성껏, 그리고 능란하게 조화를 이루도록 그려졌다. 이 작품으로 우리는 고려 시대 화가들이 지향했던 완벽을 향한 조형 의지를 만끽할 수 있다.[115]

특이한 모양의 광배 속에 관음보살이 서 있다. 몸에 화려한 천의를 걸친 관음보살은 오른쪽을 향해 몸을 틀고 있다. 오른손에는 버드나무 가지를, 왼손에는 정병을 들고, 화면 아래쪽에 서서 합장하는 선재동자(善財童子)를 내려다보고 있다. 정치(精緻)한 사라 속에 감추어진 몸매는 더 이상 붓질이 필요 없을 만큼 매끄럽다. 혜허는 광배는 둥근 원형이어야 한다는 통념을 깨고 물방울 모양으로 표현했다. 관음보살이 손에 든 버드나무 잎사귀를 형상화한 것인지도 모른다. 혹은 촛불을 보고 영감을 얻었을까? 머리에 빛나는 두광 대신 몸을 감싸는 타원형의 신광 때문에 양류관음도(수월관음도)는 불멸의 작품 반열에 오르게 되었다.

대부분의 고려 불화가 작가 미상인 데 반해 이 작품은 '혜허'라는 승려 화가의 이름이 표기되어 있다. 고려 불화의 양식을 고찰하는 데 있어 중요한 기준작으로, 2010년 〈고려불화대전〉에서 처음 공개된 작품이다. 이 그림은 한국 박물관 측의 끈질긴 설득을 받아들여서 극적인 사연 끝에 전시회에 출품되었다.

---

115) 안휘준, 『한국회화사』, 일지사, 1982

고려 불화의 바탕 재료는 견직물인데 그림을 그리기 위한 목적으로 제직(製織)된 고급 비단이다. 박은경은 "고려 불화 본지의 직조방식은 변화평직이다. 화폭의 분포는 30~40, 50~60, 80~100, 120~200㎝ 네 가지와 특수사례인 카가미진자(鏡神社)가 소장한 수월관음도의 250㎝ 전후로 나누어지며, 극소수를 제외하고 한 장의 비단으로 제작되었다."라고 말한다. 변화평직은 씨실 두 올이 붙어있고 올 사이를 날실이 지나가는 구조로, 한국·중국·일본에서 사용된 일반적인 그림 비단 구조이다. 이 비단은 상류층에서 그림을 그리기 위한 목적으로 제작되었으며 19세기 말까지 사용되었다. 고려 불화는 직조에 사용된 생사가 굵고 촘촘하여, 씨실과 날실 사이에 빈틈이 적어 선 긋기와 채색하기에 유리하다.

고려 불화는 비단 위에 그려졌다. 그림을 그리는 방법은 나무틀에 비단을 팽팽히 당겨 맨 후 비단 앞뒤에 교반수를 칠해 건조하고, 이 위에 그림의 밑그림을 먹선으로 그리고 나서 뒷면에서 채색하는 순서이다. 이를 배채(背彩)라고 하는데 일반적으로 입자가 작고 은폐력이 높은 안료로 칠한다. 비단은 투명해서 배채한 채색이 앞으로 비쳐서 은은한 채색 효과를 노릴 수 있다. 이 때문에 먹선으로 초를 잡고 뒷면에서 먹선을 의지하여 구획을 나누어 계획되게 배채한다. 뒤에서 면을 나눌 때 크게 나눈다. 배채 후 그 효과를 보면서 각 부분을 채색하는데, 채색하고 나면 처음 그었던 밑선이 가려진다. 앞면에서 전체 채색이 끝나면 그 위에 다시 선을 긋는다. 이것이 우리가 현재 볼 수 있는 선으로, 이때의 선은 먹선이 아닌 채색선이다. 고려 불화는 이러한 과정으로 완성된다.

고려 불화는 이음새가 없는 한 장에 그려졌으며 화견의 폭은 30㎝에서 250㎝에 이르기까지 다양하다. 이와 다르게 후대의 조선 불화는 다양한 바탕 재료 위에 그려졌다. 그림을 그리는 데에는 바탕 재질과 안료를 접착시키기 위해 동물성 단백질을 사용하였다. 우리는 소가죽에서 추출되는 아교를 주로 사용하며, 금박처럼 강한 접착력이 필요하면 민어 부레에서 추출되는 어교(魚膠)를 사용한다. 그림을 그리기 위해서는 우선 바탕 재료를 팽팽하게 한 후, 표면에 교반수를 발라 섬유의 공간을 메움과 동시에 표면에 채색이 접착되도록 아교층을 형성시킨다. 교반수로 표면을 가공하는 방법은 수~당대부터 사용되었다. 바탕이 준비되면 안료에 고농도의 아교수를 넣어 고르게 문질러 안료 입자 주위를 코팅하여 화면에 칠한다. 이 때 아교의 농도는 안료 입자의 크기와 형태, 및 아교와의 친화력에 따라 조절한다.

불화에 사용되는 채색은 광물과 동식물에서 채취되는 자연 염료이다. 불화에 사용되는 색상은 백, 흑, 적, 황, 녹, 청, 금 등으로 일반회화와 같다. 안료란 유기용제, 기름, 수지, 물 등에 용해되지 않는 미세한 분말로, 접착 물질을 첨가하거나 분산하여 사용한다. 염료는 물이나 유기용제에 녹는 유색 분말로 섬유의 착색에 사용된다. 불화에 사용되는 안료와 염료는 바탕 재료와의 접착력과 보존성에 차이가 있다. 백색 안료에는 납(Pb)을 주성분으로 하는 연백이 주로 사용된다. 백토도 사용되었으며, 조개껍질을 원료로 만들어진 합분이 사용되기도 한다. 흑색 먹선을 긋기 위해서는 먹을 사용하였으며, 먹의 원료인 송연 분말도 사용하였던 것으로 보인다. 황색은 식물성 수지인 등황, 비소를 포함한 황화광물인 자황, 일산화납(PbO)이 주성분인 밀타승(密陀僧)이 사용되었다. 자황은 황색에서 오렌지색을 띠는 황갈색으로, 불화에서 부처님의 육신을 표현하는 금빛을 표현할 때 금 대신 사용되었다. 적색은 연지벌레에서 추출되는 동물성 염료인 연지와 주, 진사, 석간주, 단 등이 사용되었다.

고려 불화에서 많이 쓰인 선홍색은 수은(Hg)이 주성분인 주(朱)였다. 적갈색을 띠는 적색은 석간주나 대자, 적황색은 단이나 웅황이 사용되었다. 녹색은 석록으로, 공작석(Malachite)을 부수어 만든 안료이며 입자의 크기에 따라 색상이 달라진다. 녹색은 석록 이외에 녹토도 사용되었다. 청색은 석청인데, 남동광을 부숴 만든 안료로 금만큼이나 고가이다. 석청은 워낙 귀해서 작은 부분에만 사용되었는데, 넓은 면적에는 석청이 아닌 연분을 칠한 후 식물성 염료인 쪽을 칠했다. 불화에서 석록과 석청은 중요한 안료로, 주성분은 구리(Cu)이다. 이 광물들은 오래 지나면 산화구리로 변화하여 바탕 재료를 열화시키고, 심한 경우 녹색 부분 전체가 탈락되어 버린다. 금색은 금박과 니금 두 가지 형태로, 귀한 부분에만 사용되었다. 금박은 금을 두드려 종잇장보다도 얇게 만들어 화면에 붙였으며, 니금은 금을 곱게 갈아 안료처럼 만들었다.[116]

---

116) 박지선, 「한국 불화의 재료와 제작기법」, 『동양미술사학』 no.15, 동악미술사학회, 2013

13
붓으로 세운 유토피아

: 국보, 고려 시대, 문경 필 감지금니 대방광불화엄경보현
행원품(紺紙金泥 大方廣佛華嚴經普賢行願品)(도판 21)

사경의 역사

　사경(寫經)이란 문자 그대로 베껴서 필사한 경전을 지칭하는 용어이다. 경전을 필사하는 과정을 사경이라 하고, 베껴진 경전 자체도 사경이라고 부른다. 사경은 석가모니의 말로 표현된 부처의 말씀을 제자들이 범어로 기록했던 때로부터 유래를 찾을 수 있다. 불교의 전래를 목적으로 종려 껍질에 베껴 쓴 패엽경(貝葉經)은 최초의 사경이다. 우리 관점에서 사경의 연원을 찾는다면 중국으로부터 불교가 수입된 이후로 보아야 한다. 범어로 기록되었던 경전이 중국으로 유입되면서 역경 사업이 활발해졌고, 이와 더불어 포교를 목적으로 하는 경전의 필사에 매진하게 되었다. 이와 같이 포교를 위해서는 경전이 필요했고, 이러한 경전의 수요에 의해 사경 사업은 자연스럽게 발전했다.

도판 21 국보 감지금니 대방광불화엄경보현행원품(紺紙金泥 大方廣佛華嚴經普賢行願品), 고려 충선왕대, 절첩본, 감지금자, 26.5cm×9.5cm, 변상화 감지금니. 18.4cm 38.1cm, 리움미술관 소장

불교 수입 초기에는 불교를 알기 위해 불교 성전을 필사하기 시작했으나, 사찰이 세워지고 교단이 성립되면서부터는 신앙심이 추가되었다. 신앙 의식은 수행 자세를 가다듬고 신앙인으로 자신을 확인하는 계기이다. 불경은 불상이나 탑과는 다른 신앙적 의미가 있다. 사경(寫經)은 본래 불교를 널리 전하기 위해 경전을 베껴 쓰는 일이지만, 다른 한편 공덕을 쌓는 일이기도 했다. 사경 작업은 물론 불교의 포교를 목적으로 하지만 공덕의 의미가 더 강하다. 그 의미에는 물질적인 것은 물론이고 정신적인 의미도 함께 포함되고 있었으니, 모든 것을 아낌없이 사경에 바친다는 뜻이 담겨 있다.

불교 경전이 간행되면서부터 사경하는 작업 자체가 공덕을 쌓는 일로서 의미가 생겼다. 중국에 불교가 전래한 형태는 교의의 수용보다는 행사의 모방에서 출발하였다. 후한 명제(明帝) 10년(A.D.67)에 인도의 승려가 서역을 거쳐 불설 42권의 장경을 가져온 데서 경전의 번역 작업이 시작되었다. 경전 번역의 역사는 고역, 구역, 신역으로 나눌 수 있다. 고역의 대표자는 서진(西晉)의 축법호(竺法護), 구역(舊譯)의 대표자는 동진(東晉)의 구마라집(鳩摩羅什), 신역(新譯)을 대표하는 인물로 당(唐)의 현장(玄奘)법사가 있다. 이러한 경전 번역 사업의 발전에는 진한(秦漢) 시대의 종이의 발명과 닥지의 생산기술 개발이 큰 몫을 했다.

사경이 공덕이란 의미와 더불어 장식경으로 발전하게 된 기록은 『양서(梁書)』에서 찾아볼 수 있다. 533년 양(梁) 무제는 동태사(同泰寺)에서 대회를 열고 『금자마하반야경(金字摩訶般若經)』의 제(題)를 발했다는 기록이 있어, 이때 이미 금자·은자 사경이 사서되었음을 알 수 있다.

한반도는 불교 수입과 더불어 사경이 전래하기 시작했다고 짐작되지만, 문헌 자료는 『고려사』에 와서야 처음으로 나타난다.

사경의 신앙 의식

사경 제작에 앞서 사경용 종이를 만들기 위해, 사경에 참여할 사람이 지켜야 할 자세와 사경에 따르는 의식 절차가 있다. 우선 닥나무는 재배할 때, 나무뿌리에 향수를 뿌리면서 키워서 높이 3m가량 되면 닥나무 껍질을 벗겨 삶고 종이를 뜬다. 경문을 필사하는 사람이나 불, 보살상을 그리는 사람은 보살계를 받고 향수를 사용하여 목욕해야 한다. 사경할 때는 향수나 꽃을 뿌리고 법사는 향로를 받들고 범패를 부르며 인도하여 경을 만드는 장소에 도착한다. 사경소에 도착하면 삼귀의를 반복하여 예배하고 자리에 올라 사경한다. 필사를 마치면 경심(經心)을 만들고 불, 보살상을 그려 장엄하는데, 이때 경심 안에 사리를 넣는다.

이렇게 사경 제작은 엄숙하고 장엄한 의식 절차에 따라서 행해졌다. 대부분의 사경은 단순한 필사가 아니라 신앙 의례로 행해졌다. 우리나라는 불교가 수입된 이후 역사적으로 수많은 사경이 있었는데, 인쇄술이 발달하기 전까지는 주로 연구와 독송을 목적으로 하였다. 인쇄술이 발달한 뒤로는 사경이 공덕과 간행을 목적으로 했다.

사경 공덕의 하나는 자신의 신앙 행위와 실천행으로 얻어지는 공덕이고, 다른 하나는 불법을 알리고 경전을 후세에 전하는 공덕이다. 현존하는 사경을 보면 발원자 자신이 직접 필사한 것보다 전문인 사경승(寫經僧)이 필사한 것이 많다. 이러한 사경은 공덕을 전해줄 능력이 있는 승려에게 의뢰하는 신앙 행위이다. 경을 직접 쓰거나 사경인을 시켜 쓰게 해도 같은 공덕이 된다. 즉 사경하는 일 자체가 공덕 신앙의 일부가 되므로 온갖 정성을 기울인다. 사경 가운데 금·은 사경이 많은 것도 제작이 힘든 것을 행한다는 수행 측면과 귀하고 어려운 것을 공양한다는 자세에서 비롯된다. 사경 중에 금 글자 금 그림, 혹은 금자은니, 은자은니, 묵자 등 여러 종류가 있는데, 귀한 금일수록 정성이 많이 들어간 증거이다. 고려 시대의 금, 은니 사경을 보면 감색으로 물들인 종이에, 변상도나 표지가 금, 은니로 장엄되어 있다. 현존하는 금·은 사경은 당시 유행했던 신앙의 한 유형으로 이해된다.

경을 쓰는 일은 경문 한 글자 한 글자에 마음 자세를 정성스럽게 갖추지 않으면 안 된다. 그 때문에 필획이 깔끔하고 단정한 해서체가 애용되었다. 일자삼례(一字三禮), 곧 한 자를 쓸 때마다 세 번 절하고 썼다는 예가 있듯이, 불교 경전을 쓰는 데 얼마나 정성을 기울였는가를 짐작할 수 있다. 먹으로 쓰는 글씨도 우아하지만, 붓질이 어려운 금(金)이나 은(銀) 글씨는 특히 힘이 더 들어가고 단정한 모양을 보인다. 추사 김정희가 쓴 보물 『반야심경』을 보면, 추사가 여느 글씨와는 달리 한 자 한 자 정성을 들여서 써나간 것을 확인할 수 있다. 이런 자세로 쓰면 마음이 순화되므로, 뜻과 정신이 맑아지고 삼매의 경지에 들어가게 된다. 그러므로 사경은 바로 염불이고 참선의 수행이다. 자기 마음에 진리를 새겨 나가는 작업이 사경이다. 경을 쓰는 바탕 종이는 바로 극락세계이다. 사경은 자기 마음을 극락세계로 만드는 행위이다.[117]

---

117) 박상국, 『사경』, 대원사, 1990

사경의 서체 분석

사경을 미술사적인 측면에서 볼 때, 변상도 외에 주목해야 할 분야는 사경 서체의 연구라 할 것이다. 고려 시대 서예사는 크게 전기·중기·후기로 나눌 수 있다. 주요 자료는 비문이며, 특히 왕사나 국사의 탑비를 비롯하여 시기마다 상당수가 전한다. 이들은 대개 반듯하게 써 내려간 해서(楷書)이며 12세기부터는 행서(行書)도 나온다. 고려 후기 1259년 몽골과 화의를 맺은 뒤 원나라의 서풍이 들어오기 시작하였다. 고려 시대 서예 자료로 비문 외에 불교사경(佛敎寫經)이 있다. 10세기 사경은 없고 11세기에서 13세기 중엽까진 확실한 예가 많지 않다. 그러나 충렬왕대(1275~1308) 이후 14세기 말까지는 다수가 전한다.

고려 사경의 서풍은 대체로 비문과 비슷하다. 고려 11세기 사경은 1006년 『감지금니대보적경』 권제32, 1055년 『감지금니대반야경』 권제175, 1081년 『감지금니묘법연화경』 제8권 3점이다. 이들 사경은 획법이 곧고 필세가 예리한 구양순(歐陽詢, 557~641)체 계통이다. 이후 12세기에서 13세기 중엽까지는 기년작이 거의 없다. 원종 연간(元宗年間, 1260~1274)을 지나 충렬왕·충선왕에서 공민왕~창왕에 이르는 시기에는 다수의 사경이 이루어졌다. 특히 충렬왕이 발원한 은자대장경으로 1275년 『감지은니불공견색신변진언경』 권13, 1276년 『감지은니문수사리문보제경』, 1280년 『감지은니보살선계경』 권8 등이 유명하다. 점획에 모가 없고 획에 살집이 있으며 유연한 곡세를 띤 세련된 서풍이다. 이들 사경은 고려 전기보다 점획의 기울기가 평온하고 정방형 짜임에 가지런한 자형을 보여준다. 14세기에는 안진경(顔眞卿, 709~785) 서풍을 더한 살집 있는 사경 서풍이 유행하였다. 이와 관련하여 1342년 전원발(全元發)이 쓴 『법주사자정국존비(法住寺慈淨國尊碑)』는 당시 사경 서풍의 특징을 보여준다. 이밖에 공민왕~창왕대(1351~1392)의 사경은 살집이 줄고 기울기가 평평해진다. 고려 전기 11세기 사경은 자형이 구양순류에 가까우나 짜임이 우뚝하고 획법이 예리하다. 고려 중기 사경은 기년작이 없다. 따라서 고려 후기 13세기 후반

사경과 비교할 수밖에 없는데, 충렬왕 초기의 은니사경은 점획이 명료하고 짜임이 정방형에 가깝다.[118]

리움미술관이 소장한 『대방광불화엄경』은 통일신라 때부터 사경이 성행했음을 알려주는 중요한 유물이다. 지본묵서의 이 사경에서 표지 변상화로 추정되는 사경화가 자색 종이에 금니(金泥) 혹은 금니·은니로 그려져 있다. 이는 통일신라 때 상당히 높은 수준의 사경이 제작되었음을 보여주는 자료이다. 이에 비해 일본의 경우 긴메이 덴노(欽明天皇) 13년 '백제 성왕(聖王)이 석가금동불 1구와 경론 등을 보냈다'라는 『일본서기』의 기록을 통해 일본에 사경이 보내졌음을 추측할 수 있다. 또 덴무(天武) 원년에 일체경을 서사했다는 기록도 있어, 7세기경 사경이 국가적 차원에서 제작되었음을 알 수 있다.

인쇄 경전이 출현했음에도 사경 제작이 계속될 수 있었던 까닭은 무엇보다도 '시주를 통한 공덕 쌓기'라는 2차적 의미가 있었기 때문이다. 인쇄물이 출현한 이후 사경은 아름답고 섬세한 장식경 쪽으로 발전해 나갔다. 8세기에 가면 우수한 목판 기술이 동양 삼국에 널리 전해졌을 것이라 짐작된다. 실례로 1966년 불국사 석가탑의 제2탑신 사리일괄품에서 발견된 『무구정광대다라니경(無垢淨光大陀羅尼經)』을 들 수 있다. 이 다라니경은 닥지에 인쇄된 세로 6.5㎝, 가로 52㎝의 경전이다. 『불국사고금역대기(佛國寺古今歷代記)』에 따르면 석가탑은 경덕왕 10년(751)에 다보탑과 불국사 전체와 함께 완성된 것으로 기록되어 있다. 그 후 1966년까지 석가탑이 한 번도 보수된 기록이 없으므로, 다라니경이 인쇄된 하한 연대는 751년으로 추정된다. 석가탑의 『무구정광대다라니경』이 발견되기 전까지 가장 오래된 목판본은 770년에 완성된 일본의 『백만탑다라니경(百萬塔陀羅尼經)』이 손꼽혀 왔다. 『백만탑다라니경』에 관한 기록인 『속일본기(續日本記)』에 따르면, 770년 이전 일본에 목판인

---

118) 옥영정 외, 『동아시아 금속활자 인쇄 문화의 창안과 과학성 2』, 한국학중앙연구원출판부, 2017

쇄 기술이 수입되었음을 알 수 있다. 이보다 늦지만, 중국 판본으로는 함통(咸通) 9년(868)에 제작된『금강반야바라밀경』을 들 수 있다. 이 경전은 거칠고 두꺼운 백지 7매를 이어 제작했으며 세로 24.5㎝, 가로 48.78m의 인쇄본이다. 권 말미에 '咸通 九年 四月 十五日 王玠 爲二親敬造普施'라고 인쇄되어 있다. 이러한 발원문으로 미루어 볼 때, 868년 4월에 왕개(王玠)라는 인물이 양친을 위한 보시로『금강반야바라밀경』을 인각했음을 알 수 있다.

이처럼 유물을 통해 동양 3국은 일찍부터 인쇄 경전을 제작하였음을 알 수 있다. 9세기경 불교의 전파라는 사명을 인경(印經)에 넘겨준 사경은 공덕의 의미를 만족시키기 위해, 많은 금력과 노력을 요구하는 장식경으로 발전하게 되었다. 사경에 사용된 종이는 백지 혹은 황갈색지에서 많은 공이 요구되는 감지나 자색지 등의 염색지나 장식지로 바뀌었고, 글씨도 묵서(墨書)보다는 훨씬 더 많은 공력이 요구되는 금자·은자로 쓰게 되었다. 또 이 금자·은자 사경에는 앞부분에 변상화가 그려졌고, 표지에 금니·은니로 연당초문이나 보상화문을 장식했다. 리움미술관이 소장하는『대방광불화엄경』은 표지 그림으로 자색 종이에 금·은니로 연당초문양과 신중의 일부가 그려지고, 변상화로 추정되는 부분에 금니로 전각과 보살상이 그려졌다. 발원문을 통해 연기법사(緣起法師)의 발원으로 천보(天寶) 13년(754)에 완성한 것을 알 수 있다. 고려의 경우 사경 종이가 대부분 감지인데『대방광불화엄경』은 자색지라는 점이 주목된다.

고려 시대의 많은 감지 금자·은자 사경(寫經)의 수요는 염색의 방향을 바꾼 중요한 원인이 되었다. 이러한 의미에서 이『대방광불화엄경』의 사경화는 통일신라 사경화의 실존을 보여주는 중요한 작품이다. 이러한 호화 장식경의 전통은 고려에 그대로 계승되었다.『고려사』최승로(崔承老)의 상소문에 "옛적의 경(經)은 모두 황색지로 하고 단목으로 축을 삼았으며, 불상 역시 금·은·동·철을 쓰지 않고, 다만 돌·흙·나무를 썼는데, 신라 말에 경전과 불상에 모두 금·은을 사용하여 사치가 지나쳐 마침내 멸망하였으니, 이를 엄금하게 해야 한다."라는 내용이 있어, 고려 사회가 대단히 사치스러웠음을 짐작할 수 있다. 이 기록을 통해 보면, 신라 때는 금니·은니를 사경에 사용하는 풍습이 성행했으며, 이를 받아 고려 초기에도 금자·은자 사경 제작이 여전히 성행했음을 알 수 있다.

『고려사』는 명종(明宗) 5년(1175년)에도 "왕이 칙서를 내려 민간에 만연되고 있는 사치풍조를 금하면서 금·은장식은 오직 불상과 불경에만 사용하게 했다."라는 기록이 있어, 왕실이 금자·은자 사경에 얼마나 많은 관심이 있었는가를 짐작할 수 있다. 이러한 기록들로 미루어 볼 때, 통일신라사경『대방광불화엄경』의 화려한 사경화는 통일신라 장식경의 전통이 고려에 그대로 계승되어 크게 성행했다는 최승로의 기록을 대변함을 알 수 있다. 고려 사경 작품 중에서 가장 연대가 올라가는 고려 목종(穆宗) 9년(1006)에 제작된『대보적경(大寶積經)』변상화의 화려한 필치가 고려 전기의 이러한 전통을 대변한다.

신라 백지묵서화엄경

국보 신라백지묵서화엄경(리움미술관 소장)은 주본(周本) 화엄경의 일부로 80권 중 권1~10, 권44~45의 백지묵서 2축과 자색 종이 양면에 금·은니로 그려진 변상도로

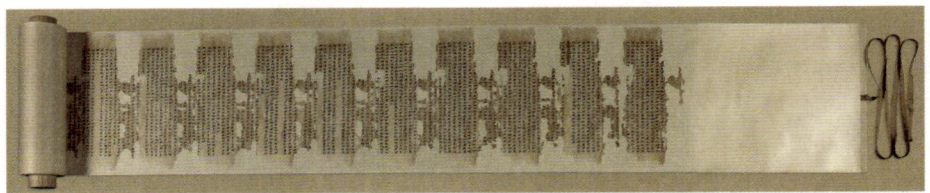

도판 22 신라백지묵서화엄경

구성되어 있다. 축의 말미에는 사경 제작과 관련하여 다양한 정보를 제공하는 발문이 기록되어 있다. 이 사경은 8세기 신라 사경의 양상과 불교 회화의 모습과 제작 연대와 발원자, 그리고 사경 제작 과정과 관련 의식 등 다양한 사실들을 알려주는 중요한 사경이다. 보존이 잘된 화엄경 1축(권1~10)의 크기는 26.9×42.6~47.2㎝, 전체 길이는 꽤 긴 1,982.2㎝이다. 다른 한 축(권44~50)은 길이 1,390.6㎝, 변상도편은 각기 25.7×10.9㎝, 24×9.3㎝이다. 이 사경에는 13종 512자의 측천무후자(則天武后字)가 사용되었다. 발문의 연구를 통해 다음과 같은 사실이 밝혀졌다.

① 이 신라화엄경은 천보(天寶) 13년(경덕왕 13년, 754) 8월 1일 시작하여 이듬해 2월 14일 완성되어 6개월여에 걸쳐 제작되었다.
② 발원자는 황룡사(皇龍寺)의 연기법사(緣起法師)이다. 그는 화엄사 창건조사로 전해지던 연기(煙起)와 동일인으로 추정된다. 이 화엄경 사성 시기가 화엄사 창건 시기와 일치하며, 지작인(紙作人)과 경필사(經筆師) 12명 모두 전라도(현재의 진원, 광주, 남원, 고부) 출신이라는 점을 고려한 것이다.
③ 발원 사유는 첫째, 아버지에게 은혜가 베풀어지기를 기원하고 둘째, 일체중생이 모두 성불하기를 기원한 것이다.
④ 사경을 제작한 곳은 화엄사로 추정된다. 발문에 '황룡사 연기법사'라 하였으나 발원이 개인적인 사유에서 비롯되었고, 사경의 기본적인 업무인 종이 제작과 필사 담당자가 모두 전라도 출신이라는 점에서 발원자인 연기법사가 창건한 화엄사에서 제작하였다고 보는 것이 타당하다.
⑤ 신라화엄경에는 사경 제작 절차와 업무 분장, 그리고 의식에 관한 내용이 상세히 언급되어 있다. 사경 제작은 분업화되었으며 종이 제작 과정과 방법, 본문 필사, 경심 제작, 변상도 제작, 제목 필사 순서대로 지작인(紙作人), 경필사(經筆師), 경심장(經心匠), 불보살상필사(佛菩薩像筆師), 경제필사(經題筆師)로 분류되어 5종 19인의 인명과 직급, 그리고 거주지까지 기록하였다.

⑥ 경필사는 11인인데 경문의 서체로 보아 1인이 각 1축을 사성하였고 각 축의 발문은 1인이 모두 필사하였으며, 나머지 2인이 교열을 담당한 것으로 보인다. 경심은 2인, 변상도는 4인이 그렸고, 마지막 경의 제목을 쓴 동지대사는 사경 제작의 지휘자 격이다.

⑦ 지작인과 경필사 12인은 전라도 지방 출신이고 경심장, 불보살상필사, 경제필사 등 7인은 경주 출신이어서 중앙인과 지방인이 합작했음을 알 수 있다.

⑧ 의관의 장엄, 기악, 꽃과 향의 공양, 범패 등 사경 제작 시 행하던 의식에 관한 내용을 상세히 기록하였다.

이 외에 주목할 점은 표지 그림이다. 자색으로 물들인 표지는 중앙 부분이 파손되어 두 쪽으로 잘린 상태이며 안팎에 그림이 그려져 있다. 겉에는 화면 전체에 큼직큼직하게 만개한 보상화를 배경으로 불꽃에 싸인 역사상을 그렸는데, 역사상은 얼굴과 신체의 왼쪽 부분은 없어졌고, 현재는 오른쪽만 남았다. 상체는 나신이고 하체에만 군의를 걸쳤고 오른팔에 천의 자락이 걸쳐져 있다. 오른팔은 밖으로 뻗어 뱀을 움켜쥐고 있는데, 다리는 굽힌 자세로 보아 의자에 앉아 있는 모습으로 보인다. 연꽃을 밟고 있는 오른발의 발가락이 위로 솟았고, 팔뚝과 종아리는 울퉁불퉁하게 근육이 불거진 모습으로 표현되어 탄력과 동감이 강하게 전달된다. 역사상 둘레에는 보주형을 이루며 화염 광배가 표현되어 있고, 얼굴 주위에도 불꽃 표현이 남아있다.

내면에는 이층 전각을 배경으로 중앙 사자좌에 앉은 보살형의 비로자나불과 향우의 설법주보살, 그리고 반대쪽에는 청문중인 보살들의 무리가 표현되어 있다. 석굴암 감실의 보살상을 연상케 하는 보살들의 탄력 있는 체구와 아름다운 얼굴 모습, 치미, 기와, 공포대의 결구 및 처마 끝에 달린 풍경까지 섬세하게 표현한 전각의 모습과 유연하며 안정적인 필선은 이를 그린 화가의 뛰어난 기량을 보여준다. 이 그림은 권43에서 권50까지의 내용을 도해한 화엄경의 제9회 법회 중 제7법회인 보광명전중회(寶光明殿重會)의 변상도이다.

리움미술관 소장 대방광불화엄경보현행원품

대방광불화엄경보현행원품(大方廣佛華嚴經普賢行願品)은 일본에서 반입되었고, 개인 소장을 거쳐 리움미술관이 소장하고 있으며 국보로 지정되었다. 이는 40 화엄의 본문과 권수화를 금니로 그린 사경이다. 표지는 보상당초문 4개가 나란히 그려진 전형적인 14세기 절첩형 사경의 표지그림이다. 권수화는 오른쪽에 비로자나불과 수많은 보살, 왼쪽에는 선재동자를 내려다보며 설법하는 보현보살과 보살이 배치되었다. 이 그림은 불보살상의 형태와 섬세하고 고른 필선, 구름이나 문양의 모습 등 고려 후기의 사경 중에서도 예술성이 뛰어난 작품이다.

이 사경은 변상화가 그려진 배면에 '행원품변상(行願品變相) 문경(文卿)화(畵)'라고 은니 글자로 밝히고 있어, 고려 사경 중에서 유일하게 문경이라는 이름의 화사가 밝혀진 대단히 중요한 작품이다. 발원문의 일부가 박락되어 있어 확실한 연대는 미상이지만 대략 지대(至大, 1308~1311) 연간으로 추정된다. 내표제에 '대방광불입불사의해탈경계보현행원품(大方廣佛入不思議解脫境界普賢行願品)'이라는 기록이 보여, 사경의 내용이 정원본의 『대방광불화엄경보현행원품』이라는 것을 알 수 있다.

변상화의 가장자리는 안팎으로 태선·세선 이중의 구획선 속에 금강저와 갈마를 그려 넣었다. 변상화는 가장자리의 문양대 안에 정교하게 그려져 있는데, 변상의 내용은 좌우 대칭구도로 비교적 간단하다. 향우에는 보탁을 앞에 두고, 연화좌 위에 앉은 비로자나불과 여래를 둘러싼 보살성중이 그려져 있는데, 모두 수미단 위에 있다. 비로자나불 옆으로 다른 성중들과 달리 크게 그려진 2구의 보살이 보이는데, 협시보살인 문수와 보현보살로 보인다. 그 뒤로 여래를 중심으로 가섭과 아난이 보여 '5존도'임을 알 수 있다. 보탁 위 가운데에 향로가 놓여 있고 양옆으로 공양물이 보인다. 비로자나불이나 보살성중은 보현보살을 향하고 있다. 성중에 둘러싸인 보현보살이 그려져 있는데, 보현보살과 성중은 비로자나불을 향해 몸을 돌린 형상으로 그려져 있다. 보현보살은 화려한 연화좌 위에 결가부좌한 형상이며, 보현보살의 대좌 옆으로 머리를 묶은 선재동자가 보현보살을 올려다보고 있는 형상으로 그려져 있다.

이 모습은「입법계품」의 마지막 장면을 그린 것으로, "보현보살이 십대원(十大願)을 선재동자에게 설한 후, 여래 앞에서 보현광대원왕의 게송을 설하니 선재동자가 끝없이 기뻐하였고, 일체보살도 크게 환희하였으며, 여래가 '잘한다, 잘한다'라고 하였다."라는 내용이다. 이때 세존이 보살들과 더불어 불사의해탈경계(不思議解脫境界)의 탁월한 법을 물을 적에 "문수보살을 제일 우두머리로 하는 여러 보살들과 6천의 비구, 미륵보살을 우두머리로 하는 현겁의 일체대보살, 무구보현보살을 우두머리로 하는 여러 대보살과 나머지 시방의 여러 세계에서 몰려온 모든 대보살 …… 모든 대성문과 제인천의 일체 세주, 천룡 야차 건달바 …… 등의 일체대중이 불의 설법을 듣고 모두가 크게 환희하며, 믿고 받들어 봉행했다."라는 경전의 내용을 그렸다. 발원문에는 '이야지불화(李也之不花)'라는 삼중대광(三重大匡) 영인군(寧仁君)의 이름이 보여, 사경 제작자가 몽골식 이름을 썼다는 것을 알 수 있다. 이『화엄경행원품』외에도『금강경』,『장수경』,『아미타경』,『부모은중경』,『묘법연화경보문품』을 각 1부씩 사성했다는 내용이 함께 적혀 있다.

1) 고려 전기 왕실이 발원한 사경 표지화

『대보적경』제32권은 목종의 생모 정덕왕태후(靜德王太后) 황보(皇甫)씨와 그녀의 정인 김치양(金致陽)이 발원한 사경이다. 황보씨가 왕의 생모이기 때문에 왕실 발원 사경이다. 이 사경은 고려 전기의 유일한 왕실 발원 사경이라는 점에서 귀중하며 사경 표지화 연구에 중요하다. 고려 전기 사경으로는 현종 6년(1015) 제작 후쿠오카 동장사(東長寺) 소장 『불설미륵불경』과 문종 9년(1055) 제작 리움미술관 소장 『대반야바라밀다경』 제175권이 있으나 이들 2점은 표지화가 없다. 왕실 발원 사경이라는 점에서 『대보적경(大寶積經)』 제32권은 귀중한 자료인데, 남겨진 고려 사경의 대부분이 충렬왕 이후의 작품이라는 점에서 보면 그 가치가 소중하다.

일본 교토국립박물관(京都國立博物館) 소장 『대보적경』 제32권
목종 9년(1006), 권자본, 감지금자, 29.2cm×841.1cm, 표지화 감지은니

『대보적경(大寶積經)』 제32권은 통화(統和) 24년 기록으로 목종 9년(1006)에 제작되었음을 알 수 있으며, 현재까지 발견된 고려 사경 중에서 가장 오래되었다. 이 사경 표지화는 권자본이기 때문에 자연히 절첩본의 표지화보다 옆으로 넓어지는 특징을 보인다. 또한 표지화가 완전 은니로 그려졌다는 점도 특기할 만하다. 금자사경인 이 작품은 표지화와 변상화는 은니로 그려져 있어 사경에서 가장 중요한 것이 무엇인지를 말해준다. 고려 후기 사경 표지화에서는 연판은 은니로 그려지나 연

도판 23 대보적경

화의 화판과 화심·꽃향기 등은 금니로 그려지는 것이 일반적인데, 이 『대보적경』 제32권은 은니로만 그려져 있다. 표지화의 구성은 가운데 만개한 연화가 그려져 있고, 이 연화를 중심으로 이중 당초 넝쿨이 감겨 있는 형상이다. 연화는 3릉형으로 된 여섯 개의 화판으로 구성되어 있다.

만개한 연화 가운데를 원형으로 그려 심방을 나타내는데, 원형 위쪽으로 두 줄의 세선을 그리고, 이 세선 위로 점열문을 그려 꽃술을 표현하고 있다. 연화를 이중으로 감고 있는 당초 넝쿨 중 안쪽이 원형에 가까운 타원형이라고 한다면 바깥쪽의 당초 넝쿨은 완전한 타원형으로 그려졌다. 안쪽의 넝쿨은 잎과 줄기로만 이루어져 있는데, 바깥쪽 넝쿨은 반개한 꽃들이 당초 줄기에 잎과 함께 달려 통일신라의 사경인 『대방광불화엄경』 표지화의 전통을 이어받았다. 연화와 연판이 하나로 붙어서 그려진 충렬왕 이후의 작품과는 달리, 가운데 만개한 연화를 두고 2중의 넝쿨 문양이 감겨 있다. 이러한 구성은 도식화가 되기 전의 형상임을 보여주는 좋은 예이다. 넝쿨에 매달린 잎 중 펴진 형상의 잎은 끝이 뾰족한 것이 특징이다. 뒤로 젖혀진 잎은 둥글게 그려져 있고 부분적으로 겹쳐 그리기의 기법도 보인다.

2) 고려 후기 국왕이 발원한 사경 표지화

지금까지 발견된 고려 국왕 발원 사경은 모두 권자본이다. 『문수사리문보리경(文殊師利問菩提經)』은 현재 절첩본이지만 원래는 권자본이다. 충렬왕 이후의 고려 국왕 발원 사경 표지화는 3~5송이 연화문을 지그재그로 배치하고, 배치된 연화 사이로 당초 넝쿨이 휘감겨 올라가는 형상으로 그려진 점이 특징이다. 이러한 구성은 이들이 권자본이기 때문에 표지가 가로로 넓어지는 것과 관계가 있다. 연화문 사이에 당초 넝쿨을 지그재그로 배치하는 양식은 그 유래가 연당초 문양이나 보상화문이 나타나기 이전으로 소급된다.

> 리움미술관 소장 『불공견삭신변진언경』 제 13권
> 충렬왕 원년(1275), 권자본, 감지은자, 30.4cm×905.1cm, 표지화 감지금니·은니

『불공견삭신변진언경(佛空絹索神變眞言經)』 제13권의 표지화는 충렬왕 원년(1275)에 제작된 고려 국왕 발원 사경이다. 고려 국왕 발원 사경 중에서 가장 오래된 작품이다. 표지화는 충렬왕대에 이르러 큰 변화를 보인다. 연꽃과 연판을 하나로 묶어서 형상화하며, 전체가 은니 묘선으로 그려지고 화판과 심방, 꽃향기, 당초 넝쿨의

도판 24 감지은니불공견삭신변진언경 권13 신장상

줄기 부분에 금니 묘선이 사용되고 있다. 표지화는 5송이의 연화가 그려진 구성이다. 위쪽으로 2송이, 한가운데 1송이, 아래쪽에 2송이가 그려졌으며 당초문의 넝쿨 문양은 5송이의 연화를 지그재그로 휘감고 있다.

연화의 경우, 꽃의 형상은 『대보적경』 제32권에서 3릉이던 형상을 계승하였지만, 화심 부분에서 변화를 보인다. 심방 부분은 은니 묘선으로 윤곽선을 그리고, 그 속에 금니로 2줄의 점열문을 꽃술로 표현했다. 아래쪽 짧은 금니 묘선은 꽃술의 대로 표현하여 꽃술 받침과 연결했다. 꽃술 받침은 아래쪽에 타원형 2개를 옆에 놓고 사이에 뾰족한 타원형을 수직으로 놓아, 마치 '산(山)'자 같은 형상으로 그렸다. 꽃술 받침의 윤곽선은 은니 묘선이며 윤곽선을 채운 사선은 금니 묘선이다. 꽃술 위쪽으로 원문이 2줄로 그려졌는데 이는 피어오르는 꽃향기를 나타낸 것이다. 꽃향기 역시 은니 묘선의 윤곽선 안에 금니의 원문을 그렸다. 연판 형상은 가운데가 뾰족하다. 이 뾰족한 끝부분에서 치우쳐 양쪽으로 굴절된 형상이다. 이 점은 『대보적경』 제32권 표지화의 전통을 계승한 것이다.

넝쿨에 매달린 당초 잎은 위쪽으로 퍼진 상태와 잎이 말 형상으로 그려져 있는데, 위쪽으로 향해 퍼진 상태를 그린 잎은 가운데가 길고 뾰족하다. 뒤로 젖혀진 잎은 뒤로 말린 형상이거나 한 부위를 쏙 들어가게 그려내, 『대보적경』 제32권의 전통을 이어받았으나 모양은 전혀 다르다. 잎들은 은니 묘선으로 중심 엽맥을, 이 엽맥의 양쪽으로 사선을 그어 엽맥 전체를 나타냈다. 당초 넝쿨 줄기는 이중으로 그렸는데, 줄기는 은니 묘선을 양쪽에 긋고 가운데를 한 줄 금니 묘선을 그어 표현하고 있다. 줄기는 쌍으로 그려졌다. 잎이 줄기를 덮은 형상이 부분적으로 있고 잎과 잎이 겹친 모습으로 그려지기도 한다. 이러한 기법은 『대보적경』 제32권 양식의 영향을 발전시킨 것이다. 꽃이나 꽃받침에도 가는 은니 묘선의 사선을 그려

넣은 점은 『대보적경』 제32권의 양식과는 완연히 다르다. [119]

사경의 양식

『불공견색신변진언경(不空羂索神變眞言經)』권제(卷第)13을 예로 들어 사경의 양식적 특징을 살펴보자. 이 경은 충렬왕(忠烈王) 원년(元年, 1275)에 국가 사경 제작처 은자원에서 사성되었다. 권수에서 권말에 이르기까지 원형을 그대로 간직하고 있으며 은자원 작품으로는 현존 최고(最古)의 유품이다. 1984년에는 국보 제210호로 지정되었다. 감지에 은자로 작성되었으며, 폭이 30.3cm, 총길이가 1,020cm에 이르는 두루마리 권자본이다. 겉표지에는 금은니 보상당초문을, 표지안에는 금니로 변상도를 그린 전형적인 고려 장식 사경의 특징을 잘 보여준다. 경문은 상하에 짧은 선을 가늘게 긋고 괘선도 은니로 가늘게 구획하였고, 1줄에 14자씩 은자로 경문을 썼다. 경전 말미에 연대와 제작소를 밝히고, 뒷면에는 이 경을 작성한 경문 필사자와 대장경 번호가 기록되어 있다.

발문 내용

「지원십이년을해세고려국(至元十二年乙亥歲高麗國)」
「왕발원사경은자대장(王發願寫經銀字大藏)」
「불공견색경제십삼권(不空羂索經第十三卷) 제십육장(第十六張) 모(摹)」
「삼중대사(三重大師) 안체서(安諦書)」

원나라 연호인 지원(至元) 12년 을해(乙亥) 고려 국왕인 충렬왕이 발원하여 은자대

---

119) 권희경, 『고려의 사경』 글고운, 2006

장을 사성하였다는 내용이 적혀 있다. 뒷면에 천자문에 의한 대장경 함수 번호인 「모(慕)」「삼중대사(三重大師) 안체서(安諦書)」라고 경문 작성자를 밝히고 있다. 즉 불공견색신변진언경은 은자원이라는 국가 전담 사경 제작 기구에서 국왕이 발원하여 제작되었으며, 지금까지 전해오는 은자원 사경 중에서는 제일 오래되었다.

표지 그림은 감지에 보상화꽃 5송이를 그리고 그 주위를 당초문으로 감싸는 형식이며, 왼쪽에 은니로 선을 구획하고 중간에 약간 탈락했지만 「불공(不空) …… 권제십삼(卷第十三)」과 아래에 금자로 「모(慕)」라고 썼다. 보상화꽃은 큰 꽃송이가 중심에 있고 그 위아래로 활짝 핀 작은 꽃송이 2송이를, 그 주위에 당초문을 꽉 채웠다. 꽃잎과 잎을 입체감이 보이도록 사선을 그어 풍성한 느낌을 준다. 줄기가 많은 잎이 무성히 달려있고, 거기에 보상화꽃 화분과 당초의 덩굴을 금니로 묘사하여 다른 잎들과 구분 짓고 있다. 표지 안 그림은 2줄의 선을 금니로 두르고, 그 안에 경전을 지켜주는 수호신인 신장상을 금니로 그리고 있다. 이 신장상은 연화대좌 위에 금강저를 쥔 모습으로, 머리 부분은 화염에 싸였고 얼굴은 온화한 표정을 짓고 있다. 양어깨에서 양팔로 걸쳐진 천의와 군의는 바람의 흩날리는 활기찬 모습을 보인다. 군의에 보이는 원문, 사선형 문양과 팔, 다리 근육 등이 역동적이다. 글씨체는 해서로 정확하게 표현하고 있으며, 구양순의 엄격한 해서체를 모본으로 하여 안정된 필치를 보여준다. 근엄한 필치이면서도 유연성을 잃지 않았으며, 처음부터 끝까지 꼭꼭 정성 들여 쓴 필치가 안정된 분위기를 만든다. 당대 최고의 사경승인 안체(安諦)가 쓴 세련된 글씨체이다.[120]

고려 사경 권자본(두루마리)과 절첩본(접는 책)은 표지 그림 모양이 다르다. 권자본 사경의 겉표지에는 보상화를 전면에 그리고 왼쪽에 제목을 써넣는다. 그리고 『불공견색신변진언경(不空羂索神變眞言經)』 권제13과 같은 국왕 발원 사경은 표지 뒷면

---

120) 이은희, 「고려 충렬왕대의 사경 연구」, 『문화재』 20호, 국립문화유산연구원. 1987

에 변상도를 그려 넣는다. 절첩본은 폭이 좁고 긴 형태라서 겉표지에 보상화를 세로로 3~4송이 그려 넣고, 그 중심에 제목을 써넣는다. 표지는 별도로 제작하여 붙인다. 보상화만을 그리는 고려 사경의 표지화와 달리 보상화 안에 화염에 싸인 역사상(力士像)을 더 그렸다는 점이 고려와 신라 사경 표지 그림의 차이점이다. 사경의 표지화에 보상화문을 그리는 방식이 언제 시작되었는지는 알 수 없지만 『감지금니대보적경』(1006년, 일본 문화청 소장)이나 『감지금니묘법연화경』(1081년, 일본 사찰 소장)과 같은 11세기 사경 표지에 이미 보상화가 전면적으로 그려져 있다. 고려 후기 변상도의 표지는 외면에 보상당초문을 배경으로 경의 제목을 쓰는데, 이어지는 본문의 종이보다 더 두껍다.[121]

---

121) 박도화, 「황수영박사의 사경 연구와 의의-사경의 재발견과 새로운 연구 시각」, 『강좌 미술사』 43호, 한국불교미술사학회, 2014

14
은입사기술(銀入絲技術)

: 국보 청동은입사포류수금문정병(도판 25)

우리나라에서는 공예미술의 여러 분야 중에서 특히 금속 공예가 크게 발전하였다. '입사(入絲)'는 기물의 바탕면에 문양을 음각한 후 장식재를 감입하는 표면 장식 기법으로, 삼국 시대부터 현재까지 계속해서 기술이 전승되고 있다. 감입법의 감(嵌)은 골짜기라는 뜻으로 표면을 음각하는 행위 및 형태를 뜻하며, 입(入)은 장식 재료를 음각면에 집어넣는 행위를 지칭한다. 『경국대전』에서 입사장을 기록한 부분은 "철그릇이나 놋그릇에 은실로 무늬를 새기는 사람"이라는 주석을 달고 있다. 고대에는 철에 금·은실을 끼워 넣는 경우가 많았으며, 고려 시대에는 청동에 은실을 끼워 장식하였다. 조선 후기에는 종전과는 다른 입사 방법이 나타나면서 전통을 이어갔다. 이전의 청동에 장식하던 입사물이 사라져가는 대신, 철제에 은입사되는 기물들로 대체되었다. 고려에 성행하였던 입사 기술과 조선 후기의 입사 기술을 구별하기 위하여 전자를 '끼움입사', 후자를 '쪼음입사'라고 구분한다.

도판 25 국보 청동은입사포류수금문정병, 12세기 고려 시대, 높이 37.5㎝, 몸 지름 12.9㎝, 바닥 지름 9.8㎝, 청동에 은입사, 국립중앙박물관 소장

우리나라에서 입사 기술은 4세기 무렵부터 용례를 발견할 수 있다. 백제 근초고왕 24년에 만들어진 칠지도를 위시하여 청동이나 철 제품에서 흔히 볼 수 있으며, 고려 시대에는 청동제 향완을 중심으로 크게 유행하였다. 이러한 모습은 조선 중기까지 이어지는데, 1674년 통도사에서 제작된 '청동 은입사 통도사명 향완'

의 경우 입사장과 주조장의 이름이 명문으로 새겨져 있어서, 당시 입사가 전문적인 분야였음을 알게 한다. 입사 기술은 중국을 거쳐서 전래했을 것으로 추정된다. 낙랑에서 출토된 '금착수렵문동통(金錯狩獵文銅筒)'은 금입사된 유물로, 한(漢)대의 세공 기술이 낙랑을 통하여 이입되었음을 알려준다. 삼국 시대에는 각종 환두대도에 금·은으로 간결한 무늬가 새겨진 입사가 등장한다. 입사 기술이 발전하여 고려청자의 상감기술과 나전상감을 낳았고, 조선 시대에도 입사 기술은 계승되었다. 고대에서 최근에 이르기까지 각종 공예품에 장식된 금-은입사는 우리의 독자적인 조형 세계를 보여주며, 선조들의 뛰어난 '솜씨-손재주와 미의식'이 기술과 함께 소화한 결과로 남아 전한다.[122]

입사 기법

입사 기법은 도자기의 상감이나 칠기의 나전 등 공예 분야의 다양한 감입 장식 방법과 원리가 동일하다. 입사라는 기법의 명칭은 13세기 '정우 2년명 자효사향완(貞祐二年銘慈孝寺香垸)(1214)'의 명문에서 처음 확인된다. 용어가 일반화되는 기간을 미루어봤을 때, 이미 12세기 후반부터는 사용되었을 것으로 보인다. 입사와 함께 현재 전승되고 있는 입사의 순한글 기법명인 '실두리', '실두리다'라는 명칭을 통하여, 선 형태로 가공한 금속을 기물 표면에 감입하는 장식 기법이라는 통념이 고려~조선 시대에 이미 존재했음을 알 수 있다. 우선 '입사'는 장식재를 감입하는 입(入, 두리)과 장식재의 가공 형태를 함축적으로 담은 사(絲, 실)로 구성되었다. 여기에서 실은 실 형태로 가공된 장식재의 형태와 시문 행위 모두를 포함한다.

입사의 재료는 원 기물과 거기에 새겨넣는 금속사(金屬絲)의 재료로 나눌 수 있

---

122) 최응천·김연수, 『금속공예』, 솔출판사, 2004

다. 삼국 시대에는 대부분 철제품에 금사나 은사로 시문되는 예가 많다. 그러다가 고려와 조선 초기에는 청동제의 향완 등의 불구류에 은사로 장식하는 점이 특징이다. 특히 조선 후기에 이르러서는 철제 화로 등의 일상용품에 은입사된 기물이 주류를 이루었다. 입사가 발전하는 과정에서 보면, 유물의 주재료는 청동이나 철이며 입사는 금사 혹은 은사이다. 은기나 철기에 동사를 감입하는 예가 간혹 보이기는 하지만 큰 변화는 없다. 청동은 구리에 주석을 혼합하거나 납, 아연, 은 등을 함유하기도 한다. 주석이나 납을 섞으면 융점을 낮추고 강도를 조절하는 이점이 있어서 실용성 높은 청동기를 만들 수 있다. 고려 시대에는 이러한 청동기에 은이 입사된 기물을 다량 생산하였다. 철의 사용이 풍부해지는 조선 후기에 등장하는 철제품 중 향로나 화로 같은 기물은 주조 방법으로 제작되었으나 대부분은 판상의 재료로 가공되었다.

『대전회통』에는 입사장을 본조에 2인, 상의원에 4인 두었다고 하는데, 이는 조정에서 입사 기능을 계승하여 궁중에서 필요한 특수한 물건을 충당하였음을 시사한다. 조선 말에 이르러 국가에 예속된 공장 체제가 무너지면서 민간 수공업으로 이행하게 되는데, 이런 추세는 입사장에게 자유로운 활동의 계기를 마련하였다. 그러나 조선 말기의 혼란기를 겪으면서 수요를 잃게 되자 우수한 장인들이 손을 놓게 되었다. 1960년대에 전통 기술을 보유한 장인들을 조사한『인간문화재』(예용해)에는 사라져 버린 입사장의 기술에 대하여 적고 있다. 다행스럽게 입사 기예를 보유한 장인이 생존함이 알려져, 단절될 뻔했던 입사 기능이 되살아나게 되었다. 1983년 중요무형문화재(오늘날의 무형유산) 제78호 입사장 보유자로 이학응(李鶴應, 1900~1988)을 지정하였다. 그는 이왕가미술품제작소에서 입사장으로 종사한 명장이다. 그는 끼움입사, 쪼음입사는 물론 여러 가지 조각 기법에 두루 능하였다.

삼국 시대 입사 공예는 환두대도 등 일부 유물에 주로 사용되었다. 환두대도나 교구 등에 나타난 삼국 시대의 입사 문양은 선 위주의 단순한 문양들이 대세를 이룬다. 파상 곡선이나 지그재그의 톱날 문양, 삼각 문양 등이 특히 선호되었고, 바탕면을 채우는 데에는 육각형이 연접된 귀갑 문양과 당초 문양이 사용되었다. 이 밖에 동물을 형상화한 물고기 문양과 용 문양, 봉황 문양 등도 있다. 입사 문양은 통일신라 시대까지 중국적 색채가 강했는데, 고려 시대가 되면서 문양이 고려화되고 종류도 다양해진다. 고려 미술의 특성은 세련된 조형성과 함께 그 외면에 장식된 선 위주의 문양에서 드러난다.

'아름다운 선에 의한 미술'은 도자 공예와 금속 공예에 공통으로 나타난다. 이는 고려 미술의 중요한 특징 중의 하나이자 한국 미술 전체를 아우르는 특성이기도 하다. 고려 시대 입사 공예품에는 주로 동물문·식물문 등이 사용되었으며, 보조 문양으로 기하문·여의두문·구름문 등이 시문되었다. 동물문으로는 삼국 시대부터 자주 등장하던 용과 봉황문이 인기가 있었다. 예로 1177년에 제작된 표충사 향완·통도사 정병 등이 있다. 용봉문과 더불어 여의주를 태극 문양으로 표현하고 있다. 식물문으로는 당초·연화·석류·포도문 등이 있다. 당초문은 여러 형태로 나타나는데, 당초의 외곽선을 표현하거나 연화, 석류 혹은 포도문 등과 결합하기도 하였다. 또 포류수금문으로 알려진 물가 풍경을 그림처럼 묘사한 회화적 문양도 인기를 끌었다.[123][124]

입사 기술의 양상

입사 공예품의 제작 및 문양의 시문에는 기본적으로 물성 혹은 색상이 다른 두

---

123) 국립중앙박물관 편,『한국전통문양 1: 금속공예 입사 기본편』, 국립중앙박물관, 1998
124) 정영호 외,『한국의 전통 공예기술』, 한국문화재보호재단, 1997

종류의 금속재가 사용된다. 바탕재는 표면에 문양을 음각할 때 충격을 버티면서 장식 재료를 끼워 고정하는 성질을 지녀야 하기에, 금속재 중 강도가 높은 동(銅), 철(鐵)을 주로 사용한다. 이에 비해 장식재는 바탕재와 색이 다르면서 시문했을 때 문양이 선명하게 드러나야 한다. 또, 음각 홈에 넣을 때 유연하게 들어가면서도 형태의 변형도 용이해야 한다. 이에 바탕재에 비해 강도가 무르거나 색이 다른 금(Au, 金), 은(Ag, 銀), 수은(Hg, 水銀), 납(Pb, 蠟), 동(Cu, 銅) 등을 사용한다. 바탕 기물은 주조하거나 단조기법으로 제작한다. 입사는 완성된 기물에 문양을 음각한 후, 그 음각면에 장식재를 끼우거나 박아 넣어 작업한다.

입사는 장식재를 바탕재에 감입하는 방법에 따라 끼움과 쪼음, 납입사로 세부 기법이 나뉜다. 끼움입사는 기물 표면에서 문양을 새길 곳에 문양의 선보다 폭을 얇게 음각하고, 바탕 금속보다 강도가 무르거나 색이 다른 금속을 홈 안에 박아 장식하는 방법이다. 쪼음입사는 표면에 규칙적으로 평정질을 촘촘하게 해 일정한 패턴의 홈을 만들고, 그 홈 안에 반복적으로 바탕 기물보다 무른 장식재를 박아 선이나 면을 만들어 하나의 문양을 완성하는 기법이다. 이 방법은 14세기에 도입되어 조선 중후기에 크게 성행했다. 얇고 세밀한 선부터 넓은 면까지 표현할 수 있어 기존의 입사 기법보다 제약이 덜하고, 공간이 넓은 기물에서 세밀하고 반복적인 문양에 사용되었다. 납입사는 음각면에 액체 혹은 가루로 가공한 장식재를 채워 넣거나 바르는 기법이다. 고려~조선 시대에 걸쳐 사용되었으나 현재 도금, 유금 등과 개념이 혼용되는 경우가 빈번하다.

고려의 입사는 삼국 시대 기술의 전통을 이어온 끼움입사를 중심으로 전개되었다. 따라서 표면의 음각과 장식재의 가공, 장식의 결실을 방지하기 위한 흡착이 중요하다. 문양의 시문을 위한 음각은 V자 형태로 홈을 파서 진행되었다가 통일신라 시대 후반부터 장식재의 흡착률을 높이기 위해 점진적으로 개량되었다. 13세기 유물의 음각 단면은 전반적으로 ⊔자 형태의 높이가 적용되었다. 높이 조절은 문양을 시문하려고 감입되는 장식재의 두께 조절과 직결된다. 장식재의 폭은 문양 형태에 의해 결정되지만, 두께는 음각 홈의 높이와 연관이 깊다. 선이나 면으로 장식재의 형태를 제작한다고 하더라도, 두께는 음각 홈에 꽉 물려야 하므로 음각 홈의 깊이에 맞춰 결정된다.

12세기 후반의 고려 유물은 통일신라 시대보다 음각 홈의 깊이가 얕아졌지만 13~14세기 유물보다는 여전히 깊다. 이후 13세기 후반~14세기 유물로 갈수록 당초문의 형태가 복잡하고 선이 정교해지면서, 여백을 두지 않고 입사 문양을 빼곡히 시문하는 경우가 증가한다. 금속의 특성상 문양의 형태는 간략화, 패턴화되는 법이다. 선이 얇거나 각도가 있는 곡선의 표현 및 다양한 소재와 복합적인 문양 구성은 기술의 변화와 관계가 깊다.

13~14세기 원과의 관계는 고려 공예 전반에 많은 영향을 미쳤는데, 입사 공예품도 예외는 아니었다. 13세기 후반부터 원의 문물이 고려에 들어오면서 원의 쪼음입사 기법이 도입된다. 원의 입사 기법은 철제 공예품에 주로 사용되었는데, 이는 원과 교류하던 서아시아와 유사한 경향이다. 원의 대도와 남송의 수도였던 항주는 육로와 해로로 고려와 연결하는 거점지였다. 쪼음입사 도입기 기법의 양상은 여말선초인 14세기 후반~15세기 초로 추정되는 가천박물관 소장 '철제은입사잔(鐵製銀入絲盞)', 영국박물관 소장 '철제은입사고배(鐵製銀入絲高杯)' 등에서 확인된다.[125]

조선 시대에는 경공장(京工匠)으로 입사장을 두었다. 『경국대전』에는 "정3품 이하 당하관(堂下官)의 신분으로 말안장에 은입사하는 것을 금한다."라는 기록이 있어, 계급과 신분에 따라 입사 재료를 엄격하게 제한하였음을 알 수 있다. 조선 시

---

125) 김세린, 「고려시대 입사공예품의 장인과 기술」, 『한국중세고고학』 5, 한국중세고고학회, 2019

대 입사 공예품에서 발견되는 특징은 끼움입사에서 쪼음입사로 전환된다는 점이다. 조선의 은입사는 바탕 금속에 철이 사용되었으며 감입 금속으로는 주로 은이 사용되었다. 철과 은은 나라에서 직접 관장하는 금속이다. 쪼음입사 장인은 전문성을 인정받아『경국대전』에 입사장으로 명시되었다. 조선 시대의 은입사 공예품은 대부분 왕실과 사대부 계층에서 유통되는 품목이었다. 이학응의 존재는 일제강점기 은입사 공예품이 일반적인 주문형 가내수공업 방식과 더불어 공장형 미술품 제작소에서 제작하는 방식으로도 생산되었으며, 도제식 이외에 근대적 시스템에서도 기술이 전승되었음을 말해준다. 1960년 예용해는『한국일보』에 '인간문화재' 시리즈를 연재하면서, 입사장과 같이 우리 재래의 기예를 지닌 사람들을 인간문화재라 명명했다.[126)]

국보 흥왕사명(興王寺銘) 청동은입사용봉문향완(靑銅銀入絲龍鳳文香垸)

고려 시대에 들어와 고배형 향완이 가장 많이 만들어졌다. 향완은 구연이 밖으로 벌어져 넓은 전이 달린 몸체와 아래로 가면서 나팔형으로 벌어진 받침으로 구성된 형식으로, 몸체와 다리 부분을 따로 주조하여 결합했다. 이러한 향로를 '향완(香垸)'이라고 하는데, 표면에 범자(梵字)를 비롯하여 보상당초, 연당초, 운룡, 봉황 외에 회화적인 포류수금문 등을 은입사로 화려하게 장식한 예가 많다. 고려 시대의 고배형 향완 가운데 가장 이르며 일본 고려미술관이 소장한 백월암 향완(1344)과 같이 전면을 가득 채우며 복잡하면서도 화려한 문양이 시문된다. 고려 말에 만들어진 지정17년명 향완(1357)은 중흥사 향완보다 13년 뒤에 만들어진 작품이며, 다리가 짧아지면서 벌어져 둔중한 느낌을 준다.

---

126) 김선정,「조선시대 은입사(銀入絲) 기법의 현대적 전승에 관한 연구」, 한국예술종합학교, 2015

도판 26 흥왕사명 청동은입사용봉문향완, 고려 시대, 높이 38.1cm, 입지름 30cm, 리움미술관 소장

흥왕사명 청동은입사용봉문향완은 1984년 국보로 지정되었으며 리움미술관이 소장하고 있다. 수평으로 넓은 전이 있는 노신(爐身)과 나팔형의 받침으로 나누어지는 전형적인 고려 시대 향로이다. 받침이 높아 경쾌하고 명랑한 감을 준다. 완형을 이루는 노신에는 넓적한 구연부가 마련되고 대부는 아래쪽의 원반과 연접되는 구조적 특징을 보인다.

이 향완은 전체가 고려의 전형적인 문양들로 장식되었다. 전에는 연주문 안에 연화당초문(蓮花唐草文)을 둘렀고 가장자리에는 동심원을 시문했다. 노신에는 대칭되는 위치에 쌍선으로 된 팔화형(八花形) 구획 두 곳을 만든 다음 그 안에 여의주를 쥔 운룡(雲龍), 연꽃 가지를 입에 문 쌍봉(雙鳳)을 번갈아 은사(銀絲)로 상감하였다. 노신의 남은 공간에는 갈대와 연꽃을 하늘이나 물가 구분 없이 아래위로 배치하고, 위에는 기러기가 날고 밑에는 오리가 떠 있어서 고려 시대에 유행하던 포류수금문(蒲柳水禽文)의 응용으로 보인다. 향완의 나팔형 받침은 위의 가장자리를 쌍선으로 굵게 표시하고, 윤곽만 선으로 딴 덩굴무늬를 성글게 채워 넣었으며, 위아래로 구름·동심원·여의두 등 문양들을 줄지어 돌렸다. 하단에는 풀무늬를, 굽에는 꽃무늬를 은입사하였다. 은입사 문양은 모두 뛰어난 솜씨를 보여 줄 뿐 아니라 회화적 가치도 아주 높다.

받침 굽도리에는 '己丑二月日興王寺(기축2월일홍왕사)'로 시작하는 약 1㎝ 크기 명문(銘文) 34자가 입사되었다. 명문의 내용은 '기축년(己丑年)에 개성(開城) 홍왕사의 승려와 지금의 충남 금산인 진례군(進禮郡)의 부호장(副戶長)이 함께 발원하여 제작하였다'로, 이 향로가 경기도 개풍군 홍왕사에 있었으며 제작 시기는 1289년(충렬왕 15)경임을 알 수 있다. [127]

고배형 청동은입사향완에서 나타나는 앙련문과 복련문대가 이 향완에서는 보이지 않고, 받침대 꼭대기에 마련된 2단 돌기로 몸통부와 받침이 연결된 점이 이 향완만의 특징이다. 홍왕사명 청동은입사용봉문향완은 전체 높이와 구연 바깥지름의 비율이 서로 근사치를 이루는 다른 향완들과 달리, 몸통에 비하여 구연부 전의 폭이 좁아 키가 커 보인다. 기술적인 측면에서도 매우 우수함을 보이며, 이러한 기량은 얇은 두께의 기체 전면에 걸쳐 유려한 선으로 새겨 배치한 운룡문 및 봉황

---

127) 나만의 국가유산 해설사 홈페이지
https://m.cha.go.kr/public/commentary/culSelectDetail.do;jsessionid=Qah9zvS9flD1Y0KAEN8wDUmnp1PlWbW9hZ8ctNo6PxxUYVyhyu9YGlTTGTNhT7az.cha-was01_servlet_engine2?VdkVgwKey=11,02140000,11&pageNo=77010000

문, 포류수금문 등 은입사 문양과도 연결되어 우수성이 한층 드러난다. 몸체에는 1단의 받침이 있고 배 부분이 약간 불러 완만한 곡선을 보이며, 네 곳에 운룡과 봉황문이 입사된 팔릉형화창이 마련되어 있다. 나머지 공간에는 연꽃 문양과 함께 수초와 물새 등 늪 가장자리의 서정적인 경치를 마치 그림을 그리듯 자유롭고도 활달한 세선으로 입사하였다. 4조의 화창은 내부에 운룡과 봉황 문양이 서로 짝을 이루며 대칭되게 은입사되었음을 볼 수 있는데, 마치 하나의 그림을 번갈아 사용하기라도 한 것처럼 거의 동일한 유형을 보인다.

첫 번째 화창은 운룡문으로, 태극무늬가 있는 보주를 왼쪽 앞발에 쥔 채 나는 듯이 자유분방한 모습의 용이 표현되었다. 부릅뜬 눈, 꽉 다문 입 사이로 드러난 이, 녹각 모양의 뿔, 뾰족하고 날카로운 발톱, 등 쪽의 갈기와 수염 등이 매우 세밀하게 입사되어 있다. S자 모양으로 목을 세운 채 뒤틀고 있는 몸체 주위의 여백에는 머리를 한 방향으로 하고, 흘러가는 구름을 표현한 듯한 문양과 4개의 보주를 자유롭게 배치하여 공간감을 나타내고 있다. 이와 마주한 쪽의 세 번째 화창 역시 운룡문으로, 입을 크게 벌려 긴 혀를 쑥 내밀고 보주를 입속에 굴리고 있는 점만 서로 다를 뿐 동일하게 조각되었다. 이와 다르게 두 번째 화창은 봉황문을 입사하였다. 봉황의 머리는 서로의 꼬리를 향하여 왼쪽으로 들고 빙글빙글 도는 듯한 모습이다. 봉황의 입에는 구연부 윗면에서 보이는 것과 같은 모양의 절지형 연꽃이 물려 있고, 봉황 사이의 여백에는 구름 문양과 보주 문양이 입사되었다. 이와 대칭으로 자리한 네 번째 화창 역시 쌍봉문이 표현되어 있는데, 보주의 숫자가 아홉 개에서 여섯 개로 줄어든 것을 제외하고 절지형 연꽃을 입에 물고 있는 점이 같다. 서로 꼬리 쪽에 머리를 두어 돌고 있는 것과 같은 동작은 두 번째 창과 거의 동일하다. 여기에서 화창 속의 용과 봉황문은 이 향완의 조성 시기를 추정하는 데 중요한 요소이다.

이 향완은 기형이나 문양도 아름답지만, 봉안된 사찰과 조성한 사람, 조성 연대를 추정케 하는 글귀가 대 원반 부연부(附椽部) 측면에 있다는 점이 인상적이다. 명문 내용으로 미루어 보아 이 향완은 고려 문종(1047~1082년)대에 창건한 개성 흥왕사의 향완으로, 학도대덕(學徒大德)과 진례군 부호장 김부(金浮)가 함께 발원하고, 서울의 김언수(金彦守)가 조성하였음이 파악된다. 이 향완의 조성 연대는 명문 중 '기축(己丑)'이라는 간지로 보아 충렬왕 15년인 1289년으로 추정한다. 그러나 향완 각 부의 비율과 문양은 일본에 소재하는 1164년에 조성된 백월암 고배형청동은입사향완(高杯形青銅銀入絲香垸) 및 1177년에 조성된 국보 표충사청동함은향완(表忠寺青銅含銀香垸) 등과 유사할 뿐만 아니라, 입사 기법 또한 세선 위주로서 국립중앙박물관이 소장한 12세기 추정 청동은입사포류수금문정병(青銅銀入絲蒲柳水禽文淨瓶)과 유사하다. 흥왕사가 1067년(문종 10)에 준공되었다는 점 때문에 아무리 늦어도 60년 앞서는 1229년으로 올려 보는 것도 검토해 볼만하다. 흥왕사명 청동은입사용봉문향완은 봉안 사찰과 조성자, 조성 연대를 추정케 하는 명문이 뚜렷하고, 기면의 두께를 2㎜ 정도로 얇게 주조한 기술적인 측면에서 역사적·학술적 가치는 물론, 유려한 선의 운룡문 및 봉황문, 포류수금문 등의 섬세하고 화려한 은입사 문양에서 예술적 우수성이 드러나는 걸작이라고 하겠다.[128]

국보 청동은입사포류수금문정병(青銅銀入絲 蒲柳水禽文淨瓶)

국립중앙박물관 금속 공예실에는 일반인들에게는 다소 생소한 형태인 불교 물병들이 진열되어 있다. 물을 넣는 곳인 귀때[流]와 따르는 곳인 첨대(尖臺)가 있는 이 물병들은 전형적인 고려 정병(淨瓶)이다.

---

128) 문화재청, 『문화재대관 국보 금속공예』, 그라픽네트, 2009

정병은 범어로 손을 깨끗이 씻는다는 의미인 '쿤디카(Kundikka)'이다. 원래 인도에서 사용하였으며, 불교와 함께 동점하여 중국에서 군지(君持, 軍遲), 군지가(君稚迦) 등으로 음역되었다. 승려들이 사용하는 정수(淨水)를 담는 수병으로, 남북조 시기에 한역된 『범망경』, 『십송율』, 『사분율』 등 율부경전에 따르면 대승 비구가 두타행(頭陀行)을 떠날 때 반드시 몸에 지니는 십팔물(十八物) 중 하나면서 불·보살 전에 정수를 올리는 공양구이기도 하다. 돈황에서 발견된 당대 고승상 그림에는 휴대용 자리인 니사단을 깔고서 좌선하고 있는 승려 옆에 이 군지형 정병이 놓여 있는데, 오늘날 사람들이 들고 다니는 생수병과 같은 이치이다. 물병에는 정병과 촉병(觸瓶) 두 가지가 있었으며 사용법도 각기 달랐다. 당대의 구법승 의정(義淨)은 인도 나란다 승원에서 10년 동안 생활했던 경험을 토대로 지은 『남해기귀내법전(南海寄歸內法傳)』에서 정병과 촉병의 용도를 다음과 같이 소개한다.

"모든 물에는 정촉의 구분이 있다. 병도 두 개가 있어 깨끗한 물은 모두 와자를 사용하고, 보통 물은 구리·무쇠 등의 병을 마음대로 사용한다. 깨끗한 물은 식사 때가 아닐 때 음료수로 사용하고, 보통 물은 대소변 후에 필요한 물이다. 깨끗한 물은 깨끗한 손으로만 지닐 수 있고 반드시 청정한 곳에 안치하여야 하며, 보통 물은 언제나 필요할 때 잡을 수 있게 하여 손이 닿는 곳에 이를 놓아둔다.(凡水分淨觸, 瓶有二枚. 淨者咸用瓦瓷, 觸者任兼銅鐵. 淨擬非時飮用, 觸乃便利所須. 淨則淨手方持, 必須安著淨處. 觸乃觸手隨執, 可於觸處置之.)"

우리나라 정병의 시원은 삼국 시대에 불교가 발흥할 때부터로 추정된다. 삼양동 출토 금동보살입상이나 의당 출토 금동보살입상이 들고 있는 보병, 부여 동남리사지 출토 토기병 등에서 중국 남북조 시기 정병의 유형인 세장경형(細長頸形) 병이 사용되었음을 알 수 있다. 통일신라 시대에는 세장경병과 당대 이후 성행한 쌍구식 군지형정병을 함께 사용했다고 추정된다. 현존하는 군지형은 751년에 조성된 석굴암의 범천상이 든 정병이 최초지만, 문헌 기록으로는 7세기에 당(唐) 대의 법장 현수가 의상에게 보낸 예가 있어 유입 시기는 좀 더 이르다.『삼국유사三國遺事』「승전촉루」조에 따르면 현수국사는 신라 승전법사가 고향에 돌아가는 편에 의상에게 "저번에 신라의 중 효충이 금 구분을 갖다주면서 상인이 보낸 것에 답하여 지금 서국의 군지조관 한 개를 보내어 작은 정성을 표하오니 받아주시기를 바랍니다."라는 내용의 편지와 정병을 예물로 보냈는데, 당시의 서국 군지조관이란 바로 이 군지형 정병이다. 사용법은 몸통의 어깨 부분에 있는 귀때를 통해 물을 넣은 뒤, 병목을 잡은 손을 올려 첨대에서 입안으로 떨어지는 물을 마시는 것이다.

고려 시대에는 부소산 출토 청동 정병이나 봉화 오존리 출토 청동 정병, 청동은입사포류수금문정병을 비롯한 청동제나 청자 정병이 성행했다. 1123년에 고려에 온 북송의 사신 서긍은 『선화봉사고려도경(宣和奉使高麗圖經)』에서 "정병의 형상은 긴 목과 넓은 배의 곁에 부리가 하나 있고 중간은 두 마디로 되어 있으며 테가 있다. 뚜껑 목 중간에 턱이 있고 턱 위에 다시 작은 목이 있는데, 잠필의 형태를 본떴다. 존귀한 사람과 나라의 관원과 관사(도관과 사찰), 민가에서 다 쓰는데 다만 물을 담을 수 있을 뿐이다. 높이는 1척 2촌, 배의 지름은 4촌, 용량은 3승이다."라고 정병의 형태와 용량, 사용 계층을 상세히 알려준다. 고려 시대 정병은 11~13세기의 중국 정병과 달리 포류수금문·죽문·파초문·용문·여의두문·운문 등을 마치 회화처럼 은입사해서 장식성을 보여서 의의가 크다. 군지형 정병과 함께 귀때가 없는 정병도 유행했으나 모두 고려 말에 소멸했고, 조선 시대에는 조각이나 불화에 새로이 손잡이가 달린 주자형 정병이 표현되었다.

국립중앙박물관 소장 국보 청동은입사포류수금문정병은 은입사로 시문된 높이 37.5cm의 정병(淨瓶)이다. 고려 시대 대표적인 금속 공예품의 하나로 고려 정병 가운데 가장 뛰어난 걸작이다. 현존하는 은입사 정병 중 가장 아름다울 뿐 아니라 제작 기법도 뛰어나며, 고려 전기의 회화를 엿볼 수 있는 중요한 작품이다. 이 정병은 형태가 안정감 있고 유려한 곡선미를 보이며 입사 기법의 정교함을 유감없이 발휘한다. 이 정병은 11세기경 작품으로 추정되는데, 당시 상감청자와 나전칠기 등 상감 기법이 발달하면서 함께 성행했을 것으로 짐작한다.

세월에 의해 전체적으로 청색 녹이 곱게 덮인 청동은입사포류수금문정병은 어깨가 불룩한 몸통에 귀때를 따로 주조한 후 붙였고, 밑판은 밖에서 땜했다. 표면 전체에 은입사 기법으로 포류수금문을 비롯해 구름과 파초를 시문했다. 표면은 3단으로 구획해 가는 은선으로 그림 그리듯이 신부에 포류수금문으로 지상 현실 세계를, 목 부분에는 구름으로 하늘을 표현했고, 그 위에는 파초문으로 천상 극락 세계를 표현했다. 정병의 몸체 어깨와 굽 위에 여의두문을 돌렸고, 몸체 앞뒤로 버드나무를 대칭으로 배치하였으며, 갈대가 우거지고 수양버들이 늘어진 언덕 주위로 오리를 비롯하여 물새들이 헤엄치거나 날아오르는 풍경이 펼쳐진다. 또 배를 타거나 낚시하는 인물 등 물가 정경을 한 폭의 화조화처럼 표현하였다. 이런 풍경은 고려인이 생각했던 이상향을 표현했다고 생각된다. 주구는 뚜껑으로 덮여 있다. 뚜껑 윗면은 당초문을 투각하였고 주구 옆면은 연판문을 장식하였다. 목 부분에도 은판을 투각하여 장식한 뚜껑이 있다.

버드나무가 있는 물가에서 오리가 노니는 장면을 문양화한 포류수금문은 고려 시대에만 유행했으며, 포류수금문은 정병과 청동은입사향완, 청자에 주로 시문되었다. 중국 공예품에서는 전혀 찾아볼 수 없는 포류수금문은 11세기에 조성된 요 대 경릉벽화의 사계도 가운데 춘도(春圖)인 갯버들과 수금이 있는 장면과 연관된 것으로 알려져 있으며, 고려에서 불교적 의미와 봄을 상징하는 문양으로 정형화한 것으로 보인다. 또한 수월관음도에도 관음의 옆에 버드나무 가지가 꽂힌 정병이 묘사되었는데, 버드나무와 정병의 상관관계는 『관세음보살소복독해다라니주경』에 명시된 것처럼 정수를 버드나무 가지로 뿌려 모든 재해를 물리친다는 양지정수법(楊枝淨水法)을 상징한다.

이 정병은 조형적인 안정감과 장식성이 뛰어나서 고려 불구의 상징적인 작품일 뿐 아니라, 바람이 부는 방향이 느껴질 정도로 섬세하게 청동 바탕을 정으로 쪼아내고 은선을 끼워 우리나라 은입사 기법의 최절정을 볼 수 있는 걸작이다. 더욱이 고려인들은 정병에 버드나무를 은상감하거나, 관음이 정병과 함께 버드나무 가지를 들고 있거나 관음 옆에 버드나무 가지가 꽂힌 정병을 즐겨 그려 결국 치병이나 팔난 극복, 기복, 아들 등 소원 성취하기를 염원했다. 고려 시대나 현대나 사람들은 변함없이 많은 질병과 고통, 정신적인 고뇌를 안고 살면서, 구제와 기복을 갈망한다. 고려인들은 버드나무와 정수를 통해 심상의 위안을 삼았다.[129)130)]

---

129) 국가유산청, 2009
http://www.khs.go.kr/newsBbz/selectNewsBbzView.do?newsItemId=155333377&sectionId=co_sec_1&pageIndex=10&strWhere=&strValue=&mn=NS_01_02
130) 문화재청, 『문화재대관 국보 금속공예』, 그라픽네트, 2009

15 나전 예술의 극치

: 고려 나전경함(도판 27)

　　　　　　　　　　　　나전이라는 말은 한·중·일에서
공통으로 쓰는 한자어로, 우리나라에서는 보통 '자개'라고 했다. '자개 박는다'라는 말은 여기에서 유래했다. 나전을 풀이하면 '소라 라(螺), 비녀 전(鈿)'이다. 11세기 고려 시대 언어를 기록한 『계림유사(鷄林類事)』에서 '나왈개개(螺曰蓋慨)'라 쓴 점으로 미루어 일찍부터 자개라고 하였음을 짐작할 수 있다. 나무 바탕을 직접 새겨 상감하는 감입 기법도 있지만, 대체로 칠 바탕 위에 자개를 붙이고 그 위로 칠을 올린 뒤 표면을 연마하여 무늬가 드러나게 하므로, 나전에는 으레 칠이라는 말을 붙여 나전칠기라고 쓰는 것이 상례이다.

　아시아 지역에 나전이 보급되면서 지역에 따라 독특한 기법을 보인다. 중국은 진주와 소라껍데기로 나전을 만들었고, 일본은 옻을 이용한 칠기를 많이 사용했다. 평탈(平脫) 기법과 비슷한 나전 기법은 자개를 세밀하게 선각하여 장식하고, 칠을 전면에 발라서 일정하게 연마하고 다듬어 문양을 돋보이게 하는 방법이다. 나

도판 27 보물 고려 나전경함(螺鈿經函), 높이 22.6cm, 너비 41.9cm, 옆너비 20.0cm, 고려 시대, 국립중앙박물관 소장

전은 협의로는 패각으로 장식한 것을 뜻하지만, 넓게는 칠기에 대모, 상아, 보석 등을 감장한 경우까지를 포괄한다. 그중에서 전복껍데기를 가공하면 나전(螺鈿) 자개(紫蓋)라고 불렀다. 이규경의 『오주연문장전산고(五洲衍文長箋散稿)』에 전복과 나전에 대해 다음과 같이 서술하고 있다.

"나전(螺鈿)이란 전복의 껍질에서 거친 껍데기를 제거하고 갈아서 가는 띠를 만든 뒤 칠기 위에 장식하여 글씨나 그림, 사물의 형상을 만드는데, 무지갯빛이 현란하다. 우리나라 민간에서는 '자개'라 일컫는다."

이에 대비하여 금이나 은판을 오려붙인 것은 따로 평탈(平脫)이라고 부른다. 즉, 나전은 옻칠한 제품에 얇게 간 조개껍데기를 여러 가지 형태로 오려내어 기물의 표면에 감입시켜 꾸미는 것을 말한다. 보통 목제품에 옻칠하고 그 위에 자개를 붙여, 다시 칠을 올린 뒤 표면을 연마해 무늬가 드러나게 한다. 이어령의 『우리문화 박물지』는 다음과 같이 나전을 극찬한다.

"나전의 아름다움은 결코 그 번쩍거리는 소라껍질에서 얻어낸 광채 때문이 아니다. 상감한다는 것, 어디엔가로 깊이 파고 들어가는 보석의 속성을 지니고 있기 때문에 아름다운 것이다. 아무리 작은 보석이라 해도 황금을 압도한다. 왜냐하면 황금은 단지 보석이 파고 들어가는 흙의 구실밖에 하지 않기 때문이다. 옻칠은 자개에 있어서 바로 황금의 지면과 같은 구실을 한다. 자개가 숨고 박히게 될 자리를 마련하기 위해서는 바다의 진흙 바닥과 같은 깊이를 지닌 갯벌이 필요한 것이다."

우리나라의 나전칠기는 목제품 표면에 옻칠하고 거기에 첨가하는 자개 무늬를 가리키며, 그런 점에서 목칠공예에 부수되는 장식적 성격을 띤다. 나전 기법은 중국 당나라 때 성행하였으며, 우리나라와 일본에 전하여졌을 것으로 추정된다. 전래 초기에는 주로 백색의 야광패(夜光貝)를 사용하였으나, 후대로 가면서 특히 우리나라에서는 청록빛깔을 띤 복잡한 색상의 전복껍데기를 많이 사용하게 되었다. 패각은 탄산칼슘의 무색투명한 결정이 주성분인 까닭에, 빛을 받을 때 프리즘과 같은 색광 현상을 일으켜 이처럼 아름다운 빛을 발한다. 또한 조개껍데기 자체의 박막(薄膜)에서 생기는 색현상도 발색에 중요한 구실을 하며, 전복껍데기의 경우는 박막에 의한 발색이 다양하게 작용하는 본보기이다.

우리나라에서는 청동기 시대 말기 다호리유적에서 옻칠이 사용된 유물이 출토되었으며, 삼국 시대를 거쳐 통일신라에 이르러서는 높은 수준의 칠기를 만들어 사용하였다. 통일신라 이후 나전 기법은 최대로 발전하며, 양식 또한 독자적인 형태를 보이며 특징적인 기술로 자리 잡았다. 고려 시대에는 나전 제품이 무역 품목으로 기재될 만큼 나전의 제작이 성행하였고, 제작 기법이 중국이나 일본과는 비교할 수 없을 만큼 뛰어났다.

우리나라는 목기와 더불어 칠기가 발달했다. 옻칠의 흔적은 일찍이 청동기 시대 유물에서도 발견되었지만, 특히 낙랑을 통해 한문화(漢文化)가 직접 유입됨으로써 칠공예 발달의 획기적인 계기가 이루어졌다. 창원 다호리고분이나 광주 신창동 등지에서 발굴된 칠기 유물로 보면, 우리나라 칠기의 기원이 이미 가야 시대 훨씬 전부터임을 알 수 있다. 우리나라의 칠공예는 중국이나 일본에 비하여 단조한 편이어서 생칠·흑칠·주칠(朱漆)과 자개를 활용하는 것이 고작이었다. 그러나 옻칠의 질이 좋고 자개 솜씨가 뛰어나서 우리나라 칠공예의 독자적인 특성을 이루었다. 고려와 조선 시대에는 칠기에 문양을 장식하는 재료로 자개가 주로 사용되었다.

국보 나전단화금수문경(螺鈿團花禽獸文鏡)

중국은 당나라 시대에 나전칠기가 성행하였는데, 우리나라는 앞에서도 언급했듯이 삼국 시대에 이미 나전칠기를 제작하였다. 이를 입증할 만한 유물로 통일신라 시대 소산으로 추정되며 옛 가야 지방에서 출토된 리움미술관 소장 국보 나전단화금수문경이 있다. 나전단화금수문경이란 나전 기법으로 단화문과 동물문, 즉 둥그스름한 꽃과 여러 동물 문양을 장식해 넣은 거울이다. 이 거울은 옛 가야 지역에서 출토되었다고 전해지고 있을 뿐, 정확한 출토지와 출토 상황에 대해서는 알려진 바가 없다. 거울의 뒷면 중앙에 둥근 꼭지가 하나 있고, 그 주위에 나전과 호박, 터키석 등 여러 보석류로 문양을 표현하여 대단히 화려한 모습이다. 현재 보존 상태는 그다지 좋지 않으며, 두 부분으로 부러진 것을 이어놓은 상태이다. 이 거울의 뒷면을 장식한 나전 기법은 전복이나 조개의 안쪽 껍질을 여러 형태로 잘라낸 다음 칠로 표면에 붙여 장식한 방법이다. 고려 시대 이후 이러한 나전 기법이 주로 목공예품의 표면 장식에 애용되어 나전칠기가 제작되었다. 이미 통일신라 시대에 나전 기법이 목공예품뿐 아니라 금속의 장식 기법으로 사용되었다. 이 나전단화금수문경은 금속 공예품에 나전 기법이 사용된 통일신라 시대의 공예품으로서, 현존하는 나전 기법 공예품 중에서는 가장 이른 예에 속한다.

나전 기법의 기원은 정확하지 않은데, 앞에서 언급했듯이 대체로 중국 당대(唐代)에 창안된 기법의

도판 28 국보 나전단화금수문경(螺鈿團花禽獸文鏡), 지름 18.6㎝, 두께 0.6㎝. 통일신라 시대, 리움미술관 소장

하나로 알려져 있다. 우리나라에 나전 기법이 전래한 시기는 당 현종(玄宗) 연간으로 추정된다. 『삼국사기(三國史記)』에 따르면, 신라 성덕왕(聖德王, 재위 702~737) 때 당 황제 현종이 흰 앵무 한 쌍, 자주색 비단에 수를 놓은 상의, 금은으로 만든 세공 기물 및 금은보전(金銀寶鈿)을 보내왔는데, 그 유물들이 워낙 뛰어나 사람의 눈을 부시게 하고 사람들을 놀라게 했다고 한다. 금은보전은 아마도 금은 평탈 기법(平脫技法)과 나전 기법으로 만든 공예품으로 생각된다. 여러 보석을 공예품 표면에 칠로 붙여 장식하는 기법이 통일신라에 전해졌음을 알 수 있다. 이러한 장식물의 제작은 이후 크게 성행했으며, 상류층은 금·은·나전·보석 등으로 장식된 공예품들을 애용하는 사치스러운 생활을 했던 것으로 보인다. 홍덕왕(興德王, 재위 826~836) 때 이러한 사치풍조에 대한 금지령이 내려졌는데, 그중 진골 여성들의 말안장에 보전(寶鈿) 장식을 금지한다는 내용이 보여 주목된다. 경문왕(景文王, 재위 861~875) 때는 당나라에

보낸 공물 중에 슬슬전금침통(瑟瑟鈿金針筒) 30구가 포함되는 것으로 보아, 이 기법이 9세기경에 매우 뛰어난 수준으로 발달하고 있었음을 알 수 있다.

그러나 통일신라 시대의 나전 기법으로 장식된 예가 나전단화금수문경이 유일하므로, 이 나전경이 통일신라에서 직접 제작되었는지, 혹은 중국 당나라에서 수입되었는지에 대해서는 이견이 많았다. 전하는 바로는 이 단화경이 금장수정장식 촛대(국보)와 함께 도굴되었다는 이야기가 있다. 국내 제작설에 도움이 되는 소문이기는 하지만 도굴이라는 점이 문제이다.

제작 연대는 이 거울과 유사한 제작 기법으로 장식된 일본 나라 쇼소인(正倉院)의 평나전배원경(平螺鈿背圓鏡)들과 비교해서 8세기로 보는 것이 일반적이다. 쇼소인의 나전경은 모두 9점으로, 문양은 대부분 붉은 호박으로 만든 타원형의 커다란 꽃과 자개를 이용한 꽃과 동물들, 그리고 연주문 등을 배치했다. 또한 자개와 호박을 박아 넣은 사이사이 바탕에 자잘한 푸른색의 보석을 흩뿌린 듯이 박아 넣어서 색상의 조화가 뛰어난 점이 특징이다. 이러한 양식적 특징은 통일신라 시대의 나전단화금수문경과 매우 유사하여 주목된다. 나전단화금수문경의 중앙 꼭지 주위는 자개로 연주문을 돌렸고 그 바깥쪽에 작은 타원형의 꽃 3송이를 배치하였다. 다시 그 바깥쪽으로는 17개의 타원형 장식을 연주문처럼 둥글게 배치하였다. 거울의 위 아래쪽에 각각 커다란 타원형의 붉은 꽃, 즉 단화(團花)가 자리 잡고 있다. 위쪽 꽃의 좌우에는 산봉우리와 새, 그리고 꽃 등을 배치했으며, 그 아래에 마주 보면서 구름을 타고 꽃을 향해 내려오는 사자 1쌍이 자리한다. 사자와 꽃 주위에는 흩날리는 꽃잎과 장식이 타원형으로 표현되어 있다. 타원형의 꽃은 모두 붉은색 호박을 사용하였고, 사자와 새, 꽃잎 등은 자개판을 잘라서 붙였다. 각 자개판에는 가는 음각선으로 사자의 갈기와 털, 새의 깃털, 잎맥 등을 세밀하게 표현한 점이 특징이다. 정창원이 소장한 나전경의 꽃문양이 나전단화금수문경의 단화문과 유사한 형태이기 때문에, 양식적 친연성이 지적되었다. 바탕 부분에 빽빽하게 푸른 보석 조각을 뿌려 놓은 점도 역시 유사한 형식을 보인다.

정창원 나전경의 장식에 사용된 호박은 미얀마 북부산이며, 담청색과 녹색 보석은 페르시아산, 터키석은 아프가니스탄이나 티베트산으로 추정된다. 나전단화금수문경의 표면에 장식된 각종 재료의 산지에 대해서는 분석된 바가 없다. 당대의 나전경은 인물문, 용문, 서조문 등 문양 구성이 다양하다. 그러나 정창원이 소장한 나전경들이나 나전단화금수문경과 유사한 문양 구성이나 표현 방식은 당대 나전경과는 양식적 차이가 있다. 또한 당대 나전경에서는 나전단화금수문경에서 보이는 푸른 보석 바탕 장식과 같은 형식의 예도 찾아보기 어렵다. 2002년 중국 서안 이수묘에서 출토된 나전평탈팔화경(螺鈿平脫八花鏡)은 문양의 바탕 부분에 푸른색과 주황색의 보석 조각을 흩뿌려 놓았다. 그러나 이수묘의 나전평탈경은 거울의 형태나 꽃문양 등에서 정창원 나전경이나 나전단화금수문경 계통과는 역시 차이를 보인다.[131] 평탈의 존재나 고려 나전의 발달 상태로 보아 나전칠기가 이미 통일신라 시대에 존재하였는데, 점차 숙련되어 고려 시대에 이르러 독자적인 양식을 이룩하였음을 알 수 있다.

고려 나전(螺鈿)

조선 시대 문헌인『동국문헌비고(東國文獻備考)』에는 고려 초 11세기에 문종(文宗)이 요(遼)나라에 나전 그릇을 선물로 보냈다는 기록이 있으며, 12세기 초부터 역사서인『해동역사(海東繹史)』「교빙지(交聘志)」에 고려의 나전 제품이 무역 품목으로 기록되어 있다. 국외 선물용으로 사용된다는 사실은 특산품임을 뜻한다. 특산품으로 지정되려면 장기간 소요되기 때문에 고려 나전칠기의 시발은 10세기경으로 추정

---

131) 문화재청,『문화재대관 국보 금속공예』, 그라픽네트, 2009

된다. 중국은 야광패로 만든 두터운 나전과 금속판을 이용한 평탈칠기가 성행하면서 고려 나전칠기에 영향을 끼쳤다. 고려의 나전칠기는 '끊음질 기법'이 대단히 정교하며, 나전 무늬에 은·동·황동 등 금속선을 병용하여 견고함과 장식성을 더했다. 나전 기법에 얇은 박패법을 사용하거나 대모를 이용한 복채법 등이 활용되었고, 동선을 꼬아 사용하거나 판을 오려 만드는 점이 특이하다. 나전대모국당초문염주합은 당초문과 국화문을 여러가지 색의 나전과 대모로 조밀하게 시문하였으며, 문양을 나누는 부분에는 동선을 꼬아 시문하였다.

장식 문양으로는 초화금수문 등의 회화적 구성과 들국화의 무늬를 연속 배치하거나 S자 형식의 넝쿨 문양이 연결된 사방연속무늬 등이 나타났다. 또 모란, 국화, 꽃당초 등의 문양을 작은 단위로 만들어 집약 구성한 연속무늬의 발달은 귀족문화의 사치스러운 취향과 불교의 종교적 배경으로 성행한다. 단선 문양의 집합은 현대의 미니멀 회화를 연상케 하는데, 이러한 경향은 고려 후기로 접어들수록 더욱 복잡하고 장식적으로 변하였다. 13세기 무렵 두터운 채칠에 조각하는 조칠 기법 없이 유독 나전 기법만이 두드러지게 발달했다. 나전칠기는 흑칠 위로 나전과 대모와 은 혹은 동선(銅線)을 감입하여 무늬를 만드는 특징을 보인다. 자개는 전복 껍데기를 종잇장처럼 얇게 갈아서 사용하였다. 이런 박패법(薄貝法)은 중국에는 없다. 그러나 대모의 복채법(伏彩法)은 당대 나전에 다수가 발견되며 고려 나전칠기의 중요한 부분이기도 하다. 대모는 귀갑(龜甲)을 말하는데, 얇게 갈아서 이면에 붉은 채색이 비치게 하는 까닭에 '복홍(伏紅)'이라고 한다. 대모는 조선 시대 나전에서는 보기 어렵지만 조선 후기의 화각장(華角裝, 쇠뿔을 종잇장처럼 얇게 만들고 이면에 문양을 장식하는 것) 기법으로 이어진다.

송나라의 서긍(徐兢)이 『선화봉사고려도경(宣和奉使高麗圖經)』에 언급한 기록은 "기병이 탄 말안장과 언치는 매우 정교하며 나전으로 안장을 꾸몄다(騎兵所乘鞍韉|極精

巧, 螺鈿爲鞍鞦-卷15 車馬, 騎兵馬條…)", "그릇에 옻칠하는 일은 그리 잘하지 못하지만 나전으로 만든 것은 세밀하여 귀하다고 할 만하다(用漆作不甚工, 而螺鈿之子, 細密可貴-卷23 雜俗2, 土産條)"로 겨우 두 줄의 기사에 불과하지만, '극정교', '세밀가귀'라고 기록한 구절은 고려 나전 제품이 극도로 세밀하며 정교한 의장이라는 점에서, 당시 고려 나전의 실상을 제대로 파악하고 있다. 고려의 나전장(螺鈿匠)은 관영 기술자로, 나전 기술이 보편화되기 이전에는 관에서 만드는 기물만을 자개로 장식하였다. 나전장들은 궁정용 가구를 제작하는 중상서(中尙署;供造署, 소목장小木匠, 조각장彫刻匠, 나전장螺鈿匠, 추렴장珠簾匠, 소장梳匠, 마장磨匠 등이 있다)에 속해 있었다. 고려의 관제가 확립되는 10세기 말 성종(成宗) 때부터 나전칠기 제작소도 본격화되었다.

고려 나전칠기의 특징은 정교하게 제작한 나전의 절문(截文, 끊음질 무늬)에 있다. 위에 제시한 고려 경함을 보면 형태와 규격이 거의 같고, 무늬는 국당초, 모란당초가 주류를 이룬다. 나전패에서 잘라낸 무수한 절문(截文)은 끊음질 무늬 몇 개가 짝을 이루어 무늬가 되고, 무늬를 규칙적으로 배치하거나 연속적으로 전개하면서 장식을 완성한다. 그런데 끊음질 무늬는 사방 1cm를 넘는 것이 없다. 이는 탁월한 기법으로, 서긍이 '세밀가귀'라고 말한 것도 이같이 예리한 절문과 구성상의 탁월함 때문이다.

기법상 두 번째 특징은 나전 무늬에 들어간 금속선에 있다. 재료는 은, 동, 황동 등 일정하지 않지만, 철사 모양의 단선과 두 줄 단선을 새끼줄 모양으로 꼰 소위 착선이라는 두 방식이 있다. 단선은 나전 무늬의 일부 꽃의 가지와 당초문의 줄기 등에 사용되는 것이 보통이다. 착선은 그릇의 견고함을 보완하거나 의장면의 경계선으로도 사용한다. 또는 두 줄 한 조로 화살의 깃 모양을 나타내기도 한다.

세 번째 특징은 대모나전채색(玳瑁螺鈿彩色)을 함께 사용하고 있는 점이다. 대모나전채색은 대모의 특질인 투광성을 이용하여 그 대모 조각에 채색을 가하는 것으로, 색면에 대한 보호막으로도 효과적이다. 전형적인 유품이 일본 나라(奈良)의 타이마지(當麻寺)에 전해지는 나전대모국당초문합자(螺鈿玳瑁菊唐草文合子)로 내부에는 호박 염주 한 줄이 있다. 주(朱)·황(黃) 두 색의 대모전(玳瑁鈿)과 무지개색의 신비한 색조가 만들어내는 무늬는 화려함의 극치로 고려인의 높은 미의식을 보여준다. 나전, 금속선, 복채색이라는 대모전의 세 가지 기법을 구사하여 의장을 나타낸 이런 유물이 우리나라에는 '불자(拂子)의 자루(柄)'로 남아있다. 고려 나전 무늬의 특징은 국당초, 모란당초, 구슬, 국화, 귀갑 등의 규칙성과 반복성으로 율동감과 함께 자연의 모티브가 특징이다. 규모가 크고 완벽한 기교에 넘친 중국의 나전칠기나 오밀조밀하며 극히 인공적인 일본의 나전칠기와는 달리, 고려의 나전칠기는 깔끔한 아름다움을 느낄 수 있는 기법으로 단정한 표현을 주로 한다. 이러한 고려 나전 기법은 청자상감이나 청동은입사의 상감 기법과 일맥상통하고 있어 나전칠기가 이에 영향을 주었을 것으로 짐작된다.

고려 나전경함(螺鈿經函, 보물)

나전으로 장식된 불교 경전을 보관하는 경함으로, 고려 후기의 작품으로 추정된다. 뚜껑 윗부분의 각 모서리를 모죽임한 장방형의 상자 형태이다. 주무늬는 모란당초문이고, 일부에 마엽문(麻葉文), 귀갑문, 연주문이 있다. 전체적으로 얇게 갈아낸 자개를 무늬대로 오려낸 '줄음질' 기법이 적용되었다. 마엽문과 귀갑문은 자개를 가늘게 잘라내어 무늬를 표현하는 '끊음질' 기법이 이용되었고, 꽃이나 원형의 무늬 안쪽에 선각하여 세부를 표현하는 모조법(毛彫法)도 보인다. 당초문 줄기는 금속선을 사용하고 무늬와 무늬의 경계를 짓는 선에는 2개를 하나로 꼰 선을 사용하였다. 나전경함에 사용된 금속선은 0.3㎜ 두께로, 구리와 아연을 합금한 황동선(黃銅線)이다. 나전경함의 목제 백골은 두께 약 1㎝의 곧은결 침엽수 판재로 만들어졌으며, 각 연결부에 쇠못을 박아 조립하였다. 판재의 뒤틀림과 갈라짐을 방지하기 위해 표면에 천을 입히고, 그 위에 뼛가루를 섞은 골회 옻칠과 검은 옻칠을 여러 번 발라 도장하였다. 군데군데 칠이 갈라지고 박락되었고 모란당초문을 비롯한 자개 무늬가 떨어져 나갔다.[132]

고려의 나전장은 왕실에서 쓰는 세공품을 제작하는 기술자였다. 고려의 관제가 성종대에 재정비됨에 따라 나전칠기 제작소도 이 무렵부터 본격화되었다. 나전장은 궁중용 세공품을 제작하는 공조서(供造署)에 속하면서 좋은 대우를 받았다. 몽골의 난 이후 원종(元宗) 때 원(元)나라가 막대한 분량의 대장경을 요구하자, 고려는 대장경을 넣을 경함을 제조하기 위하여 전함조성도감(鈿函造成都監)이라는 임시 특별기구를 설치하였다.

고려 경함 중 나전이 장식되지 않은 제품은 없고, 일본·영국·미국·네덜란드 등 해외에 분산 소장되어 있다. 고려 나전칠기 유물로 전하는 것은 경함, 염주합, 향갑, 불자, 화장구인 모자합(母子盒), 유병(油甁), 소상자 등 열다섯 점 남짓한데, 대부분이 일본 등지에 산재해 있다. 그밖에 해외로 나간 유물로 나전 장식 소함(小函), 연갑(硯匣, 벼룻집), 필갑(筆匣)이 있고, 일본의 해외 기증품에 평갑(平匣), 서안(書案), 서궤(書櫃), 안장 등 나전 기물이 광범위하게 있다. 이러한 기물은 나무에 베를 입혀 옻칠하고 나전을 붙인 목심 칠기(木芯漆器)이며, 모자합·유병 등은 삼베를 겹겹이 발라 심(芯)으로 만든 건칠기(乾漆器)이다.

고려 나전칠기는 흑칠 위에 나전·대모·은사·동사를 감입하여 무늬를 만든다는 특징이 있다. 이 시대의 자개는 전복껍데기를 종잇장같이 얇게 갈아서 사용하고 있다. 고려 나전칠기의 중요한 부분을 차지하는 복채법(伏彩法)은 당나라의 나전에서도 발견된다. 대모(玳瑁)는 조선 시대 나전에서는 별로 쓰이지 못했지만 조선 후기의 화각장(華角裝) 기법으로 이어진다.

---

132) 국립중앙박물관 홈페이지 https://www.museum.go.kr/site/main/relic/treasure/view?relicId=17027

조선 나전

조선 시대 나전칠기의 의장(意匠)과 문양은 임진왜란을 전후하여 양상이 크게 변모한다. 조선 전기의 나전칠기는 고려 말 귀족 취향에 따른 극세밀의 장식과 취향의 여운이 남아 있으며, 불교적 요소로 연화, 보상화무늬와 모란, 국화 등의 무늬를 주제로 덩굴무늬를 구성하는 것이 대부분이다. 이후 정교하고 우아한 잔손질 솜씨는 거칠어졌으며 무늬의 정연함도 차츰 퇴색되어 갔다. 즉 섬세한 국당초무늬보다는 꽃잎과 잎사귀가 굵직굵직한 모란당초 혹은 연당초무늬로 기물 전면을 처리하고, 구도가 어색하고 대칭이 흐트러지며 공간을 남기는 쪽으로 바뀌었다. 말하자면, 소수의 귀족 취향에 영합하여 우아하던 것이 민중적 취향으로 자리 잡으면서 새로운 감각을 불러일으키게 된 것이다.

조선 전기에는 고려 말의 복잡하고 장식적인 방식에서 단순화하는 경향이 보인다. 고려의 기법을 계승하면서도 잔손질 솜씨가 거칠어졌으며 무늬의 정연함을 잃어간다. 섬세한 무늬보다는 굵직굵직한 모란당초나 연당초무늬로 기물 전면을 처리하는 경우가 많고, 구도가 복잡하면서 흐트러지고 공간을 남기면서 어색한 모습을 보인다. 귀족 취향에 영합하여 우아하던 특성이 대중적으로 바뀌며 신선한 감각을 불러일으킨다. 대모의 복채나 금속판 단선의 사용은 사라지고, 대신 조선 초기 청화백자에 등장하는 매화와 대나무, 꽃과 새를 배치하여 회화적 효과를 노리는 경향이 새롭게 나타났다. 시대가 내려올수록 대범하고 거친 표현의 회화적 장식이 정착되면서 분청사기 박지분청(剝地粉靑)류의 맛을 느끼게 한다.

전기 나전칠기의 전형적인 의장은 장방형 옷상자에 표현된 모란당초무늬로 접할 수 있다. 만개한 꽃과 꽃봉오리를 전복 자개로 오려 붙이고, 자유분방하게 뻗어 나간 덩굴줄기를 이어 붙였다. 종횡으로 뻗어나간 모습은 율동감을 느끼게 하여 중국이나 일본과는 다른 독특한 아름다움을 보여준다. 이러한 모란당초무늬 장식은 일본의 나전칠기에 큰 영향을 끼쳤다. 임진왜란 후 당초문·쌍봉문·쌍룡문 등이 후퇴하고, 새로이 소나무·대나무·매화·사슴·학 등 십장생을 주제로 하는 민속적인 도안이 부각되었다. 이러한 도안은 회화적인 요소를 유지하고 있는 점이 특징이다. 이들 나전 기물은 문방구에 이용되는 경우는 적고, 화장구·재봉구·소반·장롱 등의 가구로 확대되어 대중화하였다.

조선 중기로 들어서면 유교적 관념이 짙어지고, 나전칠기는 대중화하는 경향을 보여준다. 예를 들어 화조문, 포도문, 쌍학문, 매조문, 사군자 등 사대부의 취향을 살린 문양들이 성행하게 된다. 내주외흑(內朱外黑)으로 칠하던 경향에서 바깥면에만 주칠을 하는 사례가 많아진다. 말기에는 한국적 기법이 정착하는데, 나전 기술이 발달하여 가구에 파급되면서 나전 가구들이 많이 제작되었다. 칠은 생칠, 흑칠, 주칠이 사용되고, 문양으로는 수복강녕, 부귀 등의 문자 구성이 성행하며 민화풍의 특징을 보인다. 19세기 말에 나전 기법은 더욱 다양해진다. 문양보다는 자연 풍경 묘사가 많아지고 끊음질 수법으로 귀갑문 같은 기하학적인 무늬를 기물 전체에 씌우는 경우가 주조를 이룬다. 이는 사회구조가 바뀌면서 신흥 상업 자본층이 형성되자 그들에게 맞는 취향이 요구되고, 또 장인들도 기업화된 공방에서 제품을 생산하게 됨으로써 생겨난 결과이다.

일제 강점기 동안 이왕직(李王職)이 소관한 미술품제작소가 개설되고, 나전부를 두어 흩어진 기능보유자를 모으고 젊은 기술자를 길러냈다. 1922년에는 이왕직미술품제작소에서 분리되어 조선미술품제작소가 발족되어 제품생산에 주력하였다. 색상이 아름답고 양질의 전복이 많이 생산되는 통영에 공업전수소가 개설되어 나전칠 공예의 실기를 가르쳤고, 사설 공장이 무수히 번창하였다. 1932년 제11회 조선미술전람회(鮮展)에 공예부가 설치되고 여기에 나전칠기가 출품되었다.

도판 29 나전 옷상자, 조선 후기, 83.5×52.6×18.8㎝, 국립중앙박물관 소장

  현대에 와서 나전칠기 공예는 외래문물 이입에 의한 혼란과 산업화 추세에 따른 수공예의 낙후성 때문에 어려운 상황에서 재현의 길을 모색하고 있다. 현대 나전칠기는 19세기 이후 외래품 만연 그리고 캐슈(cashew)라는 대용칠의 등장에 따라 퇴보를 거듭하였다. 최근 전통 공예에 대중들의 관심이 높아짐에 따라 나전칠기가 생활 공예품으로 소생하고 있다. 나전칠 공예를 보호하기 위하여 주름질 중심의 기능을 1966년 중요무형문화재(오늘날의 무형유산) 나전장으로 지정하였다. 주름질은 본래 자개를 줄로 썰어 물건의 형상 그대로 오려 붙이는 솜씨이며, 끊음질은 거두로 실 같은 자개 상자를 만들어 끊어 붙임으로써 무늬를 묘사하는 것을 말한다. 자개는 현재 진주패·야광패·멕시코패·홍패 등 수입품이 많아서 주름질이 다채로워진 편인데, 나전이 안고 있는 과제는 재료의 문제보다 기술 수준에 있다.[133][134][135][136]

---

133) 국가유산청, 「빛의 예술 나전칠기」, 『문화재 사랑』 vol. 97, 2012
134) 김종태, 『칠기공예론』 일지사, 1976
135) 곽대웅, 『고려나전칠기의 연구』 미진사, 1984
136) 이종석, 『한국의 목공예』 상·하, 열화당, 1986

이 상자는 정사각형 뚜껑 윗면에 국화, 모란, 연꽃무늬를 세 송이씩 굵은 네 가닥의 줄기로 연결해 가며 타발법(打撥法: 휘어진 상태의 자개를 무늬대로 오려낸 후 망치로 때려 붙이는 방법)으로 장식하였으며, 큼직한 꽃송이가 전체 면을 꽉 채우고 있다. 뚜껑의 옆면은 매화, 난초, 대나무, 소나무 무늬로 장식되었다. 이러한 소재는 조선 시대 도자기나 목공예품에서 흔히 볼 수 있으며, 나전칠기에서는 조선 중·후기에 흔히 나타난다. 상자의 각 모서리 부분은 단단한 상어 껍질을 바르고 칠하여 높이를 같게 한 후, 국화 모양의 거멀장(여러 부재를 잇거나 벌어진 사이가 떨어지지 않도록 단단하게 감아줘는 금속)으로 고정하였다.[137]

뚜껑 면에 동선을 꼬아 계선을 넣고, 각 면에는 연당초무늬로 채웠으며 가장자리에 배치한 국화연주문 사이사이에 복채한 귀갑을 장식하고, 네 귀에는 국화무늬를 시문하였다. 밑짝의 바닥면에는 사격자무늬를 넣었다. 조선 전기 나전칠기의 전형적인 당초무늬 의장은 장방형 옷상자에 표현된 모란당초무늬를 통하여 접하게 된다. 만개한 꽃과 꽃봉오리를 전복 자개로 오려 붙이고 덩굴 줄기도 이어 붙여 자유분방하게 공간을 뻗어나간다. 종횡으로 뻗어나가는 모습이 빠른 율동감을 주는 까닭에 중국이나 일본의 것과 전혀 다른 독특한 아름다움으로 평가된다. 이러한 모란당초무늬의 의장성은 점차 후퇴하여 임진왜란 후에는 쌍봉, 쌍룡, 사군자 무늬를 비롯한 십장생을 주제로 하는 서정적 문양이 부각되었다. 나전 기물은 문방구에 이용되는 경우는 적고 화장구, 재봉구, 소반, 장롱에 이르는 가구에까지 나타난다. 이는 나전칠기가 대중화되었음을 뜻한다. 최말기인 19세기에는 나전 기법이 다양해져 문양보다 자연 묘사가 흔해지고 끊음질로 귀갑문 같은 기하학적 무늬를 기물 전체에 씌운다든가 산수풍경을 표현하는 예가 많아진다. 개화기(開化期) 이후 나전칠기는 일대 전환점을 맞게 되는데, 이는 일제의 영향으로 볼 수 있다.

---

137) 국립중앙박물관 홈페이지 https://www.museum.go.kr/site/main/relic/search/view?relicId=1334

주칠(朱漆)은 왕실 기물에만 허용되었다. 현존하는 것의 대부분이 이 시기 특권층의 요구로 제작되었으며, 누각 산수문은 새로운 기법에 속한다. 또한 신흥 상업자본층이 형성되어 그들에게 맞는 취향을 요구하게 되고 또 장인들 역시 기업화한 공방에서 제품을 양산함으로 말미암아 생겨난 필연적인 결과이다.[138]

통영 나전칠기의 특징

나전칠기 제작 기법은 여러 종류가 있지만, 통영 지역의 전통적인 제작 기법은 끊음질과 주름질이다. 통제영 공방에서 나전칠기가 제작되면서 제작공정은 분업화 및 전문화되었다. 전문화가 이루어진 나전장, 칠장은 해당 분야에서 최고의 전문가가 양성되어 국가에서 관리하며 제작을 담당하였다. 통영 지역에 남아서 활동하던 나전칠기 장인의 흔적을 찾아보면, 과거 통제영 공방에서 활동하였을 것으로 추정할 수 있는 근거를 찾을 수 있다. 통영 나전칠기가 정착하는 데 핵심적인 역할을 한 장인들로 엄항주, 엄용주 외에 김재호, 박철주·박용주 형제, 임홍조 등이 있었다.

통영에서 전승되는 나전칠기 장인은 입문 후 수십 년에 걸쳐 세밀한 기술을 연마하고 전통 기법을 익혀서, 이를 바탕으로 새롭게 나전칠기를 만들었다. 입문 과정에서는 우선 재능을 본다. 선천적으로 타고난 재주에 가족이나 주변과 학교에서 보고 들었던 경험이 더하여 만들어진다. 장인들은 일상에서 만들기 등을 통해 자연스럽고 익숙하게 재능을 터득하였다. 놀이 재료들은 주변에서 손쉽게 구할 수 있는 대나무가 많았다. 대나무를 이용하여 장난감을 만들고 또 이것을 이용하여 놀이 기구를 만드는 일은 장인들의 유년 시절에서 볼 수 있는 일반적인 모습이었다.

---

138) 권상오, 『나전공예』, 대원사, 2007

16 자수

: 실과 바늘로 잣는 꿈
- 고려자수 불화(도판 30)

자수는 도구를 사용하여

옷감이나 가죽 등의 바탕에 문양이나 색채·질감 등을 효과적으로 표현하는 수공예(手工藝) 예술이다. 원시 상태의 인류는 옷을 입게 되면서 체온을 조절할 수 있게 되었고, 이후 서서히 동물계에서 벗어나 인간계로 들어갈 수 있었다. 물고기나 짐승의 뼈 등으로 만든 바늘로 가죽을 꿰매어 옷을 지어 입었던 것이 자수의 출발이다. 점차 문명이 발달하면서 옷감이 만들어지게 되었으며 이후 금속제 바늘이 출현하면서 본격적인 자수 활동이 시작되었다. '바늘과 실'로 대표되는 자수는 원래 실생활에서 출발하였는데, 상황이 나아져 여유 있는 일상을 누리게 되면서 옷이나 직물 제품에 계급 표시 등을 목적으로 자수가 발전하게 되었다. 자수의 핵심은 '눈썰미'와 '손재주'에 있다. 바탕천에 색실을 수놓아 아름다움을 보는 눈썰미와 자수품 전체를 꼼꼼하게 실로 채워나가는 손재주가 없으면 완성할 수 없는 게 자수 공예품이다.

도판 30 고려 자수 아미타여래도

우리나라의 자수는 역사가 오래되었으며, 시대의 변천에 따라 우리 민족의 미감을 표현해 왔다. 자수는 길쌈·바느질 등과 함께 바늘 한 땀 한 땀 정성을 들여 일상생활 곳곳에 섬세한 솜씨로 아름다움을 가꿔왔다. 자수의 소재는 섬유뿐만 아니라 가죽, 새털 등 다양하다. 자수의 기법은 자연의 문양을 표현하여 풍부한 시각적 아름다움을 나타낸다. 수법(繡法)은 단순하고 전문적인 수련 과정을 거치지 않아도 제작할 수 있어 다양한 분야에 이용되었다. 우리나라에서 자수가 언제부터 시작되었는지는 정확하게 밝혀지지 않았다. 가장 오래된 기록으로『삼국지』위지 동이전에 실린 "부여에서는 흰옷을 즐겨 입었으며 나라 밖으로 나갈 때는 수놓은 옷감이나 아름다운 융단으로 만든 의복을 즐겨 입었다"라는 내용을 들 수 있다.

동양자수는 동양을 중심으로 발달한 자수로 천·실·문양·용구·기법·용도 등에서 서양자수와 차이를 보인다. 천은 공단·명주 등 주로 비단을 사용하고, 실은 견사(絹絲)로 푼사·반푼사·꼰사·깔깔사·금은사 등을 사용한다. 동양자수의 문양은 동양화적인 사실 표현 위주로 장식에 활용되며, 생활용품에 놓는 자수도 섬세한 여성적인 문양을 주로 담는다. 자수 뒤처리 기법에도 먼지떨기·김쐬기·풀칠하기·말리기·수틀에서 떼 내기 등 서양자수에 없는 작업이 뒤따른다. 물로 세탁할 수 없는 점도 동양자수가 갖는 특성이다. 가장 오래된 동양자수 유품은 중국 하남성 안양(安陽) 은묘에서 출토된 B.C.1300년경의 화살에 장식된 자수가 있으며, 진(秦) 한대(漢代)에 이미 구슬 자수가 존재하였다. 수(隋)~당(唐)대에 이르러는 수불(繡佛)이 성행하였다.

삼국 시대에 크게 성행한 한국 자수는 일본에까지 영향을 미쳤다. 『일본자수연표』에는 430년경 백제로부터 자수 기술이 전해졌다고 되어 있다. 그러나 확실한 유품으로는 고구려의 가서일(加西溢) 등이 만들었다는 천수국 만다라수장(天壽國曼茶羅繡帳)이 일본 국보로 지정되어 나카노미야사(中宮寺)가 소장하고 있다.[139]

자수는 용도에 따라 의장 자수, 실용 자수, 종교 자수로 나눌 수 있다. 의장 자수는 옷과 장신구에 장식된 자수를 말한다. 왕의 장복(章服), 왕비의 적의(翟衣), 평민과 양반의 혼례복인 활옷을 비롯하여 보·흉배·후수 등이 이에 속한다. 실용 자수는 일상생활에서 쓰는 생활용품에 놓은 자수를 일컫는다. 방석, 보자기, 안경집, 바늘꽂이, 골무, 수젓집, 베갯모, 실패, 버선본주머니 등과 자수 병풍이 이에 속한다. 이중 자수 병풍은 길상과 구복의 내용이 많으며, 특히 회화성이 두드러진 경우가 많다. 자수 병풍에는 초충도, 화조도, 경직도, 문자도, 백동자도 등이 있다. 종교 자수는 대부분 불교와 관련된 것으로 가사, 수불(繡佛), 연수식(輦垂飾), 다라니주머니 등이 있다. 신앙심에서 비롯되어 일반 자수품보다 격조가 높은 편이다.

자수 문양

자수의 문양으로는 동물, 식물, 추상무늬가 많이 쓰인다. 동물무늬로는 학·사슴·용·봉황·닭, 식물무늬로는 모란·국화·연꽃·매화, 추상무늬로는 당초·만자(卍

---

139) 정선화, 「자수를 이용한 패션디자인 연구」, 숙명여자대학교 석사논문, 2003

字)·물결·구름·아자(亞字)·문자 등을 들 수 있다. 문양은 장식적인 기능뿐 아니라 상징적인 의미도 더하는 경우가 많았다. 예컨대 학·사슴은 장수, 봉황은 상서로움, 모란은 부귀, 연꽃은 건강, 매화는 고결함, 국화는 지조, 나비·원앙은 부부 금슬을 상징하였으며, 박쥐는 복을 상징하였다.

동물에 관한 문양 중 사슴과 거북을 보면, 사슴은 미려한 외형과 온순한 성격을 가진 신령스러운 동물로 알려져 있다. 사슴은 우애의 상징으로 간주되고 십장생도에 등장하는 것을 보아 장수의 상징으로도 여겨졌다. 그리고 사슴 녹(鹿)이 록(祿)과 발음이 같은 것에 연유하여 사슴을 복록(福祿)과 제위(帝位)의 상징으로 보기도 한다. 한편, 문양에 등장하는 거북은 입으로 서기를 내뿜는 모습을 그린 것이 많은데, 이는 신령한 동물 또는 상서의 징후를 상징한다. 거북은 용두와 같은 벽사귀면상으로 나타나기도 한다.

새에 관한 문양으로는 학, 봉황 등이 있다. 학 문양은 대부분 소나무에 앉아 있거나 소나무를 배경으로 묘사하고 있다. 소나무와 학이 서로 짝을 짓게 된 이유는 '학수천년(鶴壽千年) 송수만년(松壽萬年)'이라는 말에서 알 수 있듯이 길상 관념과 관련이 있는 것으로 보인다. 봉황은 상상의 새로, 수컷 봉(鳳)과 암컷 황(凰)을 함께 칭한다. 봉황은 고상하고 품위 있는 모습을 지니고 있어 왕비에 비유되기도 하며 태평성대를 예고하는 상서로운 새로 여겨져 궁궐 문양으로 많이 사용된다. 이 밖에도 봉황은 귀인들의 예복이나 장신구 또는 가구, 공예품 등 여러 방면에 문양으로 사용되었다. 원앙문은 부부간의 정조와 애정 또는 백년화목, 아름답고 좋은 인연을 맺는다는 의미를 함축한다.

꽃에 관한 문양으로는 연꽃, 국화, 매화, 모란 등이 있다. 연꽃은 꽃과 열매가 함께 나란히 생겨나고 또한 뿌리가 사방으로 널리 퍼져, 같은 마디마다 잎과 꽃이 자라는 생태적 특성이 있다. 이런 이유로 연꽃은 생명의 창조와 생식 번영의 상징이며 원앙과 함께 등장하면 남녀, 길상, 행복, 부부, 화목을 상징하기도 한다. 국화는 늦은 서리를 견디면서 그 청초한 모습을 잃지 않으므로, 길상의 징조 또는 상서의 상징으로 받아들여지며 고상함과 품위와 장수를 의미하기도 한다. 매화는 이른 봄에 홀로 피어 봄의 소식을 전하고 맑은 향기와 우아한 신선의 운치가 있어 순결과 절개의 상징으로 널리 애호되었다. 모란은 당나라 이래 번영과 부귀 길상의 상징물로 받아들여졌다. 모란 문양은 장미와 함께 배치하여 부귀장춘(富貴長春), 수석이나 복숭아와 더불어 장명부귀(長命富貴), 수선화와 같이 그려 신선부귀(神仙富貴)의 의미를 표상하기도 한다. 벌레에 관한 문양으로는 나비, 벌레, 벌 등이 있다. 나비는 장자의 호접몽(蝴蝶夢)과 관련해 즐거움의 상징이 되었고, 남녀 화합의 의미도 있다. 나비가 덩굴식물과 함께 그려지는 경우는 자손 창성(昌盛)과 익수(益壽)를 의미한다.

주요 자수 기법으로는 평수, 이음수, 자릿수, 자련수, 징금수, 매듭수, 사슬수 등이 있다. 이러한 기법은 문양에 따라 적절히 활용되었다. 아름다움의 극치를 표현할 때 흔히 '비단에 수를 놓은 듯하다'라고 비유한다. 오색실로 글자나 무늬를 만드는 게 자수이다. 우리 조상은 의복, 장신구뿐만 아니라 방석, 병풍, 가구 등 다양한 생활용품에 자수를 적용했다. 전통 자수는 단순한 직물 장식이 아니다. 평수(좁은 면을 한 땀씩 메워서 놓는 수), 이음수(윤곽이나 그림의 일부를 왼쪽에서 오른쪽으로 바늘땀이 겹치도록 선 모양으로 수놓는 기법), 매듭수(실을 바늘에 감아 매듭지게 놓는 수) 등 다양한 기법을 사용하여 독특한 재질감이 느껴지도록 만들어 그림보다도 더 그림 같다.

한국의 자수는 만들어진 작품 자체보다도 작품을 바느질하여 완성하는 과정에서 더 많은 의미를 담는다. 전통 자수는 한국 여성 특유의 조형감각에 의한 방직과 염색, 그리고 자수 기법과 색채조화 등이 자연스럽게 어우러져 독특한 한국미의 세계를 펼치고 있다. 한국 여성들은 짓눌린 한이나 배곯은 가난 속에서 다양하고 사치스러운 색채와 무늬를 만들었다. 우리나라 전통 자수는 한국 미술사에 새로운 풍경으로 등장하여 한국 여성의 의식, 풍속, 습관, 신앙, 사상 등이 문화사적 측면에서 무르익었다. 한국 자수에는 한국 여성의 숨결이 배어 있다. 다른 나라의 자수와는 달리 다양한 문양에 오색을 사용하여 수놓은 작품에서 독특한 멋을 느낄 수 있다. 이러한 멋은 한국인들의 마음속에 깊숙이 숨은 유머와 재치, 아름다운 한국의 자연환경에서 비롯되지 않았나 싶다.

한국 자수는 대표적인 동양 자수의 하나로 동양 자수의 일반적인 특징을 모두 가진다. 한국의 전통 자수 기법인 '가색자수'는 중국이나 베트남, 일본 등의 자수와는 다르게 밑그림을 선뿐 아니라 색상까지 완벽하게 그려 놓고 수를 놓는다. 이 방법으로 수를 놓으면 밑그림의 색상이 수를 놓은 실 사이로 배어 올라 더욱 색상과 선이 확연해질 뿐 아니라 음영을 표현할 수 있다. 실의 꼬임과 굵기의 변화를 이용하여 사물의 질감과 입체감·원근감 등을 최대한 살려 준다. 수법이 매우 섬세하고 치밀하여 좋은 작품을 만들기 위해서는 숙련된 솜씨가 필요하며, 인내와 정성을 쏟아야 한다.

우리나라에서 발견된 자수품으로 연대가 가장 오래된 것은 평양 석암리 일대 낙랑 분묘군에서 출토된 직물 조각들이다. 우리나라 자수는 주로 의복과 장식품에 사용되었는데, 삼국 시대에 와서 기술이 발달하고 생산력이 향상되었다. 왕족이나 귀족뿐 아니라 서민들도 형형색색의 수가 놓인 화려한 옷감과 의복을 사용하였다. 천마총(天馬塚) 출토 유물 중 옷자락에 금실로 수놓은 흔적이 발견된 바 있다. 『삼국사기』와 『삼국유사』에는 650년 신라 진덕여왕이 비단을 짜고, 여기에 「태평송(太平頌)」을 수놓아 당나라 고종에게 보냈다는 기록이 있다. 외교 선물로 제작된 「태평송」 자수는 5언 20행으로 도합 100여 자의 글자를 수놓은 대작이다.

고려 시대에는 불교 자수품이 많이 만들어졌다. 조선 시대에는 특히 궁중의 복식 제도에 따라 의전 용품에 자수로 문양을 나타냈으며, 문무관의 신분과 계급을 구별하기 위해 관복의 앞뒤에 흉배를 착용하는 제도가 제정되었다. 관(官)에서는 전문적으로 자수품을 제작하였는데 수놓는 장인을 '화아장(花兒匠)'이라고 불렀다. 부녀자들은 바느질을 통해 한복과 조각보를 만들었으며, 천연재료로 원단을 물들여 매듭과 자수로 생활용품이나 예물을 만들기도 했다. 자수와 관련된 기록을 보면, 흉배제도(胸背制度)의 제정과 관청수공업의 정비를 알 수 있다. 문무 관원 품계의 표장인 흉배는 1453년(단종 1)에 처음으로 실시되었다. 공장조직(工匠組織)과는 별도로 궁내에는 왕족 일가의 복식이나 용품의 자수를 전담하던 '수방(繡房)' 조직이 있었다. 이곳에는 10세 전후에 입궁하여 소정의 교육과 기술을 습득한 여성이 적을 두고 있었다. 이들은 궁내에서 수요로 하는 자수품 제작에만 종사하였다. 이처럼 공장조직과 수방이 상호 연관되어 궁중 자수, 즉 '궁수(宮繡)'의 기반을 마련하게 되었다. 궁수에 대비되는 것이 민간이 제작한 자수, '민수(民繡)'이다. 민수는 궁중의 정착화된 규범에 따른 궁수보다 자수인 각자의 개성이 뚜렷이 나타난다.

한국 자수 예술은 재료, 기술, 스타일 면에서 크게 두 가지 범주로 나뉠 수 있다. 궁중 자수(궁수)는 우아함과 기술적 세련됨이 특징이다. 민속 자수(민수)는 다소 거칠고 즉흥적인 성격으로 구별된다. 궁수는 최상급 견사를 사용한 상류층 작업소에서 나타나는 특수 기술과 상의원(尚衣院)에서 일하는 전문적인 공인으로 대표된다. 반면 민수는 집에서 제작된 실을 이용하여 특정 집안이나 지역 여인들이 만드는 가내 공예이다. 혼례복, 자수 병풍, 흉배, 가구와 복식 장신구는 한국 자수가들의 기술과 상상력을 드러낸다. 그러나 조선 궁중 바깥에서 자수는 소규모의 가내 활동으로 남아서, 기본적으로 베개 끝부분이나 수저집, 지갑 등 가내 장식에 한정되었다. 수 세기 동안, 궁수와 민수로 작업한 유능한 자수가들은 독특한 한국 자수 양식을 창조하였다. 특히 중국적인 형태에서 벗어나 고유한 한국 전통을 자각하는 18세기의 한국 자수는 한국적인 도안과 심미적 감수성을 잘 보여주는 활달한 문양을 보여주기 시작한다.

고구려 시대에는 궁인들이 행사 때 수놓은 비단옷을 입었다는 기록이 있고, 백제에서도 고이왕(古爾王, 274~286) 때 조회 거행 시 수놓은 모자를 썼다는 기록이 있는 것으로 보아 궁수는 이미 고대 국가부터 제작되었다. 사치가 극성했던 통일신라와 고려 시대에는 자수 장식이 사치 품목으로 규정되어, 특수계층만 사용하는 복식 금제, 사치 금제령이 여러 번 국법으로 시행되었다. 그 시대에 궁수의 제작이 얼마나 번성했던가를 짐작할 수 있다.

그러나 현재 전해져 내려오는 궁수 유물은 모두 조선 시대의 것들로, 중기 이후 말기 사이에 제작된 것들이 대부분이다. 조선 시대에는 궁 안에 자수를 전문으로 제작했던 수방(繡房)이 있었다. 수방에서는 정5품 상궁의 지도로 7~8세가 된 양가의 규수 중에서 선별하여 처음에는 골무 같은 소품을 수놓게 했고 그들이 숙련공이 되면 구장복(九章服), 곤룡포의 보(補), 흉배(胸背), 적의(翟衣), 활옷 원삼 등의 복식에 수를 놓게 했다.

궁수의 특징에 대해서는 실의 꼬임이나 기법과 관련하여 여러 주장이 있는데, 한 마디로 기법이 매우 정치하고 문양은 세련되었다는 점이다. 이는 수의 품격을 좌우하는 밑그림이 궁중의 화원이나 전문적인 수방 나인에 의해 그려졌으며, 상궁의 감독하에 엄정하게 자수가 제작되었기 때문이다. 그리고 민가에서는 흔히 쓸 수 없는 금사와 은사의 사용이 두드러진 점도 특징 중 하나인데, 그 사실을 말해주는 징금수법이 많이 보인다. 또한 감상을 위한 자수품인 병풍은 특히 궁수 병풍에서 그 회화성이 매우 뛰어나며, 높은 궁실 천장에 맞춰 제작되어서인지 일반적으로 민수 병풍보다 훨씬 길이가 길다.

민수는 궁에서 제작하는 궁수와 구별하여 일반 민가에서 놓은 수를 말한다. 우리나라 자수의 기원은 부여족에게서 찾을 수 있다. 그들은 외출할 때 금수로 된 옷을 입었다고 한다(『삼국지(三國志)』 권13). 고구려 시대에는 제천의식 때 백성들이 모두 금수로 된 의복을 입었으며, 신라 소지왕(炤知王) 때는 백성이 그 딸을 금수색견(錦繡色絹)으로 치장했다는 기록이 있다(『삼국지』 권22). 자수를 귀족 계급의 전유물로 명하는 내용의 금제법이 여러 차례 시행되었음을 볼 때, 통일신라나 고려 시대에는 민수의 제작이 매우 활발했다는 사실을 알 수 있다. 또한 규제 범위가 장신구 및 발과 병풍으로부터 말안장까지 다양했던 것으로 보아, 그 당시에 이미 자수의 사용이 광범위했음을 알 수 있다(『태조실록(太祖實錄)』 권15).

조선 전기에 제작된 자수품은 실물이 희소하여 당시의 자수 양식을 체계화하기 어렵다. 이는 장기 보존이 어려운 직물의 재료적 성질에 원인이 있다. 또 모든 기술을 천시하던 사회체제에도 원인이 있다. 조선은 임진왜란이나 병자호란 등 외침 때 각종 문화재가 약탈당하는 등 막대한 손실을 보았는데, 여기에 많은 자수 문화재도 포함되었을 것이다. 임진왜란 때 나베시마(鍋島直茂)라는 일본인이 우리나라의 자수장(刺繡匠)을 본국으로 보내어 도요토미 히데요시(豊臣秀吉)에게서 상을 받은 사실이 있다. 이는 원나라가 고려에 요구한 공부(工賦) 중에 자수 기능녀가 포함된 사실과 함께, 고려와 조선의 자수가 이웃 나라에서 탐낼 정도로 높은 수준에 도달했음을 말해주는 사례이다. 이후 조선이 안정을 되찾는 17세기 후반에서 19세기에 걸치는 시기에 민간수공업과 상업이 번창하면서, 서민층의 예술 활동 폭이 넓어지고 그 효과로 직물 제품의 유명산지가 부상하였다.

한국의 근대 자수는 일본인 교사에게 교육을 받거나 일본에 유학하여 근대 자수 기법을 익힌 신여성들의 교육활동으로 이루어졌다. 한국 근대 자수의 특징으로 기본 자수 기법의 변화를 들 수 있다. 전통 자수 기법인 평수와 이음수, 자릿수,

자련수, 징금수 외에도 버튼홀 스티치와 점수, 십자수 등 서구 자수 기법을 함께 익혔음을 알 수 있다. 전통사회에서의 여공(女工), 기예(技藝) 등의 여성 기술교육이 '자수, 뜨개질 따위의 손으로 하는 재주'를 의미하는 '수예(手藝)'라는 교과목으로 편성되어 가정 내의 실용품, 장식품, 완구 등을 만드는 여성 수공예 수업으로 이어지게 된 것이다. "조선 여자들은 손재주가 퍽 많습니다. 그 기능을 발휘시켜 주며 경제적으로 살길을 찾으려는 수많은 여자들에는 자수 교육 기관이 얼마나 필요한지 모릅니다."[140]

한국 자수의 특징

전통적으로 기술에 무관심한 한국에서 자수가들은 오히려 개성을 표현할 수 있었는데, 단단한 '꼰실'의 사용은 한국 자수가들의 자주적인 개성을 보여준다. 중국 자수가는 꼬지 않은 푼사를 주로 사용했지만, 한국 자수가들은 부드러운 바탕에 대비되는 광택이 적은 꼰사를 선호하였다. 이러한 한국 자수의 특성은 꼬여진 실이 더 튼튼하며 푼사보다 덜 닳기 때문에 선택한 실용적인 이유로 보인다.

자수의 명소로는 평안도 안주와 박천·구성 등지와 전라도 전주가 유명하였다. 이중에서 안주수(安州繡)는 상품 자수로 유명하며 제작에 남성 자수장이 참여하였다. 거래는 주문생산을 위주로 했는데, 이는 자수를 생업으로 삼는 전문직이 등장할 정도로 자수 수요가 상당했음을 말해준다. 특히 안주 등지가 자수 산지로 부상한 이유는 이 지방에서 생산되는 수사(繡絲)가 질과 양에 있어 전국 으뜸이기 때문이었다. 이외의 산지로 전라도의 순창이 베갯모 등의 소품 자수로 유명하였다. 순창수는 베갯모로 대표될 수 있는데, 대량 생산되면서 수법과 문양이 단순화하여 민수의 소박 순수한 일면을 보여준다. 또한 고창의 베갯모는 양쪽 면에 골을 지어

---

140) 권혜진, 「한국 근대 자수문화 연구」, 『복식』 제63권 제8호, 한국복식학회, 2013

칸으로 나누고, 칸마다 제각기 다른 문양으로 자수를 하여 골침이라 불린다. 특출한 지역인 강릉 자수는 대대로 이어지는 지역적인 전통을 보이면서 민수의 대명사가 되었다.

신사임당의 고향 강릉은 자수 공예의 본고장으로 불릴 만큼 규방 공예, 그중에서도 자수 문화가 특히 발달한 지역이다. 강릉 자수는 다른 지역에서 볼 수 없는 독특한 기하학적인 문양과 색감을 갖고 있는데, 이는 무속신앙과 관련된 오방사상(五方思想)의 영향으로 여겨진다. 또한 타지방 자수 보자기의 바탕천은 비단이지만, 강원도의 자수 보자기는 바탕천이 무명이라는 특징도 있다. 강릉은 자수 문화가 발달한 전라북도 전주나 순창과는 다른 양식의 자수 문화가 존재한다는 것이 알려진 후 강릉 자수는 국내외의 많은 관심을 받게 되었다.

첩첩산중에 고립된 환경 때문에 지역적 색채가 강한 강릉 수보자기는 추상적 문양과 강렬한 색채를 특징으로 한다. 보자기 가득 수놓아진 꽃, 나무 같은 문양과 색동 같은 알록달록함에 대하여, 강릉 단오제의 괘대에서 기원을 찾는 주장이 있다. 조선 시대에 양반 계층의 여성들은 외출이 거의 불가능하였는데, 강릉 여성들은 단오굿 동안에는 외출이 허락되었다고 한다. 굿을 통해 많은 것들을 접할 기회를 가진 강릉 여성들은 이를 바탕으로 강릉 수보를 제작했을 것이며, 신대나 괘대 같은 특별한 소재들이 수보의 모티브로 옮겨졌을 가능성이 크다. 강릉 수보자기 자수는 튼튼한 재료인 면에 수를 놓았다는 점이 특징이다. 강릉 보자기는 쪽물 바탕에 네 귀에 끈이 달리고 단단히 바느질하였다. 나무에 잎이 퍼지듯 사방으로 펼쳐진 문양은 강릉 수보의 전형적인 문양이다. 두 겹과 천 사이에 한지 끈을 넣고, 색실로 바느질해 만든 색실누비쌈지는 강릉 지역 여인들이 남편을 위해 준비하던 선물이었다. 한 땀 한 땀 정성으로 수놓은 아름다운 문양에는 마음을 다독이고 현실의 괴로움을 이겨내던 여인들의 염원과 인고의 미학이 담겨 있다. 이처럼 민수에는 비록 궁수와 같은 정제되고 세련된 맛은 없지만, 오히려 더 한국적인 정취가 물씬 풍겨 나는 소박함과 개성이 한껏 배어 있다.[141]

지위를 보이기 위해 복식에 자수 도안을 사용하는 점은 '원시 자수'의 전통에서 기원한다. 이는 주대와 한대에 이미 발달하였는데, 세련된 견사 자수를 통해 상징적으로 표현되었다. 명~청대에 와서는 다양한 계층별로 복식의 형태나 문양, 색이 법령으로 정해졌다. 궁중 복식을 특징짓는 용포(황제의 상징인 용이 땅을 상징하는 나무와 파도 위의 구름 하늘을 나는)는 중국 정치와 천상 질서의 도안화이다. 흉배는 중국 관료제도의 상징으로 한국과 베트남 등 주변국에 영향을 끼쳤다. 유교 사회에서는 시험을 통과해 문관 관료가 되는 것이 최고의 목표였다. 무관들은 무술과 체력으로 선택되었는데 직급은 문관보다 낮게 여겨졌다. 문관은 새 문양, 무관은 동물 문양으로 지정되었다. 흉배에 보이는 문양은 관료의 계급을 시각적으로 표현하였다. 중국 흉배의 발달은 정치적 분위기를 반영한다. 명나라 흉배는 크기가 크며, 명나라 복식의 풍성한 품에 맞춰졌다. 전형적으로 다채로운 구름 배경에 동물과 새를 묘사했다. 명대 후기에 바위와 파상문(波狀紋)이 하단에 추가되었다. 청대 궁중은 정치적 경제적 권력을 상징하는 용문양을 금실로 수놓은 복식을 선호하였다. 청대 흉배는 명보다 크기가 작으며 규칙적인 정사각형이다.

일본 자수

일본 자수의 기원은 아스카, 나라 시대에 백제의 봉채녀가 자수 기술을 전해준 것으로 보며, 에도 시대에 자수 황금기를 맞아 다양한 발달과 함께 완성되었다. 현존하는 작품으로 중궁사(中宮寺)가 소장한 아스카 시대(621) '천수국만다라수장'이 있

---

141) 동양자수박물관 홈페이지 http://www.orientalembroidery.org/

다. 일본 자수는 부분적으로 흩어진 개별적인 문양이 많으며, 기법은 독창적인 것이 늘어나고, 이꾸이리(いくいり, 수놓은 부분을 볼록하게 한 것) 등으로 입체감을 나타내거나 물고기, 새의 눈 등에 유리·옥을 붙인 것 등 새로운 기법이 발달하였다. 에도시대 전통 복식에 나타난 미적 특성은 '작은 것과 가벼운 것이 아름답다'라는 일본의 미의식과 맥락을 같이한다. 체형을 크게 보이기 위한 과장의 미를 드러내며, 일본 전통 복식인 기모노(着物, 와후쿠和服라고도 한다)에 나타나는 미의식과도 연결된다. 일본 에도 시대 전통 복식에 표현된 미의식은 비종교적이며 현세적이라는 점에서 사상적, 종교적 관념에 기반을 둔 조선 후기 전통 복식의 미의식과 차이가 있다. 문양의 표현 방법에 있어, 옷 전체를 하나의 화폭으로 삼아 그 안에 자연물 등의 세계를 담아 표현하며, 복잡하고 다양한 머리 장식 외에는 몸치장을 위한 장신구는 거의 쓰이지 않는다.[142]

일본의 대표적인 자수는 복식 자수(기모노)와 보자기 자수(후쿠사)이다. 기모노의 기본 형태는 중국에 기인하지만, 일본인들은 형태 장식 등을 변형시켜 고유성을 표현하였다. 일본 복식은 전형적으로 홀치기 염색, 수묵화, 독특한 자수와 같은 일본적 기술로 섬세하게 장식된다.

일본 자수는 동아시아 바느질 전통에서 출발했지만, 주변국에서 생산된 제품과 상당히 다른 효과를 달성하였다. 주요한 차이점 하나는 사용된 자수의 양이다. 중국과 한국 자수가들은 종종 자수로 바탕천을 다 덮을 정도로 수를 놓지만, 일본 자수가들은 자수를 적게 놓으면서 바탕천을 디자인의 일부로 보이게 하고, 자수를 염색과 그림과 같은 다른 장식 기술과 결합시켰다. 일본 자수가들이 사용한 수는 한국이나 중국에서 선호하던 것들보다 더 길다. 이들 긴 스티치들은 종종 짧은 장식 수로 고정된다. 그 결과 고도로 세련되고 놀랍도록 장식적인 문양이 완성되었다.

---

142) 허동화, 『우리가 정말 알아야 할 우리 규방 문화』 현암사, 2006

유럽과 미국, 동아시아에서 자수는 하위 계층의 여성들에게 꼭 필요하고 적절한 기술로 인식되었다. '수녀가 되기를 바라지 않는 한 여성에게 바느질을 가르쳐야 하며 읽는 것은 가르치지 말아야 한다.'라는 이탈리아의 속담이 있다. 영국 작가 메리 워틀리 몬태규(Lady Mary Wortley Montagu, 1689~1762)는 "여자가 바늘을 사용할 줄 모른다는 것은 남자가 검을 사용할 줄 모른다는 것만큼이나 문제가 있다."라고 말했다. 부자 집안의 딸들은 전문적인 자수 교육을 받았으며, 자수 견본은 자수 교육의 중요한 상징이 되었다. 이러한 견본 작품에는 장식적인 테두리선 장식과 글자 혹은 동물이나 꽃, 집과 같은 문양이 들어가거나 시 구절이 들어가기도 하였다. 견본 작품은 여성이 결혼할 준비가 되었다는 점을 보여주는 동시에 교육으로 얻은 솜씨를 보여주기 위하여 거실 벽에 걸어두는 것이 일반적이었다.[143][144][145][146]

〈자수 유물 사례〉

보물 자수사계분경도(刺繡四季盆景圖)

고려 시대에는 자수가 매우 발달하여 자수미 자체를 완상의 목적으로 하는 감상용 자수가 등장하였다. 그 대표적인 예가 수도(繡圖)이다. 수도는 장막을 칠 때 사이사이에 드리우거나 가정의 내실에 걸던 일종의 실내 장식품으로, 여기에는 산화(山花)·희수·화죽(花竹)·영모(翎毛)·과실 따위를 수놓았다고 한다. 고려 시대의 자수 병풍으로 전하는 자수사계분경도는 형태가 조선 시대 자수 병풍과는 매우 다르다. 조선 시대 작품은 보통 8~12폭이지만 이 병풍은 4폭이다. 무늬 없는 비단에

---

143) 한국자수박물관 http://www.bojagii.com/
144) 숙명여자대학교 정영양자수박물관 http://www.chungyoungyang.com/
145) 박을복자수박물관 http://www.embromuseum.com/new/index.html
146) 보나장신구박물관 http://www.bonamuseum.com/main.asp

도판 31 보물 자수사계분경도, 고려 시대, 서울공예박물관 소장

포도 무늬의 분(盆)과 분재(盆栽), 연꽃무늬의 분과 꽃병이 수놓아졌으며, 다른 2폭에도 매화의 분재와 꽃병에 나비가 한 쌍씩 배치되어 있다. 사찰을 상징하는 卍자가 수놓아져 있어, 불교의 영향을 받음을 알 수 있다. 수의 기법은 자련수가 많고, 분의 테, 포도잎 문양 등은 주위를 선수로 처리하여 윤곽을 뚜렷하게 하였고, 솔은 솔잎 수로 처리하였다. 이 분경도는 중국 송나라의 분경 자수 병풍에 비해 한국적인 요소가 뚜렷하며, 특히 한국 자수의 특징인 꼰사수를 많이 사용했고 색감도 안정적이다. 이 작품은 소재뿐만 아니라 구성 양식과 폭 수도 후대의 자수 병풍들과 뚜렷한 차이를 보여, 조선 시대 이전의 자수 연구에 귀중한 자료가 된다.

다라니주머니는 범문(梵文) 구절을 써넣은 주머니를 말하는 것으로, 조선 말기에 제작된 불화나 번기(幡旗)의 양옆을 장식하던 연화화생도(蓮花化生圖)를 수놓은 주머니 1쌍이다. 연화화생은 불교 신자들이 서방정토에 왕생하는 것을 극락의 연화 위에 피는 것으로 비유했다. 다라니주머니는 연화등(蓮花燈) 모양의 연두색 주머니 두 개이며, 불교의 탱화나 번 옆에 달려 장식하는 목적으로 만들어졌다. 주머니를 중심으로 위는 매듭, 아래는 괴불을 달고 있는 세 개의 연뿌리 모양으로 구성되어 있다. 연두색 공단으로 된 바탕천에 수놓은 문양은 연화화생한 보살이 천상을 표현하는 해와 달이 있는 연꽃으로 연결된 줄을 합장하는 자세로 붙잡고 있는 형상이다. 자수에 나타난 문자들로 보아 주머니 하나는 허공화(虛空華)라는 불명(佛名)을 가진 상궁 김씨가, 다른 하나는 묘진화(妙眞華)라는 불명(佛名)의 상궁 류씨가 극락에 가기를 염원하여 만든 것으로 추측된다. 특히 김씨의 주머니 뒷면에는 '곤명갑술생 곽시 망건명갑슐생경지김시 국낙지대원', 류씨의 주머니 뒷면에는 '만건명임자생문화뉴시 국낙지대원 만곤명을유생제주고시 건명병자생뉴시 국낙지대원'이라고 먹으로 쓰인 글씨가 보인다.

현존하는 자수품은 대부분 조선조 중기 이후의 것이다. 조선 시대에는 자수가 여인들의 덕목 가운데 하나였다. 자수는 유교의 엄격한 규제 아래 있었던 조선 시대 여인들의 예술적 심성을 표현하고 발산하는 방법이었다. 그들은 남편과 자녀에 대한 간절한 염원이 담긴 각종 문양들을 주머니, 노리개, 수저집, 보자기, 베갯모, 열쇠패, 안경집, 인두판, 골무, 아기굴레, 옷고름 등에 수놓았다. 일반적으로 잘 알려진 민수로는 평안도의 안주수와 전라도의 순창수를 든다. 이 수들은 상품화되었으며 지방마다 자수의 특색이 있었다. 평안도와 개성 같은 북쪽 지방의 수는 장식성이 매우 강하며 문양과 색상도 매우 현란하다. 그중 청나라에 수출되거나 조정에 바쳐졌다는 안주수 병풍은 남자 자수장들이 제작하여, 실의 꼬임이 또렷하고 굵으며 마치 시원한 필치처럼 호방하고 강한 힘이 느껴진다.

보물 자수 초충도 병풍(刺繡草蟲圖屛風)

자수 초충도 병풍은 검정 공단에 다양한 꽃과 풀이 곤충·파충류와 함께 자연스럽게 어우러진 정경을 수놓은 자수 병풍이다. 제1첩에는 뻗어 나가는 오이 덩굴 뒤로 들국화가 배치되고, 개구리·풀벌레·잠자리·벌들이 주위에 어우러진 모습을 표현하였다. 제2첩에는 화면 중앙에 맨드라미 2줄기와 도라지 1줄기가 수직으로 나란히 배치되고 지면에는 뒤를 돌아보는 도마뱀과 땅강아지가, 하늘에는 나비와 벌이 주위를 맴돌고 있다. 날개를 접은 큼직한 나비 한 마리는 맨드라미 꼭대기에 앉아 꿀을 따고 있다. 제3첩은 원추리꽃이 부드러운 곡선의 이파

도판 32 자수 초충도 병풍 제 5폭

리 사이로 피어 있고, 그 사이로 흰색과 보라색의 작은 국화가 고개를 내민 모습이다. 원추리 줄기에는 매미 한 마리가 매달려 있고, 나비와 벌도 날고 있다. 제4첩의 중심 제재는 여주와 생쥐이다. 여주를 꽈리로 보는 견해도 있지만, 열매 겉면의 오톨도톨한 돌기 표현과 땅에 떨어진 열매 속을 쥐가 파먹고 있는 모습을 보면 꽈리보다는 여주에 가깝다. 제5첩은 민들레 한 포기와 패랭이꽃이 균형을 잡는 구도인데, 꽃과 이파리를 펴서 누른 듯한 도안화된 모습이다. 역시 땅에는 여치가 기어 다니고 나비와 벌들도 꽃 주변을 떠나지 못하고 있다. 제6첩에는 수박 덩굴이 사선을 이루며 뻗어 있고, 화면 중앙의 수박이 무게 중심을 잡는다. 패랭이꽃과 들국

화가 어우러지고 나비·벌과 풀벌레가 빠지지 않고 묘사되었다. 제7첩은 가지나무 사이로 가는 줄기의 바랭이풀과 쇠뜨기, 딸기 등이 조화를 이루고 있는 정경이다. 가지꽃이 달려 있고 하늘을 나는 나비는 푸른색 날개를 가진 화려한 자태이다. 제8첩은 다른 장면과 달리 풀벌레나 벌·나비 없이 들국화만으로 이루어진 점이 특징이다.

무늬가 없는 검은 공단 바탕에 약하게 꼬임을 준 반푼사(半分絲)를 사용하여 수놓았다. 부분적으로 서로 다른 2가지 색을 합친 합연사를 사용하여 수놓기도 하였다. 기본적으로 평수(平繡) 위주로 면을 메웠는데, 수직·수평·사선 방향으로 평수를 두어 질감에 변화를 주었다. 그 외에 이파리에 가름수 기법을 많이 썼고 선을 표현할 때는 이음수를 주로 사용하였다. 황색과 녹색 계열의 색실이 가장 많이 사용되었고 청색·갈색·주황색 등도 사용되었다. 세월이 흐름에 따라 실의 색이 퇴색된 점을 감안하더라도, 검정 바탕에 실의 차분한 색감이 잘 조화되어 전체적으로 매우 깊고 격조 있는 분위기를 자아낸다.

이 자수 초충도 병풍을 신사임당(申師任堂, 1504~1551)이 제작했다고 보는 견해가 있다. 신사임당은 그림과 자수에 모두 뛰어났으며 특히 초충도에서 명성이 높았다. 비록 자수 회화이지만 현전하는 초충도 병풍 중에서는 가장 섬세하고 뛰어난 회화성을 지닌 작품이며, '신사임당 초충도'의 원형에 제일 가까운 특징을 보유하고 있는 작품이라는 점에서 의의를 찾을 수 있다.[147][148]

---

147) 한국민족문화대백과사전 http://encykorea.aks.ac.kr/Contents/Item/E0057071
148) 동양자수박물관 http://www.orientalembroidery.org/

단학흉배 1, 2

흉배는 조선 시대에 왕·왕세자·문무백관의 상복에 붙여 신분과 계급을 나타내던 표지(標識)의 하나이다. 왕과 왕세자는 평상복인 곤룡포(袞龍袍)에 용문(龍文)을 수놓은 원형의 흉배를 가슴·등·양어깨에 장식하였는데, 이를 특히 '보(補)'라고 하였다. 문무백관의 상복인 단령(團領)에는 사각형의 흉배를 가슴과 등에 붙였다. 의복의 색상과 흉배를 수놓는 문양의 종류에 따라서 품계를 구분했다. 흉배 제도는 여러 차례 변경되었으며 1871년(고종 8년)에 문관(文官) 당상관은 쌍학(雙鶴), 당하관은 단학(單鶴), 무관(武官) 당상관은 쌍호(雙虎), 당하관은 단호(單虎)로 정하여 구한말까지 사용하였다.

이 흉배는 초록색 운문단(雲紋緞)의 중심에 여의주를 물고 있는 한 마리의 학을 수놓은 한 쌍의 형태이다. 학 주변에는 수파문과 구름 등의 문양을 수놓았다. 수실은 대체로 연한 파스텔톤의 색상을 사용하였고 자수의 기법으로는 징검수, 가름수, 이음수, 자련수, 평수 등을 사용하였다. 학의 몸통과 날개는 흰색 견사로 이음수를 놓아 테두리선을 표시하였고, 여의주의 둘레에는 금사로 징검수를 놓았다.[149]

쌍학흉배

초록색 바탕의 옷감에 여의주를 물고 있는 학 두 마리를 수놓은 흉배(胸背)이다.

---

149) 서울역사박물관(신상정 기증 유물)
https://museum.seoul.go.kr/www/relic/RelicView.do?mcsjgbnc=PS01003026001&mcseqno1=009702&mcseqno2=00000&cdLanguage=KOR#layer_exhibit

흉배는 조선 시대에 왕·왕세자·문무백관의 상복에 붙여 신분과 계급을 나타내던 표지(標識)의 하나이다. 왕과 왕세자는 평상복인 곤룡포(衮龍袍)에 용문(龍文)을 수놓은 원형의 흉배를 가슴·등·양어깨에 장식하였는데 이를 특히 '보(補)'라고 하였다. 문무백관의 상복인 단령(團領)에는 사각형의 흉배를 가슴과 등에 붙였다. 흉배는 의복의 색상과 수놓는 문양의 종류에 따라서 품계의 구분이 있었다. 흉배제도는 여러 차례 변경되었으며 1871년(고종 8)에 문관(文官) 당상관은 쌍학(雙鶴), 당하관은 단학(單鶴), 무관(武官) 당상관은 쌍호(雙虎), 당하관은 단호(單虎)로 정하여 한말까지 사용하였다. 이 흉배는 초록색 운문단(雲紋緞)의 중심에 한 개의 여의주를 학 두 마리가 물고 있는 형태를 수놓았다. 학 주변에는 수파문과 구름 등의 문양을 수놓았다. 사각형의 테두리는 노란색 견사(絹絲)로 사슬수를 놓아 장식하였다. 운문단의 뒷면에는 한지를 배접한 후 다시 금색종이로 테두리를 돌렸다. 수실은 대체로 연한 파스텔톤의 색상을 사용하였고 자수의 기법으로는 징검수, 사슬수, 자련수, 평수 등을 사용하였다.[150]

---

150) 서울역사박물관(신상정 기증 유물)
　　　https://museum.seoul.go.kr/www/relic/RelicView.do#layer_download

17
타고난 그림 천재

: 오원 장승업

천재 화가 장승업(張承業, 1843~1897)

고아로 자란 천재 화가 장승업이 어떻게 그림 재주를 발휘하게 되었는가에 대해서는 여러 이야기가 전한다. 김용준(金瑢俊, 1904~1967)에 따르면 한약방에서 심부름했다는 설도 있고, 김은호(金殷鎬, 1892~1979)는 그가 지물 가게에서 민화를 그리던 환장이었다는 주장을 했다. 가장 신빙성이 큰 설은 장지연(張志淵, 1864~1921)의 『일사유사(逸士遺事, 조선의 숨은 고수들)』의 기록이다.

『일사유사』에는 다음과 같은 이야기가 전한다. 장승업은 일찍 부모를 잃고 집도 가난하여 의지할 곳조차 없었다. 그는 이리저리 떠돌아다니다가 동지중추부사(同知中樞府使) 벼슬을 지낸 역관 이응헌(李應憲, 1838~?)의 한양 수표동 집에 기숙하게 되었다고 한다. 장승업은 자기 이름자도 제대로 쓰지 못할 정도로 문자는 전혀 알지 못했다. 이응헌의 집에는 중국 원(元), 명(明) 이래 명사들의 그림과 글씨가 많이 수장되어 있어, 그림을 연습하는 사람들이 모여서 함께 보는 일이 자주 있었다. 이럴 때마다 장승업도 함께 매번 유심히 바라보다가, 하루는 문득 깨달음이 있어 신이 모이고 뜻이 통하였다. 평생에 붓대도 쥘 줄 몰랐는데, 어느 날 붓을 잡고 손이 내키는 대로 휘두르고 먹물을 뿌려서 대나무(竹), 매화(梅), 난초(蘭), 바위(石), 산수, 영모(翎毛) 등을 그려댔다. 화폭에는 신운(神韻)이 감돌았다. 이응헌이 보고 깜짝 놀라며 이 그림을 누가 그렸냐고 하니, 장승업이 자기가 그렸다고 말했다. 이응헌은 "신이 돕는 일이다."라고 하며 종이, 붓, 먹 등을 장만해 주고 그림에 전념하도록 하여 장승업이 본격적인 화가로 활동하게끔 도와주었다고 한다. 즉 이응헌은 장승업이 화가로서 성공하는 데 결정적인 도움을 준 인물이다.

천재라 하더라도 그를 이끌어주는 스승의 역할이 중요하다. 장승업은 서울에 와서 이응헌의 도움으로 본격적인 그림 수업을 받을 수 있었고, 이후 타고난 재능을 발휘하여 큰 명성을 얻었다. 그러나 아쉽게도 그의 화업에 대한 연대기적 사실을 밝혀줄 자료는 거의 없다. 30대의 기년작으로 37세(1879년) 작품인 서울대 박물관의 「방황학산초추강도(倣黃崔山樵秋江圖)」, 고려대 박물관의 「인물영모 10첩병풍」 등 몇 점뿐이다. 그런데 이들 작품을 볼 때 장승업은 이미 구도나 필묵법에서 능숙한 기량을 보여주지만, 아직 장승업의 특징적인 면모를 완전히 드러내고 있지는 않다. 화가로서 장승업의 원숙기는 40대 이후부터이다. 장승업이 화가로서 기량을 닦아가던 초기 모습을 전하는 이야기로, 김용준의 『근원수필』에 다음과 같은 내용이 있다.

장승업이 뛰어난 재능을 지니기는 하였으나 그림을 시작하면서 누군가에게 배웠을 것으로 보이는데, 스승으로 전해지는 화가로 혜산(蕙山) 유숙(劉淑, 1827~1873)이 있다. 유숙은 이한철(李漢喆, 1812~1893 이후), 백은배(白殷培, 1820~1900) 등과 함께 19세기의 대표적 화원으로 장승업보다 16세 연장이었다. 유숙과 장승업의 만남은 이응헌의 집을 두고 자연스럽게 이루어졌다. 유숙은 이응헌과 교유하던 김석준, 혹은 대표적 시인들과 일찍부터 사귀고 있었기 때문이다. 이런 점을 잘 보여주는 작품이 유숙의 1853년(27세) 작인 「수계도권(修禊圖卷)」이다. 이 계회도는 유숙이 당시의 대표적 중인 출신 문사 30여 명이 함께 모인 것을 기념하여 그린 것으로, 참가자로 김석준, 장지완(張之琬, 1806~1858), 우봉 조희룡과 친했던 현기(玄錡, 1809~1860) 등 유명한 시인들이 포함되어 있다.

장승업이 한양에 들어와 유명한 화가가 되기까지 큰 도움을 주었다고 전하는 인물로, 이응헌 외에 한성판윤을 지낸 변원규(卞元圭, 1837~1894 이후)가 있다. 김용준의 『근원수필(近園隨筆)』에 따르면 장승업은 초년에 변원규의 집에서 고용살이했다고 한다. 장승업을 언급한 글 중에는 이응헌보다 변원규의 이름이 더 자주 등장한다. 변원규는 구한말의 역관으로 중국과의 외교에 깊이 관여하여 고종의 신임을 얻고, 후에 중인으로 하기 어려운 한성판윤 벼슬을 역임한 인물이다. 실록에 따르면, 변원규가 청나라를 왕래하는 시기는 44세 때부터이며, 5년 후인 1885년에 한성판윤으로 임명된다. 이때는 장승업도 나이가 43세로, 이미 화가로 명성을 드날리던 시기이다. 그는 장승업 후년 시기의 유력한 후원자였다고 하겠다. 그도 이응헌처럼 서화 수집 취미가 있었으므로, 한성판윤이 되기 이전부터 장승업의 후원자 중 한 사람이었을 가능성이 크다.

장승업은 조선 초기의 안견(安堅, 생몰년 미상), 후기의 김홍도(金弘道, 1745~1806?)와 정선(鄭敾, 1676~1759)까지 합쳐 조선 왕조 네 대가의 한 사람으로 꼽힌다. 그가 우리나라 근대화단에서 차지하는 비중은 엄청나게 크다. 그는 산수, 인물, 영모, 화훼, 기명 등 다양한 소재를 뛰어난 기량을 발휘하여 자유자재로 구사하였다. 산수화에서는 원말사대가의 화풍, 미법산수 화풍 등 남종화법을 수용하여 호암미술관이 소장한 「방황자구산수도(倣黃子久山水圖)」, 간송미술관이 소장한 「산수도」를 비롯하여 우수한 작품들을 남겼다. 전자가 말끔하게 다듬어진 세련된 면모의 화풍을 대변한다면, 후자는 과장되고 기이한 형태를 위주로 하는 그의 파격적인 화풍을 대표한다. 그는 산수화에서 폭이 좁고 길이가 긴 화폭에 그리기를 좋아했는데 이는 중국 명·청대 회화의 경향과 무관하지 않다. 또 소치(小癡) 허련(許鍊, 1809~1892)처럼 푸르스름한 담청을 자주 구사했는데, 이는 당시의 색채 감각과 연관이 있다. 장승업의 경우 이 담청색이 산이나 바위 또는 인물의 기이한 모습과 결합하여, 그의 회화를 더욱 중국적, 이국적인 것으로 느껴지게 하는 특색이 있다.

장승업의 인물화는 도석인물이 주를 이루지만, 한결같이 중국인의 모습을 띤다. 그의 중국 취향은 영모와 화훼, 기명절지에도 비슷하게 나타난다. 기명의 표현에는 서양적 음영법이 가미되어 있음이 이채롭다. 장승업의 화풍은 심전(心田) 안중식(安中植, 1861~1919)과 소림(小琳) 조석진(趙錫晋, 1853~1920)에게 계승되었고, 다시 그들의 제자인 심산(心汕) 노수현(盧壽鉉), 청전(青田) 이상범(李象範), 소정(小亭) 변관식(卞寬植) 등 현대 산수화가들로 이어졌다. 안중식의 「풍림정거도(楓林停車圖)」를 예로 보면 반복적이고 과장된 산의 모습, 스산한 느낌을 주는 담청의 애용, 문기(文氣) 없는 분위기 등에서 장승업 화풍을 계승했음을 보여준다. 우리 회화사에서 조선 왕조 말기는 현대 한국화단을 위한 바탕이 되었다는 점에서 비중이 크며 의의가 있다. 특히 허련과 장승업은 이 점에서 중요하다. 그들은 각기 자기 나름의 계보를 형성하여 현대 화단에까지 영향력을 발휘하고 있기 때문이다. 소치 허련 일파와 쌍벽을 이루며, 우리의 현대 화단에까지 그 맥을 잇고 있는 화가들은 말할 것도 없이 오원 장승업과 그의 후계자들이다.[151]

장승업에 관한 이야기 가운데 널리 알려진 궁중 일화도 40대 초반에 해당하는

---

151) 안휘준, 『한국 회화사 연구』, 시공사, 2000

것으로 추정된다. 장년기에 들어선 장승업은 화가로서 원숙한 기량을 보이며 명성을 날리고 있었다. 그 명성으로 고종(高宗) 임금이 그를 불러 그림을 그리게 하였다. 그런데 장승업이 궁중에까지 알려진 배경에는 명성황후 집안, 즉 여흥(驪興) 민씨 집안과의 관계 때문이었을 가능성이 있다. 그러나 자유분방한 성품의 장승업에게 고종의 부름에 의한 궁중 생활은 영광이 아니라 견디기 어려운 구속이었다. 그래서 궁중에서 여러 차례 도망치게 되고, 고종의 노여움을 사서 처벌을 받을 위험에 처했으나, 민영환(閔泳煥, 1861~1905)의 도움으로 위기에서 벗어나게 되었다고 한다. 이런 일화는 장지연의 『일사유사』에 다음과 같이 기록되어 있다.

장승업의 명성이 궁중에까지 들리자, 고종이 그를 불러들여 궁중에 방을 마련해 주고 병풍 여러 폭을 그리게 하였다. 그리고 음식을 감독하는 자에게 술을 많이 주지 못하게 지시하고, 하루 두세 잔씩만 주도록 하였다. 열흘이 지나자, 장승업은 술 마시고 싶은 생각이 간절하여 달아나려 하였으나 경계가 엄중하므로, 문지기에게 그림물감과 도구를 구하러 간다 속이고 밤중에 탈주하였다. 고종이 이를 듣고 잡아 오게 하여 경계를 엄중히 하고 그림을 완성하게 하였다. 그러나 장승업은 또다시 병졸의 의복을 훔쳐 입고 달아나기를 두세 번에 이르렀다. 마침내 고종이 포도청에 잡아 가두도록 명령하였는데, 그때 민영환이 아뢰기를, "신이 본래 장승업과 친하오니 저의 집에 두고 그림을 끝내도록 분부해 주시기를 간청하옵니다." 하니, 고종이 허락하였다. 민영환은 장승업을 자기 집에 데려가 별실 안에 처소를 정해주었다. 그리고 하인에게 감시하는 동시에 술대접을 잘하되 많이 취하지 않도록 지시하였다. 그러나 얼마 지나지 않아 민영환이 입궐하고 하인이 잠깐 자리를 비우자, 장승업은 다른 사람의 모자와 옷을 입고 술집으로 달아나 버렸다. 민영환은 여러 차례 사람을 시켜 장승업을 찾아 잡아 왔으나 끝내 그 일을 마치지 못하였다.

이 일화를 통해 장승업의 예술가적 기질, 즉 세속적인 가치나 체면보다 자유로움을 추구하는 삶과 거기에서 발산하는 예술 태도를 확인할 수 있다. 그의 음주벽도 음주 자체가 아니라 창조를 위한 영감의 유도체이거나, 뜬구름과 같은 세상으로부터 탈출하는 방법으로 시도되었다고 할 수 있다. 위의 일화는 1884년경의 일이었을 가능성이 높다. 당시 민영환이 1881년 왕을 가까이 모시는 당상관으로 승진하여 승정원 동부승지가 되었고, 이듬해 1882년 임오군란으로 아버지 민겸호가 살해되자 관직을 사퇴하였다가 1884년에 다시 도승지 벼슬을 하게 되었기 때문이다. 따라서 1884년 민영환이 도승지일 때 장승업이 궁중에 불려 들어갔을 개연성이 가장 커 보이는데, 이때 민영환은 24세, 장승업은 43세였다.

『일사유사』에 따르면, 장승업이 궁중에서의 그림 일을 끝마치지 못하여 고종에게 그림을 그려주지 않은 것 같은 오해를 줄 수 있다. 그러나 현재 간송미술관이 소장한 「춘남극도(春南極圖)」와 「추남극도(秋南極圖)」 2폭에 '대령화원(待令畫員) 신장승업진상(臣張承業進上)'이라는 관서가 보인다. 이 그림들을 통해 장승업이 궁중에서 요구한 그림을 모두 끝마치지는 못했지만, 그래도 여러 점을 그려 바쳤음을 알 수 있다. 장승업은 그림 재주는 뛰어났지만, 정식 화원은 아니었던 것 같다. 물론 앞서 고종에게 진상한 신선도 2폭에는 '대령화원(待令畫員)'이라 적혀 있지만, 배경도 없는 장승업이 도화서 화원이 되기는 어려웠을 것이다. 또 어명을 어기면서 궁중에서 도망칠 정도로 자유분방했던 장승업이 도화서 화원의 규칙적인 생활을 했다고 보기도 쉽지 않다. 그의 '화원'이라는 명칭이나 감찰 벼슬은 보잘것없는 고아 출신 환장이를 궁중에 불러들이기 위해 내린 벼락감투였을 가능성이 높다.[152]

장승업은 19세기 우리 화단의 천재 화가로 알려져 있다. 그러나 그의 삶에 대한

---

152) 진준현, 「오원 장승업의 생애」, 『한국학』 vol. 24 no. 2, 한국학중앙연구원, 2001

기록은 거의 없고, 다만 오세창(吳世昌, 1864~1953)이 지은 『근역서화징(槿域書畵徵)』에 다음과 같은 소개가 남아 있다.

"장승업의 본관은 대원(大元), 자는 경유(景猷), 호는 오원이다. 그는 화원으로서 감찰이라는 관직에 올랐다. 그는 모든 그림에 빼어나, 자기 그림이 완성되면 스스로 감동하여 '마치 살아 있는 듯 약동하는 솜씨다!'라고 부르짖었다고 한다. 어릴 때부터 글자를 읽지 못하였으나, 무엇을 보더라도 기억력이 좋아 오래전에 본 것이라도 정확하게 기억해 냈다. 성격이 호방하여 술을 즐겼다. 그리고 누구든 술을 내밀며 그림을 부탁하면, 어디서든 흔쾌히 저고리를 벗고 주저앉아 즉석에서 새와 꽃 과실과 문방구 등을 그려주었다. 그밖에 산수화, 인물화 등 정교하고 박력 있는 그림이 많았다."

장승업이라는 이름을 스스로 지었는지 아니면 누가 붙여 주었는지는 알 수 없지만, 어쨌든 그는 화필 한 자루로 살아가는 사람이 되었다. 조선 사회에서 권력 있는 양반들과 부자들은 명필가와 명화가를 크게 환대하였다. 명필가는 대부분 양반 출신이었으며, 어릴 때부터 한문을 배우고 붓글씨를 쓴 만큼 어렵지 않게 서예를 배울 수 있었다. 그러나 화가는 대개 중인 계급 출신이었다. 그러나 이 중인 계급은 양반은 아니라도 농민과 상인과 장인과 같은 일반 서민들보다는 상위 신분이었기 때문에, 서민을 대하는 그들의 태도는 거만하기 짝이 없었다. 게다가 하인은 서민들한테도 차별을 받는 천민이었으므로, 중인 계급 출신의 화원들이 천민 출신으로 알려진 장승업을 어떻게 대우했을지는 능히 상상할 수 있겠다. 같이 그림을 그리는 처지였지만 장승업은 화원들로부터 항상 천대를 받았다. 그러나 그는 자기 그림에 절대적인 자신감이 있던 사람이다.

장승업은 역대의 명화가가 그린 그림을 빠짐없이 살펴보고, 그러한 명화가의 화풍에서 장점을 배우고자 화가들의 그림을 정확하게 옮겨 그려 보기도 하였다. 때로는 원래의 그림보다 뛰어나다는 칭찬을 받기도 하였다. 그러나 그는 명화가의 그림을 흉내를 내는 데 만족할 만한 인물이 아니었다. 그는 혼신의 힘을 쏟아 그림에 살아 있는 혼을 불어넣고자 하였다. 그리하여 정말로 스스로 만족할 만한 그림을 그리고 나면 "내 그림은 신품(神品)이다!"라고 소리치곤 하였다. 그는 스스로 만족할 만한 그림을 그리고자 고민하였으며, 훌륭한 작품이 나와도 터무니없이 비아냥거리는 자들에 대한 분노를 억누르려 애를 써야 했다. 장승업은 괴로움을 달래려고 술을 마셨고, 술기운을 빌어 자기 생각을 표출하고, 그로 인하여 또 혹심한 박해를 받으면서도 고주망태가 되도록 마셔댔다. 이윽고 그것이 습관이 되어 술 없이 못 살 사람이 되어, 술대접을 받으면 언제라도 그림을 그려주는 행동을 되풀이하였다. 그는 화가로서 자부심이 가히 절대적이어서, 불멸의 명화가라는 '단원' 김홍도와 '혜원' 신윤복 등의 그림을 보고는 명화가들의 호에 원(園)자가 붙어 있으므로, '나(吾)도 원(園)이라는 호가 어울리는 사람'이라고 하면서 스스로 '오원(吾園)'이라고 호를 지었다는 이야기도 전해진다.

국립중앙박물관에는 장승업 대표작으로 평가되는 열 첩의 큰 병풍에 그려진 『매화원(梅花園)』이 있다. 기법적으로 가장 원숙하였던 그의 나이 마흔 살 전후에 그린 작품으로 보이는데, 이 작품은 원래 이왕가(李王家)미술관의 소장품이었다. 그가 궁궐 안에서는 끝까지 그림을 그리지 않았다는 이야기가 전해지는 것으로 보아, 아마 누군가가 그를 속여서 그리게 한 후 왕에게 헌상한 것으로 보인다. 열 첩의 커다란 병풍에 그려진 이 매화 그림은 조선 후기를 대표하는 걸작으로 평가된다. 이 그림을 보면 그의 천재적인 재능과 노련하고 활달한 필법에 감탄하지 않을 수 없다. 또한 마디진 검은 매화 가지에서 화가의 절규하는 영혼 같은 것이 느껴지는 듯하여, 저도 모르게 팽팽한 긴장감을 느끼지 않을 수 없다. 이는 장승업이라는 천재의 재능을 통하여 상징되는 역사적인 부르짖음 같기도 하고, 시대의 격류 속에서 발버둥 치는 민족의 울분을 토로하는 것처럼 받아들여지기도 한다. 그가 이 그림을 그렸으리라 생각되는 1885년 무렵 일본 상인들이 서울의 진고개(현재의 충무로)에 상점을 내기 시작하여, 새로운 사치품에 눈이 끌렸던 시민들이 밀려닥치는 소동이 벌어지고 있었다. 그는 조국이 일본에 짓밟히고 있는 사실에 분노하여, 단 한 번도 그 거리에 발을 들여놓은 적이 없었다고 한다. 그러한 그의 울분이 이 매화 그림 속에 담겼는지도 모른다.

그는 즐겨 매(鷹)를 그렸다. 그리고 흥이 나면 여러 가지 새와 물고기와 꽃, 도자기, 문방구류 등 일상생활에 친숙하되 당시 화가들은 거의 돌아보지 않던 소재들을 그렸다. 때로는 인물화나 산수화 등도 그렸다. 그가 그린 새와 물고기는 살아 움직이는 것처럼 생기가 흘러넘쳤다. 그리고 산수 풍경화나 꽃이나 나무는 자연 상태보다 더욱 신선함이 넘치는 것처럼 묘사되었다. 그의 작품에는 아무리 작은 작품이라 해도 약동하는 작가의 생명력이 깃들어 있었다. 그런 만큼 그의 작품은 매우 개성적이어서, 아무도 흉내 낼 수 없는 독창적인 분위기가 자리 잡고 있다. 그가 그린 인물화 가운데에 비 오는 여름날 소에 걸터앉은 삿갓 쓴 인물화가 있다. 얼굴이 보이지 않아 나이를 알 수 없는 그 인물은 가난한 농민의 초라한 옷차림새이다. 한 평론가는 화면 전체에 어두운 고독이 감돌고 있는 이 그림이 순간적인 착상에서 그려졌다고 보았다. 며칠 동안 술에 취해 있던 그가, 어느 비 오는 날 동구 밖 길을 소를 타고 가는 인물을 보고 그렸을 것이라고 한다. 이 그림에서 평생 타협을 모르고 고독한 길을 걸은 그의 인간상이 보이는 듯하다.

장승업은 글을 몰랐으므로 자기 그림에 스스로 서명할 수도 없었고, 그림에 제목을 붙이지도 못하였다. 그러나 이 천재적인 화가의 주변에는 언제나 그림에 뜻을 둔 젊은이들이 몰려들어 제자로서 시중을 들어 주었다고 한다. 그는 인간 자체가 성가시고, 살아 있다는 것을 귀찮게 여겼을지도 모른다고 보이는 구석이 있다. 그는 오직 그림만으로 살아간 사람이며, 오직 그림 그리는 것에서 삶의 보람을 찾는 사람이었다. 그는 자기 그림이 어떤 평가를 받고 어떻게 취급되든 그다지 관심을 두지 않았음이 틀림없다. 주변 사람들이 장승업의 그림에 대신 제자(題字)를 써주기도 하고, 그의 제자라고 자부하는 후대의 화가들이 그의 그림을 찾아내서 그림의 제목을 붙이기도 하였다고 한다.

그는 방탕한 세월을 보내다가 1897년 어느 마을 밖 논길 위에 쓰러져 죽었다는 이야기가 전한다. 그가 어디서 죽었는지는 분명하지 않다. 1897년이라면, 1894년의 동학 농민 전쟁이 일본군에 진압된 뒤 일본군의 강압 아래 친일 정부가 들어서고, 이듬해인 1895년에는 일본의 무뢰한들이 왕비 민씨를 시해하며, 1896년에는 고종이 러시아 공사관으로 옮겨 러시아의 힘을 빌려 일본의 침략을 막으려고 할 때였다. 이와 같이 나라의 운명이 나날이 기울어 가고 있을 때, 그는 모든 것에 절망하여 객사한 것이다. 향년 54세, 비극적인 일생이었다.

천재 화가였던 그의 걸작은 그가 죽은 뒤에도 계속 발견되어 위대한 화가다운 업적이 새삼스레 이야기되었다. 그는 진정 조선 왕조의 최후를 장식하는 조선화의 빛나는 대가였다. 그리고 수수께끼에 둘러싸인 반골 정신의 화신처럼 산 사람이기도 하였다. 그런 만큼 오늘날도 여전히 민중의 한없는 사랑을 받는 긍지 높은 예술가이기도 하다.[153]

장승업의 호취도(豪鷲圖, 도판 33)

매 두 마리가 심하게 뒤틀린 나뭇가지에 앉아 있다. 매가 걸터앉은 고목은 오랜 세월의 풍화작용을 견뎌낸 듯 껍질이 두껍고 거칠거칠하다. 장승업은 붓을 들자마자 고목과 바위, 매 등을 순식간에 그렸다. 필치에 속도감이 느껴진다. 일필휘

---

153) 이은직 저, 정홍준 역,『한국사 명인전』3, 일빛, 1994

지(一筆揮之)란 이를 두고 하는 말이다. 마치 자신의 핏속에 흐르고 있는 에너지를 일시에 쏟아낸 듯 순식간에 완성한 작품 같다. 자세히 들여다보면 재주만으로 그린 그림이 아님을 알 수 있다. 구도를 잡고 소재를 배치하고 붓질을 결정하는 데에 긴 시간이 할애되었다. 어디 그뿐인가. 매의 깃털 하나하나부터 바위와 나무를 표현하기까지 세심한 정성을 기울였다.

억세고 날카로운 매의 이미지는 몰골법(沒骨法)과 담채(淡彩)의 바탕 위에서 극대

도판 33 장승업의 대표작으로 꼽히는 〈호취도(豪鷲圖)〉. 장승업은 기존의 고정관념을 답습하는 대신 자신만의 필치로 기량을 펼칠 수 있는 그림을 그렸다. 현재는 세 곳에 각각 소장되어 있으나 원래는 네 폭으로 제작한 작품이다. 01-1. 〈호취도〉 ⓒ삼성리움미술관 01-2. 〈쌍치도(꿩과 메추라기)〉. ⓒ삼성리움미술관 01-3.

화된다. 그는 매의 민첩함과 강한 기운을 표현하기 위해 최대한 색을 절제했다. 현란한 색으로 사람들의 눈을 어지럽히는 것보다 매 자체에서 뿜어져 나오는 에너지를 표현하고 싶었기 때문이다. 매 두 마리의 자세가 다르듯 매가 앉은 나뭇가지도 다르다. 위쪽 가지에 앉은 매는 당장에라도 먹잇감을 향해 날개를 펼칠 듯 온몸에 긴장감이 팽팽하다. 나뭇가지도 매의 몸짓을 닮아 예각이 심하게 꺾였다. 아래쪽 가지에 앉은 매는 한 발을 든 채 주변을 구경하는 여유를 부린다. 나뭇가지도 매처럼 편안하게 뻗어 있다. 화면에 놓인 모든 구성 요소가 마치 한 몸처럼 일사불란하게 조화를 이룬다.

호취도는 장승업의 최고 대표작이다. 그런데 이 작품은 명나라의 궁정화가 임량(林良, 1416~1480)과 장승업의 선배 격인 유숙(劉淑, 1827~1873)의 매를 떠올리게 한다. 그가 전통에 정통했음을 알 수 있다. 사람들이 평가하듯 일자무식인 그가 어쩌다 운이 좋아 재주를 인정받은 것이 아니다. 그는 수많은 명화들을 보고 배우면서 결코 대가들의 이름에 주눅 들지 않았다. 그는 임량과 유숙의 매를 참고하되 온전히 자신만의 매를 창조했다. 임량의 매는 지나치게 먹을 많이 사용해 화면에서 받는 느낌이 무겁다. 이와 달리 장승업의 매는 상쾌하다. 유숙의 매는 '참새를 겨냥하는 매'의 전통을 비판 없이 계승했다. 장승업은 그 전통에서 과감히 탈피해 '두 마리 매'를 그렸다. 전통을 계승하되 자기식의 해석으로 새로운 입김을 불어 넣은 것이다. 이는 호취도가 유숙과 임량의 매를 넘어 매 그림의 꼭대기에 걸릴 수 있는 이유이다. 호취도(리움미술관 소장)는 쌍치도와 대련을 이룬 작품으로 알려졌지만, 원래는 유묘도(일본 도쿄국립박물관 소장)와 삼준도(일본 유현재 소장) 등으로 이루어진 작품이다.

장승업의 새 그림 가운데 가장 득의의 작품이라고 할 수 있는 리움미술관의 호취도 쌍폭은 누구의 작품을 참고했다고 명시하지는 않았다. 가운데 한 폭은 매 두 마리가 화면의 위와 아래에서 서로 호응하는 모습을 보이며, 다른 한 폭은 한 쌍의 꿩이 역시 화면의 아래위에서 시선을 연결하며 교감하는 양상으로 묘사되었다. 위쪽 나뭇가지에서 몸을 틀고 있는 매는 꽁지와 날개 끝이 부챗살을 막 펴려는 모습으로 약간 쳐들려 있어 긴장감이 가득하다. 아래쪽 나뭇가지에서 역시 고개를 왼쪽으로 틀고 있는 매는 한쪽 발만 나무에 걸치고, 다른 쪽은 잔뜩 웅크린 채 몸에 바짝 부치고 있어 역시 팽팽한 긴장감이 돈다. 두 폭 모두에서 나뭇가지를 묘사한 필치는 장승업의 다른 어느 그림에 비하여 강하면서도 예리한 필력을 과시하는 듯하다. 이 그림은 임량의 즉흥적 필치를 계승하는 한편, 시대적으로 좀 더 가까운 신라산인 화암(華嵒, 1682~1756)의 필치와 색채 사용법이 가미되면서 전체적으로 긴장감과 부드러움의 대조, 변화무쌍한 먹놀림과 산뜻한 담채의 조화를 성공적으로 이루어냈다.

장승업의 화조화 가운데 또 하나의 걸작은 아마도 간송미술관의 「죽원양계(竹園養鷄)」가 아닐까 한다. 이 그림은 문인화풍의 몇 그루 대나무가 바위와 어우러져 있는 배경에 풍채 좋은 수탉이 단연 주인공으로 군림하며, 그 뒤로 약간 떨어져 고개를 숙여 무언가를 찾는 모습의 암탉이 바위에 조금 가려져 있는 모습으로 묘사되었다. 고개를 뒤로 돌린 채 거대한 몸체를 한 발로 선 당당한 수탉의 자세와 나는 듯한 필치로 시원스럽게 내려친 닭의 꼬리 깃털에서 장승업의 자신감 있는 필력을 느낄 수 있다. 반면 닭의 왼쪽에 자리한 잡풀의 묘사는 섬세한 몰골법에 가늘지만 힘 있는 필선으로 잎사귀를 세세히 묘사하여 세필의 장점도 아울러 선보였다. 이에 비해 정작 '의임량거사법(擬林良居士法)'이라고 명시된 개인 소장 「계도(鷄圖)」는 긴장감이나 필력에서 간송미술관 그림에 미치지 못한다.

장승업 작품의 바탕에는 전통에 대한 진지한 성찰이 자리 잡고 있다. 그는 주문에 따라 그림을 제작한 사람이었다. 그는 주문자의 요구에 따라 산수, 인물, 영모, 기명절지 등 다양한 화목을 모두 소화해 냈다. 그의 그림에는 당시 사람들의 의식

세계가 담겨 있다. 그의 작품 중에 유독 신선도와 고사인물도가 많은 이유도 외세의 침략으로 불안했던 사람들의 심리상태가 반영되었기 때문이다. 그는 자신이 배운 전통 위에 주문자의 요구를 수용했다. 그러나 그림을 풀어내는 방식은 매우 현대적이었다. 거침없다. 그는 자신의 호방한 필력을 마음껏 펼칠 수 있는 그림을 그렸다. 이것이 장승업의 위대한 점이다.[154]

장승업은 산수화에서 원사대가(元四大家)의 화풍을 많이 모방한 것으로 보인다. 그의 초기 작품으로 간주되는 서울대 박물관 소장 「풍림산수도(風林山水圖)」는 누구의 법을 방(倣)한다는 제발(題跋)은 없지만 피마준(披麻皴)을 사용한 언덕의 묘사나 갖가지 나무 묘사, 그리고 화면 가운데에 있는 정자의 모습에서 『개자원화전(芥子園畵傳)』의 화법을 응용 배합하고 있다. 피카소 등 서양의 근대화가들이 중세 명화들을 모방하는 이유도 마찬가지인데, 장승업은 그가 접할 수 있던 중국 명화들을 모방하며 그림 실력을 키워나갔다.

이 그림의 주제를 확실히 알려주는 것은 화면 오른쪽에 보이는 수레를 탄 인물과 그 뒤에서 수레를 밀고 있는 동자이다. 이 그림은 당나라 시인 두목(杜牧, 803~852)의 「산행(山行)」이라는 시 가운데 한 구절 '停車坐愛楓林晚(수레를 멈추고 앉아서 늦도록 단풍을 즐긴다)'을 소재로 한 것이다. 이 그림에는 소재나 양식 모두에서 완연한 중국풍이 발견된다. 리움미술관 소장 「방황자구산수도(仿黃子久山水圖)」에는 화면의 왼쪽 상단에 '방황자구묵법(仿黃子久墨法)'이라 명시되어 있어, 이 그림이 황공망(黃公望, 1269~1354)의 필법을 모방했음을 밝히고 있다. 길고 좁은 두루마리 형태인 이 그림은 윗부분에 방향을 두 번 바꾸며 솟아오르는 산봉우리가 첩첩이 싸여있고, 구름으

---

154) 국가유산청
https://www.khs.go.kr/cop/bbs/selectBoardArticle.do?nttId=26285&bbsId=BBSMSTR_1008&pageIndex=1&mn=NS_01_09_01

로 가려진 골짜기 사이사이로 반복 처리한 나무와 누각이 보인다.

장승업의 그림에 주학년(朱鶴年, 1760~1834)을 방했다는 그림이 다수 있는 것이 흥미롭다. 주학년은 장승업이 태어나기 전에 이미 타계하였는데, 당시 조선에 그의 그림이 다수 들어와 있었을 것으로 추정된다. 장승업이 주학년을 모방했다는 「산수도」는 전형적인 주학년의 산수화와는 다른 양식을 보인다. 이처럼 장승업의 산수화 가운데 상당수가 원사대가로부터 청나라 정통파 계통의 양식을 보이는가 하면, 다른 한 부류는 양주팔괴(揚州八怪)의 양식, 그리고 이들의 양식을 계승한 해상파(海上派) 회화의 특징을 보여준다. 화엄(華嵒, 1682~1765)의 산수화 가운데 원대 화가의 그림을 방했다는 미국 클리블랜드(Cleveland) 미술관의 「사원인필의산수도(寫元人筆意山水圖)」가 그런 그림이다. 이 그림은 서울대박물관이 소장하는 장승업의 10첩 병풍 가운데 제9폭 「산수도」와 매우 비슷한 산봉우리 묘사법을 보인다. 즉 담묵으로 처리된 산봉우리, 수채화처럼 엷은 담채로 단순하게 묘사된 먼 산, 그리고 나뭇가지를 짙은 먹의 예리한 필선으로 과장되게 묘사한 점 등이 그러하다.

장승업은 그의 산수화에서 중국 역대 화가들의 전통을 나름대로 이해하여 조선 후기 산수화의 독특한 면모를 보여주었다고 평가된다. 비교적 초기의 작품으로 간주되는 「풍림정거도」에서는 중국적 요소가 소화와 변형을 거치지 않은 채 거의 그대로 나타났다. 이와는 달리 1890년대, 즉 비교적 만년의 작품에서는 여러 가지 양식이 종합되면서 변화된 모습을 보여, 그 과정에서 성숙한 장승업의 독자적인 양식이 나타남을 볼 수 있다. 특히 18세기에 많은 중국 화가의 작품을 베껴 그린 현재 심사정(玄齋 沈師正, 1707~1769)과는 다른 면모로 중국 산수화의 여러 양식을 섭렵했다는 점에서 장승업 그림의 역사적, 시대적 의의를 찾을 수 있다.

장승업은 수묵, 그리고 채색과 수묵이 배합된 많은 화조·영모화를 남겼다. 이들은 대부분 즉흥적인 필치로 간결하게 그린 그림이다. 그는 북송의 황전(黃筌, 903~965), 명(明)의 궁정화가 임량(林良, 1426~1480), 청(淸)의 신라산인(新羅山人) 화엄(華嵒) 등의 화조화를 두루 섭렵하여 독특한 화조화를 만들었다. 또한 그는 양주팔괴(揚州八怪)의 몰골화법(沒骨畵法)으로 그리면서 밝은 채색을 가한 그림을 주로 참고하였다. 양주팔괴는 당시 양주에서 소금 매매로 부를 축적한 상인 계층의 사치스러운 기호에 부응하여 경쾌한 화조화를 많이 그렸다. 그의 몇 점 안되는 기년작(己丑, 1889)인 간송미술관의 「추금절지도(秋禽折枝圖)」에는 '의신라산인법(擬新羅山人法)'이라고 적혀 있는데, 이 그림에서는 화면을 가로지른 나뭇가지나 그 위에 앉은 새, 그리고 몇 되지 않는 나뭇잎 등을 담묵의 즉흥적인 필치로, 생략적으로 묘사하였다.[155]

---

155) 이성미,「장승업 회화와 중국회화」,『한국학』vol. 24 no. 2, 한국학중앙연구원, 2001

제2장

현대에 주목되는 '손재주' - 솜씨 DNA

고대에 나타나는 손재주가 미술품에 주로 보이나, 현대에 와서는 여러 분야에 걸쳐 다양한 모습으로 솜씨가 이어지고 있다. 이런 현상은 특히 스포츠 부문에서 두드러져 양궁이나 골프, e스포츠 등에서 탁월한 성적을 올리고 있어서 주목된다.

1
여자 양궁

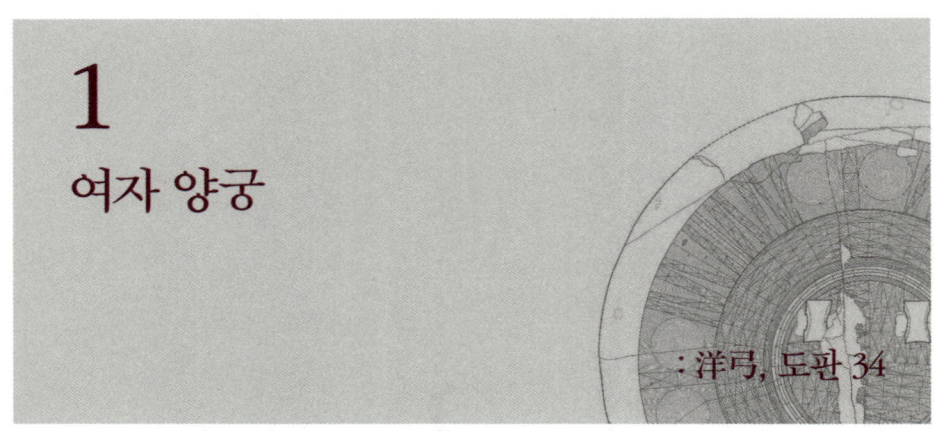

: 洋弓, 도판 34

양궁은 경기용 활의 일종이며

우리 전통 활은 국궁(國弓)이라고 한다. 활은 화기(火器, 총·대포 등)가 등장하기 이전까지 장거리 무기의 대명사였다. 활은 시위를 당겨 발생하는 에너지를 저장하는 용수철 기구로, 활시위를 놓으면서 생기는 순간에너지를 화살에 전달해 멀리 날아가게 하는 도구이다. 활은 수만 년 전 후기 구석기 시대에 처음 등장했다. 고대의 사냥꾼은 자신도 죽거나 다칠 수 있다는 위험을 안고 창으로 동물을 사냥했는데, 활이 등장한 이후 먼 거리에서 동물을 쏘아서 맞히면서 위험을 피할 수 있었다. 따라서 이때부터 인류는 호랑이, 곰과 같은 맹수와의 싸움에서 결정적인 우위를 차지하게 되었다.

고고학적 조사에 따르면, 궁시(弓矢, 활과 화살)는 이미 구석기 시대 말에 근동 지방의 민족이 사용했다. 신석기 시대에 이르러 여러 수렵 민족 사이에 급속히 보급되

도판 34 2024 파리올림픽 양궁 여자 개인전

었으며, 동시에 외적을 방어하는 무기로 사용되었다. 궁시는 이처럼 애초에는 먹을 것을 얻기 위한 생활 도구로 창안되었다가 전쟁 무기로 용도를 넓혔지만, 화약의 발명으로 총이 등장함에 따라 위력을 빼앗기고 이제는 놀이의 성격을 띤 운동 경기로 성격이 바뀌게 되었다.

과거 활쏘기 경기는 음력 3월 청명한 날을 택하여 궁사(弓士)들이 편을 짜서 실시하였다. 겨울 동안 놀이를 하지 못하다가 봄이 되면서 사정(射亭)에 나가 심신을 단련하였는데, 이때 골프의 갤러리처럼 수많은 구경꾼들이 운집했다. 궁사들이 번갈아 활을 쏘면 기생들은 화려한 옷을 입고, 활 쏘는 한량들 뒤에 나란히 줄을 지어 서서 소리(唱)를 하며 응원하였다. 화살이 과녁을 맞히면 노래를 부르고 춤을 추며 여흥을 돋우었는데, 이때 주연을 베풀기도 하였다.

활은 사냥뿐만 아니라, 전쟁용 무기로도 널리 사용되었다. 중국 사서에 나오는 우리 민족인 동이족(東夷族)을 칭하는 '이(夷)'는 대궁(大弓), 즉 큰 활을 사용하는 민족을 부르는 표현이다. 부여와 고구려에서는 활을 잘 쏘는 사람을 '주몽(朱蒙)'이라고 불렀는데, 주몽은 당시로서는 선망의 대상이었다. 요즘으로 치면 '스타'라고 할 수 있다. 활을 잘 쏘는 사람은 사냥에서 더 많은 사냥감을 잡아 풍족한 생활을 할 수 있고, 전쟁에 나가면 큰 공을 세워 높은 벼슬도 할 수 있었다. 고대로부터 활쏘기는 주요한 전통 무술의 하나로 사용되었으며, 사대부가(家)를 중심으로 기품 있는 운동 또는 놀이로 광범위하게 전승되었다. 오늘날에도 전국의 사정에서 활쏘기가 행해지며, 전국체전의 국궁(國弓) 종목으로 채택되고 있다.

국궁

동양 3국의 무기 선호도는 서로 달랐다. 중국은 근거리 전투용 창(槍), 일본은 백병전용 칼(日本刀), 우리는 원거리 사정용 활(弓)을 대표적인 무기로 꼽는다. 활쏘기는 일찍이 선사 시대부터 행해졌으며, 함경도·충청도·경상도 등 전국 각지에서 출토되는 타제석촉(打製石鏃) 유물들이 이를 증명한다. 중국의 『사기(史記)』와 『진서(晉書)』, 『삼국지(三國志)』 등에는 우리나라가 숙신(肅愼)·읍루(挹婁)·말갈(靺鞨)·예(濊)·부여(夫餘)·고구려(高句麗) 때부터 우수한 활과 화살이 있었고, 그 우수함이 중국까지 알려졌다고 전한다. 대표적인 궁시(弓矢)로는 단궁(檀弓, 동예東濊에서 만들어 중국으로 수출한 박달나무 활)과 호시(楛矢, 광대싸리로 만든 화살) 그리고 각궁(角弓, 합성궁合成弓의 한 종류로 나무와 힘줄 외에 뿔을 주재료로 추가한 활)이 있는데, 특히 단궁은 그 힘이 강하여 400보나 나가며, 청석으로 만든 화살촉은 그 질이 쇠와 같다고 하였다.

신라에서는 화살이 1,000보 나가는 쇠뇌(노弩, 연속 발사되는 기계 활)를 만들어 쓰는 것을 보고 당나라 왕이 가르쳐주기를 간청하였다는 기록이 있다. 이를 보면, 우리 민족은 예로부터 궁시를 제작하고 다루는 데에 특출한 재주를 가졌음을 알 수 있다. 국궁은 비록 국내로 한정되어 있지만, 새로 도입된 양궁은 이미 세계적인 경기로 크게 발전하고 있다. 활쏘기의 기본은 국궁이나 양궁이나 본질적으로 다를 바가 없고, 우리의 궁사들이 세계에 진출해서 좋은 성적을 올리는 것은 그냥 대수롭지 않게 넘길 일이 아니다. 대대로 이어져 내려온 확실한 그 '무언가'가 있는 것이다. 그중에 특히 거리를 재는 '눈대중'과 정확하게 과녁을 맞추는 '손재주'를 꼽지 않을 수 없다.

양궁은 조준기를 사용하여 발사하며 최대 사거리가 90m에 지나지 않으나, 국궁은 조준장치가 없는 대신 눈대중으로 거리를 헤아리며 사거리는 무려 145m에 이른다. 양궁의 사거리가 국궁의 반 정도밖에 되지 않는 이유는 양궁의 복원력이 만곡궁(彎曲弓, 1자 모양의 활인 직궁直弓과 대비되는 휘어있는 활)인 국궁보다 떨어지기 때문이다. 만곡궁은 시위를 풀었을 때는 C자 형태를 유지하다가, 시위를 얹게 되면 궁간이 뒤로 당겨지며 줌손(the bow hand, 활을 쏠 때, 활의 손잡이인 줌통을 잡은 손으로 앞손이라고도 함)을 중심으로 쌍곡선을 그리게 되는데, 탄력이 좋은 만큼 사거리가 훨씬 길어진다. 현재 우리가 사용하는 각궁(角弓)은 고구려에서 발명했으며, 목궁(木弓)을 사용하던 당시 만곡궁인 각궁은 획기적인 발명품이라 할 수 있다.

우리나라의 활은 형태의 변화와 제작 기술에서 꾸준한 진보가 있었다. 용도에 따라 전시용(戰時用)·수렵용·연락용(宴樂用 : 잔치를 베풀고 즐김)·습사용(習射用) 등으로 구분된다. 우리나라는 역대로 활을 가장 중요한 무기 중의 하나로 여겼으며, 궁술은 민중에게 가장 널리 보급되던 무예였다. 『신당서(新唐書)』를 보면, 고구려 사람들은 어려서부터 글 읽기와 활쏘기를 병행하여 국민 전체에 사풍(射風)이 보급되었다고 한다. 『삼국사기』에 따르면, 백제 비류왕 17년(320) 궁궐 서편에 사대(射臺)를 설치하여 매월 왕이 지켜보는 가운데 활쏘기를 하였으며, 이보다 앞서 당시의 명궁이던 고이왕(古爾王, 재위 234~286)은 하루에 사슴 40마리, 한 번에 기러기 두 마리를 명

중시키는 솜씨를 가지고 있었다고 한다. 또한 『후주서(後周書)』에 백제의 속(俗)이 기사(騎射)를 중히 여긴다고 쓰여 있어, 백제에서 활쏘기가 보편화되어 있었음을 알 수 있다. 신라에서는 788년(원성왕 4) 봄에 독서출신과를 정하기 전까지 활쏘기로만 인재를 선발하였으니, 신라가 궁술을 매우 중히 여겼음을 알 수 있다.

『삼국사기』에는 삼국 시대 임금들이 직접 사냥에 나섰으며 고구려왕 23회, 백제왕 25회, 신라왕 3회로 기록되어 전한다. 임금들이 사냥에 많이 참여했던 이유는 사냥이 곧 군사훈련이기 때문이었다. 삼국 시대 임금들은 스스로 군사 지휘관이어야 했다. 잦은 전쟁은 왕으로 하여금 활쏘기에 매진하도록 했다. 『삼국지』「부여(夫餘)」에는 '집집마다 자체적으로 갑옷과 활, 화살, 칼, 창의 무기를 보유했다.'라고 기록하고 있다. 삼국 시대에는 활쏘기를 잘하면 장군이 될 수 있었기 때문에, 청년들은 열심히 활시위를 당기며 연습에 매진하였다. 398년 백제 아신왕(阿莘王 재위 392~405)은 도성 내의 백성들을 모아 활쏘기 연습을 시키기도 했다.

고려 시대에도 국왕이 친림하여 장교의 활쏘기와 말타기를 사열하였으며, 개성과 평양의 무관을 소집하여 장기간 활쏘기를 익히게 하였다. 현종(顯宗, 재위 1009~1031)은 문관이 쉬는 날이면 교외에서 활을 쏘게 하였고, 선종(宣宗, 1083~1094)은 활터를 따로 설치하여 궁술을 익히게 하되 곡(鵠 : 과녁)을 맞히는 자에게 상을 베풀었다고 한다.

조선 시대에 이르러, 태조 6년(1397)에는 삼군부(三軍府)에 병학(兵學)·사(射) 등 교도관을 두고 관료들을 학습시켰다. 이때 궁술은 보사(步射 : 활쏘기를 할 때 달리면서 과녁을 쏘는 일)·기사(騎射)·입사(立射) 및 이론을 수련하였다. 태조(太祖, 재위 1392~1398) 이래 역대 왕들이 활쏘기를 장려하였기 때문에 문신들도 활을 잘 쏘았으며, 임금이 친견한 가운데 궁술대회를 자주 열었다. 세조(世祖, 1455~1468)는 후원(後苑)에서 궁술대회를 열고, 우수한 자에게 상을 주거나 벼슬을 올려주었다.

올림픽에 채택된 양궁(洋弓)은 과녁에 얼마나 많은 화살을 정확히 맞추는가 하는 명중률로 승부를 겨룬다. 그러나 백발백중이 활쏘기의 전부는 아니었다. 활은 빨리 쏠 수 있어야 효과적이다. 유능한 궁수(弓手)는 1분에 15발 정도를 쏠 수 있으며, 화살 한 방에 적을 살상할 능력이 있어야 한다. 따라서 방패를 뚫을 만큼 강한 활과 활시위를 당길 힘을 갖춘 궁사가 각광을 받았다. 뛰어난 궁수가 되기 위해서는 오랜 수련이 필요했다. 어린 시절에는 경당(扃堂: 고구려 때 평민층 자제에게 경학과 무예 등의 교육을 담당하던 기관)이나 화랑도와 같은 교육 기관에서 나무 활(木弓)이나 대나무 활 같은 연습용 활로 활쏘기 자세와 활시위 당기기, 과녁 맞추기 등의 훈련을 시켰다. 이후 힘이 세지면 활시위를 당기기 힘든 강궁(强弓)으로 10년 넘게 훈련했다. 우리의 전통 활인 맥궁(貊弓, 고구려계 소수맥小水貊에서 생산된 우수한 활), 또는 각궁(角弓)은 주변 국들이 두려워하는 강한 활로 유명했다. 각궁은 재료를 섞어 만든 복합궁으로, 사정거리가 길고 성능이 특히 뛰어났다.[156][157][158][159][160]

미국의 인류학자 모스(E.S. Morse)는 세계 각국의 활시위를 당기는 사법(射法)의 유형을 다음과 같이 정리했다.

① 전 대륙에서 지역의 토착민들이 사용하던 핀치형(Pinch Style)
  - 화살을 엄지와 인지로 잡고 쏘는 방식

---

156) 이중화 저, 김이수 역, 『조선의 궁술(弓術)』 학문각, 1970
157) 김후, 『활이 바꾼 세계사』 가람기획, 2002
158) 육군사관학교 육군박물관, 『한국의 활과 화살』 육군사관학교 육군박물관, 1994
159) 영집궁시박물관, 『활, 동서양의 만남』 영집궁시박물관, 2004
160) 김용만, 『한국의 생활사-활과 활쏘기』 네이버 지식백과, 2020

② 유럽이나 지중해 인근 지역에서 주로 사용한 지중해형(Mediterranean Style)
  - 인지와 중지를 이용하여 손가락으로 당기는 방식
③ 몽골계 인종들이 주로 사용하던 몽골형(Mongolian Style)
  - 엄지와 인지의 아귀로 화살 끝을 잡고 엄지로만 당기는 방법

현재 국제양궁연맹(FITA)에서 실시하는 양궁 경기는 지중해형을 발전시킨 것이다.

앞에서 언급했듯 활시위를 당기는 사법의 종류에는 몽골형·지중해형·해양형 등 세 가지가 있다. 우리의 국궁은 몽골형에서 전해졌으며, 양궁은 지중해형에서 발전되었고 해양형은 아메리카 인디언들이 쓰는 활 사용 방식이다. 양궁 경기의 시설과 용구로는 활·화살·과녁 및 화살통·손가락보호대·팔보호대·활집 등이 있다. 활은 길이 180㎝ 이하로 대나무·플라스틱·글라스합판제 등이 있는데, 선수용으로는 글라스합판제가 좋다. 활의 강도는 남자용이 35~42파운드, 여자용이 31~37파운드이다. 화살은 길이 50~75㎝로 목제·알루미늄·글라스제 등이 있으나 시합에서는 목제를 사용하지 않는다. 과녁은 원거리용이 지름 122㎝, 근거리용이 지름 80㎝이며, 5가지 색의 동심원으로 이루어져 있다.

한국 양궁의 세계 제패 과정

우리나라는 오랜 전통을 가진 고유의 궁술(弓術)-국궁이 있어서 광복 후부터 현대 궁도로 다시 활기를 띠기 시작했으며, 동시에 양궁도 도입되었다. 1979년 7월 서베를린에서 개최된 제30회 세계양궁선수권대회에서 당시 여고생이던 김진호(金珍浩, 경북 예천 출생, 1961~) 선수가 6종목 중 5종목에 우승하였으며, 더블라운드 643점으로 세계 최고 기록을 수립하였을 뿐 아니라 단체전에서도 우승하여 한국 양궁의 위력을 세계에 알렸다. 1984년 로스앤젤레스올림픽에서 서향순(徐香順, 광주 출생,

1967~)이 금메달, 김진호가 동메달을 획득하였다. 1985년에는 서울에 세계양궁선수권대회를 유치하고 남자단체전에서 금메달, 여자단체전에서 은메달을 획득하였다. 1986년 서울아시아경기대회에서는 양창훈(楊昌勳, 1970~)이 남자 30m더블·50m더블·70m더블·단체 등 4관왕을 차지하였으며, 김진호와 박정아(朴貞娥, 1967~)가 각각 3관왕이 되었다.

1988년 제24회 서울올림픽대회에서 김수녕(金水寧, 청주 출생, 1971~)이 여자개인전에서 금메달을 수상한 것을 비롯하여 여자단체·남자단체전에서도 금메달을 획득하였고, 왕희경(王喜敬)·박성수(朴性洙)가 은메달, 윤영숙(尹永淑)이 동메달을 획득하여 금메달 3개, 은메달 2개, 동메달 1개라는 쾌거를 올렸다. 1992년 바르셀로나올림픽대회에서 금메달 2개, 은메달 2개를 획득하였고 1996년 애틀랜타올림픽대회에서는 금메달 2개, 은메달 1개, 동메달 1개를 획득하였으며, 1998년 12월 태국의 방콕에서 개최된 제13회 아시아경기대회에서는 금메달 4개, 은메달 1개로 전 종목을 석권하고 신기록을 수립하여 '세계 제일'이라는 칭찬을 받은 바 있다.[161][162][163][164]

한국 양궁 대표단이 처음 출전한 1984년 LA올림픽대회부터 2016년 리우올림픽대회까지 국가대표 선발 방법과 훈련 과정, 성적 등을 고찰한 결과는 다음과 같다.
양궁이 한국에 도입되기 전, 한국의 전통 궁도는 대중에게 별로 알려지지 않았다. 1950년대 후반 국궁을 부활시켜 현대스포츠로 전환하려는 움직임 속에서 양궁이 소개되었다. 석봉근이 고물상에서 양궁 활을 발견한 것을 계기로 양궁의 국내 보급이 시작되었다. 1960년대 한국 양궁의 보급은 주로 개인들의 노력을 통해

---

161) 대한양궁협회 홈페이지,「양궁 소개-양궁의 역사/한국 양궁의 역사/기록으로 보는 한국 양궁」
162) 홍성택,『양궁심리기술훈련바이블』, 전주대학교출판부, 2012
163) 현대레저연구회,『현대양궁교본』, 태을출판사, 2010
164) 장용수,『Archery』, 대경북스, 2000

진행되었다. 1970년대에는 정부의 정책적 지원에 힘입어 본격적인 보급 단계에 돌입하였다. 이를 토대로 한국 양궁은 점점 보급의 활로를 넓혀갔다. 한국 양궁은 1978년 제8회 아시안게임에서 출전하면서 국제 무대에 첫선을 보였으며, 금메달과 은메달 1개씩을 따냈다. 이 대회로 한국 양궁이 아시아는 물론 국제 무대에서도 새로운 강국으로 부상하였다.

한국 양궁의 국가대표 선발 원칙은 '성인 거리를 쏘는 고등부 이상 누구나 공평하게 참가할 수 있으며, 철저하게 실력만으로 정당하게 경쟁한다.'였다. 한국 양궁을 둘러싼 수많은 사건 속에서도 양궁인들은 이 선발 원칙을 꿋꿋이 지켜왔다. 선발 과정 중의 경기방식과 시간을 국제 규칙에 맞게 하고, 장소와 환경도 최대한 경기장과 유사한 환경을 만들어내려는 노력을 기울였다. 올림픽 엔트리를 선발하는 전 과정은 선수들에게 굉장한 압박감을 주는 편이었다. 선발전과 평가전마다 탈락에 대한 두려움, 선두권 유지에 대한 어려움, 대회를 통한 긴장, 장기간 수차례에 걸친 대회에 대한 인내심의 한계, 그야말로 대회 중에 느낄 수 있는 모든 긴장과 스트레스를 끌어내었다. 이러한 선발전과 평가전은 선발을 위한 경기이기도 하지만, 대회 자체가 선수들 스스로에게 실전 경기 못지않은 최상의 훈련이 되었다.

한국 양궁 대표단의 훈련 과정은 선수들의 기본 체력과 기본 기술 외에 흔히 번지점프, 수영장 다이빙 훈련, 군대 입소 훈련, 공동묘지 훈련 등 이색 훈련을 추구했다. 그뿐만 아니라 과학 기술을 사용하여 독특한 훈련 방법과 수단을 개발했다. 한국 양궁 대표선수단은 풍속이 화살 조준에 미치는 영향, 심리기술 개발, 선수 개인별 훈련 방법 제정 등 훈련의 합리성과 과학성을 중시했다. 또한 양궁 발전 규칙에 초점을 맞추고 양궁 경기 규칙의 변화 추세를 살폈다. 특히, 한국 양궁 대표단이 훈련 방법으로 사용한 시뮬레이션은 한국이 올림픽대회를 대비하는 중요한 일환이자, 과학 기술 정보의 효율성을 이용하는 일종의 통로였다. 한국 양궁은 올림픽 대비 전략을 짜는 데에 있어 올림픽 경기장 환경에 대한 정보 연구를 특히 중시했다. 올림픽 경기장을 실사와 분석하여 올림픽 모의 경기장을 만들어 대표선수단 훈련에 제공함으로써 선수들이 올림픽 경기장과 가까운 환경에서 경기력을 강화할 수 있도록 했다.

마지막으로 한국 양궁 대표선수단은 심리기술 응용 과정에 있어 선수들 특유의 심리적인 특징을 중시하였고 선수 위주의 심리 훈련 기술을 개발하였다. 처음부터 한국 양궁은 불교의 참선으로 심리 훈련을 효과적으로 했다. 이를 바탕으로 이미지 트레이닝, 기공, 집중력 훈련 등 심리기술 시스템을 개발했다. 또한, 심리 훈련은 선수들의 일상생활 및 일상 훈련에서 실시하였다.

근대 올림픽대회의 양궁 경기는 1900년 제2회 파리올림픽대회부터 제6회 베를린올림픽대회를 제외하고 제7회 앤트워프올림픽대회까지 정식종목으로 채택되었다. 제8회 파리올림픽대회 정식종목에서 제외되었으며, 이후 오랫동안 올림픽 무대에서 소외되었다. 사라진 양궁 경기는 52년 만인 1972년 제20회 뮌헨올림픽대회에서 다시 부활되었다.

올림픽대회 양궁 경기에 처음으로 출전한 한국 양궁은 앞에서도 언급했듯 LA올림픽대회에서 서향순이 금메달을 따낸 이후, 역대 올림픽대회 여자양궁 개인경기에서 2004년 제28회 아테네올림픽대회까지 6연패를 거두었다. 또한 한국 여자양궁은 1988년 서울올림픽대회에서 신설된 단체전 경기부터 2024년 파리올림픽대회까지 10연패라는 위대한 업적을 남겼다. 더구나, 한국은 올림픽대회 참가 32년 만인 2016년 리우올림픽대회에서 전 종목을 석권하는 숙원을 이루어 대기록을 완성하였다. 이로써 2016년 리우올림픽대회까지 역대 올림픽대회에서 획득한 메달은 금메달 23개, 은메달 9개, 동메달 7개 총 39개이다. 2020년 도쿄 올림픽에서 양궁 혼성단체, 여자단체 여자 개인, 남자단체전에서 금메달을 획득하면서 기염을

토했다. 최근 2024년 파리올림픽에서는 5개 전 종목에서 금메달을 따는 놀라운 성적을 올렸다.[165]

선수 차원의 저력 분석

한국 양궁의 저력을 맡고 있는 선수들은 어떤 역량을 가지고 있으며 이 역량이 어떻게 키워졌는지를 분석한 결과는 아래와 같다.

첫째, 한국 양궁 선수들이 어린 시절부터 기본기를 잘 다져왔음을 저력의 가장 큰 부분으로 꼽았다. 한국 유소년 선수들은 외국보다 일찍부터 엘리트 스포츠로서 양궁을 시작하고, 유소년에게 맞는 고도화된 훈련 프로그램을 제공받으며 경기 출전의 기회도 많이 주어지는 편이다. 둘째, 한국 선수들은 외국 선수들보다 슈팅 밸런스가 좋고 감각이 예민하다는 특징이 있다. 일명 '속자세'라고 불리는 감각을 유지하기 위한 훈련으로 선수마다 독자적인 양궁 기술을 습득하고 있다. "한국 선수들은 슈팅 밸런스가 좋고, 젓가락을 쓰는 문화여서 그런지 손끝에서 오는 감각이 예민한 거 같다."라는 이야기도 있다. 셋째, 선수로서 갖추어야 하는 마음가짐이 탁월하다. 한국 엘리트 양궁계의 전체적인 분위기라고도 할 수 있는 마음가짐은, 훈련할 때 끈기가 있고 꾸준하다는 것, 시합할 때 포기하지 않는 승부욕이 있다는 것, 매사에 최선을 다해 노력한다는 것으로 분류할 수 있다.

세계 최고인 한국 양궁 선수 차원의 저력은 탄탄한 기본기, 독자적 양궁 기술, 마음가짐 등에 있다. '탄탄한 기본기'를 가질 수 있게 된 이유는 엘리트 선수 문화에 있다. 어린 나이부터 많은 훈련량을 소화하며 기술훈련과 체력 훈련에 몰두하기 때문에, 해외 유소년 선수들과의 실력 차가 벌어지는 것은 자연스럽다. 어린 시

---

165) 왕심위, 「한국 양궁의 올림픽대회 제패과정에 관한 연구」, 중앙대학교 대학원 석사논문, 2020

절부터 다져진 기본기는 성인 선수가 된 이후에도, 어떠한 상황에도 흔들리지 않는 견고한 정신과 자세를 유지할 수 있게 하므로 중요한 저력 중 하나이다. 선배 선수들의 우수한 기량을 가까이서 지켜보며 훈련하는 유소년 선수들은 기술과 태도 등을 모델링(modeling)할 수 있다. 안정적인 슈팅 밸런스와 예민한 손끝 감각을 유지하는 '독자적 양궁 기술' 또한 중요한 요소이다.

한국 선수들은 주도적으로 자신만의 자세를 만들 수 있는 방식으로 훈련한다. 선수들은 자신에게 최적화된 슈팅을 하기 위해 손끝의 미세한 감각의 차이를 감지하고, 바람과 같은 환경 변화를 이겨내는 슈팅을 하기 위해 더 많이 집중한다. 한국 선수들의 '손기술-솜씨'는 일명 '속자세'라고 불리는 자신만의 감각을 유지하기 위하여 오랜 시간 노력한 결과이다. 또한 한국 선수들은 마음가짐이 남다르다. 이 마음가짐은 '정신적 강인함'이라고도 설명할 수 있는데, 정신적 강인함은 어떤 상황에서도 자신에 대한 믿음과 목표를 향상하려는 확고한 태도를 바탕으로 하여, 역경에서도 포기하지 않고 자신의 수행을 지속할 수 있는 능력이다. 한국 선수들은 최고의 자리를 지키고 있음에도, 현재의 실력에 안주하지 않고 계속해서 목표를 설정하고 이를 성취하겠다는 마음으로 노력한다. [166]

한국은 양궁 강국이라는 인식이 있기 때문에 다른 비인기 스포츠보다 유소년의 심리적인 진입 장벽이 낮고 고가의 장비에 비해 상대적으로 접할 기회도 많은 편이기에 어릴 적부터 탄탄한 기본기를 잘 다질 수 있다. 한국 선수들은 슈팅 밸런스가 좋고 감각이 예민하다는 특징이 있다. 한국 선수들이 체력적으로는 부족해도 손재주와 같은 기술 측면이 뛰어나다. 이게 대체 어디에서 오는 것이냐는 질문

---

[166] 이성진·홍성택·박서령, 「한국양궁의 저력에 대한 문화기술지 연구」, 『코칭능력개발지』 vol. 21 no. 3, 한국코칭능력개발원, 2019

을 많이 받는데, 슈팅 밸런스가 좋고 젓가락을 쓰는 문화여서 그런지 몰라도 손끝에서 오는 감각이 예민하다. 여기에서 말하는 손끝 감각이 바로 '타고난 손재주'다. [167][168][169][170][171]

---

167) 스포츠과학연구소, 『양궁』, 1984
168) 대한궁도협회, 『한국의 궁도』, 1992
169) 정찬모, 「고려시대체육발전사연구」, 동아대학교대학원 박사학위논문, 1989
170) 왕심위, 「한국 양궁의 올림픽대회 제패과정에 관한 연구」, 중앙대학교 대학원 석사논문, 2020
171) 이성진·홍성택·박서령, 「한국양궁의 저력에 대한 문화기술지 연구」, 『코칭능력개발지』 vol. 21 no. 3, 한국코칭능력개발원, 2019

2
여자 골프

: 도판 35

한국 여자 골프가 세계를 놀라게 하고 있다. 원인은 여러 가지가 있겠지만, 양궁과 마찬가지로 과녁을 보는 '눈대중 감각'과 정교한 손놀림에 기반한 '타고난 손재주'가 중요한 원인으로 거론되고 있다. 골프는 손놀림과 눈대중이 경기를 좌우하는 중요한 요소이다. 골프 경기 초반의 장타는 멀리 화살을 날리는 국궁과 기술적으로 비슷한 모습을 보이며, 막판 짧은 거리 안에서 홀에 공을 집어넣는 점은 양궁에서 10점 판에 화살을 꽂아 넣는 정확도에 비견된다. 이 모두는 정확한 눈썰미와 이를 바탕으로 골프공을 날리는 손놀림이 경기의 승패를 좌우한다.

한국인이 특히 잘하는 효자 종목이 여럿 있다. 손놀림이 중요한 양궁, 펜싱 등은 남녀 모두 올림픽 금메달 수확 경험이 있으며 세계 랭킹에서도 상위권이다. 다만 골프는 사정이 조금 다르다. 세계 무대에서 남녀 간에 성적 차이가 난다. "그린의 여왕들-어떻게 한국은 여자 골프를 지배하게 됐나", 최근 AFP통신 기사의 제목이다. 기

도판 35 여자 골프

사는 한국 여자 골프의 선전 이유를 꼽아봤다. 뛰어난 손 감각(sensitive fingers)과 더불어 문화적 특성 등이 거론됐다. 손 감각은 바로 '타고난 손놀림-손재주'를 말한다.

제시카 코다(Jessica Korda, 1993~, 미국 출생)가 LPGA투어 시즌 네 번째 메이저 대회인 브리티시 여자 오픈을 앞두고 '왜 한국 여자 골프가 강한가?'에 대해 이야기했다. 요약하면 두 가지이다. '국가대표 경험'과 'KLPGA투어 우승 경험'이다. 한국과 달리 미국엔 국가대표 시스템이 없다. 모든 걸 스스로 해결해야 한다. 그로 인해 재정적 후원이나 단계적인 성장이 어렵다. 한국 선수들은 미국 선수들과 달리 낯선 문화와 언어, 환경, 코스에 적응해야 한다. 대신 한국 선수들에겐 타고난 손 감각이나 부단한 노력, 가족 전체의 헌신, 끈끈한 가족애, 강한 성공 의지 등 미국인들이 갖지 못한 또 다른 경쟁력이 분명히 있다는 지적이다. 출발점은 역시 타고난

'손놀림 감각-손재주'가 중요한 포인트이다.[172]

한국 여자 골프의 전개(1950년~1969년)

골프계는 6·25전쟁으로 폐허가 된 군골프장(現 서울컨트리클럽)을 외교적 목적으로 재건하였다. 서울컨트리클럽의 재건은 광복 전에 진행되던 골프의 맥을 이어주었고, 일제 강점기 활동했던 한국인 골퍼들(김홍조, 서정식 등)이 재등장하는 데 영향을 미쳤다. 그 후, 서울컨트리클럽에서 남자 프로선수들이 배출되었고, KGA·KPGA 등도 창립하게 되었다. 서울컨트리클럽은 1년에 한 번씩 여성 골프 대회를 주최하였고, 매주 금요일을 '레이디스 데이'로 지정하였다. 1960~1970년대에 여성 골퍼는 '별종의 여성'으로 여길 정도로 귀했다. 당시 골프는 남성의 스포츠이자 고급 레저였다. 그러나 1960년대에 골프 인구가 증가하였고, 대학에서 골프부를 세우면서 골프 수업을 개설하였다. 이화여자대학교는 경희대학교 골프부에 이어 두 번째, 여자대학교로는 최초로 1969년 10월 골프부를 창설하였다.

한국 여자 골프 선수의 성장(1970~1989년)

1970년대까지 골프 인구는 증가하였으나, 골프에 대한 사회적 인식은 비판적이었다. 그런 가운데 골프는 학교 스포츠로 자리 잡기 시작하였다. 대학교에서 교양 체육, 전공 체육으로 골프 강좌를 개설하였으며, KGA와 KPGA에서 골프 선수를 육성하면서 선수는 점차 늘어났다. 아시아골프서킷 대회로 외국 선수들이 한국을 방문하자 프로선수가 되려는 지원자가 증가하였다. 증가하는 여성 골퍼들을 위해 1980년 한국여성골프협회가 창설되었다. 1980년대 이전 골프 선수는 골프를 취미

---

172) 「미국 선수가 분석한 '한국 여자골프'가 강한 이유」, 헤럴드경제, 2018년 8월 1일 자 기사

로 즐기는 중장년층 아마추어 선수가 대부분일 때였다. KGA에서 제1회 주니어골프대회를 개최하면서 주니어 선수들이 참가하기 시작하였다.

여자 엘리트 선수의 필요성을 절감한 KGA는 유망선수를 조기에 발견하기 위해, 경희대학교 체육과에 의뢰하여 학생 골퍼를 5명 선발하고 6개월간 훈련을 실시하였다. 1981년 KGA는 청소년 훈련단에서 상비군으로 명칭을 변경하여 이 제도를 체계화하였다. 1982년 아시안게임에 남자 선수들이 참가하였고, 여자 선수는 1990년 히로시마 아시안게임부터 출전했다. 1988년 금성여자고등학교는 국내 여자고등학교 최초로 여자 골프팀을 창단하였다. 골프부를 창단한 이후 학교에서는 공주 외 타지방에서 선수들을 스카우트하기 시작하였다. 이때 최수연, 박연종, 박세리 선수 등을 스카우트하였고, 기숙사를 만들어 집중적으로 훈련하였다. 한국 여자 골프 선수들이 국제 무대에 참가하기 시작한 대회는 1979년 태국에서 개최된 제1회 아마추어 여성 국제골프팀 선수권대회였다.

여자 골프의 성공 요인

박세리 선수는 1998년부터 2010년까지 USLPGA투어에서 25승을 거두며, 미국 뉴스위크, 골프위크 골프다이제스트-포-우먼 등 각종 주간지, 신문 골프 잡지에서 'It's time for 'Pakmania', 'Pak Attack" 등으로 소개되었다. 또한 제이미파 오웬스 코닝 클래식대회(Jamie Farr Owens Corning Classic)에서 1998, 1999, 2000, 2003, 2007년에 우승하며 USLPGA투어 사상 한 대회에서 5승을 한 3번째 선수가 되었다. 박세리 선수는 이러한 전적으로 우리나라 선수로는 최초로 2007년 '골프 명예의 전당'에 이름을 올려, 우리나라가 골프 강국으로서 위치를 공고히 다지는 계기가 되었다. 박세리 선수가 "한국 여자 골프의 선구자라는 책임감이 나를 더욱 강하게 만들었다."라고 소감을 밝힌 대로, 박세리 선수의 USLPGA 진출과 성공은 한국 여자 골프 선수들의 미국 진출에 크게 기여했으며, 박세리 선수는 선구자적 역할을 수행했다는 점에서 높이 평가되어야 한다.[173]

해외 무대에서 한국 여자 프로 골프의 성공 이야기가 미디어에 속속 소개되면서 골프 선수가 급증하였다. 이런 현상은 특히 여자 선수들에게서 두드러지게 나타나는데, KJGA 자료에 따르면 1999년 97명(여중부 53명, 여고부 38명)에 불과했던 여자 선수들은 USLPGA에서 성공하여 여자 주니어선수와 부모에게 엄청난 영향을 주었다. 여자 주니어선수가 급증한 요인은 여러 가지가 있으나, 부모가 자녀에 대한 '재능-타고난 재주의 조기 발견'과 '헌신적 지원'을 들 수 있다. 타고난 재주는 솜씨의 발견이란 점에서 특히 중요하다. 박세리 선수는 골프 솜씨를 발견한 아버지의 권유로 골프를 시작하였으며, 박지은(1979~) 선수도 마찬가지였다. 한희원(1978~) 선수 역시 골프 선수로 활약했던 할머니와 골프광인 아버지의 영향으로 초등학교 3학년 때부터 골프를 시작하였다. 지은희(1986~) 선수의 아버지는 격렬한 운동에 관심을 갖고 수상스키로 근육과 담력 다지는 딸의 모습을 유심히 살핀 결과, 딸이 골프에 소질이 있음을 알고 골프를 권유하였다.

한국의 엘리트 스포츠에는 자식을 위한 부모의 열성과 노력이 존재한다. 이러한 영향은 골프 선수들과 부모 사이, 특히 여자 골프 선수와 아버지에게서 잘 드러난다. 아버지는 딸에게서 골프 선수로서의 재주와 가능성을 확인하고, 열성으로 지원하여 딸이 세계 무대에서 성공할 수 있게 하였다. 아버지의 열성은 딸의 성공을 위하여 모든 것을 지원하는 '올인(All-In) 문화'의 형성으로 이어졌다. AP통신에 따르면, 한국 선수들은 어려서부터 오직 골프 한 가지에만 매달리고, 성공에 대한 강력한 목표 의식을 지닌 부모와 선수들이 목표를 위해 모든 것을 희생하고 바

---

173) http://www.seripak.id.ro/

친 결과로 뛰어난 성과를 얻었다는 것이다. 선수들은 초등학교 3~4학년 때 골프를 시작하여 10여 년 동안 하루 종일 연습 및 훈련하여 10대 후반이나 20대 초반쯤 메이저 대회에 나가서 정상에 오른다.

이러한 현상은 박세리 선수 이후에 등장한 '세리 키즈(Seri kids)'에게서 보다 확실하게 드러난다. 이제는 프로 골프 선수라는 직업에 대한 인식이 크게 바뀌었으며, 단기간 내에 부와 명예를 획득할 수 있기 때문이다. 자녀의 성공을 우선시하는 '부모의 열성'과 '가족 문화'는 골프에 잘 나타나는데, 여자 골프 선수의 아버지들은 선수의 훈련과 골프 레슨, 스케줄을 직접 관리한다. 김미현(1977~) 선수가 미국에 진출했을 때, 그녀의 부모가 경비를 아끼기 위해 차를 렌트하고, 직접 운전하며 음식을 만들었다는 것은 널리 알려진 사실이다. 박인비 선수의 아버지 역시 운전사, 캐디, 매니저, 요리사 등 일인다역을 했다. 이렇게 아버지가 코치 겸 캐디로, 매니저로, 전속 운전사로 선수의 뒷바라지 하는 모습을 미국에서는 '골프 대디(Golf Daddy)'라고 불렀다. 골프 대디란 1994년 월드컵 축구를 앞두고 사회현상이 됐던 '사커 맘(Soccer Mom)' 열풍에 빗댄 용어이다.

USLPGA투어의 폴라 크리머(Paula Creamer, 1986~) 선수의 아버지와 모건 프레셀(Morgan Pressel, 1988~) 선수의 할아버지가 코치, 캐디, 운전사 역할을 자처하면서 '할 수만 있다면 상호애정이 두터운 가족이 나서는 것이 효과적'이라는 공감대가 확산되었다. 뉴욕타임즈(New York Times, 2003)에서도 골프 대디를 긍정적으로 평가했으며, 한국 선수들이 USLPGA투어에서 성공할 수 있었던 비결로 열성적인 훈련과 충분한 지원 그리고 부모의 헌신적인 사랑을 원인으로 보았다. 크리스티나 김의 "한국인들은 무엇이든 함께 한다. 그것이 한국인이 사는 방식이다"라는 인터뷰를 통하여 미국과의 문화적 차이를 해석하였다. 한국 부모들의 열성은 다른 국가의 부모들과 다르다. 다른 부모들은 '너의 인생이므로 네가 책임져야 한다'라며 자녀들의 인생에 크게 관여하지 않는 반면, 한국 부모들은 '네가 원하는 목표를 위해서라면 내가 충분히 희생할 수 있다'라는 생각이 강하다. 특히 여자 선수는 남자보다 부모의 통제에 순종적인 태도를 견지한 탓에 어릴 때부터 부모의 비전을 공유할 수 있다.

이처럼 한국 여자 골프가 성공할 수 있었던 배경에는 여러 요인이 있지만, 무엇보다 자녀에 대한 부모의 열성과 후원이 있었음을 알 수 있다. 특히 아버지와 딸의 관계는 아들보다 더욱 순종적인 관계로 맺어지기 때문에, 아버지가 원하는 목표에 딸은 순순히 따라오고, 그렇기에 쉽게 목표에 도달할 수 있는 것이다.

여자 골프는 서양 선수와 신체 조건이 비슷하여 한국 여자 선수에게는 절대로 불리한 스포츠가 아니다. 또한 골프는 심리적 요인이 승패를 결정짓는 경우가 많은데, 한국 여자 골프 선수들은 유독 해외 무대에서 강한 정신력을 발휘하여 외국 선수들과 언론에 종종 언급되기도 한다. 2008년 웨그먼스 대회(Wegmans LPGA)에서 지은희 선수에게 우승을 빼앗긴 노르웨이 출생 수잔 페테르센(Susan Pettersen, 1981~) 선수는 "끝까지 물고 늘어지는 불독 같았다."라며 한국 여자 선수의 강한 승부 근성을 칭찬하였다.

1998년 US여자오픈을 중계하던 미국 TV 골프 해설가는 박세리 선수의 우승을 보고 한국 골프 선수의 특징을 다음과 같이 말했다.

"자신의 감정을 조절해라, 너의 감정을 개방된 상태로 방치하지 말아라."

이러한 감정 조절 능력은 아시아 문화에 속한 선수들의 장점이다. 한국 여자 선수들은 감정을 드러내지 않고 무표정하게 경기를 치른다. 한국체육과학연구원의 신동성 박사는 "외국 여자 선수들보다 강도 높은 스파르타식 훈련과 남존여비 사상으로 억압된 한국 여성의 내면에 있던 '한(恨)'이 조화를 이루면서 엄청난 파워와 정신력으로 분출될 수 있었다."라고 하면서, 한국 여자가 정신력이 강한 이유를 일종의 '한풀이'로 설명하였다. 또한 정신력을 키우기 위하여 박세리 선수의 아버지가 박세리 선수를 투견장에 데려가 담력을 키우도록 했던 사례와, 임선욱 선수(1983~)가 공공장소에서 "나는 할 수 있다."를 수백 번 외쳤던 사례를 통하여 확인할 수 있다. 이러한 훈련을 통해 한국 여자 선수들은 경기 중에 자신의 감정을 조절하여 끝까지 승부 근성을 발휘하게 된 것이다.

한국 여자 골프의 다른 성공 요인으로 체계적인 선수양성 시스템을 들 수 있다. 우리나라의 학원 엘리트 스포츠는 국가 주도의 스포츠 경쟁력 강화의 수단으로, 승리 지상주의에 따른 상급학교 진학 수단으로, 또 경제 논리에 의한 출세의 발판으로 이용되고 있다. 학생 선수들이 수업에 불참하면서까지 훈련하고 운동에 몰두한 결과, 한국 엘리트 스포츠는 많은 스타 선수들을 발굴하였다. 이는 주니어 골프 선수에게도 해당한다. 골프라는 종목의 특성상 골프연습장과 골프장을 오가며 훈련해야 하고, 대회가 개최되는 골프장에서 그 골프장의 특성을 확인해 가며 연습해야 해서 학교 수업에는 거의 참여하지 못하고 있다. 이렇게 수업을 전폐하면서까지 훈련을 해왔기 때문에 한국 골프가 빠르게 성장할 수 있었다.

또한 더 나은 환경을 위해 일찍부터 골프 유학을 떠난 것도 한국 골프가 더욱 성장할 수 있었던 요인이다. 박지은(1979~), 양영아(1978~), 박인비 선수 등은 초등학교나 중학교를 마치고 미국이나 호주로 유학을 떠났다. 양영아 선수는 "부모님은 학업을 중요시했지만, 한국에서는 운동과 학업을 병행하기가 힘들었다. 그러나 미국은 운동과 학업을 병행하기에 가장 이상적인 곳이었다."라고 밝힐 정도로, 외국으로 유학을 가는 골프 선수들이 점차 증가한다. 더하여 1980년 초에 생긴 KGA 국가대표 상비군 선발 제도는 주니어 선수의 기량이 향상하는 촉진제가 되었다.

여자 선수들이 빠르게 실력을 향상한 원인과 프로로 진출했을 때 여자 프로의 세대 교체가 빠르게 이루어진 원인 중 하나로 이 제도를 꼽을 수 있다.[174]

박세리 신화

한국 골프의 역사가 1998년 7월 8일 새벽에 새롭게 시작되었다. 그때 그 자리에 박세리가 있었다. 해저드(골프에서 경기의 난이도 조절을 위해 각 코스에 설치한 모래밭, 연못, 웅덩이, 개울 따위의 장애물)에 빠진 공을 치기 위해, 박세리는 양말을 벗고 연못에 들어갔다. 여기에서 신기원이 이뤄졌다. 박세리의 해저드 샷 장면은 현대사의 한 장면으로 기록되었다.

한국의 골프 역사는 1897년 무렵 출발했다. 골프는 개항지 원산에서 비롯되었고 영친왕도 일제 강점기에 골프를 쳤으며, 1937년에는 조선골프연맹 창립총회가 경성골프구락부에서 열렸다. 이 무렵 연덕춘 선수가 후진을 길렀고 한장상, 김승학 같은 선수들이 1970년대에 활약했으며, 심야 텔레비전에서 골프를 녹화 중계하던 1980년대에는 최상호가 있었고 구옥희가 있었다.

그러나 골프는 그저 '특별한 종목'에 지나지 않았다. 레저 차원에서 일반화되기가 어려웠고, 특별한 신분을 걸친 사람들의 사교의 장일 뿐이었다. 그런 상황에서 박세리의 US여자오픈 우승, 특히 맨발로 해저드에 들어가 어렵게 탈출한 후 캐디가 내민 클럽을 붙잡고 올라오며 웃던 모습은 하나의 사건이 되기에 충분했다. 우승 확정 후 감격에 겨운 박세리가 갤러리에서 뛰쳐나온 부모와 함께 얼싸안고 우는 장면이 절정을 이루었다. 1998년의 그 장면은 아주 격정적인 상태였다. 각본 없

---

174) 김현경, 「한국 여자골프사 연구」, 동덕여자대학교 대학원, 미간행박사학위논문, 2011

는 드라마였다. 그때 그 순간의 격한 감정은 박세리와 그 부모만이 아니라, 당시 한국의 시청자들이 일순간 공유했던 애국적 감정이었다. 스포츠란 그런 것이다.[175]

한국 여자 프로 골프는 2000년대에 들어서면서 해외에서 활약이 두드러졌는데, 2010년 12월에 집계된 '공식 여자프로골프랭킹'에서 1위부터 30위까지의 선수들 중 한국 여자 선수가 12명으로 가장 많았으며, 다음은 미국과 일본이 각각 6명, 스웨덴과 호주가 각 2명이었다. 또한 우리나라는 우수한 골프 선수를 보유한 국가 1위를 차지하였으며, 각 국가의 투어에 최다 선수가 출전한 국가 역시 1위를 차지하여 '세계의 각 투어를 움직이는 국가'로 지명될 정도였다.

박세리의 US오픈은 한국 여자 골프의 전성기를 여는 신호탄이기도 했다. 여기에서 박세리를 롤모델로 하는 후진들에게 '세리 키즈'라는 별명이 붙었다. 이들의 활약은 말 그대로 눈부셨다. 1998년 박세리부터 전인지(1994~)까지 한국 여자 선수들은 2016년 6월 20일 기준으로 LPGA 우승 트로피를 모두 169번 들어 올렸다. 이는 한국 여자 선수들에게 있는 선천적인 솜씨-DNA와 훈련을 빼고는 설명할 길이 없다. 한국 여자 골프는 2000년대에 박세리(대전 출생, 1977~)를 앞세워 세계 골프를 정복해 왔다. 그 선두 주자는 '골프 여제'라 불리는 박인비(성남 출생, 1988~)이다. 현역 최고 골퍼로 꼽히는 박인비는 2008년 US여자오픈을 시작으로 30세가 되기도 전에 모든 타이틀을 확보했다. 메이저 대회 6승을 포함하여 18승이나 쟁취했다. 한국 선수 최초로 2013년 올해의 선수상을 받았고, 상금왕도 두 번이나 차지했다. 또한 106주 연속 세계 랭킹 1위를 지키면서 2015년 아시아 최초로 LPGA커리어 그랜드슬램을 달성했고, 2016년 박세리에 이어 두 번째로 꿈의 트로피인 '명예의 전당'에 입성했다.

---

175) 정윤수, 「'골프 대디' 현상과 한국의 가족주의」, 『황해문화』 79, 새얼문화재단, 2013

한국 여자 골프 선수들은 해외 무대에서 강한 정신력을 발휘하여 외국 선수들과 언론에 종종 언급되었다. 우리나라에서 골프는 사치 스포츠의 대명사였으나, USLPGA 투어에서 한국 여자 골프 선수들이 활약하면서 대중스포츠로 자리잡게 되었다. 또한 협회와 아마추어 선수에 대한 기업의 스폰서십, 그리고 골프 아카데미의 설립으로 선수 육성 시스템이 체계적으로 구축되었다. 지금까지 한국 골프 선수의 육성은 선수의 부모와 골프 관련 협회에서 주관하였다. 우수 선수로 발탁되면 훈련비 등을 지원받지만, 그렇지 못하면 부모의 부담이 커지게 된다. KESGA, KJGA, KCGA의 자료에 따르면, 2010년 각 연맹에 소속된 선수는 총 3,510명에 이른다. 그런데 개별소비세 면세 대상 선수는 650명으로 약 18%이다. 이 정도가 면세 혜택을 받았다는 것은 전체 선수 중 약 60%의 선수들만이 꾸준히 활동하고 있음을 뜻한다.

한국 여자 엘리트 스포츠는 1953년~1954년에 걸쳐 실시되었던 여고대항전과 도쿄아시안게임에서 메달을 획득하여 일반의 관심을 이끌었다. 또 1960년대부터 실시된 스포츠 진흥 정책으로 육성된 국내 여자 선수들은 국제 대회에서 선전하여 한국 여성 스포츠를 세계에 알리는 선구자적 역할을 하였다. 아시안게임과 올림픽대회를 유치하면서 한국 체육계는 엘리트 스포츠 진흥에 총력을 기울여 세계적 경쟁력을 갖춘 여자 선수들이 발굴되었다. 더하여 사회 전반에 깔려있던 남녀차별에 대한 의식 변화로 딸이 선수나 지도자, 또는 행정가로 진출할 기회가 부여되었다. 또한 USLPGA에서 한국 여자 골프 선수들의 성공, 피겨스케이팅 김연아 선수의 성공 등이 부각되면서 여자 엘리트 선수의 입지가 강화되었고, 우리나라가 여자 스포츠 강국으로 거듭날 수 있었다.

일제 강점기에 골프가 도입되어 서울과 지방에 골프장을 건설하였다. 그로 인해 한국인 골퍼가 등장하였고, 조선골프연맹을 창립하여 골프를 스포츠로 정착시

컸다. 6·25전쟁으로 골프장, 골퍼들이 사라졌으나, 서울컨트리클럽(군자리 골프장)이 재건되어 끊겼던 한국 골프의 맥이 이어졌다. 서울컨트리클럽의 노력은 대한골프협회 창립과 한국프로골프협회 창립으로 이어졌고, 아마추어 선수와 프로 선수가 등장하게 되어 골프가 엘리트 스포츠로 정착하는 계기를 마련하였다.

    오늘날 한국 여자 골프가 크게 성공할 수 있는 요인으로 한국 부모와 선수의 특성, 골프의 대중화 그리고 체계적인 선수 양성 시스템을 들 수 있다. 그리고 골프의 대중화로 국내 골프 관련 시설이 급증하였고, 이에 따라 골프를 배울 기회가 증가했다. 체계적인 선수 양성 시스템은 우수한 아마추어 선수를 걸러내는 긍정적인 역할을 하였다.[176][177][178]

---

176) 김현경, 「한국 여자골프사 연구」, 동덕여자대학교 대학원, 미간행박사학위논문, 2011
177) 김순미, 「한국 여자 프로골프 선수들의 경기력 분석」, 『한국체육과학회지』 18(3), 한국체육과학회, 2009
178) 정선희·여인성, 「한국 여자프로골프선수들의 경기력 결정요인」, 『한국체육과학회지』 23(1), 한국체육과학회, 2014

3 민속씨름

: 도판 36

씨름의 유래

씨름은 몸과 몸이 직접 맞부딪치는 격렬한 경기이다. 손재주와 발재간을 함께 구사하는 이 경기는 지역마다 서로 다른 특징을 보인다. 따라서 씨름 경기는 해당 민족이 가진 본래의 성향, 즉 '민족성'을 있는 그대로 보여준다. 본래 기마민족의 신체 단련에서 출발했을 것으로 추정되는 씨름은 각국의 모양새가 각기 다르다. 씨름의 원형에 가까울 것으로 생각되는 몽골 씨름은 벌판에서 대결하는 두 사람이 각각 떨어져 상대를 노리다가 순간적으로 부딪치며 격돌한다. 한국은 씨름판을 정해놓고 샅바를 맨 두 장사가 힘과 기술로 상대를 제압하려 하는데, 번쩍 들어서 메다꽂는 손기술이 압권이다. 씨름 경기는 힘과 기술이 함께 어우러져 승자를 내는데, 몽골은 주로 힘자랑이고 한국은 다이내믹한 중심 이동이 특징이다. 일본은 원형 씨름판 중앙에서 밖으로 밀어내기를 주로 하는 특성이 있다. 지구상에

도판 36 민속씨름

서 우리 씨름과 동일한 형태를 찾아보기가 쉽지 않다. 몽골 씨름과 일본 씨름이 우리와 상당한 공통점을 보이지만, 서양의 스페인 씨름에서도 유사한 모습을 발견할 수 있다. 원형의 경기장이나 짧은 바지를 부여잡고 두 선수가 맞붙어 싸우는 모습이 우리 씨름과 닮았다.

옛 중국 문헌에서는 우리의 씨름을 '고려기(高麗技)' 또는 '요교(撩跤)'로 불렀다. 이는 우리 씨름이 중국의 그것과는 다른 특징이 있음을 시사하는 호칭이다. 요교라는 말의 '요'는 손으로 '붙든다'라는 뜻이고, '교'는 '종아리 교'로 '종아리를 붙들고 상대방을 넘어뜨리는 놀이'라는 뜻이다.

씨름은 우리 민족 고유의 신체 운동으로, 표준국어대사전에서는 씨름을 '두 사람이 샅바를 잡고 힘과 재주를 부리어 먼저 넘어뜨리는 것으로 승부를 겨루는 우리 고유의 운동'이라고 설명한다. 기마민족의 후예인 우리 민족에게서 자연 발생적으로 생겨난 순수한 토종 경기인 씨름은 힘과 기술을 겨루는 운동이므로, 체력·기술·투지의 세 가지 조건이 요구된다. 그렇기에 씨름은 신체를 조화롭게 발달시키고 힘을 강하게 기르며, 정확한 판단력과 인내심, 균형 감각, 안전 능력 및 건전한 사회성을 길러주는 체육적 효과가 매우 큰 운동이다. 특히 씨름은 다른 투기와는 달리 맨살과 맨살이 직접 맞닿는 가운데 서로의 체온과 호흡이 통하는 운동으로, 정이 두터운 우리 민족성과도 일맥상통한다.

한국 씨름은 경기 모습에 따라 몇 가지로 구별된다. 서서 하는 선씨름, 허리띠를 두 손으로 잡는 띠씨름, 오른팔과 다리에 샅바를 감고 겨루는 샅바씨름, 오른쪽 넓적다리에 맨 샅바를 상대가 왼손으로 잡는 왼씨름, 왼다리에 맨 샅바를 상대가 오른손으로 잡는 오른씨름 등 다섯 가지가 있다. 씨름의 핵심은 힘을 모으는 손의 역할에 있다. 손기술이 승패를 좌우하는 경우가 많다.

우리는 삼국 시대 이전부터 씨름을 즐긴 것 같다. 고구려 씨름은 4세기 말의 각저총(角抵塚), 즉 씨름 무덤과 5세기 중엽의 장천1호분 벽화에 보인다. 각저총 벽화는 기골이 장대한 씨름꾼 둘이 상대 어깨에 오른손을 상대 왼쪽 겨드랑이 밑으로 넣어 허리를 잡고, 왼손은 오른쪽 어깨 위를 거쳐서 허리께에 이르렀다. 오늘날 즐겨보는 씨름과 크게 다르지 않다. 이들 옆의 지팡이를 짚고 선 노인은 심판이다. 장천1호분의 씨름 그림도 비슷한데, 고구려에서는 띠씨름이 유행하였다. 오늘날 씨름은 연중 어느 때나 벌어지지만 5월 단옷날 하는 씨름을 으뜸으로 치며, 7월 백중이나 8월 한가위에 하는 씨름이 그에 버금간다.

씨름의 지역별 특성

씨름은 기본 틀에서 많은 공통점이 있지만, 형식은 지방마다 약간씩 차이를 보인다. 자연히 씨름 관련 풍습에도 지역적 차이가 있다. 오늘날 씨름은 왼씨름 한 가지로 통일해서 치르나, 과거에는 왼씨름, 오른씨름, 띠씨름 등 크게 세 종류로 나뉘어져 있었다. 왼씨름은 샅바를 오른쪽 다리에 끼고 서로 왼손을 상대 다리샅바에 끼워 넣고, 오른손은 상대의 왼쪽 허리샅바를 틀어쥐고 하는 경기 방법이다. '바른씨름'으로 부르기도 하는 오른씨름은 왼씨름의 반대 방법으로 샅바를 잡는다. 띠씨름은 허리에다 띠를 하나 매고 그것을 잡고 하는 씨름을 일컫는다. 이 띠씨름은 지방에 따라 '허리씨름'이나 '통씨름'이라고 부르기도 하였다. 왼씨름은 전국적으로 통용됐지만 오른씨름은 경기도와 호남 지방, 띠씨름은 주로 충청도 지방에서 성행했다.

북한의 씨름은 한국 씨름 이론 정립의 대부 나윤출이 월북한 이후 체계화되었다. 나윤출은 경북 달성군 옥포면 출생으로 1938년경부터 10년 동안 영남 지역의 씨름판을 주름잡았던 인물로 해방 전 최고의 씨름꾼이었다. 그는 키가 175㎝, 몸무게가 24관(90kg 정도)으로, 당시로는 건장한 체구를 가졌다. 해방 이듬해 열린 전조선씨름대회에서 나윤출은 심판장을 맡아 선수로 출전하지는 않았다. 하지만 경기를 보고 싶어 하는 관중들의 성화를 이기지 못한 나윤출이 8강에 오른 선수들과 시범경기를 차례로 벌여 그들을 모두 물리치는 모습을 보고서야 관중들이 자리를 떴다는 일화도 있다. 한국전쟁 때 월북한 것으로 알려진 나윤출은 전쟁이 끝난 뒤 1958년 12월에 『조선의 씨름』(평양 국립출판사 발행)을 펴냈다. 이 책에서는 계급사관에 입각한 씨름사를 기술했는데, ①조선 씨름에 대한 역사적 고찰, ②조선 씨름의 지방적 형태, 근로 인민적 특성, ③조선 씨름의 훈련 방법, 기술 및 전술 등 3부로 나누어 체계화를 시도했다.

근대 씨름의 역사를 돌이켜볼 때 큰 발자취를 남긴 씨름꾼 가운데 가장 돋보이는 인물은 마산 출신의 타고난 씨름꾼 김성률(金成律, 1948~2004)이다. 1960년대 장사들의 군웅할거 시대를 종식한 사람이 바로 그였다. 김성률은 현역 시절 키 182㎝, 몸무게 130kg으로 체구가 컸다. 그는 전국선수권대회 장사급에서 1969·1970년 연속 우승, 1972~1974년 3연패 등 사상 최다인 5차례 우승 기록을 세웠고, 체급 제한이 없었던 대통령기 대회에서는 1970년부터 1977년까지 8연패를 달성했다. 그 밖에도 김성률은 KBS배 대회 4연패(1972~1975) 및 회장기 대회 4차례 우승 등 빛나는 업적을 남겼다. 전국 무대에서 공식적으로 22차례 정상에 섰던 그가 선수 생활 중 차지한 황소만도 무려 130마리가 넘었고, 각종 메달과 트로피가 70개를 헤아릴 정도였다.

 무적의 아성을 구축했던 김성률도 세월의 무게를 이기지 못하고 1975년 10월 제29회 선수권대회에서 18살의 무명 홍현욱(洪顯旭, 1957~, 당시 대구 영신고등학교 2년)에게 무릎을 꿇고 전성기의 막을 내렸다. 삼척 출신으로 샅바를 잡은 지 2년 만에 정상에 오른 홍현욱은 이준희(李俊熙, 1957~)와 더불어 1970년대 중반부터 1982년까지 씨름판을 양분하며 화려한 선수 생활을 했다. 홍현욱은 1975, 1977년 전국선수권대회 장사급(또는 통일장사부) 두 차례 우승을 비롯하여 대통령기 4번, 회장기 2번, KBS배 3번 등 전국대회에서 모두 11차례 우승 경력을 지녔다. 홍현욱은 그 후 프로 무대에서는 단 한 차례도 천하장사에 오르지 못하는 불운을 겪었으나, 백두급에서 5~7회 대회 3연패 등 모두 4차례 우승했다.[179]

 우리 씨름의 원조 격인 '마산 씨름'은 1960~1990년대 모래판을 평정했다. 그 계보는 김성률-이승삼-이만기-강호동으로 연결된다. 마산 씨름이 오랜 기간 명성을 이어가는 까닭은 무엇일까? 걸출한 실력을 지닌 몇몇 선수가 어느 날 갑자기 나왔기 때문일까? 그것만으로는 설명되지 않는 특별한 '무엇인가'가 있을 것이다. 그 무엇은 '씨름 기술이 솜씨-DNA의 형태로 특정 지역이나 가문을 통해 이어지고 있다'라는 사실이다.

 삼국 시대 이전부터 즐겼던 것으로 전해지는 우리나라 씨름은 명절 때 힘 좀 쓰

---

179) 이만기·홍윤표, 『씨름』, 대원사, 2002

는 이들이 모여 각축을 벌였다고 한다. 지역별 대회이던 것이 전국 규모로 열린 것은 1912년이다. 그리고 1927년 조선씨름협회가 만들어지면서 지금과 같은 왼씨름 방식으로 통일됐다. 이북과 경상도 지역은 이전부터 왼씨름을 하고 있었다. 이 때문에 1940년대까지 함흥·함주·평양 등 이북 선수들이 각종 대회를 휩쓸었다. 남북이 갈리면서 1950년대부터는 경상도가 두각을 나타냈는데, 그중 으뜸은 마산이었다. 1956년 마산상고(현 마산용마고), 1958년 해인대학(현 경남대학교) 씨름부가 창단되며 1960년대 초 전국 최강을 자랑했다.

마산 씨름을 이야기할 때, 이만기·강호동을 떠올리지 않을 수 없다. 하지만 그 앞 세대인 '학산' 김성률 장사를 빼놓을 수 없다. 1960년대 마산 씨름은 잠시 침체기에 빠지기도 했다. 이전까지 씨름계를 휩쓸던 모희규(2001년 작고) 같은 장사가 마산을 떠나고, 경남씨름협회를 품에 안은 진주가 기세를 떨쳤다. 이때 김성률 장사가 등장했다. 마산 토박이인 김성률 장사는 마산상고 2학년 때 정식으로 씨름길에 들어섰다고 한다. 늦게 시작했지만, 어릴 때부터 유도·축구를 해서 몸은 단련돼 있었으며, 머리도 좋아 하나를 가르치면 두세 개를 알아들었다고 한다. 고등부를 평정한 김성률은 이후 1969년 열린 전국대회 3개를 모두 휩쓸 정도로 적수가 없었다. 김성률, 그리고 마산 씨름이 국민에게 확실히 각인된 건 1972년 '제1회 KBS배 전국장사씨름대회'였다. 이전까지 야외 모래판에서 진행되던 것이 서울 장충실내체육관으로 옮겨 열렸고, TV 생중계도 최초로 했다. 이 대회에서 마산 김성률 장사가 우승하고 정근종 장사가 3위를 차지했으니, 국민의 머리에 '씨름 고장 마산'이 제대로 각인되었음은 물론이다.

김성률 장사는 1970년대 중반까지 전성기를 구가했지만 딱 한 번 체면을 구겼다. 고등학교 2학년 홍현욱에게 충격적인 패배를 당한 것이다. 이를 계기로 현역 은퇴가 앞당겨지기도 했다. 하지만 그에겐 경남대학교 제자 이만기(1963~)가 있었다. 1983년 첫 천하장사대회에서 이만기가 꽃가마에 올랐는데, 결승에서 홍현욱을 무너뜨린 것이다. 하지만 이만기는 훗날 후배 강호동에게 쓰라린 패배를 당하며 '김성률 후예' 타이틀을 넘겨주기도 했다. 1980년대 '뒤집기의 달인'으로 불렸던 이승삼은 현역 시절 주로 한라급에서 뛰었기에 천하장사에는 한 번도 오르지 못했다. 그 한을 몇 년 전 창원시청 제자였던 정경진이 풀어주기도 했다.

씨름 고장 마산

마산 씨름이 이렇게 자리하기까지의 배경을 좀 더 들춰보도록 하자. 임영주(73) 전 마산문화원장은 이렇게 해석했다.

"1904년 큰 해일 피해를 입고 난 이후 마산에서 성신대제가 매해 열렸다. 제를 지내고 나서 씨름대회를 연 기록이 많다. 이뿐만 아니라 마산은 그 이전부터 씨름을 유난히 많이 했다. 마산은 고려부터 조선에 이르기까지 조창이었다. 곡식을 배에 실어 나르려면 힘쓸 장정이 필요했을 것이다. 그래서 씨름을 장려해 힘센 사람을 발굴한 것은 아닐까 하는 생각을 해 볼 수 있겠다."

이때는 생활 씨름이었다. 지금과 같은 기술보다는 기골이 장대한 것을 우선으로 쳤다. 이에 씨름인들은 '들판 많은 곳보다는 험한 산세 사람들이 그러한 체격에 좀 더 가까웠다. 북한·강원도·경상도 같은 지역'이라고 한다. 실제 씨름은 산과 떨어질 수 없다. 현역에서 은퇴한 선수들은 '산은 쳐다보기도 싫다.'라고 말한다. 씨름인들은 잔걸음으로 산을 타야 한다. 빠른 발을 위해서다. 씨름은 큰발 아닌 잔발이 필요한 종목이다. 현재 마산 씨름 전용 체육관도 무학산 입구인 서원곡에 있다. 과거에는 왼씨름·오른씨름·띠씨름·바씨름 등 지역별 다양한 방식이 있었다. 1927년 지금과 같은 왼씨름으로 통일돼 전국대회가 열렸는데, 경상도에서는 이미 여기에 익숙해 있으니 안착하기에 유리했을 것이다.

마산 씨름의 참맛은 기술에 있다

씨름인들이 한결같이 하는 말이 있다. '마산 씨름은 기술 씨름', '기술에서만큼은 최고'. 김성률 장사는 힘뿐 아니라 발기술이 아주 좋았다고 한다. 여기에 상대방 심리까지 이용했다고 한다. 동시대에 뛰었던 권영식은 몸은 작았으나 다양한 기술로 거구들을 눕혔다고 한다. 씨름의 기본은 들배지기라 할 수 있는데, 천평실은 이 기술에서 최고였다고 한다.

이러한 기술은 각 개인에만 머물지는 않았다. 지금도 그렇지만, 1960~1970년대에는 연대훈련이 특히 끈끈했다. 학년·학교 구분 없이 지역 씨름인이 모두 한곳에 모여 서로 이 사람도 잡아보고 저 사람도 잡아봤다고 한다. 그 속에서 모두가 기술을 배우고 가르쳤다고 한다. 씨름인 출신 배희욱 전 경남도체육회 사무처장은 "다리가 강한 황경수 선배가 '희욱아, 다리 한번 넣어봐라.'라고 한다. 그렇게 최고 선수한테 다리 넣어보면 대한민국 사람한테 다 해 본 것이나 다름없는 것"이라고 했다. 이러한 훈련 문화 속에서 씨름의 모든 기술이 자연스레 전수됐고, 이만기·강호동의 배지기·들배지기도 그렇게 해서 나온 것이다.

기술은 끊임없는 반복이다. 자기 몸에 가장 잘 들어맞는 것을 찾는 작업이다. 한번 몸에 익으면 시간이 지나도 쉽게 사라지지 않는다. 마산 출신 선수들 가운데는 은퇴 후 다시 모래판에 서거나 노장으로 오랫동안 활약하는 경우가 많은데, 힘은 좀 달리더라도 기술이 남아 있기에 가능하다.[180]

씨름의 전개

---

180) 남석형·이서후·권범철, 『한국 속 경남: 한국사회 깊숙이 파고든 경남의 자산을 풀어내다』, 피플파워, 2017

손기술은 손을 이용해서 상대방을 앞으로 당기거나 밀고 또는 옆으로 젖혀 넘어뜨리는 기술이다. 손기술에는 16가지 종류가 있다. 앞에서 언급했듯이 우리 씨름은 기본 틀에서는 공통점을 지니지만, 형식은 지방마다 약간씩 차이를 보인다. 자연히 씨름 관련 풍습도 지역적인 차이가 있다. 오늘날 씨름은 왼씨름 한 가지로 통일해서 치르고 있으나 원래 왼씨름, 오른씨름, 띠씨름 등 크게 세 종류로 나뉘어 있었다. 왼씨름은 전국적으로 통용되었지만, 오른씨름은 경기도와 호남 지방, 띠씨름은 주로 충청도 지방에서 성행했다. 서울에서는 매년 봄가을에 씨름판이 열렸다. 오른씨름과 왼씨름 두 가지 다 통용되었는데, 경기도 일부 지역에는 띠씨름만 하는 곳도 있었다. 경북 대구와 김천, 경남의 부산과 김해는 씨름의 중심지였다.

몽골인들은 민족 전체가 삼예, 즉 씨름경기·말타기·활쏘기 등으로 몸을 단련해 왔다. 그 기록은 한대 이전까지 거슬러 올라간다. 중국 서안의 객성장에서 발견된 K-140호 고분에서 한나라 초기 흉노(匈奴)의 유물로 보이는 동판 두 점이 출토되었다. 연구 보고서에 따르면 "동판의 그림 중앙 두 장사가 씨름하고 있는데, 상체는 발가벗고 하체는 꽉 끼는 긴바지를 입고 서로 허리를 껴안고 상대방을 넘어뜨리는 시합을 하고 있다."라고 했는데, 그 모양이 지금의 몽골 씨름과 똑같다. 몽골족은 무(武)를 숭상하는 민족인지라 칭기즈칸은 몽골족에게 용맹스러운 기질을 고양시키기 위해 '삼예 훈련'을 병사뿐 아니라 민족의 훈련으로 삼았다.

몽골 씨름은 경기장이 따로 없다. 원칙적으로 맨땅도 좋고 초원도 좋다. 몽골족의 씨름은 등급을 가리지 않고 최후의 우승, 준우승까지 차례차례로 도태시키는 방법을 쓴다. 몽골 씨름은 이처럼 예의를 준수하고 음악과 무용을 곁들인 예술적 국기란 점에서 우리의 씨름판과는 크게 다르다. 몽골 씨름 경기는 원시적인 인상이 짙은 신화적 민속놀이로 지난날 한국 씨름의 원형(Prototype)을 보는 느낌을 준다.

일본의 씨름, 즉 스모는 용호상박에서 따온 상박(相撲)을 일본식으로 읽은 말이다. 일본 문화가 그러하듯이, 스모는 경기의 형식 자체를 지극히 미화하고 중요시한다. 씨름이라는 신체적 놀이보다 씨름판이란 의례 행사를 훨씬 더 중요하게 여기고 있지 않나 하는 인상마저 든다. 떨어져서 마주 보다가 싸움을 시작하면 매우 엄격한 규칙의 제약을 받는다. 경기는 칼로 무를 베듯이, 순간적인 판단과 폭발적인 힘에 의존하는 경향이 강하다. 밀어내기를 주로 하지만 다양한 기술을 구사하며 시간을 오래 끌지 않는다. 복장을 중시하여 선수나 심판, 진행 요원 등 모두가 특유의 복장을 하고 진행한다. 최근에 와서는 전통을 강조하고 국민적 놀이로 승화시키면서 프로화되어 상업화 냄새가 강한 것이 특징이다. 체중에는 제한이 없고 외국인들의 참가도 허용된다. 그러나 일본식 복장을 해야 하고 일본 이름을 가져야 한다. 선수는 분화된 여러 계층에 속하며, 요코즈나(橫綱)를 정점으로 하여 계급이 엄격하게 형성되어 있다.

미야모토 도쿠조(宮本德藏)는 "2~3세기에 몽골에서 시작된 씨름이 기마민족의 이동에 따라 5세기 초 압록강 연안의 씨름 무덤에 그림으로 남았다."라면서 띠 모양이나 둘러 감는 방법은 한국보다 오히려 일본 씨름이 거기에 더 가깝다고 덧붙였다. 고구려 씨름의 일본 전래를 설명하는 동시에 현재의 일본 씨름이 고구려 씨름에 근사한 사실을 간접적으로 나타낸 셈이다. 모리 고이치(森浩一)도 "고고학 자료를 보면 일본 씨름의 원류는 동아시아 북방 민족문화, 그중에서도 고구려 문화와 관련이 있는 듯하다."라고 적었다. 이뿐만이 아니다. 일본 씨름꾼들이 상투를 틀고 부정을 물리치려고 씨름판에 소금을 뿌리며, 심판의 외침이 우리말에 가까운 점들도 그러한 유사성을 알려주는 좋은 본보기이다. 일본스모협회 전 이사장이었으며 스모박물관장인 후타 고야마(二子山) 일행도 일본 씨름의 원류를 찾기 위해 1992년 우리나라에 왔다가 "몽골 씨름이 한국을 거쳐 오키나와로 건너갔고, 이것이 뒤에 일본 본토로 들어왔다."라고 하였다.

오늘날 한국 씨름과 일본 스모는 각각의 민족성과 고유문화를 관통하는 속성을 두루 보여주고 있어 대단히 흥미롭다. 2011년 한국 씨름에 대한 연구 논문으로 텍사스대학교 박사 학위를 취득한 크리스토퍼 스파크스(Christopher Sparks)는 "한국 씨름의 특징적인 차별성은 육체, 즉 맨살의 부딪힘에 있다."라고 하였다. 접촉을 싫어하는 일본 스모는 밀어내기를 주된 특징으로 하고 있어 한일 간에 뚜렷한 대비를 보인다. 씨름의 원류는 대륙에 있지만 씨름이 일본열도, 즉 섬이라는 고립된 공간으로 들어간 순간 씨름이 스모가 되면서, 본래의 모습보다 일본화된 새로운 형태를 갖게 되었다. 카레라이스처럼 본고장에서의 의미보다 일본에서 번안, 변모시킨 일본화된 모습이 특징이다.

한국 씨름과 일본 스모를 세밀하게 비교하면, 어떤 문화 요소가 고립된 지역으로 흘러 들어가서 서로 다른 방향으로 변모하는 과정을 흥미롭게 들여다볼 수 있다. 스파크스는 미국 텍사스 A&M대학에서 「씨름과 씨름하다」(Wrestle with Ssireum, 2011)라는 논문으로 박사 학위를 받았고, 이듬해 영남대 교수가 된다. 문화인류학자이자 최초의 외국인 씨름 전문가이다. 그는 씨름을 '근육의 공연(Muscular Theater)'이라고 표현했다.

우리 씨름은 직선적인 힘이 아닌 신체의 중심운동이자 원운동이다. 중심운동은 중국의 십팔기와 태극권을 들 수 있는데, 태극권의 경우 중심운동과 여러 자세의 원운동으로 이루어졌다. 중심과 원이 중요한 것은 우주의 원리인 태극의 원리를 형으로 표현하기 때문이라고 하였다. 이것은 씨름이 상대 선수를 공격하여 고통을 주는 운동이라기보다는 힘과 기술로 상대의 중심을 무너뜨려서 승부를 내는 것으로, 가장 단순하면서도 평화스럽고 흥에 넘치는 우리 민족의 성정과 일치한다.[181]

---

181) 이종선, 『한국, 한국인』 월간미술, 2020

4 프로게임-e스포츠

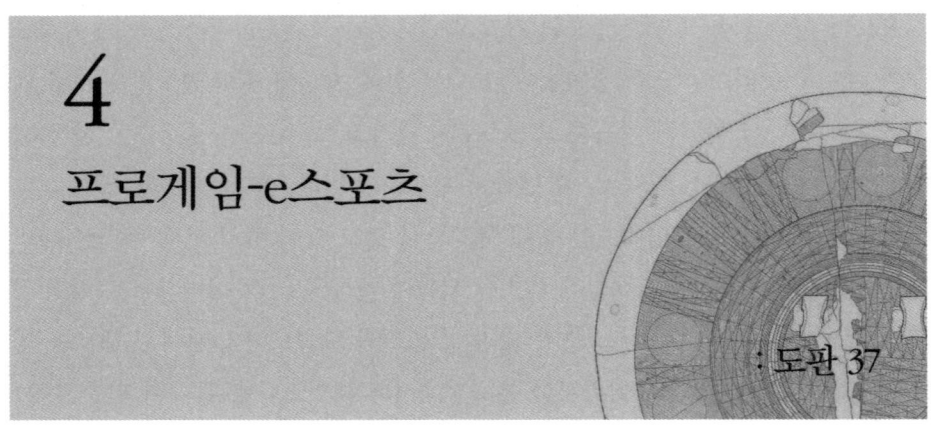

: 도판 37

2004년 7월 17일,
부산 광안리에서 열렸던 〈SKY 프로리그 2004 1 Round〉 결승전은 10만 관중을 기록하면서, 한국 e스포츠 역사상 가장 상징적인 장면으로 회자되었다. 한국 e스포츠의 황금기는 인터넷의 보급과 궤를 함께했다. 인터넷 문화와 밀접한 관련을 맺으며 특유의 팬덤 문화가 발전된 것이다. 스타크래프트를 중심으로 한 e스포츠 팬덤은 한국 인터넷 '놀이문화'의 유행을 주도했다.

과학 카페 '직업 속 비밀-과학을 알면 성공이 보인다'(2006년 12월 1일, KBS 1TV)에서 프로게이머 이윤열(1984~)의 뇌 구조를 분석했다. 이윤열은 보통 사람들은 도저히 흉내 낼 수 없는 '빠른 손놀림'과 정확한 판단력으로 게임계 최고의 프로게이머로 자리 잡았다. 서울대학교 운동행동 실험실에서 예측반응력 실험을 했다. 이 실험은 물체의 이동에 얼마나 빠르고 정확하게 반응하는가를 알기 위한 것이다. 실험 결

도판 37 2024 리그 오브 레전드 챔피언스 코리아 서머 PO 2R

과 이윤열은 일반인보다 두 배 정도 빠른 예측반응 능력을 보여줌으로써, 신기에 가까운 '손놀림'을 발휘했다. 그는 자신의 능력에 대해 "손놀림은 타고난 것 같다."라고 말했다. 게임을 할 때, 일반인과 이윤열의 뇌가 무엇이 다른지 뇌단층 핵의학 촬영으로 알아봤다. 실험 결과 그는 운동을 담당하는 전두엽 전체 부위와 감각 및 지각을 관장하는 두정엽, 시각중추 등 뇌의 대부분 영역이 일반인에 비해 크게 발달한 것으로 나타났다. 그는 다른 사람보다 빠르고 정확하게 상황을 판단하여 키보드와 마우스 위에 구현할 수 있었다. 프로게이머로서 노력하는 가운데 기능을 향상할 수 있었다. 이윤열은 능력의 20% 정도를 타고났다고 보지만, 80%는 노력한 결과라고 스스로를 평가한다. 중요한 점은 '타고났다'라는 사실이다. 즉 그의

빠른 손놀림이 선대 누구로부터인가 시작되어 이어져 왔음을 의미한다.[182]

프로게이머에게 요구되는 많은 요건 중에 '손 빠르기'는 가장 중요한 자질이다. 손 빠르기를 측정하는 지표로는 'APM'을 활용한다. APM(Action Per Minute)은 1분에 몇 번의 명령을 내렸는지를 의미하며, 1분 동안 마우스를 클릭한 횟수와 키보드 입력 횟수의 총합을 뜻한다. 보통 프로게이머들은 300에서 500 안팎 APM을 보여주는데, 경기 상황에 따라 수치가 바뀐다. 한국 프로게이머의 손놀림은 매우 빠른 편인데, 한 예로 프로게이머 서지훈(1985~)의 기록은 1분에 370회이다. APM이 높으면 높을수록 같은 시간 동안에 많은 명령을 내린 셈이지만, 상대방보다 APM이 높다고 해서 e스포츠 경기에서 반드시 이길 수 있지는 않다. 중요한 점은 '경기 중에 반드시 필요한 명령을 재빠르게 내릴 수 있느냐 없느냐'이다. 우선 손이 빨라야 하지만 손보다 머리가 중요하다. 게임에 대한 정확한 이해가 손의 빠르기보다 우선해야 한다. 머리에서 내린 명령을 손이 정확하게 받아야 함은 물론이다. 손재간은 훈련도 중요하지만 타고난 바탕이 중요하다.

프로게이머들은 경우에 따라 가장 중요한 명령을 재빠르게 내릴 수 있도록 반복 훈련을 거듭한다. '손 빠르기'는 게임에서 승리하는 데 필요한 여러 요소 중 하나이다. 정확한 상황 판단력, 경기 중 상대방의 심리를 꿰뚫는 안목, 집중력과 승부욕, 게임에 대한 이해와 더불어 빠른 손놀림까지 겸비한다면 다른 사람보다 게임을 잘할 가능성이 높다. 프로게이머들은 게임을 잘하는 데 필요한 자질 중에서 자신감이 가장 중요하다고 말한다. 물리적인 재능도 필요하지만, 그에 못지않게 경기에 임하는 마음가짐이 어떤가에 따라 승패가 좌우된다.[183]

---

182) 이용범, 「동북아시아 e스포츠 현황에 대한 기초연구 1」, 『한국게임학회 논문지』 20(2), 2020
183) 조형근, 『e스포츠 나를 위한 지식플러스』, 넥서스BOOKS, 2017

한국인 두뇌의 어떤 면이 e스포츠 강국을 만들어내는지, e스포츠가 두뇌에 어떠한 영향을 주는지 알아볼 필요가 있다. 한국인의 심리 코드를 표현하는 말 중에 '정'과 '신명'이 있다. 정은 사람들과의 관계나 집단 구성원 사이의 연결을 의미하며, 줄다리기·윷놀이·강강술래 같은 집단적 놀이문화로 표현된다. 고대에서 전해오던 전통 놀이문화가 식민지 시대에 단절되었다가, 게임방·노래방 문화 또는 '붉은악마' 열풍 등으로 나타나고 있다. 정에 바탕을 둔 가치관은 부정적으로는 '패거리 문화', '논리보다는 감성에 치우친 문화'라는 비판을 받지만, 집단적 놀이문화는 게임을 매개로 함께 모여 경쟁하는 e스포츠의 특성과 잘 맞아떨어진다.

'빨리빨리'로 대변되는 한국인의 역동성도 e스포츠의 보급에 많은 영향을 끼쳤다. 한강의 기적으로 불리는 빠른 경제 성장, 빠른 속도와 규모의 확장을 보여준 인터넷 보급률, 초고속 인터넷망 건설 등은 이러한 역동성의 표출이다. 부정적인 편이 부각되어 냄비근성이라고 비하되기도 하지만, 상황에 맞춰 똘똘 뭉쳐 에너지를 뿜어내는 모습은 '빨리빨리'의 긍정적인 면이다. e스포츠의 주 종목 중 하나인 스타크래프트의 인기는 이러한 한국인의 속도 중시와 변화 중심의 사고를 반영한다. 결과를 예측할 수 없는 변화무쌍함으로 게임의 승패가 결정 나기도 한다. 속도감 있는 게임은 한국인의 구미와 맞아떨어진 결과이다.

우뇌 중심의 한국인

조용진 교수의 연구에 따르면, 한국인은 북방계가 70%, 남방계가 30% 정도를 차지하는 민족 구성을 보인다고 한다. 북방계는 우뇌, 남방계는 좌뇌가 우세한데 결과적으로 한국인은 감성뇌가 우세하고 직관력, 창조성이 강하다. 공간지각 능력이 뛰어나고 형용사와 의성어, 의태어가 발달한 것도 이 때문이다. 정을 중시하고 신명 나게, 그리고 '빨리빨리'를 강조하는 것은 이러한 민족적 뇌 특성 때문이다. 한국어의 풍부한 의성어, 의태어는 뇌의 청각영역뿐 아니라 시각영역도 자극한다고 밝혀졌다. 고려대 행동과학연구소 한종혜 교수는 우리말의 이러한 특성과 삼박자의 리듬감, 젓가락질 등이 어우러져 음악과 운동, 공간지능을 높인다고 한다. 중국, 아시아 나라들의 추격에도 불구하고 이러한 한국인 고유의 심리 코드와 두뇌의 특성이 큰 힘이 되어 한국이 최강국의 위력을 떨치고 있다.[184]

e스포츠는 IT 강국인 한국에서 창안하여 세계로 확산되었다. 이 점에서 대한민국은 e스포츠의 종주국이다. 새로운 시대, 새로운 스포츠가 바로 e스포츠이다. 코로나 같은 바이러스 전염병이 확산하는 등 시대적으로 환경이 변한 결과로 온라인 스포츠가 증대했다. 1990년대 말 컴퓨터 게임 및 전자 산업의 발전과 더불어 성장한 e스포츠는 2001년 한국e스포츠협회 창립 후 대중 스포츠로 자리를 잡았다. 세계 프로 e스포츠대회에 참가하여 우수한 성적을 거두는 선수는 대부분 한국 선수들이다. 그들은 e스포츠를 직업으로 하는 프로게이머로 상당한 인기를 얻고 있다. 전 세계 청소년들이 꿈꾸는 선망의 직업이 되기도 한다. e스포츠는 청소년 문화로서 국내뿐만 아니라 해외에서도 많은 관심을 받고 있다. e스포츠는 산업 차원에서 보면 하나의 이벤트 상품이자 게임이다.

스포츠는 협의의 스포츠와 보편적 스포츠로 분류할 수 있다. 우리가 사용하는 스포츠(sports)는 원래 사냥과 낚시에서 유래된 용어이다. 스포츠의 전제로 경쟁, 규칙, 근육 활동, 즐거움 등을 들 수 있다. 이러한 맥락에서 이상호와 황옥철은 e스포츠가 스포츠라는 주장의 근거를 다음과 같이 제시하였다. 첫째, e스포츠는 제도화된 규칙에 따른다. 둘째, e스포츠는 경쟁적인 요소를 갖는다. 셋째, e스포츠는 기술과 관련된 몸에 밴 신체성을 전제로 한다. 넷째, e스포츠는 즐거움과 재미의 내

---

184) 김성진, 「e-스포츠의 미래는 한국에게 물어보라」, 『브레인』 1, 한국뇌과학연구원, 2006

적인 자발적인 동기를 갖는다. 다섯째, e스포츠는 외적인 동기로 e스포츠를 통해 스트레스를 해소하거나 프로선수로서 직업을 갖는다.[185]

최초의 프로게이머가 탄생하였다. 프로게이머 임요환(1980~)은 2004년 발간된 자서전 『나만큼 미쳐봐』에서 자신의 과거를 회상한다. 'PC방 죽돌이'였던 그에게 기획사 사장이 찾아와 '슬레이어즈 박서'를 찾는 장면에서, 초기 한국 e스포츠를 낳은 중요한 환경이 압축되어 있다. PC방은 게임을 하는 공간일 뿐 아니라, 게임-팬들이 집합하는 주요 공간이었다. 뛰어난 게이머가 있다는 소문은 여러 게이머들을 모여들게 하였고 주요한 PC방은 프로게이머의 산실이 되었다. PC방을 중심으로 한 공동체, 길드 중심의 온라인 공동체는 인적 교류 확산에 긍정적인 요소로 작용했다. 다른 공동체는 상호작용을 통해 자신의 활동을 확대하는 방향을 선택했고, 한국 e스포츠 팬덤의 결속력을 강화하는 요인이 되었다. 이처럼 최초의 프로게이머가 탄생한 배경에 한국 사회의 변화와 친밀성의 공동체가 중요한 위치를 점하고 있었다. 또한 2000년 7월 e스포츠 전문 채널 온게임넷(OGN)의 출범은 프로게임계에 매우 중요한 사건이다. e스포츠 전문 채널이 등장함에 따라, 게이머와 게이머가 생산하는 콘텐츠는 미디어를 통해 대중에게 전달되게 되었다.

분석에 따르면, 국민에게 가장 인기 있는 스포츠는 야구로 전체의 62%를 차지하고, e스포츠는 6위로 26.3%를 차지했다. 연령대별 비율은 15~29세 중 39.7%가 e스포츠에 관심이 있다. e스포츠 사업이 확대하면서, 이 사업에 관심을 가지는 대기업이 늘었으며 e스포츠 클럽의 스폰서가 되었다. 2017년 7월 아이덴티티 엔터테인먼트(Eyedentity Entertainment)사는 서울에서 e스포츠 전략 발표회를 가졌다. 500억 원을 들여 인재 육성, e스포츠 경관 건설, 양질의 e스포츠 경주 프로그램 발굴,

---

185) 이학준·김영선, 「e스포츠는 스포츠이다」, 『한국체육철학회지』 28(1), 한국체육철학회, 2020

프로 아마추어 선수와 여성 선수의 육성 등을 계획하였다. e스포츠 산업이 성장하면서 연맹의 건강 생태계도 속속 구축되고 있다.

많은 계층을 대상으로 한 조사에서 사람들은 평일 3.3시간, 주말에는 6.6시간의 여가 시간을 갖는데, 이 중 61.1%가 텔레비전 시청을 선택해 e스포츠 활동을 하지 않았다. 한국 같은 e스포츠 대국마저도 특정 연령층에서만 선전하고 있음을 보여준다. e스포츠 영역 분야의 씀씀이 조사에서는 30.6%가 매달 10만~30만 원(600~1,800위안)을 쓰고 그다음이 5~10만 원이 29.3%로 나타났는데, 그 결과 89.4%가 30만 원 이하를 쓰고 있었다. e스포츠를 스트레스 해소 수단으로 삼은 조사에서 긍정적 옵션이 53.1%로 특히 연령대가 낮은 응답자가 더 높았다. 대인관계 향상에 도움이 되는지에 대해서는 25.5%가 긍정적, 27.6%가 부정적이라고 답했고, 연령별 조사 결과 15~19세는 46%, 20~30세는 1.9%가 높았다. 자기만족 면에서는 54.4%가 만족감을 얻는다고 답했으며 10.5%만이 부정적인 견해를 보였다. e스포츠의 가치 여부를 묻는 항목에서는 긍정적 응답이 29.6%를 차지했으며, 20대 이하에서는 38.9%가 긍정적, 15~19세는 35.7%가 이를 인정했다. 그러나 50~54세라는 높은 연령층에서는 19.4%가 가치가 없다고 답했다. e스포츠의 이미지가 건강한지에 대해서는 39.4%가 인정했고, 전 연령대에서도 긍정적인 응답률이 높았다. 이를 종합해 보면, 현재 한국 e스포츠 이용한 사람은 대부분 30세 이하의 남성이며, 대부분 30만 원 이하의 비용을 쓰고 있다.[186]

게임을 축구 경기처럼 중계하기 시작한 시기는 1999년부터이다. 케이블 방송사 '투니버스'는 PKO(프로게이머 코리아오픈)라는 타이틀로 스타크래프트 경기를 중계했다. 당시 선수들은 사이버 전사와 같은 의상을 입고 경기에 임해 화제가 되기도 했

---

186) 심뢰, 「한-중 e스포츠 산업 발전 비교 연구」, 동아대학교 석사 논문, 2020

다. 아직 'e스포츠'라는 용어가 통용되지 않을 때였지만, 게임을 전국에 중계했기에 이때가 e스포츠의 탄생일로 볼 수 있다. 20년 정도밖에 되지 않는 짧은 역사지만 e스포츠는 우리의 삶에 많은 영향을 주고 있다.

스타크래프트가 말 그대로 국민 게임이 된 가장 큰 이유는 우수한 게임성 덕분이다. 스타크래프트와 바둑은 여러모로 유사한 부분이 많다. 심리적인 요소가 경기력에 큰 영향을 미치는 점, 초반부터 후반까지 형세를 읽고 수시로 전략을 수정해야 하는 점, 선수 홀로 고독한 승부에 임해야 하는 점 등이 서로 닮았다. 1990년대 중반, 미국 게임 제작사 블리자드는 워크래프트1, 워크래프트2, 디아블로의 성공에 이어서 스타크래프트 출시를 준비하고 있었다. 블리자드는 완성도 높은 게임을 만들기 위해 '출시일에 쫓겨 불만족스러운 게임을 내놓기보다 늦더라도 완벽한 게임을 만드는 것이 사용자에 대한 예의'라는 블리자드의 창립자이자 전 대표였던 마이크 모하임(Mike Morhaime, 1967~)의 말을 따라, 스타크래프트(Star Craft)를 더 완벽한 게임으로 만들었다. 스타크래프트에서 플레이가 가능한 저그(Zerg), 테란(Terran), 프로토스(Protoss) 세 종족이 만들어내는 절묘한 밸런스, 깔끔하고 화려한 그래픽, 긴장감을 고조시키는 배경음악, 박진감 넘치는 전투 효과음, 세밀한 게임 스토리 등은 요즘 출시되는 게임에 견주어도 손색이 없다. 스타크래프트는 북미에 이어 우리나라에 출시됐고 곧바로 선풍적인 인기를 끌었다. 스타크래프트는 PC방 산업을 발전시켰고 PC방은 스타크래프트의 인기를 더해주는 선순환 구조가 형성되었다. 이러한 열기는 e스포츠로 통하는 문을 바로 활짝 열어주었다.

1세대 프로게이머 김정민(1982~)은 "스타크래프트가 출시되고 프로게이머를 은퇴할 때까지 한순간도 스타크래프트에서 손을 놓지 않았다."라고 말했다. 스타크래프트는 유저의 눈과 손을 사로잡았고, 뛰어난 게임성은 이후에 나오는 게임에 큰 영향을 미쳤다. 대한민국은 e스포츠 강국으로 그 바탕에 선수들의 뛰어난 '손놀림'이 자리 잡고 있다. 스타크래프트, 워크래프트3, 리그 오브 레전드, 오버워치까지 우리나라 선수들은 모든 게임에서 상위권이다. 다른 나라 게임단들이 우리나라 프로게임단의 훈련 방식과 시스템을 배우기 위해 전지훈련을 올 정도다. 『한국 게임의 역사』에 따르면 1998년 말, 신주영(본명 박창준, 1977~)선수가 제1호 프로게이머로 알려졌다. 그는 스타크래프트 래더 토너먼트 1위를 차지하고 각종 대회를 섭렵했다.

게임은 그래픽, 사운드, 인터페이스, 게임플레이, 스토리 등 다양한 요소가 결합된 종합 예술로 정의된다(Howland, 1998). 게임 연구는 사운드나 그래픽에 관한 접근이 대다수였으나, 최근에는 인지심리학, 인지과학적 접근이 증가하고 있다. 특히, 뇌영상기법의 발달로 게임 정보를 처리하는 동안 뇌의 어느 부위가 활발히 활동하는지 아니면 그렇지 않은지를 보여준다. 숙련자의 뇌 활성화는 비숙련자보다 훨씬 적으며, 이는 숙련자가 뇌를 더욱 효율적으로 사용하며 대부분 자동 처리에 익숙하다는 점을 알려준다. 또한 게임은 다른 여타 인지 과제보다 운동능력과 주의, 시각적 탐색영역이 더욱 활성화되는 것으로 보인다. 이는 게임 상황에서 특히, 비디오 게임에서 처리되어야 하는 시각적 자극의 양이 다른 과제보다 많기 때문이다.[187]

1937년 캐나다의 신경외과 의사 와일더 펜필드(Wilder Penfield)는 뇌전증 환자를 치료하고 있었다. 펜필드는 환자가 발작을 일으키는 특정 부분을 찾아서 제거하는 수술을 진행하기로 했다. 이 당시 뇌에 대한 연구는 극히 초보적인 수준에 머물러 있었다. 뇌전증 환자의 뇌 어느 부분이 발작을 일으키는지를 알지 못했다. 펜

---

187) 정재범, 「게임의 숙련자와 비숙련자의 뇌활성화 차이」, 『기능적 자기공명영상 연구』, 고려대학교 대학원, 2009,

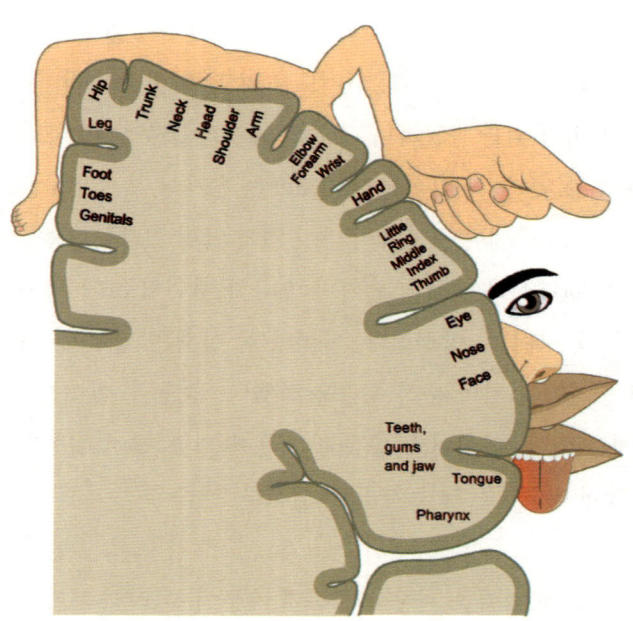

도면 6 뇌지도

필드는 연구를 위해 환자의 머리에 부분마취를 진행했다. 부분마취로 환자가 의식을 유지한 상태에서 수술을 감행하기로 한 것이다. 이 상태에서 두개골을 절단하고 뇌가 드러나도록 했다. 환자의 뇌 주름 하나하나를 자극해 가면서 환자에게 말을 걸었고, 환자는 뇌를 자극할 때 갑작스러운 감각을 느끼고 그 느낌에 대해 말했다. 환자는 내장 등의 갑작스러운 움직임을 말하기도 했다. 또한 환자는 갑자기 팔을 움직이기도 하고, 머릿속에 있는 기억들을 반복해서 말하기도 했다. 그는 이런 방식으로 뇌에 전기 자극을 주고, 그 반응을 꼼꼼히 정리하여 뇌와 그에 상응하는 관계기관의 뇌지도를 작성하였다.(도면 6)

이후 뇌과학자들은 뇌지도에 관한 연구를 이어오고 있다. 뇌과학자들은 뇌가 고정되어 있지 않고, 신체의 변화에 따라 지속적으로 변화한다는 사실을 발견하였다. 선천적으로 손가락이 네 개로 태어난 한 아이가 있었다. 이 아이는 검지와 중지가 붙은 채 태어났다. 펜필드의 뇌지도를 보면, 다섯 손가락마다 각자 해당 영역이 있다. 이 아이의 뇌를 관찰하니, 검지와 중지가 구분 없이 하나의 손가락으로 영역이 형성되어 있었다. 이 아이의 뇌지도에는 손가락 부위가 4개로 나타났던 것이다. 이로써 사람의 손에는 손가락이 다섯 개씩 달려 있다는 것을 뇌가 미리 알고 있는 것이 아니라, 태어나고 보니 손가락이 다섯 개여서 그에 대응하는 뇌지도가 만들어지게 된다는 사실이 밝혀졌다. 아이의 몸 상태는 뇌 속에 지도화되어 있었다. 붙어있던 중지와 검지의 분리 수술을 하였다. 수술 후 아이는 다섯 개의 손가락을 사용하게 되었다. 아이의 뇌를 관찰하니 수술 후 불과 일주일 뒤에 벌써 '다섯 번째 손가락에 대응하는 장소'가 뇌에 생겼다.[188]

사람들은 대부분 손가락을 자주 사용하기 때문에, 우리의 뇌지도에는 손가락이 넓은 영역을 차지한다. 또한 우리 몸에서 가장 하는 일이 많은 부위가 얼굴과 혀이다. 펜필드의 뇌지도를 보면 혀와 얼굴 부분에 해당하는 부분이 넓게 자리 잡고 있다. 우리가 자신의 몸을 쓰는 것에 따라 우리의 뇌는 지속적으로 변화하고 있다. 몸의 움직임, 몸의 상태를 뇌는 후천적으로 반영하며 끊임없는 변화 속에 있다. 이와 같이 뇌가 지속적으로 변화하는 것을 '뇌의 가소성'이라고 한다. 나이가 들어도 유일하게 변화의 가능성이 높고 성장하는 부위는 바로 '뇌'이다. 우리 몸이 끊임없이 변하는 것처럼, 우리의 뇌는 몸의 상태를 지속적으로 반영하고 있다. 우리의 뇌는 우리가 어떻게 몸을 사용하며 사느냐에 따라서 지속적으로 변한다. 그중에서도 가장 활발한 부분이 손을 활용하는 부분이다.[189]

---

188) 이케가야 유지(池谷裕二), 『교양으로 읽는 뇌과학』, 은행나무, 2015
189) 정은희, 「'몸'이 '뇌'를 바꾼다」, 2019 http://mvq.co.kr/2019/04/30/elementor-18680/

5 병아리 감별

: 도판 38

산업 기술 전반에 걸쳐

한국인의 '타고난 손재주'는 원천 기술의 부족을 메워 주는 구실을 톡톡히 하고 있다. 주로 반도체, 전자통신 기술을 비롯하여 조선, 생명공학, 건설 산업 등부터 용접·도장·가구·귀금속·공예·제과·이용과 미용·웹디자인 등에서 막강한 능력을 나타내고 있다. 한편, 세계 양계업계에서는 한국인 병아리 감별사(鑑別師: 무엇을 가려내는 데 특별한 재주와 자격을 가진 사람)를 최고로 친다. 현재 세계 각국에서 활동하고 있는 병아리 감별사(Chicken Sexer)의 60%가 한국인이다. 병아리 감별은 감별사의 손끝 감각에서 나온 감별 재주 하나만으로 결정된다. 이 방법을 처음 발견한 나라는 일본이지만, 감별 기술의 정확도나 속도는 한국인이 세계 최고다. 그 바탕에 한국인 특유의 '손재주'가 자리한다.

'병아리 감별사'는 2021년 개봉된 영화 '미나리'에서 주인공 부부의 직업으로 등

도판 38 병아리 감별

장해 사람들의 관심을 끌었다. 병아리 감별사는 갓 태어난 병아리의 항문에 손가락을 집어넣어 작은 돌기를 확인, 병아리가 암컷인지 수컷인지를 감별해 내는 직업이다. 간단한 일처럼 보이지만 절대로 쉬운 작업이 아니다. 병아리 항문 속 돌기는 좁쌀 크기의 3분의 1에 불과하다. 게다가 하루에 부화하는 병아리의 양은 어마어마하다. 숙련된 감별사는 매일 수천, 수만 마리의 병아리 성별을 감별한다고 한다. 병아리 감별은 왜 중요할까. 이유는 닭고기 산업과 깊은 연관이 있다. 암탉과 수탉은 사육 기간부터가 다르다. 특히 암탉은 태어난 지 6개월이 지난 뒤부터 달걀을 생산하는 산란계가 되므로 수탉보다 훨씬 값이 비싸다. 반면 수탉은 암탉보다 훨씬 빨리 사육 기간을 끝내고 도축장으로 간다. 이처럼 육계와 달걀 생산을 최적화하려면, 병아리 단계에서부터 정확한 감별이 필수적이다.

'병아리 감별사는 한국인의 직업'이라는 말이 있다. 미국 땅에 첫발을 내디딘 한국계 이민자들이 가장 흔히 찾은 일자리가 병아리 감별사였기 때문이다. 미국으로 떠난 한국인들은 약 1960년대부터 병아리 감별사로 일한 것으로 추정되며, 한

때 미국 육계 농가 병아리 감별사의 약 60%가 한국인이었던 것으로 추정된다. '미나리'를 감독한 정이삭 감독의 부친도 병아리 감별사로 일하며 아들을 키워 온 것으로 전해졌다. 고국을 등지고 떠날 수밖에 없었던 과거 한국인의 애환과 동시에 희망이 서린 직업인 셈이다.

병아리 감별이란 갓 부화된 병아리를 암수로 구분하는 기술을 말한다. 이 기술은 1927년경 일본에서 연구가 시작되어 양계업에 응용되었다. 이 기술로 양계경영에 획기적인 발전을 보게 되었으며, 오늘날 양계사업을 타 산업에 손색없는 대기업으로 발전시킨 요인의 하나가 되었다. 감별 기술 개발에 앞장선 일본은 이 기술자를 양성하여 일본 양계산업 발전에 일조가 되게 하는 한편, 세계 각국에 감별사를 파견하여 막대한 외화를 벌어들였다.

우리나라는 해방 전 일본에 가서 감별 기술을 배워온 몇몇 선각자들로부터 이 기술이 보급되기 시작하였으나, 국내의 양계산업이 농촌 부업 형태로 그쳤던 당시 실정 때문에 감별 기술을 제대로 활용할 여건이 조성되지 못하였다. 그러다가 1960년대에 접어들면서 눈부신 경제 성장은 우리의 식생활을 바꾸고 소비수준을 향상시켰으며, 이에 따라 양계산업도 가내 부업 형태에서 기업형태로 전업화하기에 이르렀고 이에 감별 기술 인력을 필요로 하게 되었다.

1965년 한국 감별사로 처음 윤경중씨가 유럽에 진출함으로써 국내 감별계에 새바람을 불러일으키며 해외에서도 실력을 인정받게 되자, 감별 기술은 선망의 직종이 되었다. 감별협회는 매년 고등감별사를 양성하고 있다. 감별 기술이 동양인에게 적합한 조건을 갖추고 있고 한국 감별사들의 해외 활동이 활기를 띠고 있다.

감별 기술은 숙련자가 아니면 취업할 수 없다. 한 사람의 감별사가 하루에 끝낼 수 있는 작업량은 1만 수를 상회할 수도 있는데, 1%의 감별 오차는 1만 수에 100수의 오판을 의미하게 된다. 만약 95%의 정확률밖에 유지하지 못하는 감별사가 일을 했다면 1만 수에 500수 이상의 착오를 내게 된다. 미숙련자의 경우, 감별 도중 병아리를 자주 폐사케 한다거나 상처를 일으키는 것까지 계산하면 엄청난 손실이 아닐 수 없다. 감별 기술을 완전히 이수하려면 정확한 시력과 재빠른 손놀림이 필요하다. 건강이 양호해야 함은 물론이고, 실습재료인 병아리를 다량 구입할 수 있는 경제력이 있어야 한다. 감별사로 인정을 받으려면 1인당 적어도 3~4만 마리 병아리를 관찰할 기회를 가져야 한다.

감별의 표준이 되는 병아리의 생식기는 좁쌀알 크기의 작은 기관이지만 95%의 정확률을 기하기는 그리 어렵지 않다. 일반적으로 병아리의 생식기는 암수 기준이 모호하여 전문가가 아니면 판별할 수 없다. 감별 기술의 성패는 4~5%에 속하는 난해한 형태의 병아리를 제대로 판별할 능력의 여부로 판가름이 난다. 감별 기술 역시 실습 재료를 장기간 활용할 수 있어야 한다. 감별사의 자격 등급에는 을종, 갑종, 고등(해외 파견 자격)의 3등급이 있다. 자격 부여 방법은 다음과 같다.

① 을종: 100마리의 병아리로 15분 이내에 90% 이상 정확률을 기록해야 한다.
② 갑종: 200마리의 병아리로 24분 이내에 95% 이상 정확률을 기할 수 있어야 한다.
③ 고등: 300마리의 백색 병아리와 200마리의 유색 병아리를 합하여 합계 500수로 100수씩 5회로 구분한다. 100수당 8분 이내에 98% 이상의 정확률을 기할 수 있어야 한다. 5회 중 단 1회라도 98% 이하가 있거나 단 1마리라도 죽는 병아리가 있으면 자격을 인정받을 수 없다.

해외 회사가 요구하는 감별사의 수준은 98% 이상의 정확률과 시간당 1,000수 이상을 감별하는 속도를 내도록 계약조건에 명시하고 있는 만큼, 초심자들은 감

별협회 또는 경력 감별사의 안내를 받는 것이 중요하다.[190]

2023년 기준으로 전 세계 닭고기 생산량은 1억 274만 톤이며, 7억 8,912만 마리의 닭이 도축됐다. 농가에서 기르는 닭은 약 210억 마리로 인류의 3배에 달하는 것으로 추정된다. 인간이 매년 소비하는 닭고기의 양을 가늠할 수 있는 어마어마한 수치이다. 그만큼 닭고기의 생산 효율은 식품 가공, 요식업 등 수많은 관련 산업에 막대한 영향을 미친다. 그리고 닭고기를 얼마나 효율적으로 생산할지, 계란은 몇 개나 생산할지는 달걀에서 갓 부화한 병아리를 얼마나 정확히 감별하느냐에 따라 좌우된다. 최근에는 병아리 감별을 기계로 자동화하는 기술들이 개발되고 있다. 작은 바늘을 달걀에 찔러 넣어 DNA 샘플을 채취한 뒤, 유전자 분석으로 부화할 병아리의 암수를 미리 구별해주는 장치가 대표적이다. 이런 유전자 분석 기기를 활용하면, 수컷이 될 달걀을 부화시키지 않아도 되니 생명 친화적이다. 그러나 기계의 정확성은 인간만큼 완벽하지 않다. 기계가 암수를 잘못 판단해 폐기되는 달걀의 수는 병아리 감별사를 고용할 때보다 약 30~40%가량 더 들어간다.

이른 새벽 전북 익산시 하림 낭산부화장에 삐악삐악 소리가 가득하다. 방금 알을 깨고 세상에 나온 병아리들이 감별사 하경미(67)씨의 손길을 기다리고 있다. 49년째 이 일을 하는 하씨는 막 태어난 병아리 항문을 벌려 좁쌀 크기의 3분의 1인 작은 돌기로 단번에 암수를 구분한다. 하루 많을 때는 12시간 동안 2만 마리 이상 감별한다. 1시간에 1,666마리, 약 2초에 한 마리꼴이다. 국내 최고 숙련자가 1시간에 1,600마리 정도 감별한다 하니 최정상급 수준이다. 닭은 암수에 따라 사육 목적과 기간이 달라 처음부터 분리해서 키운다. 암컷은 알을 낳는 산란계로 키울 수 있고, 수컷(75일)은 암컷(82일)보다 사육 기간이 짧다는 특징이 있다. 보통 사람도 부

---

190) 이종길, 「병아리 감별기술 습득에 대하여」, 『월간양계』 14, 1970

화 한 달 후면 암수 구별이 가능하지만, 문제는 비용이다. 감별사가 처음부터 암수를 구분해 따로 키우는 것이 경제적이다. 감별사의 손이 양계산업에서 '미다스의 손'인 이유다.

국내 최대 닭 가공업체와 전속 계약을 맺고 있는 하씨는 감별률 99.8%를 자랑한다. 부화장 입란실 발육기에서 유정란들이 28~30℃로 18일 동안 자란다. 암실의 전깃불 밑에서 이루어지는 병아리 감별은 보기와 달리 쉽지 않은 작업이다. 부화 후 24시간 이내의 병아리를 집어 항문을 벌려 손가락으로 항문 안쪽을 만져 미세한 돌기가 느껴지면 수평아리다. 좁쌀의 3분의 1만큼 작은 돌기로 구별해야 하니 손가락이 가늘고 촉각과 시력이 좋아야 한다. 성격은 침착하면서도 휙휙 병아리를 낚아채 빠른 시간에 감별해야 하는 만큼 손은 빨라야 한다. 병아리 감별사는 어두컴컴한 감별실에서 쉬지 않고 병아리의 성별을 감별해야 한다. 부화 직후인 병아리라도 항문 속에선 소량의 배설물이 묻어 나온다. 이 때문에 감별사들은 오물 냄새를 견뎌내며 감별 작업을 속행해야 한다.

병아리 감별사라는 직업은 국내 양계업계가 기업화로 전환한 1961년 이후 생겼다. 병아리 감별사는 부화한 산란용 병아리를 감별대에 올려놓고, 날개 밑, 항문, 색깔 등을 관찰한다. 그리고 병아리의 항문을 까서 비벼서 광택과 돌기의 형태를 관찰하면 암수를 구별해낼 수 있다고 한다. 병아리 감별사는 보통 시간당 700마리 정도의 병아리를 감별한다. 병아리 한 마리의 성별이 3초에서 5초 사이에 판가름 난다. 그럼에도 98% 이상의 정확성을 가져야 감별사로서 인정받을 수 있다. 최고 수준의 전문가가 1초에 0.4마리를 감별하는 한국인 감별사는 세계 최고로 꼽힌다. 능력이 뛰어나 해외 각지로 파견되는 K-감별사가 급증했다. 현재 해외에서 활동 중인 한국인 감별사는 80여 개국에 1,800여 명으로, 전 세계 병아리 감별사 인력시장에서 60%를 차지한다.

현재 국내에는 병아리 감별사 자격증 제도가 따로 없다. 대한양계협회에서 주관하던 자격시험은 1993년 폐지됐다. 지금은 병아리 감별학원이나 연구소의 과정을 이수한 수료증이 자격증을 대신한다. 자격증 제도가 있을 당시, 고등감별사는 100마리를 7분 이내에 성공률 98% 이상, 갑종감별사는 100마리를 9분 이내에 97% 이상으로 감별해 내는 게 기준이다.[191]

앞에서 언급했듯 병아리 감별사는 을종, 갑종, 고등감별사로 구분할 수 있다. 갑종감별사는 병아리 200수를 100수씩 나눠 9분 이내에 감별해 내야 하는데, 97% 이상의 정확도를 가져야 한다. 고등감별사는 병아리 500수를 100수 단위로 끊어 7분 이내, 98% 이상 정확하게 감별해야 한다. 감별사의 가장 중요한 자격 요건은 시력(눈의 감별력)이다. 장시간 밝은 불빛 아래에서 관찰해야 하기 때문이다. 시력도 교정시력 기준으로 0.8 이상이 돼야 한다. 어린 병아리들을 빠른 시간에 감별해야 하므로 조심성과 침착함이 기본이며, 하루에 수만 마리의 병아리를 감별하기 위한 집중력과 끈기도 필수이다. 현재 전 세계 2,000여 명의 감별사 중 300명의 한인 감별사가 유럽에 거주하고, 독일에는 100여 명이 감별사로 근무하는 것으로 알려져 있다.[192][193][194]

병아리의 자웅(雌雄: 암수) 감별에는 생식돌기 감별법, 기계 감별법, 반성유전(伴性遺傳: 암수에 공통으로 있는 성염색체-X 상에 있는 유전자에 의한 유전)에 의한 감별법 세 가지가 있다. 생식돌기감별법은 가장 널리 실용화되었으며, 정확하고도 신속하게 감별하는

---

[191] 이재문 기자, 단 2초, 찰나의 감촉으로 99.8% 감별… '미다스 손' 불리는 병아리 대모, 세계일보 2023년 10월 15일 자 기사, https://www.segye.com/newsView/20231010526829
[192] 재외동포신문 http://www.dongponews.net/news/articleView.html?idxno=37374
[193] 백석기·김억·이화순, 『세계 속의 리얼 코리아』, 이담북스, 2010
[194] 민주신문 http://www.iminju.net/news/articleView.html?idxno=24556

방법으로 숙달이 필요하다. 발생한 병아리를 왼손바닥에 등이 닿도록 하면서 둘째 손가락과 가운뎃손가락 사이에는 병아리의 두 발을 끼우고, 새끼손가락과 넷째 손가락 사이에는 목을 끼워 잡고 엄지손가락과 가운뎃손가락으로 복부 양쪽에서 재빨리 압박하면 약간의 똥이 떨어진다. 다시 손가락을 항문 윗부분에 댄 후, 왼손 엄지손가락 끝으로 항문을 앞쪽으로 치밀면서 오른손 두 손가락으로 항문부를 가볍게 눌러 앞으로 당기면 항문이 뒤집어지면서 돌기가 나타난다. 이와 같은 돌기의 관찰은 보통 200W의 백열등 아래에서 실시하며, 벌려진 항문의 생식돌기 유무, 발달 정도 및 상태 등을 고려하여 암수를 판별한다.

  암수 병아리 생식돌기의 구조적 차이점을 이용한 감별 요령은 다음과 같다. 먼저 암평아리의 경우에는 생식돌기가 평평하고 충실하지 못하고 연약한 느낌이며 광택도 약하여 추벽과의 차이가 없다. 또한 윤곽이 분명치 않으며 탄력성이 없어 변형되기 쉬운 형태이고, 돌기의 기부는 거의 제3추벽에 존재하고 반전형의 양상을 보인다. 반면 수평아리의 경우에는 생식돌기가 둥글고 충실하며 광택이 있다. 또한 윤곽도 선명하며 탄력성이 있고 쉽게 변형되지 않는 양상으로, 돌기의 기부는 1~2추벽에 나타난다.

  기계감별법은 병아리감별기(chick tester)라는 전기를 이용한 광학기계로 감별하는 방법이다. 기계의 앞쪽에 유리로 된 관을 병아리의 항문으로부터 직장까지 넣어 직장벽을 통하여 생식선을 관찰함으로써 암수를 감별한다. 이 기계의 사용 및 정확한 감별을 위해서는 많은 숙련이 요구되며, 숙련자는 1시간에 500~900마리를 감별하고, 정확도는 98%~100%에 달한다. 반성유전에 의한 감별법은 반성유전을 하는 특정 형질에 대하여 우성인자를 가진 암컷과 열성인자를 가진 수컷을 교배시킬 때, 암컷의 형질은 수평아리에, 수컷의 형질은 암평아리에만 나타나는 십자유전(criss-cross inheritance: 잡종 제1대 암컷에는 아비의 형질이, 수컷에는 어미의 형질이 나타나는 유전현상) 현상을 이용하여 감별하는 방법이다. 이러한 형질로는 깃털의 조우성과 만우

성, 은색유전자 및 횡반유전자에 의한 깃털색 등이 있다.[195]

햇병아리 항문에 의한 암·수 감별법은 일본의 수의학 박사 마즈이 기요시(增井淸)를 중심으로 하여 발견되었다. 이후 여러 사람들의 실제적 연구로 실용화되어 드디어 양계업계에 일대 획기적 변화를 주었고, 부화장에서는 암·수를 감별하여 병아리를 팔지 않는 곳이 없을 정도가 되어 버렸다. 양계 가의 입장으로서도 전과 같이 필요 없는 수평아리를 키우지 않아도 되니, 품삯이 적게 들고 또, 육성비, 설비비 등 경제적인 면에서도 그 비용이 반감되었으며, 또한 암·수를 섞어서 사육함으로써 일어나는 나쁜 영향을 막을 수 있게 되었다.

햇병아리 감별을 연습하려면 먼저 그 기초적인 지식을 충분히 획득한 후에 감별의 실제에 들어가야 한다. 병아리 쥐는 법, 똥을 짜내는 법, 보정법, 항문 벌리는 법, 생식기 융기 형태의 개념 및 그 분별법 등을 연구한 뒤에 실제로 익숙해지도록 연습해야 한다. 처음에는 똥 짜내기도 잘되지 않으며, 조금 잘못하게 되면 그 압박으로 창자 부분에 상해를 일으킨다. 또, 보정할 때나 항문을 벌리는 데에도 무의식적으로 여러 손가락에 힘을 주게 되어 병아리의 목을 세게 졸라서 괴롭히든가, 혹은 압박으로 죽이는 수도 생기게 된다. 이와 같이 모든 것이 뜻과 같이 되는 것이 아니며, 특히 항문 벌리는 법은 상당히 연습해야 한다. 처음 연습할 때는 수평아리를 이용하여 연구하는 것이 통례로 되어 있다. 왜냐하면 손쉽게 많은 병아리를 싼 값으로 구할 수 있으며, 생식기 돌기의 기초적인 지식을 얻는 데에도 편리하기 때문이다.

보정 및 항문 벌리는 조작은 햇병아리의 항문 감정에 의한 암·수 감별 중에서도

---

195) 오봉국, 1997, 『현대가금학(現代家禽學)』, 문운당, 1997

가장 중요한 조작이다. 연습할 때는 평소보다 어떻게 하면 신속히 할 수 있나 또, 항문을 벌릴 때 손가락 끝을 어떻게 쥘 것이며, 어떻게 조작하면 빨리 벌려서 생식 융기부를 드러낼 수 있을까, 항상 여러 손가락의 동작, 힘을 들이는 정도, 쥐는 곳 및 기타 여러 가지 요령에 주의하여 생식 융기부의 노출을 완전 신속히 할 수 있도록 항문 벌리는 법을 연습해야 한다. 초심자가 잘못 감정하게 되는 원인은 모두 이 항문 벌리는 법이 불완전함으로써 생기는 착오이며, 항문 벌리기의 연구를 소홀히 해서는 안 된다. 항문 벌리기를 끝낸 뒤의 관찰뿐만 아니라, 벌리기 조작 중 항문 주름벽(생식 융기부)이 반전할 때의 관찰이 중요하다. 이 순간의 관찰은 감별법 습득에 있어서 중요한 순간이며, 이때 생식 융기부의 암·수에 의하여 형성된 생태의 차이를 살펴봐서 완전히 개장시키기 직전에 이미 암·수를 결정할 수 있도록 조심성 있게 연구해야 한다.[196]

병아리를 예로 들어 보자. 병아리는 알에서 깨어난 지 45일이 지나야 비로소 암수 특징이 나타나기 때문에, 갓 깨어난 병아리는 암수 구별을 할 수가 없다. 다만 손가락 끝으로 병아리 항문 아래쪽을 발정시키면 수놈일 경우에는 창자 내의 생식기에 해당하는 미세한 돌기물을 지각할 수가 있다. 그렇다면 누구나 암수 감별이 가능할 것 같지만 암놈에게도 아직 퇴화하기 이전의 돌기물이 있기에 감별이 쉽지 않다. 병아리 감별이라는 것은 겨우 0.5㎜의 초미니 '남성의 상징'을 두고 초단위로 판단해야 하는 '초정밀의 손재간'이 요구된다. 따라서 그 미세한 돌기물의 크고 작고의 판별뿐 아니라, 미세 돌기의 단단함과 부드러움, 매끄러움과 거침, 따뜻함과 차가움, 메마름과 축축함을 비롯, 그 돌기물 둘레의 느슨함과 팽팽함을 동시에 손가락 끝으로 감촉함으로써 판단해야 하니 초감각적인 '감' 없이는 불가능하다. 공인된 병아리 감별의 최고 기록은 100마리를 100% 적중시키는 데 3분 6초

---

196) 송원문화사 편집부, 『병아리감별법』, 송원문화사, 1969

가 걸렸다고 한다. 한 마리 감별하는 데 채 2초가 못 걸리는 것이다. 이 세상의 수천 종족, 수백 국가들 가운데서 병아리 감별을 해낼 수 있는 사람은 한국과 일본 사람뿐이다.

오래전 일이지만 미국 콜로라도의 주정부에서는 병아리 감별 기술자를 키우기 위해 미국인 지망자 65명을 우리나라에 보내 6개월에 걸쳐 감별법을 배우게 했다. 그러나 교육이 끝난 후 감별 테스트를 해보니 적중률이 평균 63%에 불과했다. 90% 이상은 맞아야 감별의 의미가 있지, 실패율이 37%나 된다면 감별의 의미가 없는 것이다. 한 한국인 감별사는 백인 제자들 15명에게 3년 동안 기법을 전수했으나 그중 세 명만이 90%의 적중률을 낼 수 있었다고 한다. 한국인의 감별 실패율은 5% 미만인데 다른 나라 사람들은 15% 이상이다. 병아리의 암수 감별이 가능한 한국인의 섬세한 '손재간'과 '손의 촉각'의 비범함이야말로 한국인의 특징이자 동일성이 아닐 수 없다.[197]

---

197) 이규태, 『한국인, 이래서 잘산다』, 신원문화사, 1999

6
줄기세포 복제 기술

: 도판 39

'한국인의 손'이 의학의 성과를 올려놓고 있다. 줄기세포 연구가 대표적인 사례이다. 과학의 영역이지만 손재주에 바탕을 두고 있는 뛰어난 '솜씨'가 빛을 발하고 있다. 줄기세포는 스스로 분열할 수 있으며, 필요하면 얼마든지 분화된 세포를 만들어내는 능력이 있는 세포이다. 이 기술을 이용하여 난치병으로 투병 중인 환자나 장기이식이 필요한 사람들을 치료할 수 있다. 우리나라에서는 기초적인 줄기세포 복제부터 고난도 수술에 이르기까지 선진국을 능가하는 결과를 속속 내놓고 있다. 이미 불임과 디스크 내시경 치료, 간 이식술과 심장 수술 등 외과의사의 정밀한 '손기술'이 특히 중요시되는 분야에서 한국 의료진이 세계적으로 제일 앞선다는 평가를 받는다. 줄기세포 전문가인 제주대학교 박세필 박사는 "줄기세포 등 생명공학은 천재적 발상이나 거대한 시설보다는 손기술에 의해 좌우되는 경향이 강하다."라고 하면서, 손놀림이 특히 섬세한 한국인은 생명공학에 가장 유리한 민족이라고 말했다. 똑같은 실험실

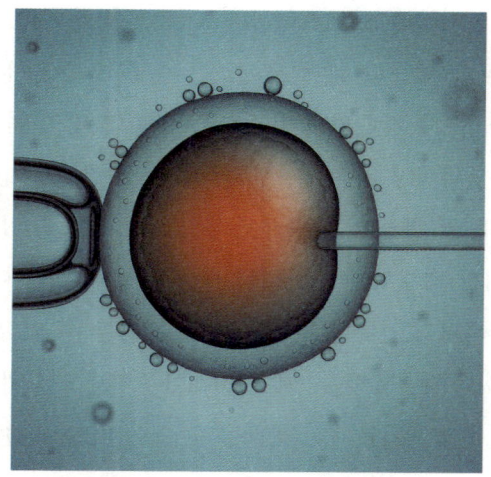
도판 39 줄기세포 복제 기술

에서 동일한 조건과 절차를 거쳐도 한국인 유학생의 결과가 가장 좋게 나오기 때문에, 외국 유명 대학의 교수들은 한국인 유학생 연구원을 선호한다는 것이다.

줄기세포는 반복적으로 분열하여 자체 재생할 수 있고, 분화하여 세포가 될 수 있는 분화 능력이 있는 세포를 말한다. 적절한 분화 조절을 통해 다양한 조직을 생성할 수 있기 때문에, 난치성 질환의 치료 가능성을 보여주는 재생의학 분야의 중요한 근원이라 할 수 있다.

줄기세포의 종류에는 성체 조직 내에 존재하는 성체줄기세포(adult stem cell), 수정된 배아에서 제작되는 배아줄기세포(embryonic stem cell), 역분화(reprogramming) 방법으로 분화된 체세포로부터 배아줄기세포와 동등한 능력을 갖추도록 제작된 유도만능줄기세포(induced pluripotent stem cell)가 있다.

성체줄기세포는 성체의 조직이나 장기 내에 존재하는 줄기세포로 골수, 제대혈, 말초혈액, 지방 조직 등에 분포한다. 최근에는 심장, 신경, 피부, 근육 등에서도 특이한 줄기세포가 존재한다고 보고되었다. 대표적인 성체줄기세포로 조혈모세포와 중간엽줄기세포를 꼽는다. 조혈모세포는 혈구 및 면역세포로 분화가 가능한 줄기세포로 주로 골수와 말초혈액에 존재하며, 혈액 및 면역질환 치료를 위한 세포 이식술에 활용됐다. 1999년 골수에 존재하는 중간엽줄기세포가 『Science』 저널에 보고되었는데, 골 연골 및 지방세포 등으로 분화할 수 있는 능력이 있어서 관련 질환 치료를 위한 재생의학에 활용될 가능성이 제시되었다. 성체 조직에서 채취한 줄기세포는 비교적 간단한 방법을 통해 분리할 수 있고 반복적으로 추출이 가능하다는 장점이 있다. 성체줄기세포는 배아줄기세포에 비해 분화 능력이 다소 제한적이지만, 자가 세포치료제로 개발될 수 있어 다양한 질환에 대한 임상 연구를 진행하고 있다. 성체줄기세포는 치료 효능과 안전성이 상당 부분 입증됐다는 평가를 받고 있다. 그러나 세포 이식 후 생착 능력이 저하되는 경향이 있으며, 이에 따라 치료에 한계가 있다는 보고가 있어 이를 극복하는 응용 기술을 개발할 필요가 있다.

수십 년 전 최초의 배아줄기세포가 쥐 배아에서 확립된 이후, 1998년 미국 위스콘신대 제임스 톰슨(James Thomson) 박사가 인간 배아줄기세포를 확립했다. 인간 배아로부터 줄기세포를 분리하고, 이 줄기세포로부터 신경, 연골, 심장근육 등 다양한 세포를 만들어내는 데에 성공하면서, 배아줄기세포에 대한 학계의 관심이 고조되었다. 배아줄기세포는 정자와 난자가 수정되어 얻어진 배아의 초기 발생 단계인 배반포(blastocyst)에 존재하는 내부 세포 덩어리(inner cell mass)에서 추출된다. 이렇게 분리된 배아줄기세포는 모든 조직이거나 장기 세포로 분화하는 능력이 있다.

배아줄기세포를 체외 배양하려면 적절한 성장인자와 세포증식에 도움을 주는 지지세포가 필요하다. 지지세포 상에서 배양하면 배아줄기세포는 콜로니를 형성하게 되는데, 필요한 시점에 특정 세포로의 분화를 유도하여 난치병 치료를 위한 세포치료제로 이용할 수 있다. 그러나 배아줄기세포가 치료제로 되기까지에는 몇 가지 어려운 문제가 있다. 배아줄기세포는 전분화능력이 있어서 분화 조절이 매우 어렵기 때문에, 생체 내에 이식되었을 때 기형종(teratoma)을 만들 수 있다. 따라서 원하는 세포로 만드는 기술이 개발되어야 한다. 또 면역 반응을 유발할 수 있으므로 환자 맞춤형 자가 배아줄기세포주를 확립하는 연구가 진행되고 있으나 아직 성공하지 못하였다. 그리고 인간으로 발달하려는 배아를 파괴해야 한다는 윤리적 논란에서 자유로울 수 없다.

2006년 일본 야마나카 신야(Yamanaka Shinya) 교수가 생쥐의 섬유아세포(fibroblast)에 배아줄기세포에서 발현되는 4가지 전사인자(Oct3/4, Sox2, c-Myc, Klf4)에 대한 유전자를 도입, 발현시켜 전분화능력이 있는 줄기세포주를 확립하였다. 이어서 체세포의 역분화에 의한 유도 만능 줄기세포주의 확립이 인간 체세포에서 재현되었고, 그것이 배아줄기세포와 유사한 성질을 보이고 있음을 밝혔다. 이처럼 유도만능줄기세포는 배아가 필요 없으므로, 윤리 문제를 피하면서 자가 줄기세포 치료제로 개발된다는 점이 부각되었다.

실제 여러 질환을 앓는 환자에게서 채취된 체세포로 환자 맞춤형 유도만능줄기세포가 성공적으로 제작되었다. 그러나 치료제 개발 가능성에도 불구하고 4개 유전자의 조절이 쉽지 않고, 바이러스 벡터를 이용한 유전자 도입 방법으로 인한 독성, 면역 반응, 암 유발 가능성이 우려되었다. 최근에는 바이러스 벡터가 아닌 플라스미드(plasmid), 이동유전자(transposon) 등의 전사인자 단백질 전달을 통해 역분화 줄기세포를 제작하는 연구 결과들이 보고되고 있다. 그러나 이러한 시도는 역분화 기술에 비해 줄기세포의 수득률이 떨어지는 문제점이 있다.

조직 재생에 필요한 특정 세포를 체외에서 다공성 지지체(scaffold)에 배양하여 생체 내에 이식함으로써 손상된 조직을 복원하고 기능을 유지, 회복시키는 것을 목적으로 하는 조직 공학은 줄기세포의 응용 가능성을 넓힌다. 조직 공학적 응용 기술로 줄기세포는 단순한 세포 치료술이 아닌 인공 조직 및 장기를 제작하는 세포원으로서 활용될 수 있다. 줄기세포와 생분해성 생체재료로 제작된 지지체를 이용하여 인공 혈관, 인공 피부, 인공 기관지 등을 만드는 연구가 활발히 진행되고 있다.[198]

줄기세포 배양에 있어 한국인의 손이 경쟁력을 갖는 이유는 두 가지로 설명된다. 첫째, 인종적으로 '손의 크기'가 작다는 점이다. 정확한 통계는 없지만, 같은 체격의 서구인과 비교해도 한국인의 손이 작다는 것은 해부학계의 정설이다. 손 수술 전문가인 서울대병원 정형외과 백구현 교수는 "외과의사는 손이 작을수록 유리하다"라며, "신체 깊숙이 위치한 작은 장기까지 쉽게 접근해 수술할 수 있는 등의 손놀림이 자유롭기 때문"이라고 말했다. 둘째, 한국인 특유의 '젓가락 문화' 즉 젓가락의 사용 능력이다. 황우석 교수는 영국 파이낸셜 타임스와의 인터뷰에서 "한국은 젓가락을 사용하는 한·중·일 3국 가운데 유일하게 쇠젓가락을 사용하는 민족"이라며 "이를 통해 습득된 손가락의 유연한 놀림이 줄기세포 복제 기술의 밑거름이 됐다."라고 말했다.

손은 해부학적으로 인체 중에서 가장 정교한 부위이다. 인체 206개의 뼈 중에 좌우 27개씩 54개의 뼈가 손에 몰려 있다. 대뇌피질(大腦皮質, Cerebral cortex: 대뇌의 표면을 감싸고 있는 회백질 층으로 신경 세포들의 집합) 중에서 손을 관장하는 신경 부위가 가장 넓다. 손은 젓가락으로 콩을 집어내는 등 연습을 거듭할수록 동작이 더욱더 정밀해진다. 그러나 손에 관한 우리 민족의 비교 우위가 마냥 지속되지는 않으리라는 전

---

198) 조승우·양기석, 「줄기세포공학:재생의학을 위한 새로운 패러다임」, 『BT NEWS』 17(2), 2010

망도 있다. 바로 손을 대체할 수 있는 미세 조작 기계 개발 등 기계공학의 눈부신 발전 때문이다. 박세필 박사는 "현미경을 이용한 미세 조작 기계가 날로 발전해 수 년 내에 줄기세포 연구 수준이 서구와 대동소이해질 것"이라고 전망했다. 이미 외과수술에서도 사람의 손을 대신해서 ㎜ 단위의 미세한 부분까지 수술칼을 조절할 수 있는 초정밀 로봇 수술이 확산되고 있다.

우리의 줄기세포 실험실을 방문하는 외국학자들이 토로하는 칭찬은 수십 명의 연구원들이 사람의 눈에 보이지 않는 지름 100㎛(0.1㎜. 1㎛는 100만분의 1m)의 난자를 마치 탁구공을 다루듯 자유자재로 움직이는 뛰어난 '손재주'로 모인다. 줄기세포 기술의 핵심은 조작 시간 단축에 있다. 난자 자체는 매우 취약해 외부 공기에 노출되는 시간이 길수록 그만큼 성공률이 떨어지기 때문이다. 마지노선은 15분이며, 이를 넘기면 대부분 실패한다. 미국 등 선진국 연구진이 줄기세포 획득에 실패하는 가장 큰 이유는 숙련된 연구원조차 조작 시간이 1시간 가까이 걸리기 때문이다. 그러나 우리 연구원들은 5~10분 만에 이를 거뜬히 해낸다. 시간 단축의 핵심적인 열쇠는 한국인 특유의 섬세한 '손기술'에 있다. 난자 채취에서 핵 치환 후 배양까지 줄기세포를 얻는 과정은 철저한 수작업이다.

여성의 질에서 난자를 채취하고 난자 주변에 묻은 끈끈한 난구 세포들을 씻어낸 뒤에, 직경 5㎛의 가느다란 미세침으로 난자를 둘러싸고 있는 투명대를 뚫은 뒤 핵을 빼낸다. 미세침은 단 한 번에 찔러넣어야 한다. 손떨림을 방지하기 위해 과음이나 팔씨름도 허용되지 않는다. 손이 크고 거친 외국 연구진들이 혀를 내두르는 이유이다.

연세대 의대 안과 권오웅 교수팀은 최근 안과 영역에서 대표적 난치병으로 불리는 망막정맥 폐쇄증을 혈전 용해술로 치료하는 데에 성공했다. 난자의 절반 크기에 불과한 지름 50㎛의 망막정맥에 가느다란 유리 피펫(Glass pipette)을 눈동자에 찔러 삽입하고, 혈전 즉 응고된 혈액 덩어리에 용해제를 주사해 뚫어주는 수술이다. 워낙 미세한 수술이다 보니 약간의 손떨림도 허용되지 않아 수술 도중 중요한 순간에는 숨마저도 멈춰야 한다.[199]

줄기세포를 만드는 방식은 크게 세 가지이다. 불임 치료에 쓰고 남은 잉여 수정란을 이용하는 것과 골수나 탯줄혈액에서 세포를 추출하는 성체줄기세포 방식, 그리고 체세포 복제 방식 등이다. 잉여 수정란을 이용하여 줄기세포를 만드는 방식은 정자와 난자가 만난 수정란을 다시 분화시키는 것이다. 불임 치료 후 냉동 보관했던 수정란을 다시 해동하여 이를 분화시킨 뒤에 실험실 조작으로 배아줄기세포를 배양한다. 이를 통해 나오는 세포는 체세포 복제 배아줄기세포처럼 무한대로 증식이 가능하다.

과거 황우석 박사가 체세포 복제 기술에서 획기적인 성과를 올릴 수 있었던 것은 '젓가락 활용 기술'로 알려졌다. 사람의 난자는 동물의 난자에 비해 막이 훨씬 더 끈적끈적하다. 이 때문에 막을 뚫고 난자핵을 제거하거나 체세포의 핵을 집어넣는 일은 동물 난자의 경우보다 훨씬 어렵다. 황 교수팀은 유연한 손놀림 즉 '젓가락 기술'로 훈련된 난자에 구멍을 내서 핵을 짜내고, 여기에 체세포를 이식해 복제배아를 만들 수 있었다. 비눗방울처럼 터지기 쉬운 난자를 미세한 실험 도구로 조작하는 기술이 마치 젓가락으로 조그만 쌀 한 톨을 집는 것처럼 섬세하다고 해서 붙여진 이름의 손기술이다. 다른 나라 연구원들은 체세포 연구에서 흡입장치를 사용하기 때문에 난자와 핵에 손상을 줄 우려가 컸다. 그러나 한국인 연구원들은 평소에 사용하던 젓가락 기술로 세포의 핵을 포도알처럼 눌러 짜내는 '쥐어짜기-스퀴징(Squeezing) 방법'을 사용함으로써 효율을 한층 높였다는 설명이다.

---

199) 홍혜걸, 「'줄기세포' 신화 만든 한국인의 손재주, 0.1mm 난자 채취→핵 치환→배양 5분」, 중앙일보 2005년 5월 21일 자 기사

생쥐의 유전자를 제거하는 과정은 섬세한 기술과 고도의 인내심을 요구한다. 될지 안 될지 모를 생쥐의 유전자를 클로닝(Cloning: 동식물의 개체에서 수정을 거치지 않고 무성생식으로 부모와 유전적으로 똑같은 개체를 만드는 일)하고, 클로닝한 유전자를 몇 번에 걸쳐 플라스미드(Plasmid: 미생물에서 볼 수 있는 염색체 외의 유전인자)라는 동그란 DNA 벡터에 집어넣어야 한다. 이 과정에만 1년이 걸리는 경우도 흔하다. 그렇게 클로닝이 된 플라스미드를 생쥐의 배아세포에 집어넣고, 제대로 유전체가 교정된 배아세포를 골라내는 작업을 해야 한다. 여기까지 오는데도 시간이 꽤 걸리지만 분자생물학 실험을 위한 도구와 시약들이 키트 형태로 발전하면서, 손기술이 그다지 좋지 않은 학생이라 하더라도 어느 정도의 성공을 보장하는 정도의 수준이 될 수는 있다.

문제는 그다음이다. 이렇게 성공적으로 유전자를 제거한 배아세포는 암컷 생쥐에 착상시켜야 한다. 바로 이 과정이 훈련으로 다져진 경험과 기술이 요구되는 지점이다. 아무리 유전자를 잘 클로닝해서 유전자 제거 배아세포를 만들었다고 해도, 그 세포를 잘 관리해서 암컷 생쥐의 자궁에 착상시키는 일을 망치면 모든 일이 물거품이 된다. 게다가 이 착상 과정이 잘 이루어지지 않는 경우가 너무 빈번해서, 대부분의 실험실은 착상만을 전문으로 하는 기술자를 쓰거나 아예 전문회사에 이 과정을 위탁하는 경우도 많다.[200]

처녀생식은 다른 말로 '단성생식'이나 '단위발생'이라고도 한다. 처녀생식도 동물의 줄기세포 제조 방법으로 사용된다. 박세필 박사가 이끄는 마리아연구소의 경우 쥐를 가지고 처녀생식으로 줄기세포를 만들어 심장근육 세포까지 분화를 유도했고, 일본에서도 쥐를 가지고 처녀생식으로 줄기세포를 만든 것으로 알려져 있다. 미시간주립대 호세 시벨리 교수도 같은 방법으로 원숭이 배아를 복제했다.

---

200) 김우재, 「김우재의 보통과학자, 보이지 않는 기술자」, 동아사이언스 2019년 5월 24일 자 기사

2005년 MBC <PD수첩>이 황우석 교수의 줄기세포 논문 조작 사건을 파헤쳤고 황우석은 대학을 떠났다. 그러나 여기서 우리의 관심은 복제 기술의 결과가 아니라 그 과정에 있는 '젓가락 기술'이다.

황 교수팀과 국내 배아줄기세포 분야에서 쌍벽을 이루고 있는 박세필 마리아연구소 소장은 "황 교수가 체세포 복제 기술을 가지고 있다는 것은 의심할 여지가 없으며 줄기세포도 만들었다고 믿는다."라고 말했다. 박 소장은 황 교수팀이 배반포기를 만드는 기술을 가졌다고 확신하는 이유로, 2004년 12월 황 교수팀의 기술을 가지고 피츠버그대 제럴드 섀튼이 원숭이 복제에 성공했다는 것을 사례로 들었다. 또 줄기세포주도 만들었다고 믿는 근거에 대해, 박 소장은 "동물의 경우 배반포기 단계에서 줄기세포주를 배양하는 것은 이미 이뤄지고 있기 때문에 사람의 경우도 마찬가지로 봐야 한다."라고 말했다.[201]

줄기세포 응용 기술

조직 재생에 필요한 특정 세포를 체외에서 배양하여 생체 내로 이식함으로써 손상된 조직을 복원하고 기능을 유지, 회복시키기 위한 조직 공학(tissue engineering)은 줄기세포의 응용을 확장할 수 있다. 조직 공학적 응용 기술을 통해 줄기세포는 단순한 세포 치료술이 아닌 인공 조직 및 장기를 제작하는 재료로 활용될 수 있다. 줄기세포와 생체재료로 제작된 지지체를 이용하여 인공 혈관, 인공 피부, 인공 기관지 등을 만드는 연구가 활발히 진행되고 있다. 2000년대에 이르러 줄기세포를 이용하여 인공 혈관을 개발하는 연구도 진행되고 있다. 2001년 하버드 의과대학 연구팀이 말초혈액에서 분리된 줄기세포를 혈관내피세포로 분화시킨 후, 무세포

---

201) 박창욱·김태균, 「황우석 교수팀 원천기술 있는가」, 매일경제 2005년 12월 20일 자 기사

혈관 지지체(decellularized matrix)에 부착시키고 동물에게 이식하였다. 줄기세포가 배양된 인공 혈관은 130일 동안 유지되었고 혈관 조직의 재생도 관찰되었다. 2003년 일본 동경여자의과대학 연구팀은 유사한 방식으로 단핵 줄기세포를 합성 고분자(PLCL)로 제작된 혈관 형태의 지지체에 부착한 후, 동물에게 이식하고 혈관 조직 재생을 보고하였다. 이렇게 개발된 조직 공학적 인공 혈관은 임상적으로도 적용되어 소아 환자들의 기능을 상실한 혈관을 성공적으로 대체하였다.

심근경색을 치료하기 위한 기술도 연구되었다. 2006년 일본에서는 래트(rat)에게서 분리한 중간엽줄기세포를 배양하여 동물의 심장 부위에 이식함으로써, 손상된 심장의 기능이 개선되었다는 결과가 보고되었다. 국내에서도 골수줄기세포를 동물에게 이식한 결과, 혈관 혹은 심근조직이 재생되고 심장 기능이 회복되었음이 확인된 바 있다. 2008년 스페인 연구진은 환자 자신의 골수줄기세포로부터 분화된 연골세포와 상피세포를 이용하여 만들어진 인공 기관지 조직을 이식하는 기술을 보고했다. 배아줄기세포를 적용한 연구들도 계속 진행되고 있다. 2008년 미국 존스홉킨스대학 연구팀이 인간 배아줄기세포에서 중간엽줄기세포를 분리한 후, 기능성 하이드로젤(PEG-DA)을 이용하여 관절 연골을 재생하는 기술을 개발했다. 2009년 Lancet 저널에는 인간 배아줄기세포에서 분화된 피부 세포로 제작된 인공 피부를 성공적으로 동물모델에 적용한 사례가 보고되었다. 다양한 줄기세포를 이용한 조직 공학적 응용 기술은 충분한 양의 세포를 구하기 힘든 경우 인공 장기 제작을 위해 활용될 수 있다. 이러한 사례들은 줄기세포 연구의 중요성을 다시 일깨워주고 있다.

줄기세포 분화 기술

줄기세포는 분화를 조절하는 성장인자뿐 아니라, 세포 부착 인자에 발생하는 신호전달로도 특정 세포로 분화할 수 있다. 따라서 생체 외에서 세포-생체재료 상호작용을 촉진하여, 줄기세포를 특정 세포로 분화시킬 수 있는 생체재료를 개발하려는 연구가 활발하게 진행되고 있다.

줄기세포는 부착 배양되는 재료의 물리적, 화학적 성질 및 기계적 물성에 따라 분화 양상이 크게 달라질 수 있다. 2006년 골수에서 유래한 중간엽줄기세포의 분화가 배양되는 재료 표면의 기계적 물성 및 신축성에 따라 조절된다는 연구 결과가 보고된 바 있다. 세 가지의 조직인 뇌·근육·골의 성격을 모사하도록 세포가 부착되는 재료 표면의 강도를 선택한 뒤, 줄기세포를 각각의 표면에 배양하여 분화시켰다. 결과적으로 각 표면(뇌·근육·골조직을 모사한 재료)에서 배양된 줄기세포는 각각 신경 세포, 근육세포, 골세포로 분화되었다. 이 연구 결과로 배양액 및 성장인자뿐만 아니라, 세포가 부착되는 재료 표면의 특징도 줄기세포의 분화를 조절할 수 있음이 확인되었다. 배아줄기세포의 경우, 분화를 조절하는 것이 분화 능력이 있는 성체줄기세포보다 까다롭지만 재료의 적용을 어떻게 하느냐에 따라 분화를 조절할 수 있다.[202]

줄기세포 치료제 기술 동향

유전자 치료제를 포함한 바이오 의약품의 경우 개별 국가마다 정의가 서로 다르다. 세포치료제는 다양한 세포를 직접 이용하는 치료 방법으로, 세포의 조직 또는 기능을 복원시키는 것을 목적으로 한다. 유전자 치료제는 유전자 조작을 통하여 환자에게 필요한 치료 유전자를 주입함으로써 유전적 결함을 치료하는 형태의 치료제이다. 두 분야는 같이 융합되면 시너지 효과를 낼 수 있는데 이를 세포·유전자 치료제라고 하며, 세포·유전자 치료법은 크게 체세포 유전자 치료, 생식세포

---

202) 조승우·양기석, 「줄기세포공학:재생의학을 위한 새로운 패러다임」, 『BT NEWS』 17(2), 2010

유전자 치료 및 줄기세포 유전자 치료로 구분된다. 특히 줄기세포 유전자 치료는 자가 재생 능력을 가지는 줄기세포를 유전적으로 변형시켜 체세포 대신 이용할 수 있도록 하는 치료 방법이다.

줄기세포 유전자 치료는 2010년대 이후 연구개발에 대한 보고가 점차 증가하기 시작하였다. 그렇기에 사람들이 줄기세포 복제 기술에 관심을 갖는 것이다. 줄기세포는 자기복제와 다분화 능력이 특징이며, 분화가 끝나지 않은 상태여서 특정 조직이나 기관으로 성장할 수 있는 능력을 보유하고 있다. 줄기세포의 종류에 따라 효능이 상이하므로, 유전자를 포함한 줄기세포 치료제 대상 기술을 구분하지만 줄기세포를 이용한 치료제는 장점이 분명하다. 줄기세포의 경우 신약 개발을 위한 유효성, 안전성 및 독성 등을 평가하는 세포 자원으로 활용 가능성이 높다. 다만 세포의 수급과 관련된 윤리적 문제 및 이에 대한 법률적 보완은 해결해야 할 과제이다.[203]

줄기세포 유전자 치료는 자가재생능력을 갖는 줄기세포를 유전적으로 변형시켜 체세포 대신 이용할 수 있도록 한 것으로, 효과가 오래 지속되지 않는 체세포 유전자 치료의 단점을 줄일 수 있다. 이러한 줄기세포 유전자 치료는 2010년대 이후 연구개발에 대한 보고가 점차 증가하기 시작하였으며, 지금은 당당히 하나의 분야로 자리 잡고 있다. 줄기세포는 자기복제능력(self-renewal)과 다분화 능력(pluripotent)을 가지는 것이 특징이며, 분화가 끝나지 않은 상태이기 때문에 적절한 조건에 특정 조직 또는 기관으로 성장할 수 있는 능력이 있다. 줄기세포를 이용한 세포치료제는 치료제로서 장점이 명확하다. 줄기세포의 경우 신약 개발을 위한

---

[203] 한용만, 「줄기세포 연구 현황과 전망 02-미래 재생의료 신성장 동력 산업의 원동력 된다」, 『과학과 기술』 507, 2011

유효성, 안전성 및 독성 등을 평가할 수 있는 비임상 단계에서의 세포 자원으로 활용 가능성이 높다.

줄기세포를 포함한 글로벌 세포치료제 및 유전자 치료제 시장에서, 각 나라의 승인을 받아 시장으로 출시된 세포·유전자 치료제는 2022년 기준 49개이다. 줄기세포를 이용한 치료제의 경우 빠른 시장 성장률을 보이며, 줄기세포 중에서도 중간엽 줄기세포를 이용한 연구개발 성장률이 가장 높은 것으로 확인되었다. 국내외 줄기세포 시장의 규모는 연평균 10.21%의 성장률을 보이고 있으며, 2027년 239억 5,000만 달러(한화 약 39.2조 원) 규모로 확대될 것으로 예측된다. 줄기세포 시장을 주도하는 미국의 경우 만성질환 등을 목표로 한 줄기세포 치료제에 대한 연구개발을 진행하고 있다. 유럽의 경우 독일이 가장 높은 성장률을 보인다. 아시아·태평양 지역의 줄기세포 시장은 한국, 중국 및 일본을 선두로 시장의 발전이 이루어지고 있다.

한국의 경우 국가 줄기세포 재생 센터의 구축과 연구소 설립을 추진하며 정부 차원에서의 지원이 증가하게 되었다. 줄기세포 유전자 치료제 시장을 선점하기 위해 크고 작은 연구소들이 개별적으로 연구개발에 박차를 가하면서 시장의 성장을 앞당기고 있다. 줄기세포를 기반으로 한 세포 치료제에 유전자를 활용하기 시작한 연구개발은 2010년 이후 보고되기 시작했다. 유전자를 도입하는 줄기세포 치료제는 연구개발이 쉽지 않은 분야이며 기술 선점을 위한 가능성이 열려있는 분야이다.[204][205]

---

204) 김혜영, 「특허 분석을 기반으로 한 유전자 도입 줄기세포 치료제 기술 동향 및 연구」, 성균관대학교 대학원 석사논문, 2023
205) 한용만, 「줄기세포 연구 현황과 전망 02-미래 재생의료 신성장 동력 산업의 원동력 된다」, 『과학과 기술』, 507, 2011

7
외과-안과 수술

: 나노 의학(Nano_medicine, 도판 40)

노래 가사 중에 "젓가락질 잘해야만 밥을 먹나요? 잘못해도 서툴러도 밥 잘 먹어요."라는 가사가 있다. 젓가락질을 잘 못해도 밥을 잘 먹을 수는 있다. 그렇지만 젓가락질을 잘한 다면 더 여유롭고 맛있게 밥을 먹을 수 있다. 젓가락을 쓰는 나라들이 많지만 모두 나무젓가락을 쓰고 있으며, '미끄러운 쇠젓가락'을 쓰는 유일한 나라가 바로 한국이다.

척추 내시경 수술은 아주 세밀한 손작업이 필요하므로, 수술을 배우기까지 많은 시간이 소요되고, 부단한 노력이 필요하다. 척추 내시경 수술은 이미 20여 년 전부터 시작되었으며 전 세계의 여러 나라에서 시도되었지만, 그 중 독일과 대한민국이 선두의 길을 열었다. 독일의 발전에는 의료 산업 지원이 큰 역할을 하였지만, 한국의 척추 내시경 수술의 발전에는 특이하게 쇠젓가락 문화가 큰 역할을 한

점을 부인할 수 없다. 우리나라의 척추 내시경 수술 및 치료에 많은 외국 의사들이 감탄하기도 하고, 감명을 받기도 한다. 자주 듣는 질문은 "한국 의사들은 어떻게 그렇게 수술을 잘하나요"이다. 그에 대한 답은 똑같다. "대한민국은 태어날 때부터 쇠젓가락을 쓰고 있는 유일한 나라이다. 미끄러운 쇠젓가락이 세밀한 수술을 시행하는 데 많은 도움이 된 듯하다"라고 대답한다.

척추 내시경 수술은 그동안 '길면 5년, 짧으면 3년'인 시술로 치부되었다. 하지만, 쇠젓가락에서 시작된 우리의 척추 내시경 수술의 발전은 척추 퇴행성 질환 치료의 새로운 패러다임으로 자리 잡고 있다. 예전에는 급성 양하지 마비로 내원 환자를 척추 내시경 수술만으로 치료하여 마비를 호전시키고, 며칠 후 퇴원할 수 있게 한다는 것을 상상할 수 없었다. 현재 척추 내시경 수술 및 치료는 세계 주요 국가에서 경쟁적으로 발전시켜 나가고 있다. 그동안 독일·한국·미국을 중심으로 발전했으나, 이제 중국·일본·인도·태국이 가세하였으며, 여기에 수많은 나라들이 척추 내시경 수술 및 치료를 배우고 발전시키기 위하여 한국을 방문하고 있다.

미래는 준비하는 자에게 기회가 주어지며, 세대는 언젠가 바뀌게 되어 있다. 여기에 대한민국의 쇠젓가락 기술은 퇴행성 척추 질환 치료의 패러다임을 바꾸는 데 큰 역할을 할 것으로 기대된다.[206]

임성수의 시장조사로 본 세상

한국인은 젓가락을 능숙하게 사용해서 손기술이 좋다는 이야기가 우리끼리 나누는 소리인가 싶기도 하면서, '젓가락을 능숙하게 사용해서 손기술이 좋은가'를 진지하게 생각하는 순간이 있다. 바로 한국 외과 의사들의 뛰어난 수술 기술 이야

---

206) https://m.health.chosun.com/column/column_view_2015.jsp?idx=9020

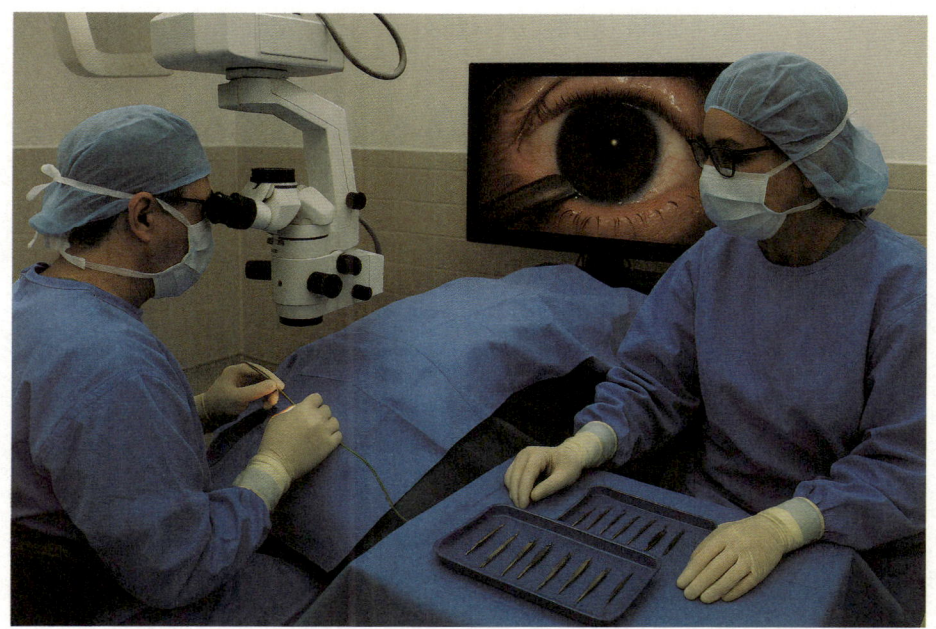

도판 40 나노 의학

기를 들을 때이다. 최근 외국계 장루 소모품 제조회사의 의뢰를 받아서 진행하는 조사가 있었는데, 조사의 목적은 한국에서 영구 장루인의 비율이 상대적으로 낮고 관련 제품 판매가 유난히 저조해서 그 원인을 밝혀내는 데에 있었다. 우리는 대개 '한국 의사들이 수술을 잘해서겠지'라고 추측할 수 있지만, 한국 실정에 어두운 외국인의 시각에서는 전혀 짐작할 수 없는 일일 것이다. 그리하여 대장항문외과 의사, 상처 장루 간호사, 장루 사용인이 조사 대상으로 설정되었고, 정성 인터뷰 가이드라인과 정량 설문 문항은 다음과 같이 설계되었다.

- 한국 외과 의사의 수술 기술에 있어 무언가 특별한 측면이 있는가
- 환자들의 장루에 대한 인식이 외국 환자들과 차이가 있는가
- 한국 환자들이 장루를 강하게 거부하는가

- 만약 그렇다면 거부하는 환자의 의견을 한국 의사가 적극적으로 수용하는가
- 장루인들의 관련 제품 사용량에 대한 교육이 제대로 이뤄지지 않고 있는가
- 만약 관련 제품 보험 적용 개수가 달라진다면 환자들의 제품 사용량이 달라질 것인가 등이다.

몇몇 경우, 정성 인터뷰를 진행했는데 의외의 경험을 했다. 특정 회사의 의뢰로 진행하는 인터뷰의 경우는 의사들이 상당히 귀찮아하고 최소한의 내용만 말해주려는 경향이 있는데 이번에는 달랐다. 사실 이들은 그동안 항문을 보존하기 위한 수술 기법 개발을 위해 엄청난 노력을 해왔고, 오랫동안 한국의 항문 보존율을 조사하여 연구 논문을 작성했으며 이 결과를 외국에 알리려는 노력을 해왔다. 그런데 외국인들은 대장암은 서구인의 암이기 때문에 그들이 더 수술을 잘한다는 의식이 있어, 이를 인정하지 않으려는 상황이었다. 이들은 궁금한 점이 있으면 연락하라고 하면서 필자에게 인터뷰 내용을 잘 정리해서 전달해 주기를 당부했다. 결과 보고서는 주요 원인 중 하나가 한국 외과의사 뛰어난 수술 기술에 있음을 명확히 보여준다.[207]

최근 한국 의사들이 로봇을 이용한 새로운 수술법을 잇달아 발표하면서 세계적으로 화제가 되고 있다. 영국에서 개최된 제3회 복강경 직장암 수술 국제 심포지엄에는 경북대병원 대장항문외과 최규석 교수가 초청받았다. 최 교수가 로봇을 이용해 시술한 직장암 수술은 영국 공영방송 BBC에 방영되기도 했다. 한국 의사들이 로봇 수술에서도 세계적으로 두각을 나타내는 것은 뛰어난 수술 실력을 갖춘 데다가, 로봇을 정교하게 제어할 수 있는 손기술 때문이다. 최 교수가 수술에 이용한 로봇은 세계적 수술 로봇 제조업체인 인튜이티브 서지컬(Intuitive Surgical)의

---

207) 임성수, 한국갤럽 헬스케어팀장, https://www.docdocdoc.co.kr/news/articleView.html?idxno=1043224

'다빈치 의료 로봇'이다. 미국 기업의 제품이지만 이 로봇의 다양한 활용도가 빛을 보고 있는 나라가 바로 한국이다.

로봇 수술은 의사가 직접 조종하는 로봇팔이 수술하는 시스템이다. 다빈치 시스템은 크게 콘솔(Console: 벽면에 고정한 탁자), 3개의 로봇팔(Arm)이 부착된 환자 카트(Patient Cart), 3D HD 비전 시스템으로 구성되어 있다. 의사가 콘솔에 앉아 기계를 작동시키면 로봇팔이 움직여 수술한다. 콘솔에 앉아 망원경 모양의 스테레오 뷰어 시스템에 머리를 가져다 대면, 기계가 사람을 인식하고 움직일 준비를 한다. 뷰어 너머로 보이는 화면에 가상 수술 부위와 로봇팔에 달린 집게가 작동한다. '엔도리스트(Endowrist)'라 불리는 집게는 수술 부위에 맞춰 갈아 끼우게 되어 있으며 사람의 손목처럼 움직인다. 자동차의 클러치처럼 생긴 발판으로 카메라의 각도 등을 조절하게 되어 있다. 로봇팔은 작동자의 손가락 움직임은 물론이고 손과 팔목, 팔꿈치의 움직임까지 정확하게 따라서 한다. 로봇을 다양한 각도로 움직이게 하는 것이 수술 로봇의 핵심 기술이다. 다빈치 시스템은 국내에서뿐 아니라 세계적으로 가장 많이 이용되는 로봇 수술이다. 2012년 말 기준으로 미국 존스홉킨스대학 등 전 세계 2,050개 병원에서 이 시스템을 사용하고 있다.

인튜이티브 서지컬 코리아의 강 과장은 "전 세계의 시장점유율을 볼 때 한국의 비중은 굉장히 낮지만, 로봇 수술을 다양하게 응용하는 기술이 세계 최고 수준이어서 본사에서도 한국을 주목한다."라고 말했다. 최근에는 이 회사의 CEO(최고경영자)인 게리 굿하트가 직접 한국을 방문해 홍보활동을 펼치기도 했다. 이에 앞서 2013년 8월에는 조선비즈 주최로 열린 스마트 클라우드쇼 현장에 다빈치 로봇 수술기 체험관을 만들어 어린 학생들로 하여금 직접 시운전할 수 있는 기회도 제공했다. 이처럼 세계 1위 업체가 한국 시장 마케팅을 강화하는 이유는 한국 의료 로봇 기술이 무서운 속도로 발전하고 있기 때문이다. 전 세계적으로 의료 로봇 시장

규모가 점차 커지는 가운데, 의료 로봇 기술의 발전 속도가 가장 빠른 한국 시장에서부터 밀릴 수 없다는 의지가 엿보이는 대목이다. 인튜이티브 서지컬에서조차도 한국의 기술 발전 속도가 미국이나 유럽보다 빠르다는 것을 인정하고 있다.

한국의 의료 로봇 기술이 빠르게 발전하는 이유는 앞서 언급했던 것처럼, 기존 수술 로봇을 이용한 임상실험에서 놀랄 만한 결과들이 속속 나오기 때문이다. 연세대 세브란스병원 외과 정웅윤 교수와 서울대학교 외과 윤여규 교수의 경우, 다빈치 시스템을 이용해 세계 최초로 목에 흉터를 남기지 않는 갑상선 수술법을 개발해 많은 해외 의료진이 이를 배워가고 있다. 위암, 직장암, 인후두암에 대한 로봇 수술 방법도 국내 의료진에 의해 최초 개발됐다. 로봇 수술과 관련한 논문 발표도 가장 활발하게 이뤄지고 있다. 이에 대해 인튜이티브 서지컬 코리아 이은희 부장은 "젓가락 문화에 기반한 섬세한 손기술을 지닌 국내 의료진들은 로봇 수술 분야에서도 뛰어난 손기술을 보이면서 로봇 수술의 강자로 주목받고 있다.", "특히 국내 의료진이 개발한 한국형 로봇 수술법은 전 세계 의료진의 교과서로 채택되어 활용될 정도다."라고 말했다. 현재 우리나라의 제조용 로봇 기술은 세계 4위일 정도로 기술력을 인정받고 있다. 이런 로봇 기술에 의료진들의 손기술이 더해지면서 의료 로봇 분야에서도 괄목할 만한 성장이 이어지고 있다.

대한의료로봇학회에 따르면, 현재 국내에서 개발됐거나 개발 중인 의료 로봇은 한양대 차세대지능형 수술 로봇 센터의 양방향 방사선 투시기 로봇시스템(BFRS), 국립암센터의 복강경 수술 로봇(LapaRobot), KAIST의 미세수술용 원격 로봇 시스템과 자연 개구부 내시경 수술(Natural Orifice Transluminal Endoscopic Surgery·), 고관절 전치환 수술 로봇(Arthrobot), 복강경 수술 보조 로봇 등이 있다. 또한 최근 전남대 로봇연구소가 박테리아 로봇, 재활치료용 케이블 로봇, 혈관 치료용 마이크로 로봇 등 상용화를 앞둔 첨단 의료 로봇들을 공개한 바 있다. 전남대 로봇연구소가 개발한 혈관 치료용 마이크로 로봇의 경우 세계에서 오직 우리나라만 만들고 있다. 이 로봇의 크기는 현미경으로나 보이는 1마이크로미터(㎛)로 암세포를 찾아가도록 만든 박테리아에 로봇을 붙여 암세포에 도달한 로봇이 안에 내장한 약물을 내뿜도록 만들어졌다. 정교한 유도탄처럼 항암제를 정확하게 암세포에만 보낼 수 있는 기술이다.

전문가들은 세계 수술 로봇 시장이 2018년에 1,000억 달러 규모로 성장한다고 보았다. 의료제도가 보수적이라 평가받는 일본의 경우를 보더라도 로봇 수술의 성장 속도가 얼마나 빠른지 알 수 있다. 전문가들은 일본의 의사들이나 의료체계가 워낙 보수적이어서 새로운 수술법 도입을 꺼린다고 한다. 그런 일본에서도 로봇 전립선암 수술을 국가 보험 지원 대상으로 지정했고, 외과·산부인과 수술도 순차적으로 지원 대상에 포함할 계획이다.

이처럼 빠른 속도로 발전하고 있는 의료 로봇 시장을 차지하기 위해 미국과 유럽 그리고 우리나라가 경쟁을 벌이고 있다. 현재는 다빈치 시스템을 앞세운 미국이 앞서 나가고 있지만, 우리나라 기술도 빠른 속도로 발전하고 있다. 국내 대기업들도 점차로 의료 로봇 제작시장에 뛰어들고 있다. 로봇 수술이 의료계의 최대 이슈로 떠오르고 있는 이유가 시장성 때문만은 아니다. 로봇 수술은 의학적으로도 많은 진보를 가져다주기 때문이다. 한국의 의료 로봇은 무엇보다도 정확성 측면에서 특히 높은 점수를 받고 있다. 수술 로봇은 100만 번을 반복해도 항상 동일한 정밀도를 발휘할 수 있다. 로봇을 활용하면 인간의 손기술로는 불가능한 미세한 절단이나 봉합도 어렵지 않게 수행할 수 있다. 최근 수술 시 의사의 손떨림으로 발생하는 치명적인 실수도 수술 로봇으로 해결했다. 환자의 흉터가 적고 회복 속도가 빠르다는 것도 장점이다. 일반적인 수술의 경우 사람의 손이 들어갈 정도로 절개해야 하지만, 로봇 수술은 로봇팔의 직경이 1㎝가 채 되지 않기 때문에 절개 면적도 작을 수밖에 없다. 따라서 수술 후 후유증이나 합병증이 일어날 확률도 현저히 낮다. 그러나 로봇 수술 시장이 커지면서 이를 경계하는 목소리도 있는 것이 사실이다. 무엇보다도 안전성에 대한 논란이 가장 많다.[208]

세계 최고의 로봇 암 수술

로봇 수술 기기는 전 세계적으로 4,500여 대가 보급돼 있다. 그중 3,000대가 미국에 있고, 아시아에는 600대 정도, 국내에는 100대가 채 되지 않는다. 우리나라가 보유한 로봇 수술 기기 숫자로만 보면 매우 적은 편임에도 우리나라 의사들의 로봇 수술 실력은 세계 표준으로 인정받아 기술을 전수할 정도로 높아졌다. 또 새로운 수술법을 개발해 세계 각국에서 배우러 오고, 라이브 서저리(Live Surgery: 수술 시연)를 통해 전 세계에 수술 장면을 생중계하는 등 우리나라 로봇 수술 기술은 세계 최고 수준으로 평가받는다.

고려대안암병원 암병원은 내시경과 수술용 로봇 등을 활용한 최소 침습·최소 절개 수술을 추구한다. 수술 후 남는 흉터와 후유증을 최소화하기 위해서이다. 최근에는 최신 수술용 로봇 '다빈치SP(Single Port)'를 도입했다. 다빈치SP는 여러 개의 절개를 이용해 수술하던 기존 로봇 수술 방식을 탈피한 새로운 방식의 로봇으로, 2.5cm 크기 단 1개의 절개만으로 수술이 가능하다. 구조적으로 칼을 대기 어려운 방광·전립선·직장암 치료에서 로봇 수술 실력은 세계적인 수준이다. 직장암 로봇 수술법 세계 최초 개발, 입안으로 로봇팔을 넣어 갑상선암을 치료하는 '로봇 경구 갑상선 수술' 세계 최초 개발, 근치적 방광 절제술 아시아 최다 시행 등 관련 분야에 굵직한 성과를 남겼다. 이외로도 흉터 크기를 10분의 1로 줄인 로봇 유방 재건

---

208) http://weekly.chosun.com/client/news/viw.asp?ctcd=c05&nNewsNumb=002286100017

술 등 세계 최고 수준의 로봇 수술을 시행하며 암 환자에게 새로운 희망을 선물하고 있다. 고려안암병원 암병원 김선한 센터장에게 로봇 수술에 대한 이야기를 들어봤다.

암 수술 제1원칙 '암 조직 최소화하라'

직장암은 대장의 마지막 15㎝가량인 직장에 생기는 암으로, 골반 속 좁은 곳에 있다 보니 방광과 자궁, 전립선 등 다른 장기들과 붙어있어 시야 확보가 대단히 어렵다. 김 교수는 "이 때문에 직장암은 수술자의 능력이 무엇보다 중요하다."라고 말한다. 팔 4개가 달린 로봇의 장점을 극대화할 수 있는 숙련된 외과 의사의 능력이 결국 환자의 장기 생존 여부를 결정하기 때문이다. 특이한 점은 직장암을 대하는 동양인과 서양인의 인식 차이가 크다는 점이다. 일반적으로 동양인들은 항문 보존에 대한 의지가 강하다. 수술로 항문이 없어져 인공 항문을 달게 된다고 해도 수술을 받는 서양인과는 달리 동양인들은 항문이 사라진다면 수술을 받지 않겠다고 하는 경우가 많다. 김 교수는 "동양인에게 항문을 보존하는 것이 암 환자의 삶의 질과 큰 연관이 있다. 이 때문에 최대한 직장을 남기고 항문을 보존하는 방식으로 로봇 수술을 정교하게 하고 있다."라고 설명했다. 김 교수가 가장 중요하게 여기는 암 수술의 제1원칙은 '암 조작을 최소화하기'다. 김 교수는 '암을 많이 건드리지 말 것'을 강조한다. 그가 강조하는 이유는 숙련된 의사라도 실현해 내기가 어렵기 때문이다. 개복수술이나 복강경 수술보다 로봇 수술이 탁월한 효과를 낼 수 있는 기반이기도 하다.

환자 중심 암 치료 새로운 모델 제시

김 교수는 "로봇 수술은 개복수술이나 복강경 수술에 비해 좁은 공간에 쉽게 들어갈 수 있고, 주 병변과 임파선의 정밀한 절제가 가능하다."라고 말했다. 이어 "개복수술은 큰 도구를 쓸 수밖에 없고, 복강경 수술은 직선의 기구를 가지고 수술하기 때문에, 시야 확보나 수술기구 접근이 어려워 이 원칙을 지키는 데 효과적이지 않다. 하지만 로봇 수술은 더 좁은 부위를 수술할 때도 시야 확보와 수술 기구 접근에 유리하다."라고 설명했다. 직장암 로봇 수술은 개복수술과 복강경 수술보다 후유증이 적고 완치율이 10%가량 높다. 김 교수는 "수술 이후 배뇨 기능도 훨씬 빨리 돌아오고, 성기능뿐 아니라 다른 기능들이 원상으로 회복되는 비율이 모든 부분에서 더 높다."라고 강조했다. 수술·항암제 등 치료법이 표준화되면서 국내 암 환자 10명 중 7명은 5년 이상 생존이 가능하다. 또한 암 치료의 패러다임도 단순한 암의 제거나 생존 기간 연장에서 환자의 삶의 질 향상으로 탈바꿈하고 있다.

고려대안암병원 암병원은 환자 중심의 철학을 바탕으로 치료의 전 과정을 환자의 눈높이에 맞춘다. 수술을 앞둔 환자에게는 환자 참여형 다학제 협진과 후유증을 최소화한 로봇 수술, 전문적인 관리로 환자 중심 암 치료의 새로운 모델을 제시하고 있다. 암 환자의 긍정적인 치료 경험이 생존율을 높이고 남은 삶의 질에도 영향을 미치는 만큼, 고려대안암병원 암병원은 환자의 암 진단부터 치료 및 생존 후 관리까지 환자와의 소통을 통해 최적의 치료법을 구현하고자 한다. 고려대안암병원 다학제 협진팀은 1989년 두경부암 협진팀에서 시작해 현재는 대장암·유방암·위암·간암·혈액암 등 암 종별 다학제 협진팀이 최선의 치료법을 찾기 위해 머리를 맞댄다. 장기 치료가 필요한 중기·말기 암은 환자와 보호자가 다학제 협진에 직접 참여해 '공유 의사 결정' 과정으로 함께 치료법을 고민한다. 각 분야의 전문 의료진이 예상되는 결과에 따라 치료법의 순위를 매겨 알리면, 환자가 본인의 나이나 사회경제적 환경을 고려해 치료법을 선택하는 방식이다.[209]

---

209) 장치선, 고려대학교 의료원 https://www.kumc.or.kr/seasonPress/KUMM10/kumm11.jsp

8
손재주와 미세 공정

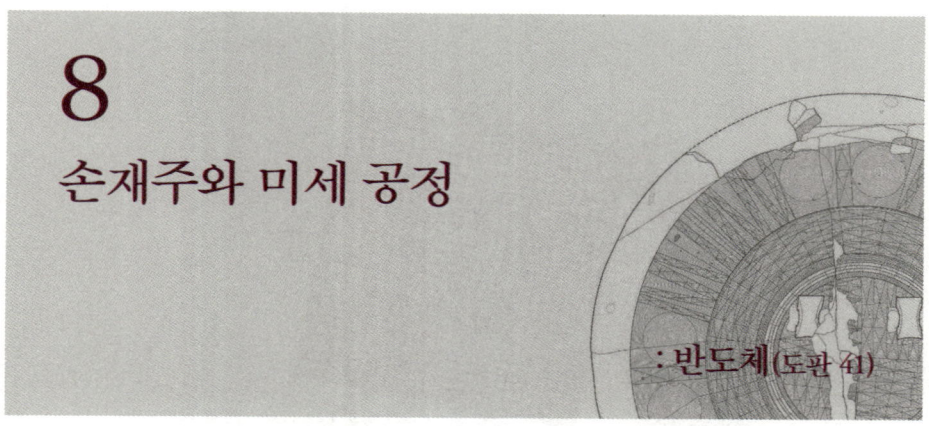

: 반도체(도판 41)

최근 들어서 반도체 산업의 중요성이 다시 부각되고 있다. 한국은 자타가 인정하는 반도체 시장의 절대 강자이다. 그 출발은 삼성의 이건희 회장으로부터 시작되었다. 당시 많은 어려움이 있었는데, 이 회장이 왜 반도체 사업에 뛰어들어야 하는 것인지에 대해 그 이유를 잘 설명하는 대목이 주목된다.

"1973년 오일 쇼크에 충격을 받은 후, 한국은 부가가치가 높은 첨단 하이테크 산업에 진출해야 한다는 확신을 가졌다. 때마침 한국반도체라는 회사가 공장 설립 과정에서 파산에 직면했다는 소식을 들었다. 무엇보다도 '반도체(Semiconductor, 상온에서 전도율이 구리 같은 전도체나 유리 같은 부도체의 중간적인 물질)'라는 이름에 끌렸다. 앞으로 진출해야 할 산업을 물색하면서 '반도체사업'을 염두에 두던 중이었다. 시대조류가 산업사회에서 정보사회로 넘어가는 조짐을 보이고 있었고, 그 중 핵심인 반도

도판 41 반도체

체 사업이 우리 민족의 재주와 특성에 딱 들어맞는 업종이라고 생각하였다. 우리는 젓가락 문화권이어서 손재주가 좋고, 주거생활이 신발을 벗고 생활하는 등 청결을 중요시한다. 이런 문화적 배경은 반도체 생산에 아주 적합하다. 반도체 생산은 미세한 작업이 요구되고 먼지 하나라도 있으면 안 되는 고도의 청정상태를 유지해야 하는 공정이기 때문이다."

여기에서 제작공정을 좌우하는 매우 중요한 요소에 착안한다. 손재주가 뛰어난 민족이라는 사실이다. 젓가락 사용으로 단련된 손재주-솜씨를 반도체 제작에서 발휘할 수 있겠다는 예측이 작용하는 것이다.

이건희는 이미 1970년대에 씨앗 사업이 되어 삼성의 신성장 동력이 되어줄 반도체 사업을 발굴하고 육성했다. 그는 우리 민족이 '젓가락 문화권'의 민족이라는 특징적인 사실을 반도체 사업에 접목하고자 했다. 우리는 손재주가 뛰어나서 반도체 생산과 같은 미세한 작업에 적합하다고 보았다. 또 신발을 벗고 생활하는 등의 청결한 생활 습관을 보이는 안방 문화 등이 고도의 청정상태를 유지해야 하는 반도체 공정에 매우 적합하다고 보았다. 그는 이병철 회장을 설득하여 삼성전자가 반도체 산업을 공식적으로 시작하게 하였다. 반도체에 대한 그의 집중력은 그 누구도 말리지 못할 정도였다.

『삼성전자 40년, 도전과 창조의 유산』에는 이건희 회장이 반도체를 시작할 당시 사정을 설명해 주는 대목이 나온다.

"1974년 12월 6일 삼성은 한국반도체의 50% 지분을 50만 달러에 인수한다. 나머지 50%의 지분은 미국의 소규모 벤처기업이 보유하기로 했다. 흥미로운 사실은 한국반도체의 인수자가 이건희라는 사실이다. 인수 과정에 관여했던 강진구 사장은 숱한 질문 공세에 시달려야 했다."

"삼성전자가 명색이 전자 메이커이니만큼 앞으로 반도체 사업이 중요하다는 건 알겠지만 때가 이른 것 같습니다. 안 그래도 요즘 전자 부문이 고전하고 있지 않습니까? 투자할 여력도 없고 명분도 없는 이때, 빚만 안고 있는 회사의 주식 50%를 50만 달러나 주고 인수한 건 모험이 아닌가 싶습니다. 누구보다 전자 사업을 잘 알고 있고 반도체에 남다른 관심을 갖고 있는 이건희 이사가 자신의 개인 돈으로라도 인수하겠다며 지시를 내렸습니다. 비서실에서는 사업성이 없다고 판단했다니 어쩔 수 없었겠죠."[210]

---

210) 지평길, 『이건희, 위대한 선택-1_이건희의 위대한 여섯 가지 선택』, 북셀크, 2020

이병철 회장은 1983년부터 1985년에 이르기까지 64KD램과 256KD램 생산을 위한 사업계획 수립, 기술도입 및 판매촉진을 위한 해외 법인 설립, 부지 선정, 공장 준공 등을 완벽하게 마무리했다. 그는 성공한 이유를 일곱 가지로 정리했는데, 첫 번째 이유로 '첨단기술에 도전한 삼성의 확고한 기업가정신'을 내세웠다. 삼성의 이와 같은 거창한 계획을 놓고 정부는 처음에는 실현 불가능한 사업이라고 평가절하했다. 그러나 이병철 회장은 끝내 포기하지 않고 첨단 산업에 도전하여 한국에 반도체 산업을 도입하는 데 성공했다. 이병철 회장이 '세상을 움직이는 힘'을 발휘한 것이다.

그런데 반도체 산업의 도입에 있어 이병철 창업 회장 못지않게 이건희 전 회장의 기여가 컸다는 사실은 잘 알려져 있지 않다. 1999년 이학수 사장은 『삼성전자 30년사』에서 반도체 산업 발전과 관련하여 이건희 부회장의 기여를 다음과 같이 썼다.

"반도체 사업은 이병철 선대 회장의 마지막 작품으로 널리 알려져 있지만, 토대는 이건희 회장이 다졌다 해도 과언이 아니다. 반도체 사업 진출의 최종 결단을 내리고 추진한 인물은 이건희였다. 감독은 이병철 선대 회장의 몫이라 할 수 있지만, 선대 회장의 결단을 이끌어 낸 주역은 이건희 회장이었다. 이건희 회장의 반도체 사업에 대한 관심은 1974년 '한국반도체' 인수에 깊숙이 관여하면서 비롯됐다. 당시 삼성전기나 삼성전관 등이 고전하고 있을 때라 그룹 차원에서 또다시 전자 사업에 투자할 여력이 없었고, 명분도 없었다. 게다가 비서실에서는 한국반도체가 사업성이 없다는 결론을 내렸다. 그룹 차원에서 한국반도체의 인수가 쉽지 않음을 알았지만, 이건희 회장 개인이 적극 추진해 한국반도체를 인수한 것이다."

이는 어려운 상황에서의 선행 투자였으며, 결과적으로는 매우 현명한 판단이었다. 이건희 회장이 이미 '한국반도체'를 국내에서 반도체 공업을 일으킬 수 있는 종자 사업으로 생각하고 있었다는 증거이다. 당시 중앙일보 이사로 있던 이건희 회장은 반도체에 관심이 많았다. 도시바, NEC, 샤프, 세이코 등의 생산 공장을 둘러보면서 일본 전자공업계의 움직임을 예의주시했다. 그뿐만 아니라 출장을 통해 주로 반도체 인사를 만나고, 공장을 방문하고, 자료를 수집했다. 이건희 회장은 IBM이 일찍부터 자체 수요의 반도체를 자급하고 있다는 사실에 특히 주목했다. 그리하여 반도체 사업 확대의 필요성을 이병철 회장에게 건의했으며, 이병철 회장이 반도체 사업을 추진하기로 결단을 내리자, 기술자를 스카우트하고 자료를 입수하는 일을 앞장서서 맡았다. 이건희 회장은 뚝심과 끈기가 대단했다. 메모리 반도체 사업에 진출해 오늘의 반도체 신화를 일궈내기까지 이건희 회장은 지대한 역할을 담당했다. 그러기에 반도체 사업은 이병철 선대 회장의 마지막 작품이요, 이건희 회장의 첫 작품이라 할 수 있다.[211]

이건희가 기업 경영에 몸담은 시기는 1966년 동양방송에서부터였다. 어려운 순간을 많이 거쳤지만, 반도체 사업처럼 그의 어깨를 무겁게 했던 일도 없는 것 같다. 이건희는 어려서부터 전자와 자동차 기술에 남다른 관심이 있었다. 그는 일본 유학 시절에도 새 전자제품들을 사다 뜯어 보는 것이 취미였다. 또한 그는 자원이 없는 우리나라가 선진국 틈에 끼여 경쟁하려면 머리를 쓰는 수밖에 없다고 생각하였다. 특히 1973년에 닥친 오일 쇼크에 큰 충격을 받은 이후, 한국은 부가가치가 높은 하이테크 산업에 진출해야 한다고 확신하게 되었다. 74년 마침 한국반도체라는 회사가 파산에 직면했다는 소식을 들었고, '반도체'라는 이름에 끌렸다. 그는 첨단 산업을 물색하면서 반도체 사업을 염두에 두던 중이었다. 핵심인 반도체 사업이 우리 민족의 재주와 특성에 딱 들어맞는 업종이라고 생각하던 참이었다.

이건희가 특별히 착안한 점은 식생활 문화였다. 우리는 전 세계에서 유일하게

---

211) 박동운, 『CEO 정신을 발휘한 사람들』, 삼영사, 2008

숟가락을 사용한다. 찌개와 탕을 먹기 위해서다. 밥상 한가운데 찌개나 탕을 놓고 공동으로 식사한다. 이는 결국 팀워크가 좋다는 것을 의미한다. 이건희는 이 점에서 우리에게 강점이 있다고 보았다.

출발 초기의 어려움을 극복하고 삼성은 1982년 반도체연구소를 건립하고, 83년 반도체 사업 진출을 공식 선언하기에 이르렀다. 구멍가게 같은 공장의 개인사업으로 시작한 반도체가 10년 만에 삼성 핵심사업의 하나로 인정받은 것이다. 이때부터 삼성은 전문가들의 예상을 뒤엎고, 6개월 만에 기흥공장을 완공하고 일본이 6년이나 걸려 개발한 64K D램을 6개월 만에 개발했다. 이후로 미국과 일본의 반도체 업체를 따라잡기 위해 전력을 다했고, 마침내 반도체 사업을 시작한 지 20년 만인 93년 메모리 분야에서 세계 정상에 올랐다.[212]

한국의 반도체 산업

오늘날 한국의 반도체 산업이 세계 정상의 기술력을 과시할 만큼 성장할 수 있게 된 것은 첨단의 기술력과 기업의 과감한 투자, 정책적 지원, 학자들의 지속적인 선행 연구 이외에 '국가적인 운'도 따랐다는 이야기가 있다. 그러나 한국의 반도체 기술 발전에 직접적으로 관련된 인사들은 마치 사전에 입을 맞추기라도 한 것처럼 동일한 목소리를 냈다. 민석기 경희대 정보디스플레이학과 교수는 말한다.

"한국 사람들의 젓가락 문화를 이야기하는 사람이 있는데, 반도체 제조에는 그런 손재주만 필요한 것은 아닙니다. 반도체는 복합적인 것들이 한꺼번에 작용해야 하는 고도의 기술 문화 산업인데, 그동안 우리 한민족이 쌓아온 내공과도 같은

---

212) 이건희, 『이건희 에세이: 생각 좀 하며 세상을 보자』, 동아일보사, 1997

기술력이 20세기의 반도체 산업과 만나서 활짝 피어나게 된 것 같습니다."

김충기 KAIST 교수도 다음과 같이 말했다.

"한국인의 민족성이랄까, 혹은 정체성이랄까, 그런 것들이 한데 뭉친 것이 바로 반도체 산업이라고 봅니다. 한민족 특유의 근면하고 열정적인 도전 정신, 일에 임하는 자세나 투지, 대담한 투자, 이런 것들이 복합적으로 얹어지면서 결국은 성공을 이끌어 낸 한국인들의 독특한 유전자, 그것이 바로 반도체 산업이라고 봅니다."

한국인은 대체로 근면하면서 성질이 급한 편이다. 일을 하는 데에 있어서는 물불을 가리지 않고 대담한 도전을 꺼리지 않는다. 거기에 하나를 덧붙이자면 과감한 투자 의지가 있다. 특히 반도체 산업의 경우엔 적기에 대규모 투자를 해야만 하는 결단이 필요한 산업이다. 한국의 경영자들, 삼성의 이병철 회장이나 현대의 정주영 회장 같은 당대의 걸출한 기업인들이 그러한 하이 리스크를 무릅쓰고 투자를 감행한 대표적인 기업가들이다. 결과는 대성공이었다. 한국인들은 이런 면에서 일본인보다 통이 크다는 얘기를 많이 듣는다. 이런 배경에서 본다면, 메모리반도체는 한국인의 체질에 잘 맞는 사업이라고 할 수 있다. 시스템반도체에 비해 크게 투자하고 대량 생산하여 큰 이익을 남기는 메모리반도체가 한국인에게 딱 맞는 사업이라는 분석이 있었던 것도 그 때문이다.

한국은 문화민족으로서 오랜 역사와 독특한 문화를 자랑한다. 단순히 중국문화의 카피가 아니다. 박물관에 가보면, 중국에 없는 것들이 엄청나게 많다는 것을 금방 알게 된다. 현대 사회에 진입한 이후, 발전한 산업 중 특히 반도체 산업은 우리 고유의 기술 문화로 자리 잡은 것 같다. 구체적으로 말하자면, 우리는 반도 국가여서 그런지 대륙과 해양의 문화를 고루 받아들이는 수용성이 좋은 나라였다. 한국은 종교든 과학이든 모든 것을 수용하는 자세가 되어 있다. 반도체는 섬세한 기술인데, 그것도 우리의 정서와 정확하게 맞아떨어진다.

숭실대 박물관에 가면 국보로 지정된 청동 거울이 있는데, 그 빗살무늬가 아주 정교하며 기하학적으로 치밀하게 조각되어 있음을 볼 수 있다. 그 거울은 3천여 년 전의 물건인데 그러한 빗살무늬를 넣으려면 엄청난 주조 기술이 필요하다고 한다. 해인사 팔만대장경을 자세히 살펴보면, 마치 한 사람이 쓴 것처럼 아주 흡사한 필사체를 보게 된다. 많은 사람들에게 대장경 경문의 필사를 훈련시켜 그렇게 되었을 것이다. 그런 점이 오늘날의 반도체와 똑같다. 바로 '손재주'이다.

반도체가 발전한 다른 이유는 교육이다. 그동안 고등교육을 통해서 꾸준히 우수한 엔지니어들을 양성한 것이 주효했다. 독일의 한 학자가 "한국은 세계적 학술지에 논문도 많이 내지 않는 상황인데 어찌 그렇게 반도체를 잘 만듭니까?"라고 물었다. 그래서 답해주었다.
"한국 기업들의 생산 공장에 가보면 고등교육을 받고 생산과 연구개발의 현장에 나와 있는 젊은 엔지니어들이 무수히 많다. 이런 것들은 다른 나라에서는 도저히 따라 할 수 없는 사실이다."
그동안 줄곧 일본이 1등을 독차지해 오던 것을 하나하나 우리가 빼앗아 오는 것을 보면 알 수 있다. 전 세계에서 이런 일을 할 수 있는 나라는 한국 말고는 없다고 단언한다. (민석기 경희대 정보디스플레이학과 교수의 말) [213]

한국의 메모리반도체 기술은 1989년 일본과 거의 비슷한 수준으로 따라붙기 시

---

213) 한국반도체산업협회 편, 『반도체, 신화를 쓰다: 열정으로 만들어가는 '희망 서사시': 한국 반도체 산업발전사』, 한국반도체산업협회, 2012

작하여, 1992년 64메가 D램을 세계 최초로 개발하면서 처음으로 일본업체들을 꺾고 세계 1위에 올라섰다. 특히 기술적 측면에서 한국은 메모리 시장의 주도권을 확실하게 잡기 시작했다. 반도체 산업에 본격적인 투자를 하기 시작한 1982년 이후 불과 10년 만의 일이었다. 한국 메모리반도체가 세계를 평정하기 시작한 것이다. 세계를 장악한 메모리 기술은 반도체 산업 전반은 물론 한국 전자 산업 발전의 견인차가 되었다. 2000년대 초반 한국이 초박막액정표시장치(TFT-LCD) 산업에서도 강국이 될 수 있었던 것은 반도체 기술과 인력이 뒷받침되었기 때문이다.

1990년대 초반, D램의 세계시장은 256KD램에서 16메가 D램까지 4세대가 동시에 공존하고 있었다. 이와 더불어 개인용 컴퓨터의 용량이 점차 증가하면서 업계에서는 2~3년 안에 64메가 D램 시장이 형성될 것을 예측하였다. 16메가 D램은 1990년 선진국과 거의 동시에 개발에 성공했다. 이제 64메가 D램 개발 경쟁에서도 최소한 선진국과 동일한 시기이거나 아예 우리가 앞서야만 했다. 그러나 쉽지 않은 상황이었다. 삼성은 16메가 D램의 개발 성공에 대한 축제 분위기가 채 가라앉기도 전에 곧바로 개발에 착수해야만 했다. 이번에야말로 선진국보다 한발 앞서 기술을 개발하겠다는 개발팀원들의 열기는 사뭇 뜨거웠다. 1990년 6월, 일본 회사 히타치가 "64메가 D램을 세계 최초로 개발했다."라고 발표했다. 히타치는 보고서에서 "약 2㎡의 크기에 0.4g의 무게인 이 칩은 한자 4백만 자나 신문 256쪽. 또는 일본 조간신문 일주일 분을 기억할 수 있는 대용량"이라고 밝혔다.

1992년 8월 드디어 한국에서 64메가 D램이 완성되었다. 초미세 가공 기술이 요구되는 6,800만 개의 전체 셀이 완전히 작동한 것이다. 1억 4,400만 개의 트랜지스터와 캐피시터를 집적한 64메가 D램은 신문지 512면, 즉 알파벳 800만 자와 한글 400만 자를 기억할 수 있는 대용량이었다. 그 당시까지 해외에서 개발된 64메가랩은 칩 내에 있는 6~7천여만 개의 셀이 대부분 작동했지만, 한국에서 개발한 것처럼 모두 동작하지는 않았다. 모든 셀이 제대로 작동하는 것이 바로 제품의 상용화로 가는 핵심적인 부분이다. 승부가 드디어 결정되는 순간이었다. 기존의 제품과는 달리 국내 기술진의 자체적인 기술로 완성된 것이어서 승리의 기쁨은 더했다. 그러나 64메가 D램의 성공적인 개발이 환희만 가져오지는 않았다. 미국의 '마이크론' 사가 한국산 D램을 반덤핑 혐의로 고소한 것은 그로부터 몇 달 후인 1993년 4월 22일이었다.

한국을 세계 세 번째 메모리반도체 생산 국가 반열에 올려놓는 데에 결정적인 역할을 한 삼성은 사업 초기, 반도체 가격 폭락과 미국 일본 등 선진업체들의 견제라는 이중고 속에서 위기를 맞기도 했다. 그러나 그때마다 생산성 향상과 신제품 개발, 적극적인 해외시장 개척으로 1988년부터는 경영수지를 흑자로 반전시켜 안정적인 사업 기반을 구축하게 되었다.

반도체 사업은 제품의 출하 시기가 매우 중요한 업종이다. 타이밍을 맞추지 못하면 매출이나 수익성 면에서 엄청난 손해를 가져온다. 실제로 시장에서 신제품은 초고가에 팔리지만, 시장이 본궤도에 들어서면 가격이 급격히 하락하는 속성을 지니고 있다. 한국의 반도체기업들은 이와 같은 시장의 속성을 일찌감치 파악하고 발 빠른 신제품 개발로 선진업체와의 기술 격차를 줄이는 한편, 양산을 서둘러 선진업체들과 비슷한 시기에 신제품을 시장에 출하해 왔다.

특히 삼성은 세계적인 메모리 시장의 출하 시기에서도 타이밍을 적절히 살려 수익성을 올리기도 하며 시장점유율을 크게 올려놓았다. 삼성은 메모리반도체 시장의 주력 제품이 1메가 D램에서 4메가 D램으로 넘어가던 1989년 하반기에 때를 맞춰 4메가 D램을 출하했다. 개발은 1988년에 이미 성공했지만, 출하 시기를 놓고 조절하면서 시생산을 해오다가, 품질과 신뢰성이 검증됨과 동시에 양산 체제에 들어간 것이다. 삼성은 이듬해인 1990년 초부터 월간 1백만 개 수준의 4메가 D램을 양산하면서 점차 시장수요가 증가하는 추세에 보조를 맞추었다. 메모리 제품의 고속화 추세에 따른 스피드 다양화와 함께, 고객의 요구에 더욱 부응할 수 있도록 제품을 다양화했다. 한편, 1990년 4월에 이 제품 개발에 성공한 현대전자는 이듬해 6월 양산 체제를 구축했으며, 금성일렉트론도 현대전자와 비슷한 시기에 이 제품을 양산하게 된다.

1989년 7월 삼성은 당시 수요가 급증하던 고속 1메가 D램을 양산하기 시작하여 메모리반도체의 고속화 시대를 열었다. 당시 고속 1메가 D램은 일본의 도시바와 히타치 등 몇몇 선진업체가 개발에 성공해 상품화하던 단계였기 때문에 그 의미를 더했다. 삼성은 이에 탄력을 받아 1990년 8월 16메가 D램의 실험시제품을 개발하는 데 성공했다. 이 제품은 그 당시까지 일본과 미국의 선진업체들만 일부 개발에 성공한 최첨단 반도체로서, 이제 한국이 드디어 선진기업들과 보조를 나란히 하게 되었음을 만천하에 알리게 된 것이다. 이렇게 되자 선진업체들도 비로소 한국 반도체기업의 독자적인 기술력을 인정하지 않을 수 없게 되었다. 동시에 그들은 삼성을 비롯한 한국기업을 두려운 경쟁상대로 인정하고 경계의 눈초리를 보내기 시작했다. 이후 삼성전자는 상업용 샘플의 개발에 박차를 가해, 1년 만인 1991년 11월 16메가 D램의 상업화에 성공했다. 개발뿐 아니라 양산에서도 선진업체들을 거의 따라잡은 것이다.

삼성은 한 걸음 더 나아가 1991년 9월, 64메가 D램의 실험시제품 개발에 성공했고 1992년 8월에는 드디어 세계 최초로 완전 동작 시제품 개발에 성공함으로써, 양산 기술뿐 아니라 개발 기술에서도 세계 정상에 올라서는 쾌거를 이룩했다. 명실상부한 메모리 반도체 분야의 세계 일등업체로 올라서게 된 것이다. 1974년 설립된 '한국반도체'를 인수하면서 반도체 사업을 시작한 지 18년 만의 일이었다.
삼성이 이처럼 세계 최초로 64메가 D램의 개발에 성공할 수 있었던 비결은 공격적 병행 엔지니어링을 구사한 덕분이었다. 한 제품의 개발이 끝나면 이를 토대로 차세대 제품을 개발하는 업계의 통념을 깨고 처음부터 개발 인력을 나눠 차세대 제품과 차차세대 제품 개발을 동시에 진행하였다. 64메가 D램 완전 동작 시제품 개발에 성공할 때 이미 256메가 D램 개발이 시작되었다. 현대전자(현 SK하이닉스)의 반도체연구소도 64메가 D램 개발을 위한 비상 체제에 돌입했다. 그 결과 1992년 7월, 제품 설계를 완료하고 64메가 D램 개발에 성공했다. 실제 제품 양산의 돌입은 1997년에서야 이뤄졌으나, 이처럼 국내 업체 간의 개발 경쟁은 뜨거웠다.

1995년 메모리반도체 시장에서 매출액 기준으로 삼성전자가 1993년부터 3년 연속 1위를 차지했다. 2위부터 4위까지는 NEC, 히타치, 도시바 순이었고 현대전자는 5위로 도약했다. LG반도체는 6위였다. 이후, 1996년 11월 4일 세계 최초로 1기가 D램 반도체 개발에 성공하며 메모리반도체의 기가(Giga) 시대를 화려하게 열기 시작했다. [214][215]

세계 반도체 산업 수출 현황

전 세계 반도체 산업의 수출 규모는 2020년 현재 1조 2,010억 달러로 추산되며 전 산업의 6.5%가량을 차지한다. 이는 2016년 8,401억 달러 대비 43.0% 증가한 수치로 최근 5년간 연평균 9.6%씩 증가하였다. 수출 규모가 가장 큰 지역은 세계 16.3%의 점유율을 가진 홍콩이며, 중국, 대만, 싱가포르의 뒤를 이은 한국이 8.5%의 점유율로 5위를 기록했다. 이 상위 5위 지역의 점유율은 세계 전체의 61.2%이며, 10위권 지역의 점유율이 79.5%로 큰 비중을 차지한다. 홍콩, 중국, 대만의 반

---

214) 한국반도체산업협회 편, 『반도체, 신화를 쓰다: 열정으로 만들어가는 '희망 서사시': 한국 반도체 산업발전사』, 한국반도체산업협회, 2012
215) 유영준, 『반도체란 무엇인가』, 파이터치연구원, 2017

도체 산업 수출 규모는 해마다 늘면서 점유율이 상승하며, 연평균 10% 이상씩 증가하고 있다. 한국은 기존 7.5%의 점유율에서 2017년 이후 한때 수출액이 크게 상승하면서 점유율 12.2%를 기록하며 세계 3위였으나, 이후 다시 메모리반도체 가격 하락으로 점유율이 떨어졌다. 하지만 최근 5년간 연평균 증가율을 보면 18.6%로 세계 평균의 2배 가까이 차지하며 세계 1위를 지켰다.

한국의 대표 반도체기업인 삼성전자와 SK하이닉스는 각각 세계 랭킹 2위와 4위로 세계적인 IDM 기업이다. 'IC Insights'에 따르면, 삼성전자의 2020년 매출은 전년 대비 9% 증가한 605억 달러로 세계 1위 반도체기업 인텔의 뒤를 이었고, SK하이닉스는 전년 대비 14% 증가하며 454억 달러를 기록했다. 2017~2018년에 수출이 크게 확대되었다. 특히 구글, 아마존, 마이크로소프트 등 글로벌 ICT 기업들의 데이터센터 확충과 클라우드 컴퓨팅 시장의 급성장으로 한국 반도체기업의 강점인 D램, 낸드플래시 등의 가격이 2~3배 가까이 뛰면서 메모리반도체의 수출액이 크게 늘었다. 당시 한국 반도체 산업은 세계 점유율 2위 자리까지 올랐다. 이후 D램 가격이 꺾이면서 수출액이 감소하였지만, 5년 전에 비해 규모가 지속적으로 증가하고 있다. 최근 2021년 1분기 메모리 수요 확대로 삼성전자가 다시 인텔을 꺾고 1위를 탈환하면서, 한국 메모리반도체의 수출 증가가 기대되고 있다.

반도체 산업은 4차 산업혁명 기술혁신에 필수적인 국가 핵심 산업이다. 세계 강국들은 공급망 확보와 자립화 추진, 생산능력 확대에 총력을 기울이고 있다. 주도권 확보를 위한 글로벌 반도체 패권 경쟁은 날로 심화하고 있다. 한국은 반도체 강국임에도 불구하고 시스템반도체 및 관련 소재의 경쟁력이 약하다. 메모리반도체의 경우 경쟁국들과의 기술 격차가 줄어들고 있는 현시점에서, 한국 반도체 산업의 경쟁력을 파악하는 것이 특히 중요하다. 주요국의 반도체 수출점유율은 중국〉대만〉싱가포르〉한국〉미국 순이며, 이 중 중국과 대만의 점유율이 매년 증가하는 추세를 보인다. 5년간 연평균 수출 증가율은 한국>중국>말레이시아>대만>일본 순으로 높으며, 특히 한국(18.60%)은 세계 평균(9.61%)의 두 배가량이다. 세부 품목으로 보면 메모리반도체 수출점유율은 한국이 1~2위지만, 시스템반도체를 비롯한 기타 품목들은 주요국 중 하위권이다.[216)217)]

반도체 사업의 경쟁력은 크게 세 가지 관점에서 살펴볼 수 있다. 첫째, 수율이 얼마나 높은지, 둘째, 연 10조 원이 넘는 규모의 투자를 꾸준히 단행할 수 있는지, 셋째, 최첨단 기술을 가장 먼저 개발하고 제품 양산에 적용할 수 있는지이다. D램 시장에서는 삼성전자가 40%, SK하이닉스가 30%, 마이크론이 20% 정도의 점유율을 갖고 있다. 기술 경쟁은 선폭 10㎚(나노미터)대에 접어들었다. 선폭은 반도체 업체의 기술력을 나타내는 대표적인 척도이다. 선폭이 좁을수록 작고 전력 효율성이 높은 반도체를 만들 수 있다. 삼성전자와 SK하이닉스는 128단 제품이 주력 제품이다. 삼성전자는 2013년 처음으로 24단 3D낸드를 공개하면서 적층 기술을 도입했다. SK하이닉스는 SK그룹에 인수된 이후 승승장구하고 있다.[218)]

한국 반도체 산업의 역사

제조업 중심으로 지난 반세기 간 경제 성장을 추진한 한국에게 전자 공업과 반도체 산업은 빼놓을 수 없는 핵심 중추 중 하나이다. 특히 반도체 산업은 2019년 기준, 수출액 규모로는 939억 달러, 점유율로는 17.3%를 기록하며, 전체 품목 중 1위를 차지할 정도로 한국의 수출품 중 가장 높은 비중을 차지하고 있다.

---

216) 김은영·서창배,「한국과 주요국 간의 반도체산업 수출경쟁력 및 수출경합도 비교 분석」,『아시아연구』 24(4), 한국아시아학회, 2021
217) 김도영,「최신 반도체 공정기술」,『전자공학회지』 42(1), 대한전자공학회, 2015
218) 황정수,『반도체 대전 2030』, 한국경제신문사, 2021

한국에 처음으로 반도체 산업이 들어온 시기는 1960년대 중반으로 거슬러 올라간다. 이는 미국은 물론 일본, 중국, 대만과 비교해도 10~20년 정도 늦은 시점이었다. 미국 반도체 업체들이 산업 기반이 열악했던 한국을 주요 조립 생산기지로 택하기 시작했던 이유는 한국의 저렴한 인건비로 인한 높은 노동 집약 생산성과 상대적으로 높은 교육 수준, 그리고 당시 외국 자본에 유리한 조세 환경이었던 '외자유치법(1966년 8월 제정)'이라는 배경이 있었기 때문이다.

1964년, 상공부(현 산업통상자원부)는 국가 주도의 중점 육성 수출 산업 중 하나로 전자 산업을 선정했고, 이는 이후 반도체 산업 고도성장의 한 배경을 이루었다. 정부 차원에서의 노력도 1960년대에 시작되었다. 1966년 한국 최초로 정부가 출연한 한국과학기술연구소(KIST)가 설립된 후, 국가 주도의 반도체 연구도 같이 시작되었다. 1970년대로 넘어와 오일 쇼크를 겪으면서 외국 반도체 업체들의 직접적인 투자 규모는 줄어들고, 반도체 산업의 중심축이 국내 기업으로 옮겨가기 시작했다. 1973년 제1차 오일 쇼크로 한국반도체는 1974년과 1977년 사이 삼성에 인수되고, 1978년 3월 삼성반도체로 사명이 변경되었다. 1980년대 초반만 해도 반도체 산업은 규모가 크지 않아서, 일례로 1982년 삼성반도체의 매출은 삼성전자 전체 매출의 3.1%에 불과했다. 그러나 1982년부터 현대, 금성(현 LG) 같은 후발 대기업들이 너도나도 반도체 산업에 진출하기 시작하였다.

1982년 1월 삼성전자는 반도체연구소를 설립하고, 1983년 경기도 용인시 기흥에 대규모 설비 투자와 함께 반도체 사업 진출을 공식적으로 선언했다. 특히 삼성은 메모리반도체에 주목했는데, 주력 제품으로 당시에 유망하던 ROM이 아닌 DRAM을 선정했다. 1980년대 이후 촉발된 한국 반도체 산업의 고도성장 이면에는 정부의 산업 육성 정책이 있다. 정부의 정책은 산업이 확장되면서 고도화되었다. 1986년 10월 한국 정부는 '초고집적 반도체 기술 공동개발사업' 계획을 정식으로 출범시켰는데, 이는 산-학-연-관이 연합한 대형 국가 주도 프로젝트이기도 했다.

성장하던 한국의 반도체 산업은 1990년대 후반에 이르러 커다란 장벽에 부딪히게 된다. 1997년 외환위기 이후 미국의 한국 반도체 산업을 대하는 기조가 적대적으로 바뀌어, 한국은 글로벌 반도체 시장에서 경쟁하기 더 어려워졌다. 그러나 2010년대 이후, 한국의 반도체 산업은 메모리반도체 산업을 필두로 세계 선두권을 꾸준히 유지하고 있다. 2021년 말 기준, 전 세계 반도체 시장에서 매출액 규모로 점유율 1위를 기록하고 있는 업체는 인텔이며, 2위를 삼성전자, 그리고 4위를 SK하이닉스가 차지하고 있다.[219]

---

219) 권석준, 『반도체 삼국지』, 뿌리와이파리, 2022

9
핸드폰과 엄지족

: 도판 42

엄지족: 특별한 손가락 놀림

엄지족은 '엄지손가락을 능수능란하게 이용하여 핸드폰에서 문자 메시지를 작성하거나 정보를 검색하고 게임 등을 즐기는 신세대를 지칭하는 용어'로 엄지로 키패드를 누르는 등 휴대폰을 조작하는 모습에서 따온 말이다. 이러한 '엄지족'이 늘어가면서 온라인 쇼핑의 모바일 거래도 크게 증가했다. 예전 피처폰을 쓰던 시절에는 휴대전화 문자를 사용하여 친구들과 커뮤니케이션하는 젊은 세대들에 국한하여 엄지족이라는 표현을 사용하는 경향이 있었으나, 스마트폰 시대에 접어들어 스마트폰이 경제적 사회적 필수품으로 자리 잡은 이후부터는 아무도 엄지족이라는 말을 사용하지 않는다. 예전엔 문자와 무관했던 분들도 이제는 카톡으로 업무 지시를 내리고 스마트폰을 이용해 업무를 수행하는 것이 필수적이기에, 엄지

도판 42 엄지족

족이라는 말 자체는 큰 의미가 없어진 상황이 되었기 때문이다.[220]

엄지족은 10대, 20대에 특히 두드러지게 나타난다. 이들은 대중교통을 이용하거나 길거리를 걸어갈 때도 엄지손가락으로 끊임없이 핸드폰 화면을 터치한다. 음성 통화를 할 수 없는 상황에서도 소통할 수 있고 보내자마자 답변을 받을 수 있으며, 원치 않을 때는 즉시 응답하지 않아도 된다는 장점이 엄지족을 확산시키는 데 일조했다. 이들은 긴 문장이 아니라 짧은 단어 한두 개로 자신의 의사를 전달하기도 하고, 문자나 숫자 이외에 이모티콘과 같은 상징으로 감정을 표현한다. 통신기술이 발전하면서 그에 맞추어서 사회 구성원들의 언어와 상징이 변화한 것이다. 이는 여러 문화 요소들이 서로 영향을 미치면서 유기적으로 결합하여 새로운

---

220) https://thewiki.kr/w/%EC%97%84%EC%A7%80%EC%A1%B1

문화를 만들어내는 대표적인 현상이라고 볼 수 있다. 그러나 다른 한편으로는 엄지족이 늘어나면서 신세대들이 개인적으로 보내는 시간이 많아져 부모 또는 가족과의 대화가 단절되고, 사회에서 심각하게 대두되고 있는 '끼리끼리 문화'가 더욱 심화한다는 지적이 있다.[221]

메일과 문자 메시지로만 소통

통계청이 발표한 자료에 따르면, 2006년 15세에서 19세의 청소년들의 하루 문자 메시지 이용 건수는 60.1건에 이른다고 한다. 10대 청소년들은 다른 세대보다 월등히 많은 이동전화 통화량을 자랑할 뿐만 아니라, 특히 메일과 문자 메시지 기능으로 독특한 10대들만의 문화를 형성하고 있다는 점에서 사회적 주목의 대상이 되었다. 이들은 모바일 세대, 엄지족 등으로 불리며, 모바일 문화 형성의 최전선에 있는 '문화 실행자'들이다. 아동기에서 성년기로 넘어가는 중간 지점에 있는 청소년들은 어린이도 어른도 아닌 애매한 위치에 머물러 있다. 이러한 애매함은 청소년만의 독특한 문화를 형성하게 되는데, 이들이야말로 자유분방한 문자족이라 할 만한 집단이다. 이들은 더 이상 아이가 아닌 독립된 개인적 존재로서 눈을 뜨지만, 여전히 성인의 규제와 통제 아래 있는 이중성을 경험하기 때문이다. 이런 상황의 청소년들에게 또래 집단은 중요한 역할을 수행하게 된다.

웃을 때조차 웃지 않고 ㅋㅋㅋ 등의 문자를 사용

청소년들에게 핸드폰은 또래들과의 집단적 유대감을 강화해 주는 장치로, 친구와 지속적인 접촉 및 연락을 가능하게 하는 기기이다. 청소년들은 또래 네트워크

---

221) 출처: 다음백과

와 단절되지 않기 위해 절대 전화기를 꺼놓지 않으며, 심지어 잘 때도 이동전화를 손에 쥐고 잔다는 사례까지 있다. 또한 수면 중, 수업 중, 화장실에서도 문자를 주고받는다는 사례는 청소년들의 이동전화 이용을 단순하게 중독의 문제로만 비판할 수 없음을 시사한다. 문자를 주고받는 정도, 보유하고 있는 전화번호의 개수 등은 이동전화가 드러내는 사회적 관계의 지표가 되기 때문이다. 실제로 거리나 지하철, 버스에서 이동전화를 들고 열심히 손가락을 움직이는 청소년들을 어렵지 않게 볼 수 있다.

이들 엄지족은 100자가 넘는 문자를 1분에 입력하여 보낼 수 있는 속도를 자랑하거나, 기성세대는 도무지 이해할 수 없는 그림 문자 또는 외계어로까지 불리는 다양한 속어와 기호의 복합 문자를 주고받는다. 그렇기에 문자를 보내는 속도나 외계어를 이해할 수 있느냐 없느냐가 신세대와 구세대를 구분하는 기준이 되기도 한다. 이러한 문자 언어는 청소년들이 유대감을 표현하고 집단 정체성을 확인해 주는 장치이다.

현실적으로 학교와 학원 등에 매여 있는 시간이 많아서 시·공간적 제약을 많이 경험하는 청소년들은 핸드폰을 통해 끊임없이 또래 집단과의 연결을 추구한다. 기성세대에게는 아무런 의미가 없어 보이는 사소한 일들을 문자로 끊임없이 공유하고 즐긴다. 그러한 과정을 통해 유대 관계를 유지하고, 외계어나 이모티콘을 통한 비밀스러운 커뮤니케이션을 향유한다. 이동전화는 또래들과의 유대감을 돈독히 할 수 있는 연결고리이며, 다른 세대와는 차별화되는 문화적 행위를 수행할 수 있는 도구이자 마당(場)이 되는 것이다. 놓치지 말아야 할 점은 그것이 청소년들이 구성해 내는 '모바일 문화'의 생생한 모습이라는 사실이다. 이들이 새로운 커뮤니케이션 테크놀로지를 사용하는 방식, 그것을 통해 만들어 가는 새 문화 현상과 의미에 대해 주목해야 한다.

일본 사회의 경우, 청소년들의 이동전화 문자 메시지 이용은 자신들의 삶을 통제하고 억압하는 성인들로부터 숨으려 하거나 그 권력에 저항하는 정치적 함의를 지닌다고 한다. 우리 청소년들의 이동전화 이용 역시 이러한 맥락에서 이해할 필요가 있다. 이들은 자신들만의 은밀한 커뮤니케이션을 통해 기성세대의 통제를 피하고자 하며, 이 과정에서 청소년들은 새로운 문화 창조자 역할을 하며 문화적인 욕구를 함께 충족시킴으로써 수평적 관계를 강화한다.[222]

문자만 쏘아대는 엄지족의 출현

과거 인류가 직접 소통(Communication)하던 방식은 서로 마주 보고 이야기하는 것뿐이었다. 입과 말, 즉 '혀(舌)'로 만든 소통이었다. 그러나 오늘날 우리는 '손가락'으로 문자를 두드려 즉각적으로 소통한다.

우리나라에서 통화보다 문자 소통을 더 선호하게 된 데에는 한글 자판의 탁월한 구성이 한몫했다. 한글은 자음·모음·받침을 즉각 처리할 수 있는 편의성이 있다. 휴대폰 자판의 경우 더욱 직관적인 구성으로, 단 9개 정도의 자판만으로 한글을 모두 입력할 수 있다. 훈민정음에서 태동한 우리나라 한글 자판이 편의성 면에서 단연 세계 최고이다. 이 편의성을 토대로 휴대전화 문자를 엄지손가락으로 두드려 문자를 주고받으면서 대화하는 '엄지족(일본어로 親指族)'들이 출현했던 것이다. '이모티콘으로 눈물과 웃음을 전하는 부류들', '엄지족은 오른손에 핸드폰을 들고 전화번호를 엄지 등으로 찍는 새 종족', 이런 모습으로 새 시대를 열어가는 엄지족들은 과거에는 주로 10대와 20대였지만, 엄지손가락 사용의 편의성이 일상화되면서 점차 세대를 넓혀가고 있다. 이런 현상에 대해 NY 타임스는 2010년 1월 열린 LG 모바일 월드컵 기사에서 '엄지손가락의 규칙: 한국인들이 문자 메시지의 세계를 통치하다(Rule of Thumbs: Korean Reign in Texting World)라고 특필했다.

---

222) 김대호 외, 『모바일 미디어의 문화와 시장』, 커뮤니케이션북스, 2007

2005년 우리나라에서 사용되는 문자 메시지는 하루에 1억 건 이상이라고 한다. 이로 보면 하루에 60건 이상의 문자 메시지를 보내는 청소년들만이 엄지족인 것은 아니다. 익숙하진 않아도 다른 세대도 엄지를 사용하는 빈도가 늘었다. 문자 메시지 사용이 늘면서 휴대전화를 이용한 직접적인 통화는 줄었다고 하니, 정말로 손가락이 입술을 누르는 형상이 되었다. 이제는 엄지족만 있지 않다. 독수리 타법이든 정공 타법이든, 인터넷 메신저를 활용한 소통도 만만치 않다. 오죽하면 일부 회사들이 근무 중 직원의 메신저 사용을 감시하기까지 했을까.

2005년에는 전체 인터넷 이용자의 절반에 가까운 1,500만 명이 메신저를 사용했다. 이렇게 많은 메신저족을 활용하는 것이 낫다고 생각해서인지, 한 조사에 따르면 직장인의 3명 중 1명이 업무 수행에서 메신저를 '적극 활용하는' 오피스 메신저족이다. 그러나 아직도 메신저를 디지털 수다로 보는 탓에 4명 중 1명은 주위의 부정적 인식이 염려된다고 한다. 어릴 때부터 엄지족이나 메신저족으로 살아온 직장인이 많아질수록, 한 자리에 모여 얼굴을 마주 보며 회의하는 것보다 각자 자리에서 손을 두드려 의견을 나누는 회의나 업무가 늘어날지도 모른다. 그렇게 되면 메신저에서 나눈 내용이 업무의 실시간 기록으로 남을지도 모르니, 메신저 회의 기록을 업무 평가 영역에 집어넣는 것도 가능할 것 같다.[223]

신인류(新人類), 모티즌-모바일 세대의 출현

신기술의 발달과 사회 환경의 변화는 사회 구성원들에게 새로운 기호를 만들고, 이에 따라 새로운 세대를 만들어낸다. 인터넷 상용화에 이어 핸드폰과 PDA(Personal Digital Assistant: 터치스크린을 사용한 주머니에 들어갈 정도 크기의 기기) 등 모바일 테

---

223) 구정화, 『퍼센트 경제학: 당신은 지금 대한민국 몇 퍼센트입니까』, 해냄출판사, 2009

크놀로지가 빠르게 확산하면서 사회를 변화시켰다. 이제는 스마트폰과 태블릿 PC도 널리 쓰인다. 어린 시절부터 이러한 새로운 테크놀로지를 삶의 일부로 받아들인 세대들은 새로운 취향과 독특한 소비 행태를 지닌 채 성인으로 성장하고 있다. 시대적·사회적 환경, 글로벌한 특성을 갖는 테크놀로지와 시장의 변화로 모바일 문화에 익숙한 '모바일 세대'가 출현하게 된 것이다. 이러한 모바일 세대를 일컬어 '모티즌(Motizen)'이라고 한다.

기존의 네티즌은 주로 유선 인터넷을 통해 정보를 교환했지만, 모티즌은 '무선 인터넷을 전문으로 이용하는 계층'이다. 이들의 특징은 휴대폰을 이용해 언제 어디에서나 앉거나 서서 수시로 인터넷을 이용하고 있다는 점이다. 이들에게 '휴대폰'이란 전화기이기도 하지만, 알람 시계·노트북·게임기·전자수첩 등 거의 모든 것을 할 수 있는 생활필수품의 하나로 여겨진다.

이들은 출산율이 급격하게 하락하기 시작한 1980년대 중반부터 태어난 세대로, 어느 정도 풍족한 사회적인 환경을 당연시하며 자라난 연령층이다. 그리고 구세대들보다 코카콜라, 브리트니 스피어스(Britney Spears, 1981~, 미국 출생의 가수 겸 배우), 베컴(David Beckham, 1975~, 영국 태생의 세계적인 축구 스타), 나이키, MTV 등 글로벌 트렌드에 더욱 친숙하고 익숙하다. 나아가 이제는 유튜브나 틱톡 등을 이용하여 스스로 글로벌 컨텐츠를 창조한다. 이들 모티즌에게 휴대전화는 단순한 전화기 이상의 의미를 지닌다. 정보를 얻고 서로 소통하는 유용한 수단이자, 자기의 개성을 드러내는 문화 공간의 역할을 핸드폰이 수행하게 된 것이다.

'전자유목민'의 시대이다. 미디어학자 마셜 매클루언(Marshall McLuhan)이 말했듯이 사람들은 빠르게 움직이고 세계 각지를 돌아다니며 전자제품을 이용하는 '유목민(Nomad)'이 되고 있다. 더구나 각종 첨단 디지털 장비를 갖추고 있기에 한 걸음 더 나아가 디지털 노마드(Digital Nomad), 즉 전자유목민이 되고 있다. 유목문화의 특징인 '휴대(携帶)'와 '이동(移動)'이 21세기에 다시 재현되고 있는 셈이다. 이제 사람들은 공간을 자유롭게 넘나들면서 정보를 수집하는데, 그 중심에 휴대폰이 자리하고 있다. 13세기 칭기즈칸과 몽골족이 기동력을 갖춘 말과 기마궁사와 철기병을 이끌고 '영토'를 정복했던 것처럼 말이다.

모바일의 변화: 새로운 소비 트렌드와 문화의 창조

휴대폰으로 전화를 걸 수 있음에도, 신세대들은 안부 인사에서 약속 장소 시간의 결정이나 변경으로부터 간단한 업무에 이르기까지 휴대폰 문자 메시지나 모바일 메신저를 이용한다. 지하철이나 버스를 타고 이동하면서, 또는 누군가를 기다리는 동안에도 '엄지손가락'을 쉬지 않고 놀리는 모습을 쉽게 발견할 수 있다. 이렇게 지하철에서 핸드폰을 가지고 도착지까지 무언가에 열중하는 젊은 세대의 모습은 전혀 새삼스럽지 않다. 교통정보나 날씨 확인, 그날 데이트 코스와 음식점의 정보는 물론 애인과의 다정한 모습을 카메라 폰으로 찍어 바로 메일로 보내는 일은 이제 일상적인 모습이 되었다.

모바일 기기를 자유자재로 활용하는 행태는 젊은이의 새로운 '문화 코드'로 자리 잡고 있다. 특히 영화나 드라마·콘서트 등 엔터테인먼트 산업에서 오늘날 모티즌의 파워는 상상 그 이상이다. 각종 문화상품이 본격적으로 대중에게 공개되기 전에 모티즌에게 미리 선보임으로써, 그 가능성을 사전에 점쳐 보거나 그들의 입소문을 활용해 더욱 많은 소비자를 끌어들이는 기법이 기업들에게도 매우 중요한 활로로 여겨진다.

소비패턴의 변화와 문화 창출에 있어서 모티즌의 힘은 모바일 서비스 환경에서 비롯되고 있다. 그런 모습은 MPEG4 기반의 주문형 비디오(VOD) 서비스와 동영상

콘텐츠를 감상할 수 있는 단말기들이 보급되고 유튜브와 OTT 이용이 일상화되면서 엄청난 파급력을 나타내고 있다. 10대 모티즌에게 휴대폰은 친구요, 마법 상자와도 같다. 통화라는 휴대폰 고유의 기능은 이미 부차적인 기능으로 전락한 지 오래되었으며, 친구들끼리 모여 있는 자리에서도 말로 대화를 나누는 대신 메시지를 주고받는 것이 일상이 되었다.

청소년 세대에게 메시지 커뮤니케이션은 동질 의식을 심어주는 하나의 '또래 문화 현상'으로 자리 잡았다. 이제 휴대폰은 청소년들에게 가장 재미있는 손안의 장난감이자 문화의 바로미터가 되었다. 휴대폰이 판타지적인 세상을 담고 있다 보니 새로운 기능이 내장된 휴대폰을 갖지 못하게 되면 또래 집단에서 따돌림을 받을 수도 있다. 청소년 세대의 휴대폰 교체 주기는 1년이 제일 많은 분포를 차지하며, 6개월 이하 교체 주기도 늘어나는 추세라고 한다.

이제 휴대폰은 첨단 엔터테인먼트 기능이 내장된 제품일 뿐만 아니라, 10대 개개인의 분신이자 그들의 집단 정체성을 확인시켜 주는 아이콘인 것이다. 이 모두가 엄지손가락이 일궈낸 우리 사회의 새로운 광경이다.[224]

---

224) 김원제, 『호모미디어쿠스』, 커뮤니케이션북스, 2006

제3장

한국인의 DNA 전승

1
한국인의 솜씨 어디에서 왔나

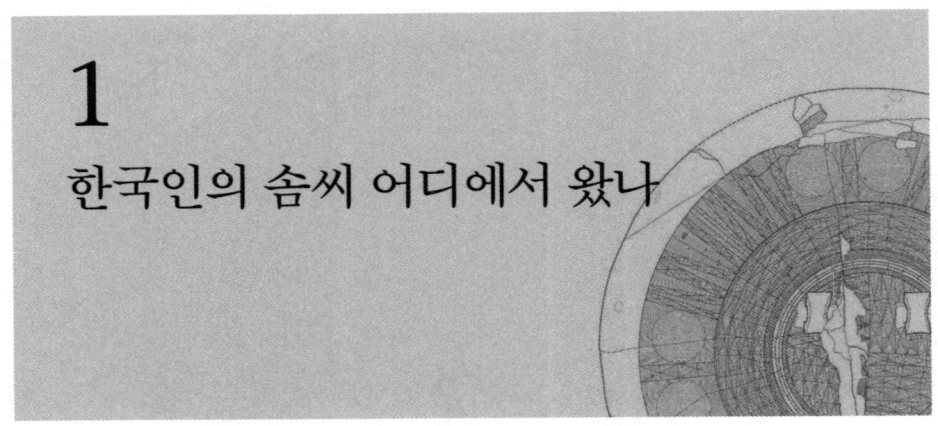

고대 청동 거울에 보이는 초정밀 미세 문양은 현대에 와서 다시 보더라도 기술적으로 대단한 솜씨가 아닐 수 없다. 그때로부터 수천 년이 지난 현대에는 그런 대상은 아니지만 양궁이나 프로골프 등 새로운 분야에서 뛰어난 성과를 내고 있다. 이러한 사실은 무엇보다 한국인이 갖는 손기술에 바탕을 두고 있다.

한국인은 손재주가 뛰어나다는 칭찬은 객관적 사실에 기초한다. 2024년 핀란드 IQ테스트 기관이 발표한 한국인의 평균 IQ는 110.8로 세계 5위이다. 머리가 좋은 민족은 대부분 동아시아에 밀집되어 있는데, 젓가락 사용과 농경문화로 손의 운동이 발달했다는 특징을 보인다. 그런 경향이 특히 여성에게서 많이 보인다는 사실은 특별한 설명을 거치지 않고서는 해석할 수 없다. 고대인의 손기술이 대를 거쳐 후대에 뛰어난 손기술로 꽃을 피우게 된 데에는 설명만으로는 해석되지 않는 그 무언가가 있다. 그것이 과연 무엇일까….

그런 생각의 연장선상에서 필자는 '손재주'라는 특별한 요소가 대를 이어져 내려오다가 어느 시점에 우연한 계기를 통해 발현되고 꽃을 피운다고 해석한다. 그 출발은 '솜씨-DNA'이다. 이 특별한 DNA는 평소에는 어디엔가 숨어 있다가 돌연 나타나서 주변을 놀라게 하는데, 사람들은 이를 타고난 천부적인 재능이라고 여긴다. 양궁이나 여자 프로 골퍼에게 보이는 뛰어난 솜씨는 타고난 재주 위에 훈련 등의 요소가 가미되면서 비로소 꽃을 피우게 된 것이다.

솜씨를 결정하는 요소로 손가락 동작과 지능의 발달은 밀접한 연관이 있다. 특히 엄지와 집게손가락 사용은 언어 표현 능력에 직접적인 영향을 미친다. 신체 기관을 관장하는 대뇌 기능 중 손을 관장하는 부분이 전체의 3분의 1을 넘는다. 손은 대뇌의 명령에 따라 움직이고, 손동작의 정보는 다시 대뇌로 바로 송신된다. 따라서 손가락을 많이 움직일수록 대뇌가 활성화되고 명석해진다. 특히 젓가락을 사용하는 오른쪽 손가락의 움직임은 좌뇌(左腦)의 발달을 촉진한다. 좌뇌는 언어, 논리, 사고력을 관장하는 부위다. 젓가락의 사용은 대칭되는, 서로 독립된 두 막대기의 조절과 역학적 관계를 통해 이루어진다. 타자와의 협동 없이는 아무것도 할 수 없다. 반면 숟가락의 사용에는 타자와의 타협이나 관계에 의존하지 않는다. 숟가락은 조금만 기울여도 음식물이 쏟아지므로 절대적 수평을 유지해야만 한다.[225]

---

225) 장혜영, 『한국 전통문화의 허울을 벗기다-한·중 문화의 심층 해부』, 어문학사, 2010

2
금속제 젓가락

: 다른 손가락의 사용

젓가락 삼국지

일본과 중국의 젓가락은 목제가 많다. 요즘 중국은 합성수지나 플라스틱으로 만든 것도 많이 쓰지만, 우리는 백제 시기의 청동 젓가락을 시작으로 은, 백동, 놋쇠로 만든 젓가락을 사용하다가 지금은 스테인리스제가 대부분이다. 외국인은 물론이고 한국 사람까지도, 왜 유독 우리만 금속젓가락을 쓰느냐고 묻는다. 금속젓가락은 나무젓가락보다 미끄럽고 무거워서 집기도 힘들고 사용이 불편하다. 금속젓가락으로 동그란 콩알을 집어 입에 넣는 한국인의 젓가락질은 서양인의 눈에는 곡예에 가깝게 보인단다.

한국만이 금속젓가락을 쓰는 이유는 우리의 독특한 '수저 문화'와 함께 '국물 문화'에서 찾을 수 있다. 국물 문화의 영향으로 한국은 중국이나 일본과는 다르게 수저 문화가 독특하게 발달했다. 국에 물이 많은 게 우리 식단인데, 나무는 물과 상극이니 국물을 떠먹자면 자연 숟가락은 금속이어야만 했다. 실가는 데 바늘 간다고 숟가락이 금속인데, 그 짝을 이루는 젓가락만 나무젓가락을 쓸 수는 없지 않은가. 언제부턴가 숟가락에 맞춰 젓가락도 같은 금속제를 쓰게 되었고, 이후로 그런 풍습이 계속 이어져 내려온 것이다.

사실 우리만 금속젓가락을 사용하지는 않는다. 몽골인도 금속젓가락을 사용한다. 몽골인은 초원의 유목민이라 목초를 찾아 끝없이 이동하며 산다. 음식은 주로 야외에서 먹는데, 그래서 젓가락과 나이프를 칼집에 넣어 함께 가지고 다닌다. 육식 위주의 식생활이기 때문이다. 양을 도살하면 뼈째 요리해 나이프로 요령껏 고기를 발라내서 먹는데, 발라낸 고기를 나이프에 얹은 채 그대로 입으로 가져간다. 나이프로 고기를 자를 때 회 뜨듯이 해서 먹기 때문에, 나이프를 '처분도(몽골인의 만곡도, 彎曲刀)'라고도 불렀다. 나이프와 젓가락을 넣는 칼집은 세공한 보석으로 화려하게 장식하고, 섬세한 조각이 들어간 상아나 뼈, 혹은 은으로 된 젓가락을 쓰기도 한다. 결국, 우리는 문화적 유전자로 보면 중국과 가깝지만, 생물학적 유전자로는 몽골 쪽에 가깝다. 우리가 금속젓가락을 쓰게 된 데에는, 우리의 먼 혈연 덕도 있는 것이다.

한국의 젓가락은 다른 나라에서는 찾아볼 수 없는 금속을 사용하는 데다 숟가락과 짝을 이뤄 쓰기 때문에, 젓가락만 떼어서 의미를 논할 수는 없다. 젓가락과 숟가락을 합쳐서 '수저'라 하고, 둘은 항상 같이 다닌다. 젓가락과 숟가락은 완전한 한 쌍이다. 숟가락은 음이다. 국물을 떠먹는다. 젓가락은 양이다. 고체 음식, 덩어리를 집는다. 숟가락으로는 뜨고, 젓가락으로 집는다. 한 단위는 각각 숟가락은 한 술, 젓가락은 한 저분이라고 한다. 한국은 식구들이 함께 둘러앉아 먹는다 해도 중국보다 밥상이 좁다. 반찬은 내 앞접시에 옮겨 담아 먹기보다 반찬 접시에서 집어 그대로 입에 가져가는 경우가 많다. 그래서 젓가락이 중국처럼 길 필요가 없다. 거기에 한국은 국물을 함께 먹는 반찬이 많다. 불고기도 김칫국도 모두 자작한 국물이 있다. 또 식사 예절상 그릇을 들고 먹는 것은 금기시되는 일이라, 떠먹을 수저가 반드시 있어야 했다. 국물을 떠먹는 숟가락은 나무는 안 되고 금속이라야 한다. 그래서 그 숟가락의 짝이 되는 젓가락 역시 금속제가 되었다.

우리 한국인은 특히 금속을 다루는 야금술(冶金術)이 뛰어났고 그에 따라 여러 분야 중 금속 공예가 특히 더 발전했다. 라블레(Francois Rabelais, 1494~1553)의 1권 『가르강튀아(Gargantua)』(1534)를 보면, 세상에서 가장 큰 종이 노트르담의 종이라 했지만, 우리 '봉덕사 신종'에 비기면 방울 수준이다. 중국에도 큰 종이 있기는 하지만 울리지 않는, 그냥 금속 덩어리이다. 현존하는 종 가운데 웅장한 소리를 내며 울리는 가장 큰 종은 봉덕사의 성덕대왕신종이다. 신라 때부터 이런 큰 종을 만든 야금술의 전통 속에서 개별 식탁에 금속젓가락이 올라온 것이다.

이유는 또 있다. 생명의 궁극적 목표는 '죽지 않고 사는 것'이니, 음식은 어느 나라나 건강과 직결된 문제다. 과거 권력자들에게 가장 신경 쓰이는 게 무엇이었을까. 세 끼 꼬박꼬박 먹어야 하는, 바로 식사이다. 그 안에 독이라도 들어있다면? 그래서 한국의 왕에게는 기미상궁이 있었고, 서양의 영주들에게는 시식 시종이 있었다. 일본의 도노사마(殿様, 영주 또는 주군)는 금붕어를 길러 먼저 음식을 먹어보게 한 뒤, 독의 유무를 판별하기도 했다. 그런데 독에 민감하기로는 은(銀)만 한 게 없다. 은수저를 사용한 한국의 선조들은 독에 관한 한, 최고 권력자 수준의 보살핌을 받은 셈이다.

세계적인 공학자 헨리 페트로스키(Henry Petroski, 『포크는 왜 네 갈퀴를 달게 되었나』의 저자)의 연구에 따르면, '젓가락'의 출발점은 뜨거운 음식과 관련이 있다. 고대인들은 음식이 오랫동안 식지 않도록 커다란 냄비에 넣고 끓여 먹었다. 그런데 허기진 상태에서 허겁지겁 음식을 꺼내려다 화상을 입게 되니, 궁리 끝에 젓가락을 쓰게 되었다는 설이다. 손가락을 보호하는 방편이었던 셈이다. 또 하나의 가설은 '군자는 칼날을 멀리해야 한다'라는 맹자의 가르침에서 비롯되었다는 설이다. 군자가 멀리해야 할 곳은 부엌과 도살장인데, 나이프는 도살장을 연상시키기 때문에 서양에서 발달한 나이프가 동양에서는 사용되지 않았다는 것이다.

젓가락의 시원은 자연 상태의 나뭇가지였을 것이다. 자연 그대로의 나뭇가지는 굵기가 일정하지 않고 표면도 거칠다. 그 나뭇가지를 위아래 없이 균등하고 매끈하게 다듬어놓은 목재는 보기에는 좋으나 손으로 잡으면 미끄럽고, 테이블 위에서도 이리저리 굴러다닌다. 게다가 잡는 부분이 가늘어 손이 아프다. 반면에 음식을 집는 부분은 너무 두꺼워 음식을 찢고 가시를 발라내거나 작은 것을 집는 등의 세밀한 작업을 하기가 어렵다. 이러한 불편 사항을 하나하나 해결하면서 진화한 것이 오늘날의 음식을 집는 쪽은 둥글고 손으로 잡는 쪽은 네모난 젓가락의 형태이다.

결국 진화의 방향을 결정하는 것은 그 도구를 어떻게 사용하느냐에 달려 있다. 우리는 젓가락이라는 도구를 어떻게 사용하는가? 자르고, 누르고, 옮기고, 합하고, 잡는 데 쓴다. 이 중 자르는 것, 그러니까 김치 같은 걸 찢고, 뭉쳐있는 밥 같은 걸 잘게 떼고, 뼈에 붙은 살점을 발라내고, 생선 껍질을 벗기는 등의 기능은 서양에서라면 모두 나이프의 역할이다. 더하여 음식을 누르고 찌르는 동작은 포크의 역할일 것이다. 또 우리는 젓가락으로 음식을 옮기거나 섞고 반죽하고 모을 수 있다. 서양의 식탁에서라면 포크와 스푼이 동시에 수행하는 작업이다. 여기에 포크도 나이프도 스푼도 절대로 할 수 없는 젓가락만의 고유한 작업으로 음식을 잡고, 끼우고, 김과 같은 것으로 음식을 감싸는 등의 집기 동작이 있다. 젓가락의 형태는 이 모든 동작을 원활하게 수행하는 방향으로 진화한 것이다.

페트로스키는 이미 완벽해 보이는 사물 또한 언제나 개선의 여지를 남기고 있다고 하면서, 그러나 이 세상에 최초이자 마지막으로 완성된 디자인은 바로 '젓가락'이라고 했다. 현재까지도 다양하게 변하고 있는 여느 식사 도구와 비교할 때 이는 정말 놀라운 사실이다.[226]

젓가락과 숟가락의 문화적 비교

한·중·일 삼국의 수저 문화에서 현재까지도 젓가락과 숟가락을 동시에 사용하는 나라는 한국뿐이다. 젓가락과 숟가락 문화를 고찰해 보면 어느 쪽도 우월하다고 단정 지을 이유가 없다.

자료에 따르면 기원전 6~7세기경으로 추정되는 함경북도 나진 초도에서 발견된 골제 숟가락이 한국에서 가장 오래된 숟가락으로 전해진다. 숟가락은 길이 11㎝, 너비 5.7㎝, 총길이 28㎝이다. 숟가락이라기보다는 주걱에 가깝다. 서기전 1,000년쯤의 청동기 유적에서도 출토되었다. 아무튼 숟가락은 고려 시대에는 길이가 길어지고, 조선 시대에는 숟가락의 면이 넓고 둥글어짐과 동시에 숟가락 자루가 직선 형태로 곧아져 갔다. 젓가락은 그보다 시기가 늦은 공주 무령왕릉에서 출토되었다. 한국이 식사에 수저를 함께 사용한 것은 삼국 시대부터라고 한다.

중국도 춘추 전국 시대부터 수저를 함께 사용하였으나, 시대가 흐르면서 숟가락 사용은 점차 사라져갔다. 중국에서 언제부터 숟가락을 사용하지 않았으며 그 원인이 무엇인가에 대해서는 학자마다 주장이 서로 다르다. 당나라 이후 차를 마시는 습속이 급속히 민간에 전파되면서 국물이 있는 음식 섭취가 줄어들었기 때문이라고 보는 사람도 있고, 명나라 때 화북 지역에서 남방의 찰진 쌀밥을 먹을 때부터 숟

---

226) 이어령, 『너 누구니: 젓가락의 문화유전자』, 파람북, 2022

가락 사용이 사라졌다는 주장도 만만치 않다. 이 무렵 장강 이남에서 재배되던 쌀이 화북 지역에서도 재배되기 시작했다. 쌀로 지은 밥은 이전에 먹던 조밥보다 찰졌다. 그래서 숟가락보다 젓가락으로 먹는 게 훨씬 편했다. 중국 학자들의 견해에 따르면, 숟가락 사용의 퇴화는 국물 섭취의 위축과 찰진 쌀밥의 등장이 원인이다.

어떤 학자는 숟가락을 사용하는 원인을 그릇과의 관계에서 설명한다. 고려 시대 청자와 조선 시대의 백자는 식기로도 사용했다. 열전도율이 비교적 높고 무거운 편인 이 식기를 손으로 들고 식사할 수는 없었다. 도자기는 무겁고 열전도율이 목기에 비해 높다. 더욱이 밥을 지금의 세 배에 이를 정도로 많이 먹는 데다가 지금처럼 찰진 밥도 아니었다. 그러니 숟가락이 반드시 요구됐다. 여기에 주자의 가례를 흉내 내어 밥과 국을 일상식사의 '세트'로 생각했다. 탄수화물 덩어리인 밥을 유기로 된 숟가락으로 떠서 입에 넣고 짠 국물을 입에 떠 넣으면 맛도 있고 입에서 넘기기도 좋았다. 탄수화물이 다량 함유된 음식을 먹기 위해 국물이 많은 음식이 개발되면서, 숟가락은 효과적인 식사 도구로 자리를 잡게 되었다.

중국의 식사는 가족 간의 대화가 이뤄지는 시공간이다. 젓가락을 사용하면 식사 시 상대방과 쉽게 시선으로 교감할 수 있다. 입에 넣는 음식의 양이 적어 씹는 시간이 적고, 뜨겁지 않아 먹으면서 대화하기 좋다.

젓가락은 이동 중 열을 분산시키지만, 숟가락은 그렇지 못하다. 한국식의 숟가락 식사는 밥을 많이 떠야 하고, 국물 때문에 고개를 숙여야 한다. 국물을 입으로 가져오는 동안 흘리지 않기 위해 시선을 숟가락에 집중해야 한다. 입에 넣은 뒤에 밥알이나 국물이 튕겨 나와 말하기가 어렵다. 이러니 식사가 진행되는 동안 가족 간의 대화는 이어질 수 없다. 숟가락 식사는 그 목적이 대개는 먹는 데에 그치지만, 젓가락 식사는 가족 간의 정감 교류와 대화에 비중을 둔다. 숟가락은 한국인을 먹는 데에만 집중해야 하는 자리로 만들었다. 그래서 한국인은 대개 식사 때 말하지 않는다. 젓가락 사용은 정교한 수동 작업이 수반된다. 반면 숟가락을 사용할 때, 손가락은 잡는 동작만 한다. 젓가락 사용에서 손가락의 기교가 필요하다면 숟가락 사용은 손목과 팔의 힘이 필요할 따름이다.

숟가락과 젓가락의 역사

세계의 50억 인구 가운데 40%에 이르는 인도·동남아시아·중근동·아프리카·오세아니아의 주민들은 식사를 손으로 한다. 이들은 손으로 음식을 집을 때의 감촉을 통해 맛까지 즐긴다. 위그루족을 제외한 중앙아시아의 여러 민족은 국수도 손으로 집는데, 그 온도는 60℃가 가장 좋다고 한다. 70℃는 너무 뜨겁고 50도로 떨어지면 맛이 줄어든다고 여긴다. 중앙아시아에 포크나 스푼 종류가 들어간 시기는 1930년대 이후이다.

나이프·포크·스푼을 한 세트로 쓰는 인구는 약 30%로, 유럽·아메리카대륙·러시아 등지이다. 이 식사 도구들이 유럽에 퍼진 시기는 18세기 후반부터이다. 중세까지도 유럽인들은 걸쭉한 수프를 빵에 찍어 먹었다. 수프를 마시지 않고 '먹는다'라고 하는 이유는 이 때문이다. 1553년, 프랑스의 앙리 2세와 혼인한 이탈리아 메디치 집안의 딸이 혼수로 포크를 가져간 것이 포크 보급의 시초가 되었다.

우리처럼 젓가락을 쓰는 민족은 나머지 30%로, 중국·일본·베트남 지역이다. 이 중 우리는 숟가락과 젓가락을 함께 쓰는 반면, 일본에는 젓가락만 있다. 일본인이 쓰는 짧은 사기 숟가락은 근래 들어 냄비 요리를 즐기면서 퍼졌다. 중국인이 숟가락을 더러 쓰지만, 역시 젓가락이 앞선다. 숟가락으로는 볶음밥이나 뜰 뿐, 국물은 입에 대고 마신다. 이들과 달리 한국은 숟가락과 젓가락을 동시에 사용해 왔다.

공주의 무령왕릉에서 나온 세 닢의 구리 숟가락과 한 닢의 구리 젓가락은 매우 귀중한 자료이다. 하나의 길이(20.4㎝)는 오늘날의 것과 비슷하고 끝으로 가면서 부챗살처럼 퍼졌다. 음식을 담는 부분은 연꽃을 닮았고(길이 7.7㎝), 다섯 줄 돋을무늬를 새겨서 맵시를 냈다. 젓가락(길이 21.2㎝)은 가운데가 양 끝보다 가늘다. 같은 형태의 것이 일본 정창원에도 있다. 통일신라 시대의 안압지에서 나온 숟가락도 정창원 소장품을 닮았는데, 길이는 17~19㎝이다. 일본 교토(京都)의 고려미술관에는 통일신라 시대의 것으로 알려진 수저 한 벌이 있다. 이 수저는 금을 입힌 것으로, 금으로 싼 구슬을 달았으며 특히 숟가락에는 복숭아꼴의 꽃판 무늬까지 곁들였다. 숟가락 길이는 27㎝이며, 젓가락의 길이는 24.4㎝이다.

고려 시대에 들어가면 숟가락은 우아하고 가냘픈 맵시로 바뀐다. 손잡이 끝은 제비 꼬리처럼 갈라지고, 허리는 활등처럼 휘며 담는 부분은 연꽃 모양으로 좁고 길어진다. 선의 아름다움이 돋보인다. 이 시기의 유적에서는 은 숟가락이 자주 나오고, 젓가락의 끝이 각을 이룬다. 조선 시대 숟가락은 넓고 둥글며 손잡이는 곧다. 꾸밈새는 사라지고 아름다움보다는 실용 위주로 바뀌었다. 이 점은 백자 식기와 연관이 있다. 은 숟가락은 왕가에서만 사용되었고, 말기에 가서야 중산층에 퍼졌다. 서민들의 것은 놋쇠나 백통제가 대부분이었다. 놋쇠 숟가락이 닳아 일자 꼴이 되면, 그것도 버리지 않고 누룽지를 긁거나 감자 껍질을 벗기는 데에 썼다.

일본인들은 우리보다 훨씬 늦게 젓가락을 사용했다. 『삼국지』에 실린 '왜인들은 손으로 음식을 먹는다.'라는 내용이 그 증거이다. 젓가락 전파에 대한 일본 학자 이치이로 하치로(一色八郎)의 설명에 따르면 젓가락이 널리 퍼진 시기는 고분 시대 이후이다. 수저는 우리에게서 건너갔다. 젓가락은 중국에서 직접, 또는 조선 반도를 거쳐서 들어왔다고 알려졌지만, 일본에서 젓가락을 쓰기 시작한 시기는 3세기에서 7세기 사이이다. 불교 전래에 따른 식사법이 계기가 되었다. 불교의 전래는 흠명천황(欽明天皇 552년) 때 백제의 성명왕(聖明王)으로부터 불상이나 경론 등이 헌상된 것이 시초라고 한다. 이 불교문화도 한반도를 통해 들어왔고, 성덕태자 때 일본 최초로 새로운 젓가락 제도를 조정의 공연의식(供宴儀式)에 채용했다고 한다.

일본은 젓가락뿐만 아니라 숟가락도 신라에서 들여다 썼다. 정창원의 고문서 기록에 따르면 752년 신라 사절에게서 산 물품 가운데 6종의 숟가락과 4종의 젓가락이 들어 있다. 정창원에 구리제 숟가락 346닢, 금은제 한 닢, 조개 숟가락 60닢, 그리고 은에 도금한 금은 젓가락도 있다. 이 젓가락은 무령왕릉 출토품과 모양이 같다. 8세기 무렵 일본은 배를 건조하는 기술 수준이 낮아서 신라의 도움 없이는 중국에 드나들지 못하였다. 숟가락을 들면, 이 같은 사실은 더욱 분명해진다. 먼저 숟가락의 일본말 '사지(匙, さじ)'는 우리말 '사시'에서 나왔다. 정창원의 조개 숟갈을 이르는 '가비(加比)'는 우리말 '조가비'에서 왔다. 사하리 숟가락을 묶은 종이에는, 신라의 이두문자까지 적혀 있다. 일본의 가장 오랜 젓가락은 6세기 후반의 유적(板楫宮跡)에서 나왔고, 평성궁에서도 나무젓가락 50여 모가 발견되었다. 이때 세 종류의 젓가락이 있었으니, 젓가락의 분화가 일어났음을 알 수 있다.

"일본인의 일생은 젓가락으로 시작해서 젓가락으로 마감한다."라는 말이 있다. 일본인은 젓가락을 신성한 물체로 여긴다. 일본인에게 젓가락이 없는 생활은 생각할 수 없다. 버려진 젓가락을 공양하고 감사를 바치기 위해 젓가락 무덤을 세웠다. '와리바시(割箸)'는 나라현의 한 업자가 1882년에 만들었다. 이곳에는 젓가락 상인의 시조라 불리는 백저옹(百箸翁)을 비롯하여, 젓가락과 관계된 신을 모시는 신사도 있다. 일본에서는 어린이와 어른, 그리고 남녀에 따라 다른 젓가락을 쓰며, 한 식탁에서도 음식은 옮김 젓가락으로 덜어 먹는다. 쓰고 난 젓가락은 반드시 봉투에 넣는다. 자기 입안에 들어갔던 '불결한 것'이 남의 눈에 띄지 않도록 하기 위해서다. 일본인 특유의 청결감이 한 번 쓰고 버리는, 이른바 '와리바시'를 만들었지만, 이것으로 마음이 놓이지 않는 것이다. 중국에서 들어온 숟가락과 젓가락 가운데 우리는 수저 양쪽에 중점을 두어왔으나, 우리 것을 받아들인 일본에서는 젓가락 문화를 이루어 냈다.

우리는 유달리 물기 많은 음식을 좋아했기 때문에 숟가락을 애용했다. 밥상에는 반드시 국이나 찌개가 오르게 마련이다. 우리네 먹거리의 80%가 물기 있는 종류이다. 아닌 게 아니라 임금도 수라상을 받으면 먼저 동치미 국물을 한술 떠서 마신 다음, 밥을 뜨고 국과 함께 먹는 것이 법도였다. 일반에서도 물기 있는 음식으로 입안을 적시는 일을 '술 적심'이라 칭했다. 국을 밥의 오른쪽에 놓고, 물기 있는 음식을 앞쪽에 두는 것도 같은 이치이다. 속담도 숟가락과 관련된 것이 단연 많지만(국 13, 국물 3, 국거리 1), 젓가락에 관한 한 '젓가락으로 김칫국 집어 먹을 놈' 하나뿐이다. 국물을 얼마나 좋아했으면 '노른 자리'를 이에 비기고, '국물 있사옵니다'라는 연극까지 유행했겠는가? 어린이들도 국물이 없으면 큰일이 나는 줄로 알아서, 상대에게 겁을 줄 때 '너 국물도 없다'라고 했을 정도였다.[227]

---

227) 김광언, 『우리 문화가 온 길』, 민속원, 1998

3
장인의 솜씨 계승

: 일본의 도제 시스템

일본 사람들은 누구나 할 것 없이 '간밧데 간바리마스(がんばって がんばります, 열심히 더 열심히 합니다)'를 입에 달고 산다. 일본인 민족성의 기본을 이루는 '간바리마스 정신'은 일본의 도제 시스템을 공고히하는 촉매제가 되었다. 일본에서 장인은 '쇼쿠닌(職人)'이라고 하여, '자신의 기술을 이용해 물건을 만드는 일을 직업으로 삼는 사람'이라고 정의한다. 장인에 대한 일반적인 이미지는 '수작업을 하는 사람'이다. 현대에 와서는 수작업뿐 아니라 더 넓은 범위에서 장인을 이해하고 있다. 야마다 타카노부(山田隆信)는 현대인의 입장에서 장인 정신에 대해 다음과 같이 주장했다.

"현대의 장인이란 일반 노동자나 샐러리맨 등과는 달리 일정한 영역에서 전문적인, 특히 수공업적 기술과 기능을 가지고, 실제 생활에 필요한 여러 작업과 물건의 제작을 직업으로 하는 사람을 말한다. 수공업자가 아니더라도 자신의 활동을 천직으로 삼아 전념하는 사람도 '장인'이라고 할 수 있다."

야마다는 현대적 장인의 의미를 전통적 장인(수공업적 기술 소유자) 외에 '자신의 일에 자긍심을 갖고 전념하는 사람'으로까지 확대하여 해석한다.

신혜원은 일본 장인의 특징을 2가지로 나누어 설명한다. 첫째, 계보를 매우 중히 여기며, 둘째, 비록 사회적 신분은 높지 않으나 나름대로 대우를 받았다는 점을 지적한다. 장인들은 '가업(家業)'이라는 형태로 기술과 정신을 이어왔다. 일본의 탄탄한 제조업은 이 '가업 계승'의 장인 정신에서 비롯되었고, 수공업적 기술을 이용한 생활용품 제작이 장인의 영역이라는 사실을 알 수 있다.

일본의 장인들은 단순한 수공업을 넘어서 전통 민예의 발전과 전승에 큰 공적을 남겼다고 평가된다. 야나기 무네요시(柳宗悦)는 장인의 수작업을 '제일 인간적인 일'로 평가하고, 일본은 본래 '손의 나라'였다고 주장했다. 그는 "손은 단순히 일을 하고 있는 것이 아니라 항상 마음을 통해 조절하고 있으며, 그것은 물건을 만들거나 일에 기쁨을 주거나 도덕을 지키거나 한다."라고 정의하였다. 일본의 장인들은 사회적인 평가가 높고, 그에 걸맞은 대접을 받으면서 진화했다. 중국이나 한국과는 크게 다른 특징이다. 한국은 유교적 바탕 위에 사회를 사농공상(士農工商)으로 나누어, 기술자의 위치를 아주 낮게 보는 전통이 오래 계속되었다.

일본의 장인 정신과 전통 기술의 계승을 지속 가능하게 만든 것은 '도제제도'이다. 일본 도제제도의 출발은 계급 간의 예속적인 형태로 시작되었다. 바로 '좌(座)'라는 것인데, 한 명의 영주와 그에 속하는 장인 조직으로 상하 수직적인 관계를 맺는 모습이었다. 좌는 특정한 '좌석(座席)'에서 유래하며, 이후 해당 좌석을 차지하는 집단을 의미하게 되었다. 좌가 처음 문헌에서 확인된 시기는 오래전으로 올라가,

1150년으로 기록된 카츠오우지(勝尾寺)의 문서에서이다. 여기에서 좌의 존재는 신불(神佛)과의 관계 속에 기원을 두고 있다. 좌의 첫 번째 특징은 사업의 독점으로, 좌가 권력가로부터 얻은 특권에서 비롯되었다. 좌 이외 사람들의 영업을 제한하기 위해서는 세력가의 도움이 필수적이었다. 이들은 영주의 보호를 받아 영업의 자유를 보장받았다. 좌는 장인들의 이익을 보호하고 활동을 지원하여 장인들이 성장할 수 있도록 만들었다. 도제제도를 실현하기 위한 기반을 마련했다는 점에서 좌는 도제제도의 출발이라 할 수 있다.

좌는 오야카타(親方, 스승)와 데시(弟子, 제자)의 관계를 통해 기술 전승을 시도하였다. 대부분은 그 직업을 부모에게서 자식한테 세습하는 형태로 이루어졌으며, 생산은 영주에게 속하는 형태였다. 10세기부터 노동 구조의 전환이 이루어지면서 새로운 생산조직인 '좌' 내에서 장인은 자신의 이익을 위해, 한 명의 영주와 좌의 오야카타라는 수직 관계를 맺는 노동조직을 구성하였다.

장인의 사례: 겐조하카타오리(献上博多織)와 오가와 가문

하카타오리는 일본 하카타에서 생산된 견직물로 주로 여성용 오비(帶, 복대)로 사용된다. 하카타오리의 시조는 미쓰타 야자에몬(滿田弥三右衛門)이다. 1241년 미쓰타는 도호쿠지의 승려 엔니(円爾)를 따라 송나라를 다녀오면서 중국 직조기법을 습득해 하카타에 전하면서 이것을 간토오리(広東織)라 했다. 1545년 미쓰타의 자손인 히코사부로(滿田彦三郞)가 명나라로 가서 직물기법을 연구하여 귀국한 뒤, 다케와카 이에몬(竹若伊右衛門)과 같이 간토오리를 개선하여 종전보다 두꺼운 오비용 직물을 만들었는데, 이것이 하카타오리의 기원이 되었다.

메이지 시대에 들어 자유경쟁으로 업자들이 난립하자 품질의 저급화를 방지하기 위해 1880년 하카타오리 회사가 설립되었는데, 이것이 오늘날 하카타오리공업조합(博多織工業組合)의 전신이다. 1976년에 하카타오리가 국가 공인의 전통 공예품으로 지정됨으로써, 하카타오리는 장인의 수작업에 의한 전통 공예의 명품으로 인정을 받는다.

하카타오리가 명품으로 변신하는 데에는 2대에 걸친 장인 가계의 뛰어난 활동이 결부되어 있고, 그 주인공은 1971년 하카타오리의 인간 국보로 지정된 오가와 젠자부로(小川善三郞)와 그의 아들 오가와 키사부로이다.

인간 국보인 젠자부로는 "더럽게 돈을 벌지 말라, 먹고 살 수 있으면 그것으로 족하다. 대신 좋은 물건을 만들어라."라는 말 이외엔 입을 다물고 일만 하는 사람이었다. 하카타오리 공예사들은 "하카타오리를 배우려는 자는 수없이 울게 해야 한다."라는 말을 자주 하는데, 이를 두고 젠자부로는 "가업을 잇게 하려는 자식은 엄하고 냉정하게 가르쳐야 험한 세상을 헤쳐 나간다."라는 의미로 해석하고, 제작 기법의 습득에는 참기 어려운 인내심과 고통이 따른다는 것을 강조했다.

전통적 장인의 세계에서 스승은 기술을 가르쳐주지 않는다. 14대 가키에몬(柿右衛門, 일본 아리타 도자기의 명문)도 13대로부터 어릴 적부터 직접적인 가르침을 받기보다 눈으로 보면서 익힌 것으로 보인다. 어린 시절 14대에게 공방은 일터라기보다는 놀이터와 같아서, 일과 놀이가 자연스럽게 연결되어 있었다. 14대는 물레를 직접 배운 적이 없이, 다른 장인들의 작업을 옆에서 보면서 순서와 손놀림을 기억하고, 3~4년 정도의 연습 과정을 거쳐 제 몫을 하게 되었다. 장인들은 "장인은 몸으로 배운다."라는 말을 자주 하는데, 이는 장기간에 걸쳐 터득하는 숙련된 솜씨(손재주)의 특성을 잘 나타내는 말이다.

사전은 장인 정신을 '장인의 특유한 기질과 자신의 기능을 믿고 자랑스럽게 생각하면서 남이 납득할 때까지 정성스럽게 일하는 성실하고 정직한 성질'이라고 정의했다. 장인 정신은 '쇼쿠닌가타기(職人気質)'라고 하는데, '가타기'라는 말은 천이나 종이에 무늬를 찍기 위해 새긴 판자를 일컫는다. 이러한 의미가 훗날 변하여 풍습이나 습관, 혹은 특정 사회집단에 속하는 사람들의 특별한 기질이나 성격을 의미하게 되었다. 그렇다면 일본 장인들의 특유한 기질과 습성은 무엇일까? 예로부터 '부지런함'이나 '성실함', '참음' 등과 같은 긍정적인 의미가 있는가 하면, '완고함'이나 '고집스러움', '자만', '무식함' 등 부정적인 의미도 있다. 일본 사회에서 장인은 고등교육을 받지 못하고 기술을 배우다 보니, 기술에 대한 지식은 있지만 교양은 쌓을 수 없었다.

장인 정신이란 끊임없이 기술을 연마하려고 하는 부지런함이며, 높은 뜻을 지향하는 자세이다. 하는 일에 집중하는 강한 정신력이며 전통을 고수하고자 하는 일종의 완고함이다. 장인들이 구현하는 기술의 세계는 현대의 과학 기술과 유기적으로 연결되어 있다.[228]

무로마치 시대의 좌는 장인이 좌지우지하는 조직으로 변모하였다. 무로마치 시대가 되면서 직업의 세습, 나아가 일거리 확보에 이용된 정치적 영향력에 대하여 장인들이 반발하는 움직임을 보였다. 장인들 스스로는 기술 경쟁을 하는 것만이 공평하다고 생각하고 있었다. 이 점은 기술을 중시하는 장인사회의 특성을 보여준다. 장인들의 우열은 바로 기술의 우열을 말한다는 것이 장인들의 기본적인 생각이었다. 이 시대에는 전에 비교해 화폐경제의 확장이 뚜렷했고, 해외무역으로 국내 생산 역시 수요가 훨씬 커졌다. 국내외를 겨냥한 수공업 생산의 점진적인 수요 증가는 장인들로 하여금 필수적인 영리 정신을 강화시켰다. 수출용 칼이 대량 생산되었으며, 그것을 담당하는 좌까지 등장하게 되었다. 농민으로부터 신분이 분화한 장인들은 생산통제를 벗어나 사회적으로 상당한 성장을 이룩했다.

---

228) 왕리사, 「일본 장인문화에 관한 연구」, 계명대학교 대학원 석사논문, 2014

특별한 역사적 배경 속에서 '나카마(仲間)'가 탄생하게 되었다. 나카마는 에도막부에서 규제의 대상이었지만, 이후 막부는 상업을 통제하기 위해 그들의 존재를 인정하였고 판매권 독점 등의 특권을 부여하였다. 중세에는 '좌'라는 형태가 유지되었는데, 이는 어디까지나 수직적인 관계일 뿐이었다. 한 명의 봉건영주와 좌의 오야카타는 수직적인 상하관계였으며, 한 명의 영주 아래 동업자 또는 업종별로 몇 개의 좌가 존재하는 상태였다. 하지만 나카마라는 조합은 하나의 영주 밑에 동업하는 장인 전부를 일괄하고 수평의 관계로 연결했다. 좌가 가진 수직적 관계가 아닌 수평적 관계로 장인들은 연결되었다. 예를 들어, 목공의 경우 그들은 '목공 나카마'라고 불렸으며 업종별로도 그렇게 불렸다. 나카마는 수공업 생산의 봉건적 시스템을 유지하면서 이익을 독점하기 위해, 오야카타들의 인원수를 제한하여 이익 저하를 막고 조합원의 생산을 엄중하게 감시하였다.

도제는 고용노동력이기 때문에 오야카타와 데시(弟子) 간의 결합은 오로지 계약에 의해서만 성립되었다. 도제로 오야카타 밑에 들어가는 사람은 가입 조건이 필수적으로 요구되었다. 기혼자의 경우 남편의 동의가 필요했고, 마을 출신은 영업 면허증이 요구되었다. 이전에 직업을 가졌던 사람은 일을 하였던 곳에서 허락을 받아야 했다. 도제의 경우, 위에서 언급한 조건과 더불어 오랜 기간 기술을 습득해야 했기 때문에 연령대가 상당히 낮았다. 도제로 가입할 수 있는 자격은 엄격하게 제한이 되어있어, 이 제한에 걸리지 않는 자만이 가입할 수 있었다.

도제의 고용 기간은 '넨키(年季)'라고 불렀다. 고용 기간은 최대 3년으로 규정되었으나 이후 10년으로 연장이 되었고, 결국 3년 계약 자체가 폐지되었다. 19세기 중반쯤 장인의 도제 고용 기간은 10년이며, 특수의 기술 지도가 필요한 좌, 예를 들어 누시(塗師) 등은 13년이었다. 이후 19세기 후반이 되면서 자본재 생산이 도입되기 시작하면서, 오히려 넨키가 감소하는 경향을 보이며 5년 혹은 6년으로 단축되었다.

봉건적 종속관계인 도제제도는 초기 단계에서는 후계자 육성을 목적으로 발생하였다. 17세가 되면서 기술 지도보다는 오야카타 층의 이익을 지키려는 움직임이 주요한 목적이 되었다. 시장을 소수의 오야카타가 지배하기 위해 저렴한 노동력을 확보하는 것이 중요하였다. 18세기부터는 극단적인 제한이 추가되었다. 이 시기가 되면 장인 중에 오야카타에 올라갈 수 있는 자는 오야카타의 자손이거나, 승진을 돈으로 살 수 있는 일부 계층뿐이었다. 이렇게 승진하지 못하면서 중간층에 머무는 장인이 증가함에 따라, 도제제도에서 벗어나 새로운 성격의 고용 형태로 전환되는 움직임을 보이기 시작하였다. 즉, 자본주의적 새로운 공업 생산 관계가 발전하면서 서서히 오래된 봉건적 생산관계는 변질되고 해체되었다.[229]

중국 장인에 대한 연구

중국 장인들은 고대사회에서 수공업 기술 담당자로 중요한 역할을 하고 있었다. 장인들의 생산력을 유지하고 장인들을 효과적으로 관리하기 위해 장인 규범이 만들어졌다. 판레이(樊蕊)에 따르면, 장인이 갖춰야 할 조건은 3가지가 있다고 한다. 첫째, 뛰어난 기술을 가져야 했다. 뛰어난 기술은 장인의 기본적인 조건이자 책임이기도 하다. 둘째, 장인은 자신이 만든 물건에 자신의 이름을 걸어야 했다. 장인은 제품을 완성하면 자기 이름을 기록하였다. 마지막으로, 실용성이 있는 것을 만들어야 했다. 중국어에 '완물상지(玩物喪志)'라는 말이 있는데, 좋아하는 것에 정신이 팔려 발전적인 태도를 잃는다는 뜻이다. 따라서 장인들에게는 실용성이 있는 것만을 만들도록 요구되었다.

---

229) 박종서, 「일본 장인정신 형성의 사회적 배경 연구」, 이화여자대학교 석사논문, 2013

그런데 세계적으로 이름이 알려진 중국 도자기 장인을 비롯한 수공업자들은 큰 공을 세웠는데도 불구하고 결코 사회적 지위를 얻지 못했으며, 심지어 노예와 같은 취급을 받기까지 했다. 중국 고대 지식인들은 수공업자의 기술을 천시하며 보잘것없는 얕은 재주로 평가했다. 장인의 기술과 경험에 대해 기록한 문헌은 많지 않다. 도예 연구가 조우광원(周光云)에 따르면, 지위가 낮은 도자기 장인들은 자신의 기술을 연마하고 더 좋은 작품을 만들어 문인과 귀족들의 환심을 사는 일만 할 수 있을 뿐이었다. 그러니까 장인의 기술은 '주인을 위한 기술'이거나 지위가 높은 사람들에게 아부하는 수단에 불과했다. 이처럼 중국 고대 장인들은 신분이 낮았지만, 명성을 얻기 위한 기술에 대한 향상심은 높았던 것으로 보인다.

근대에 접어들면서 장인 중심의 수공업은 쇠퇴하고 있었다. 민간 수공업이 사라진 이유는 장인들의 작업이 영세한 가내공업의 틀을 벗어날 수 없었기 때문이었다. 더구나 물질적 요구가 높아진 현대 사회에서 장인처럼 힘든 수행을 마쳐도 사회적으로 인정받지 못하게 되니, 청년들은 장인이 되려고 하지 않는다. 중국의 선행 연구들은 공통적으로 중국은 예로부터 수공업이 발달하였으나, 장인의 지위가 낮고 인정받지 못한 점을 부각한다. 또한 이러한 부정적인 사회 배경을 장인문화와 수공업이 쇠퇴한 원인으로 보고 있다. 거기에 공산주의가 들어오면서 기술적인 성취는 좋은 대접을 받지 못하는 사회체제로 바뀌었다.

| 에필로그 |

솜씨-DNA의 흐름

　한국인이 유독 활을 잘 쏘는 데에는 무슨 이유가 있는지 세계인들 모두가 궁금해한다. 프로골프에서 또 펜싱 종목에서도 한국 선수들이 눈부신 성과를 올렸다. 이들 종목의 특징은 특히 손과 눈이 좋다는 점이다. 세계 기능올림픽대회에서 우리 기능공들이 줄곧 세계 1위를 기록하기도 했다. 스포츠뿐 아니라 기능경기에서도 뛰어난 솜씨를 뽐내고 있다. 반도체 분야에서 한국이 세계시장을 압도하고 있다.

　솜씨의 기본은 머리에 있고, 그 명령을 손이 담당하고, 이 둘을 연결해 주는 역할은 눈에 있다. 화살이 명중될 때 우리는 눈대중을 잘한다고 칭찬한다. 운동선수들은 선배가 하는 기술을 따라 한다. '손재주'는 머리와 눈을 거쳐 손을 통해 어떤 일을 이루어 내는 역할이다. 손재주는 명석한 두뇌 명령과 이를 이어주는 밝은 눈과 뛰어난 손재주 3요소가 하나가 될 때 효과를 낼 수 있다.

　"안명수쾌(眼明手快), 눈이 밝고 손은 재빠르다."

　빠르고 정확한 눈재간과 더불어 한국인을 가장 한국인답게 만드는 요소가 '손재주'이다. 손재주는 대뇌의 활동과 손가락 훈련에서 비롯되었다. 한국인은 우뇌(右腦)가 특히 발달했다. 우뇌는 이미지에 익숙하다. 한국인이 역사 이래 지녀온 '민족적 능력'에서 나와 후손에게 건네졌다. 한국인은 중국인이나 일본인은 해낼 수 없는 재주, 즉 '손재주'와 '눈재간'이 작동하는 재주를 타고났다. 부모 양계 혈통 어디에선가 특출한 재주를 내려받은 것이다. 부모 어느 쪽 조상에게서 특별한 솜씨가 DNA에 심겨 있다가, 태어날 때 자신의 몸 안에 물려받은 솜씨-DNA를 갖고 나왔다. 양궁 선수들이 국제무대에서 활 솜씨를 뽐내고 있다.『삼국지』「위지동이전(魏志東夷傳)」에서 우리의 직계 조상인 동이족(東夷族)의 이(夷)는 활을 잘 다루는 민족을 뜻하는데, 그 전통이 이어진 것이다.

예천은 국궁(國弓)의 고향이자 요람이다. 양궁 선수 김진호는 예천에 정착한 선조의 활 솜씨가 이어져 빛을 보았다. 천민 장영실(蔣英實, ?~?)은 세종 때 상의원 별좌에 오르기까지 수많은 업적을 남겼다. 앙부일구(仰釜日晷)나 자격루(自擊漏)는 놀라운 발명품이다. 정규교육을 받지 못한 환경 아래에서 이룩한 그의 업적은 천부적인 재주였다. 그러나 사농공상(士農工商)의 위계 서열이 분명한 조선 사회에서 그의 천재성이 이어지기란 불가능했다. 조선 왕조가 끝나고 민주 사회로 변한 오늘, 노벨문학상을 받은 소설가 한강(1970~)은 부친 한승원(1939~)으로부터 글솜씨를 내려받아 발전시켰다.

누대를 이어 한 종류의 일에만 몰두하는 일본 사회와는 달리 한국은 기술을 천시하는 사회풍토가 만연했었다. 그 때문에 천부적 솜씨가 나타날 기회가 없었다. 그러나 사회가 급변하고 많은 천재들이 튀어나오는 오늘날, 우리는 많은 분야에서 타고난 '솜씨'를 연출하고 있다. 양궁이나 골프 등은 서양과 접촉하여 받아들였지만, 국궁과 같은 터전이 있어 천재성을 드러낼 수 있었다. 씨름처럼 예나 지금이나 인기를 끄는 분야는 사회적인 수요가 있어서 가능하다.

선사 시대 이래 우리 문화의 한 축을 담당해 온 미술공예 분야에서 한국은 독자적인 능력을 발휘하였다. 인근 중국이나 일본과는 다른 한국만의 고유한 색깔로 우리 미술의 단아한 아름다움을 발산했다. 그 힘은 면면히 이어온 '솜씨'의 전승, 즉 '솜씨-DNA'에서 비롯되었다. 한국인의 솜씨-반도적 특성은 반농반렵(半農半獵)이어서, 순수 농경인 중국과도 다르고 섬 문화로 고립되어 온 일본과도 매우 다르다.

도면, 도판 목록 및 출처 |

도면 1. 신경전위 25p, 위키백과
도면 2. 손의 구조 26p, AI 생성 이미지
도면 3. DNA 복제 원리 42p, AI 생성 이미지
도면 4. 정문경 도해 64p, 숭실대학교
도면 5. 한국 종의 내부 공동 계 125p, [국가R&D연구보고서] 공명 효과를 이용한 한국종의 음질 향상에 관한 연구(서울대학교, 2014)
도면 6. 뇌지도 379p, "Sensory Homunculus" by Was a bee, licensed under CC BY 3.0, via Wikimedia Commons.

도판 1. 청동 방울류 일괄 출토품 62p, 국립중앙박물관(국가유산포털)
도판 2. 국보 정문경 66p, 숭실대학교
도판 3. 평양 석암리 9호분 출토 금제띠고리 72p, 국립중앙박물관(국가유산포털)
도판 4. 경주 보문리 부부총 금귀걸이 78p, 국립중앙박물관(국가유산포털)
도판 5. 천마총 투조장식 관모 88p, 국립경주박물관
도판 6. 천마총 금제관식 88p, 국립경주박물관
도판 7. 무령왕릉 왕비 금제 관장식 89p, 국립중앙박물관(국가유산포털)
도판 8. 국보 금동용봉봉래산대향로 102p, 문화체육관광부
도판 9. 성덕대왕신종 115p, 국립경주박물관(국가유산포털)
도판 10. 국보 금동반가사유상(1962-2) 132p, 국립중앙박물관(국가유산포털)
도판 11. 석굴암 본존불 145p, 한석홍(국가유산포털)
도판 12. 은제 금도금 주전자 159p, 보스턴 미술관
도판 13. 무령왕릉 출토 은잔 170p, 국립공주박물관(e뮤지엄)
도판 14. 청자진사채연화문주자 189p, 삼성문화재단 리움미술관
도판 15. 국보 청자상감운학문매병 191p, 간송미술관
도판 16. 직지-권말 195p, 한국학중앙연구원(국가유산포털)
도판 17. 합천 해인사 대장경판 208p, 해인사(국가유산포털)
도판 18. 해인사 장경판전 222p, 해인사(국가유산포털)
도판 19. 혜허 양류관음도 226p, 일본 센소지(淺草寺)
도판 20. 서구방의 수월관음도 230p, 센오쿠 하쿠코칸 미술관
도판 21. 국보 감지금니 대방광불화엄경보현행원품 247p, 국립중앙박물관(국가유산포털)
도판 22. 신라백지묵서화엄경 253p, 삼성문화재단 리움미술관
도판 23. 대보적경 258p, 일본 교토국립박물관
도판 24. 감지은니불공견삭신변진언경 권13 신장상 260p, 국립중앙박물관(국가유산포털)
도판 25. 국보 청동은입사포류수금문정병 266p, 국립중앙박물관(국가유산포털)
도판 26. 홍왕사명 청동은입사용봉문향완 273p, 삼성문화재단 리움미술관
도판 27. 보물 고려 나전경함(螺鈿經函) 282p, 국립중앙박물관
도판 28. 국보 나전단화금수문경(螺鈿團花禽獸文鏡) 285p, 삼성문화재단(개인소장)
도판 29. 나전 옷상자 294p, 국립중앙박물관(e뮤지엄)
도판 30. 고려 자수 아미타여래도 298p, 삼성문화재단 리움미술관
도판 31. 보물 자수사계분경도 311p, 서울공예박물관
도판 32. 자수 초충도 병풍 제 5폭 313p, 동아대학교박물관
도판 33. 장승업 호취도 327p, 삼성문화재단 리움미술관
도판 34. 2024 파리올림픽 양궁 여자 개인전 335p, 연합뉴스 헬로아카이브
도판 35. 여자 골프 348p, © Wojciech Migda / CC BY-SA 3.0
도판 36. 민속씨름 360p, 구미시
도판 37. 2024 리그 오브 레전드 챔피언스 코리아 서머 PO 2R 371p
도판 38. 병아리 감별 382p, AI 생성 이미지
도판 39. 줄기세포 복제 기술 393p, AI 생성 이미지
도판 40. 나노 의학 407p, AI 생성 이미지
도판 41. 반도체 416p, AI 생성 이미지
도판 42. 엄지족 432p, AI 생성 이미지